榆林统计年鉴

YULIN STATISTICAL YEARBOOK

2017

榆 林 市 统 计 局
国家统计局榆林调查队
编

中国统计出版社
China Statistics Press

图书在版编目（CIP）数据

榆林统计年鉴. 2017 / 榆林市统计局编. -- 北京 : 中国统计出版社, 2017.10
ISBN 978-7-5037-8350-0

Ⅰ. ①榆… Ⅱ. ①榆… Ⅲ. ①统计资料 - 榆林 - 2017 - 年鉴 Ⅳ. ①C832.413-54

中国版本图书馆CIP数据核字(2017)第231205号

榆林统计年鉴—2017

作　　者／ 榆林市统计局
责任编辑／ 陈越月
装帧设计／ 王晓峰
出版发行／ 中国统计出版社
地　　址／ 北京市丰台区西三环南路甲6号 邮政编码/100073
电　　话／ 邮购（010）63376909 书店（010）68783171
网　　址／ http://csp.stats.gov.cn
印　　刷／ 榆林日报社印务有限责任公司
经　　销／ 新华书店
开　　本／ 890mm×1240mm 1/16
字　　数／ 400千字
印　　张／ 29印张
版　　别／ 2017年10月第1版
版　　次／ 2017年10月第1次印刷
定　　价／ 298.00元

如有印装错误，本社发行部负责调换。

编 者 说 明

一、《榆林统计年鉴－2017》是一部全面系统反映榆林经济、社会、科技发展状况的资料性年刊。书中资料根据各专业统计年报资料加工而成，并收录了各县、区及市级有关部门的统计数据，还收集了全国、全省及各市和周边地市的主要经济指标。

二、全书共分为21部分，即：1.行政区划和自然资源；2.综合；3.国民经济核算；4.人口；5.从业人员和职工工资；6.固定资产投资；7.能源；8.财政；9.价格指数；10.人民生活；11.农业；12.工业；13.建筑业；14.运输和邮电业；15.国内贸易；16.金融和保险；17.教育、文化、卫生、体育和科技；18.县域经济；19.非公有制经济；20.规模以上服务业；21.全国、全省及各市和周边地市主要经济指标。为了便于使用，各部分之前列示主要统计指标提要及统计图表，之后附有主要统计指标解释。

三、本年鉴依据第三次经济普查结果对国民经济核算、能源和国内贸易等部分近年数据进行了调整，凡与本年鉴有出入的，均已本年鉴为准。

四、编辑本年鉴时，根据近年几项普查和调查资料，对过去发行过的统计资料进行了核实，对有些数据作了调整，使用历史资料时，凡与本年鉴有出入的，均以本年鉴为准。

五、本年鉴涉及的内容多，范围广，对于完成这样大的一项工作难免出现差错，敬请各界批评指正。

六、本年鉴表符号使用说明："…"表示数据不足本表最小单位数；"空格"表示该项统计数据不详或无该数据；"#"表示其中项。

《榆林统计年鉴－2017》

编委会和编辑部人员

目　　录

四、人　口

五、就业人员和职工工资

六、固定资产投资

七、能　源

八、财　政

九、价格指数

十、人民生活

十一、农　业

十二、工　业

十三、建筑业

十四、　运输和邮电

十五、国内贸易

十六、金　融

十七、教育、文化、卫生、体育和科技

十八、县域经济

十九、非公有制经济

二十　规模以上服务业

二十一　全国、全省及各市和周边地市

2016 年榆林市国民经济和社会发展统计公报

榆林市统计局

国家统计局榆林调查队

2017 年 5 月 5 日

2016 年是我市追赶超越进程中不平凡的一年。面对实体经济运行困难、市场信心普遍不足、各类风险增多交织等不利局面,全市上下深入贯彻习近平总书记系列重要讲话,特别是来陕视察重要讲话精神,认真践行五大发展理念和“五个扎实”要求,坚持稳中求进工作总基调,主动作为,埋头苦干,全年经济发展稳中有进,公共事业快速发展,社会大局和谐稳定。

一、综　合

2016 年末,全市常住人口 338.20 万人,出生率 11.72‰,死亡率 6.41‰,自然增长率 5.31‰。城镇人口 190.24 万人,占 56.3%;乡村人口 147.96 万人,占 43.8%。

初步核算,全年生产总值 2773.05 亿元,比上年增长 6.5%。其中,第一产业增加值 162.44 亿元,增长 4.8%;第二产业增加值 1680.70 亿元,增长 4.1%;第三产业增加值 929.91 亿元,增长 11.1%。一、二、三产业增加值占生产总值的比重分别为 5.9%、60.6% 和 33.5%。按常住人口计算,人均生产总值 81764 元,约合 11787 美元。

2012－2016 年生产总值总量及增速

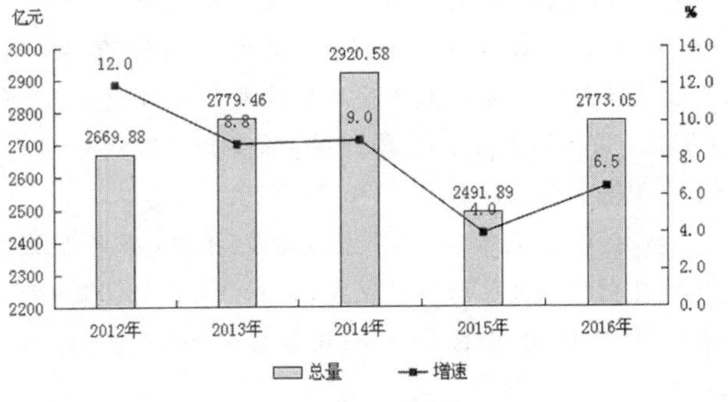

2016 年三次产业占比结构

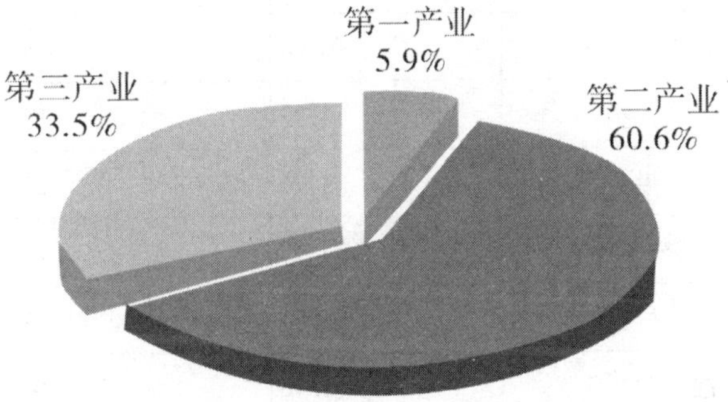

全年非公经济实现增加值 1164.92 亿元,占生产总值的比重为 42.0%,比上年提高 1.0 个百分点。

全年居民消费价格上涨 1.3%,其中,食品烟酒价格上涨 2.6%。商品零售价格上涨 1.4%。

2016 年各类价格指数

类　别	上年价格 = 100
居民消费总指数	101.3
食品烟酒	102.6
衣着	102.7
居住	101.3
生活用品及服务	101.2
交通和通信	99.8
教育文化和娱乐	100.7
医疗保健	98.9
其他用品和服务	99.9
商品零售价格指数	101.4

二、农　业

农林牧渔业总产值 282. 31 亿元，比上年增长 4. 8%。其中，种植业产值 152. 56 亿元，增长 7. 0%；畜牧业产值 108. 27 亿元，增长 0. 7%；林业产值 9. 54 亿元，增长 17. 8%；渔业产值 1. 71 亿元，增长 9. 1%；农林牧渔服务业产值 10. 24 亿元，增长 7. 0%。

全年粮食播种面积 487. 48 千公顷，比上年增长 1. 1%，总产量 160. 08 万吨，增长 12. 0%（增产 17. 11 万吨）。其中，夏粮产量 4. 86 万吨，增长 1. 5%；秋粮产量 155. 22 万吨，增长 12. 4%。蔬菜产量 87. 37 万吨，增长 9. 5%。

2016 年主要农产品产量

产品名称	产量（万吨）	比上年增长（%）
粮　食	160. 08	12. 0
#玉　米	77. 16	9. 5
高　粱	1. 52	40. 8
谷　子	6. 68	14. 3
豆　类	14. 72	17. 6
#绿　豆	3. 76	21. 3
薯　类	54. 98	13. 2
#马铃薯	53. 21	13. 5
油　料	8. 46	14. 5
蔬　菜	87. 37	9. 5
水　果	78. 23	17. 6
#苹　果	21. 01	10. 5
红　枣	44. 93	20. 0

全年造林面积 73. 3 万亩，比上年下降 5. 5%。

2016 年畜牧业生产情况

指标	单位	生产量	比上年增长（%）
肉类总产量	万吨	18. 40	0. 0
#牛肉	万吨	0. 58	2. 1
猪肉	万吨	10. 47	－1. 1
羊肉	万吨	6. 23	2. 0
禽蛋产量	万吨	5. 10	1. 8
奶类产量	万吨	8. 43	2. 4
#牛奶	万吨	7. 76	－1. 0
羊绒	吨	1800	－1. 8
羊年末存栏	万只	666. 52	－0. 4
出栏	万只	388. 60	2. 6
猪年末存栏	万头	92. 79	－1. 9
出栏	万头	144. 67	－0. 9
牛年末存栏	万头	14. 54	1. 2
出栏	万头	4. 16	1. 2
家禽年末存栏	万只	555. 59	－1. 9
出栏	万只	529. 23	－0. 2

三、工业和建筑业

全市 713 户规模以上工业企业完成总产值 3328. 78 亿元，比上年增长 5. 9%。其中，重工业总产值 3243. 06 亿元，增长 5. 8%，占规模以上工业总产值的 97. 4%；轻工业总产值 85. 72 亿元，增长 8. 8%，占 2. 6%。规模以上工业增加值增长 3. 8%，规模以下工业增加值增长 3. 4%。

2012－2016 年规模以上工业总产值、增速及增加值增速

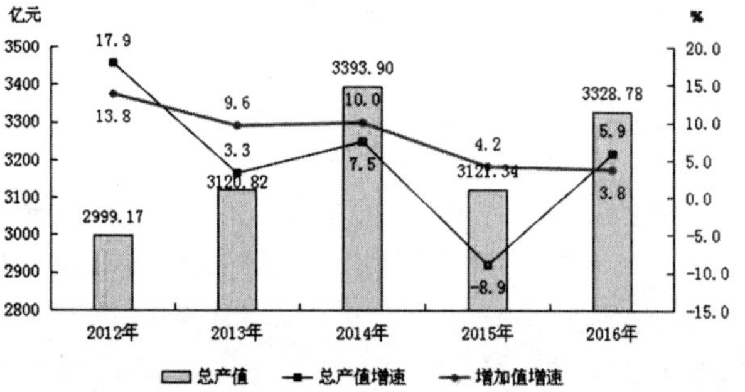

全市规上企业能源工业产值 2525. 76 亿元，比上年增长 3. 1%，非能源工业产值 803. 02 亿元，增长 15. 5%，能源工业与非能源工业产值占全市规上工业产值的比重分别为 75. 9%、24. 1%。能源工业中：煤炭开采和洗选业完成产值 1467. 07 亿元，比上年增长 12. 7%；石油天然气开采业 392. 35 亿元，下降 18. 1%；石油加工炼焦业完成产值 366. 90 亿元，下降 0. 7%；电力热力生产供应业 299. 44 亿元，增长 0. 02%。非能源工业中：化学原料制品制造 370. 83 亿元，增长 14. 3%；有色金属冶炼业 176. 72 亿元，增长 16. 1%。

全市 707 户规模以上直报工业企业（不含 6 户省上反馈企业）主营业务收入 2322. 7 亿元，比上年增长 19. 0%；利润总额 343. 4 亿元，增长 67. 8%；税金总额 223. 9 亿元，增长 28. 9%。

2016 年主要工业产品产量

产品名称	产量	增速(%)	产品名称	产量	增速(%)
原煤(万吨)	36216.21	-0.8	氮肥(万吨)	21.18	-29.8
# 地方(万吨)	17243.61	-9.2	水泥(万吨)	367.79	-6.1
原油(万吨)	1092.31	-8.0	玻璃(万重量箱)	564.90	-1.0
原盐(万吨)	134.69	-0.1	铁合金(万吨)	59.81	13.4
洗煤(万吨)	7220.46	26.3	发电量(亿度)	693.02	9.3
精甲醇(万吨)	225.98	1.8	#火电(亿度)	659.80	7.5
天然气(亿立方米)	159.70	5.7	金属镁(万吨)	45.59	22.9
聚氯乙烯(万吨)	143.41	9.2	氢氧化钠(万吨)	105.06	12.7
原油加工量(万吨)	403.50	-6.7	电解铝(万吨)	60.67	0.1
兰炭(万吨)	2888.70	14.8	聚乙烯(万吨)	110.43	53.7
电石(万吨)	241.64	-6.5	聚丙烯(万吨)	123.88	58.2

全年建筑业总产值 181.00 亿元,比上年增长 21.6%,增加值 64.45 亿元,增长 9.4%。

四、固定资产投资

全年全社会固定资产投资完成 1467.45 亿元,比上年增长 6.0%。其中,固定资产投资 1257.98 亿元,增长 11.0%;项目投资 1217.44 亿元,增长 12.0%;房地产投资 40.55 亿元,下降 13.7%;民间投资 389.19 亿元,下降 9.4%。

分产业看,第一产业投资 53.88 亿元,比上年增长 82.0%,占固定资产投资的比重为 4.3%;第二产业投资 773.75 亿元,增长 8.8%,占比为 61.5%;其中,能源化工工业投资 669.79 亿元,增长 8.9%;非能源化工工业投资 105.86 亿元,增长 13.3%;第三产业投资 430.36 亿元,增长 9.6%,占比为 34.2%。

从本年实际到位资金情况看,国家预算资金 138.07 亿元,比上年增长 20.9%;国内贷款 215.66 亿元,增长 154.6%;自筹资金 657.71 亿元,下降 27.0%;其他资金来源 96.06 亿元,增长 12.1%。

五、交通运输和邮电业

年末全市公路总里程 31004 公里,比上年末增加 320 公里。在总里程中,高速公路 1005 公里,国道 1098 公里,省道 254 公里,农村公路 28647 公里。在农村公路中,其中,县道 2462 公里,乡道 3468 公里。

铁路运输中,货运量 21291.4 万吨,比上年增长 8.0%,货运周转量 409.44 亿吨公里。客运量 508.2 万人次,下降 10.4%,客运周转量 46.48 亿人公里;公路运输中,货运量 24698 万吨,增长 5.2%,货物周转量 606.04 亿吨公里。客运量 2870 万人次,下降 2.8%,客运周转量 35.03 亿人公里;民航运输中,货邮量 3709.1 吨,增长 8.6%,旅客吞吐量 151.4 万人次,增长 2.1%,运输起降 15406 架次,下降 4.7%。

年末机动车保有量达到 686282 辆(包括农用拖拉机),其中私人汽车保有量 578350 辆。轿车保有量 339429 辆,增长 6.2%,其中私人轿车 326035 辆,增长 6.8%。进口车辆 33205 辆,增长 1.4%,其中进口轿车 5708 辆,增长 1.7%。

全年邮电业务收入 36.88 亿元,比上年增长 0.02%。其中,邮政业务收入 3.82 亿元,增长 29.4%;电信业务收入 33.06 亿元,下降 2.6%。邮政业全年完成邮政函件业务 51.37 万件,订销报刊累计 4379.08 万份,订销杂志累计 186.52 万份,邮路长度达到 5417 公里,农村投递线路 6328 公里。全市固定及移动电话用户总数达到 443.22 万部,其中固定电话 47.37 万部,移动电话 395.86 万部。

六、国内贸易和旅游业

全年社会消费品零售总额 420.05 亿元,比上年增长 6.0%。其中限额以上消费品零售额 194.91 亿元,增长 5.2%。按经营单位所在地分,城镇消费品零售额 288.20 亿元,比上年增长 5.5%;乡村消费品零售额 131.85 亿元,增长 6.9%。按消费形态分,商品零售 377.87 亿元,比上年增长 5.5%;餐饮收入 42.18 亿元,增长 10.1%。在商品零售中,限额以上企业(单位)商品零售额 183.67 亿元,比上年增长 6.7%。按用途分,吃类商品零售 18.79 亿元,增长 36.5%;穿类 9.70 亿元,下降 0.2%;用类 155.10 亿元,增长 4.4%。

2012－2016 年社会消费零售总额及增速

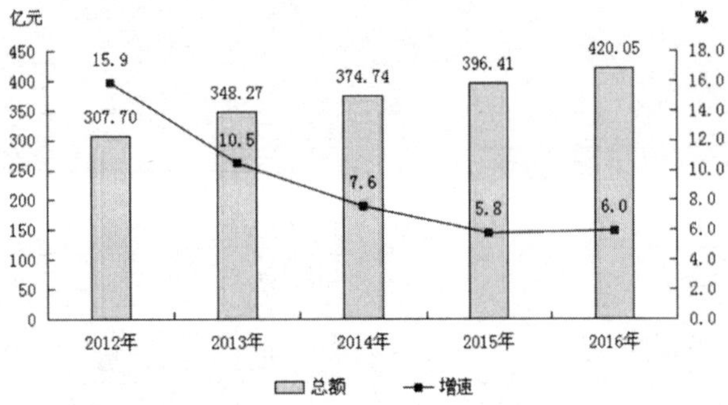

全市进出口总值 96953 万元，比上年增长 386.9%。其中，出口 40988 万元，增长 124.0%；进口 55964 万元，增长 3371.7%。出口产品中，农副产品出口总值 12915 万元，占进出口总值的 13.3%。化工产品出口总值 26348 万元，占进出口总值的 27.2%。

全市旅行社达到 45 家、旅行社分社 35 家、网点 38 家。星级饭店共有 27 家，其中五星级 1 家、四星级 3 家、三星级 17 家、二星级 6 家。全市共有 AAAA 以上景区 3 个，AAA 以上景区 15 个。全年共接待国内外游客 2480 万人次，比上年增长 24.6%，旅游收入 142 亿元，增长 33.0%。

七、财政、金融和保险业

全年财政总收入 487.80 亿元，比上年下降 23.7%；地方财政收入 232.69 亿元，同口径增长 4.5%。财政支出 471.13 亿元，增长 1.2%。

2012－2016 年地方财政收入总量及增速

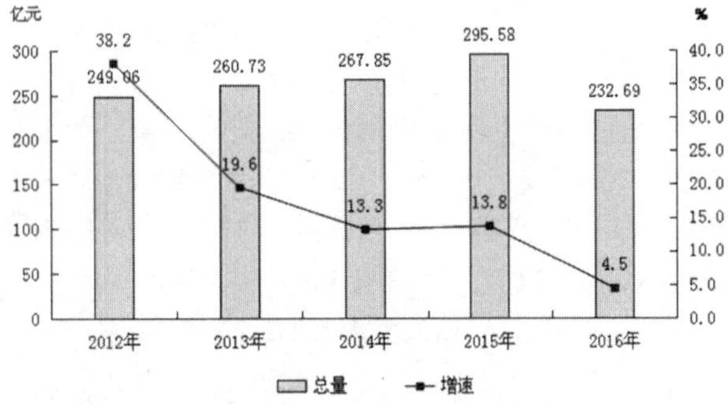

2016 年末，全市金融机构本外币各项存款余额 3030.04 亿元，比年初增加 236.17 亿元，比上年增长 8.4%；本外币各项贷款余额 1979.55 亿元，比年初减少 53.42 亿元，比上年下降 2.6%。其中，人民币各项存款余额 3026.38 亿元，比年初增加 232.51 亿元，比上年增长 8.3%；人民币各项贷款余额 1979.33 亿元，比年初减少 53.56 亿元，比上年下降 2.6%。

全市有证券公司 7 家，期末证券开户总数 10.60 万户，2016 年新开 3.44 万户，市场各类证券交易量 473.15 亿元。

全年有各类保险公司 35 家，全年保费收入 46.94 亿元，比上年增长 21.8%。其中，财产险收入 17.57 亿元，增长 5.4%；寿险收入 29.37 亿元，增长 47.2%。各类保险公司累计赔付支出 13.81 亿元，增长 5.3%，其中，财产赔付支出 10.09 亿元，增长 0.6%；寿险赔付支出 3.72 亿元，增长 39.1%。保险深度 1.69%，保险密度 1387.94 元/人。

八、教育、科学技术和文化

全市共有各级各类学校 1553 所，其中，高等学校 2 所；中等专业学校 6 所；普通中学 198 所；职业中学 19 所；小学 364 所；幼儿园 956 所；特殊教育学校 8 所。

全市基础教育及中等职业学校累计招生 203958 人，毕业 167402 人，在校学生数 634306 人。在校学生中，中专 1865 人、高中 68244 人、职中 14807 人、初中 97261 人、小学 265420 人、幼儿园 186207 人、特殊教育 502 人。各级各类学校共有专任教师 46437 人，代课教师 2506 人。学前、小学、初中入学率分别达 98.30%、99.94% 和 99.92%。

全市组织评议登记科技成果 13 项，其中科技成果综合水平达到国内领先 3 项，获“陕西省年度科学技术奖”6 项（其中二等奖 2 项，三等奖 4 项）。申请专利 2086 件，申请发明专利 474 件，授权专利 885 件，技术交易合同登记额 1.02 亿元。

2016 年全市有艺术表演团体 16 个，影剧院 11 个，文化艺术馆 13 个，艺术学校 1 个，公共图书馆 12 个，文化站 222 个，博物馆、纪念馆 22 处。全市广播、电视转播台 20 座。广播综合人口覆盖率 97.29%；电视综合人口覆盖率 97.33%。

九、卫生、体育和档案

全市共有医疗卫生机构 4631 个，其中，医院 103 家，社区服务中心 7 家，卫生院 229 家，村卫生室 3487 个。共有床位 20436 张，其中医院病床 16116 张，卫生院病床 3743 张。卫生专业技术人员 24890 人。已建成三级综合医院 4 个，二级综合医院 16 个。共有妇幼保健机构 13 个，中医医院 14 个，专科医院 18 个。参加新型农村合作医疗 297.76 万人，参合率达 99.2%。

年末全市人均体育场地面积 1.1 平方米，拥有大型体育场 1 座，体育馆 4 个，游泳馆 2 个。全年共举办各类大型体育活动 210 次，其中市级举办 26 次。全年共派出 754 名运动员参加省运会的比赛项目，共获得金牌 108 枚，银牌 98 枚，铜牌 111 枚。完成了年度国家、省级各项体育惠民工程，实施了 496 个农民体育健身工程，46 个社区路径配送工程，1 个乡镇农民体育健身工程，全年全市 525 个体彩网点共计发行体育彩票 6.60 亿元。

2016 年全市年末拥有综合档案馆 13 个，专业档案馆 3 个，馆藏案卷 86560 卷，以件为保管单位档案 82092 件，馆藏资料 11500 册。

十、水利水保

全年水利水保投资17.17亿元，治理水土流失面积1142平方公里，新建、加固、维修淤地坝876座，新修基本农田8.79万亩，发展节水灌溉面积4.50万亩。建成农村饮水安全工程243处，巩固提升解决农村饮水不安全人口12.77万人。

十一、环境保护和安全生产

全年榆林城区二级以上天数296天，其中达到一级标准天数为42天。市城区集中式饮用水源地水质达标率为100%。

全市发生各类生产安全事故251起，比上年下降36.1%，死亡183人，下降3.2%。其中，发生较大生产安全责任事故2起，死亡9人；未发生重特大生产安全责任事故；亿元GDP生产安全事故死亡人数为0.065、煤矿百万吨死亡人数为0.008，分别下降了9.7%和41.0%。

十二、人民生活和社会保障

全市全体居民人均可支配收入20463元，比上年增加1558元，增长8.2%；城镇常住居民人均可支配收入29781元，比上年增加2016元，增长7.3%；农村常住居民人均可支配收入10582元，比上年增加780元，增长8.0%。

全年城镇新增就业人数2.92万人，失业人员再就业1.05万人，困难人员再就业4100人，城镇登记失业率为3.5%。

全年城镇基本养老保险参保人数为33.17万人（不含机关事业单位人员）；城镇基本医疗保险参保人数为64.85万人；工伤保险参保人数43.20万人；失业保险参保人数为24.20万人；生育保险参保人数为32.36万人；城乡居民养老保险参保人数161.15万人。

全市共有收养性社会福利单位8个，拥有床位1824张。全市城乡居民最低生活保障对象24.72万人，城市居民人均月低保标准500元，农村居民保障标准每人每年最低3015元。

注释：

1、本公报部分指标为初步统计数；

2、部分数据因四舍五入的原因，存在总计与分项合计不等的情况；

3、生产总值、各产业增加值绝对数按现价计算，增长速度按不变价计算；

4、根据国家统计局规定，从2011年开始，纳入规模以上工业统计范围的工业企业起点标准从年主营业务收入500万元提高到2000万元；

5、根据国家统计局规定，从2011年开始，固定资产投资统计的起点标准从计划总投资50万元提高到500万元，因此2011年全社会固定资产投资绝对数与2010年不可比，本公报比上年增速是按可比口径计算的；全社会固定资产投资统计范围包括固定资产投资和农户投资。固定资产投资统计范围包括城镇项目投资、非农户项目投资和房地产开发投资；

6、限额以上企业（单位）是指年主营业务收入2000万元及以上的批发业企业（单位）、500万元及以上的零售业企业（单位）、200万元及以上的住宿和餐饮业企业（单位）。

指标解释：

国内生产总值（GDP） 指按市场价格计算的一个国家（或地区）所有常住单位在一定时期内生产活动的最终成果。对于一个地区来说，称为地区生产总值。英文缩写统称为GDP。

全社会固定资产投资 是以货币形式表现的在一定时期内全社会建造和购置固定资产的工作量以及与此有关的费用的总称。

社会消费品零售总额 指企业（单位、个体户）通过交易直接售给个人、社会集团非生产、非经营用的实物商品金额，以及提供餐饮服务所取得的收入金额。个人包括城乡居民和入境人员，社会集团包括机关、社会团体、部队、学校、企事业单位、居委会或村委会等。

居民消费价格指数（CPI） 是反映一定时期内城乡居民所购买的生活消费品价格和服务项目价格变动趋势和程度的相对数，是对城市居民消费价格指数和农村居民消费价格指数进行综合汇总计算的结果。通过该指数可以观察和分析消费品的零售价格和服务项目价格变动对城乡居民实际生活费支出的影响程度。

指标数据来源：

本公报中公路里程、公路运输数据来自市交通局；车辆数据来自市车管所和市农机局；铁路运输数据来自市铁路办；邮电数据来市邮政管理局和市工信局；旅游数据来自市旅游外事（侨务）局；金融数据来自人民银行榆林分行；财政数据来自市财政局；证券、保险业数据来自市金融办；教育数据来自市教育局；科技成果、技术合同、专利等数据来自市科技局；图书馆、文化馆、广播、电视数据来自市文广局；报纸、期刊数据来自市邮政管理局；档案数据来自市档案局；卫生数据来自市卫生局；体育数据来自市体育局；水利数据来自市水务局；环保数据来自市环保局；安全生产数据来自市安监局；城镇就业、失业、社会保障数据来自市人社局；社会福利数据来自市民政局。

1

行政区划和自然资源

资料整理：尹　婷

1－1　榆林市行政区划(2016 年)

单位:个

地　区	乡、镇、街道办事合计				社区	村委会
		镇	乡	街道办事处		
榆林市	177	146	10	21	165	3237
榆阳区	31	14	5	12	55	317
横山区	16	13		3	15	361
神木县	15	15			28	326
府谷县	14	14			10	207
靖边县	17	16		1	15	199
定边县	19	14	4	1	10	227
绥德县	15	15			9	339
米脂县	9	8		1	5	206
佳　县	13	12		1	8	330
吴堡县	6	5		1	3	104
清涧县	9	9			4	351
子洲县	13	11	1	1	3	270

1－2　自然资源(2016 年)

指　　标		2016 年
一、人口		
公安户籍人口	(万人)	382.00
人口密度	(人/平方千米)	89.00
二、土地		
土地总面积	(平方千米)	42921.1
#1. 风沙地	(千公顷)	1411.99
沙丘地		1174.67
滩地		202.37
梁地		349.63
#2. 丘陵沟壑	(千公顷)	2884.22
源地		9.72
平梁地		31.43
涧地		31.06
梁峁地		1337.19
沟坡地		1208.88
沟道地		137.13
河川地		95.27
#1. 耕地面积	(千公顷)	685.47
2. 林地面积		2445.36
3. 草地面积		0.03
三、气候		
年平均气温	(℃)	10.2
年降水量	(毫米)	621.7
日照时数	(小时)	2676.0
四、森林		
森林覆盖率	(%)	33.0

1－2 续 表

指　　标		2016年
五、草地		
天然草场	（千公顷）	1569.3
#可利用面积		11.9
人工种草保留面积	（千公顷）	557
#可利用面积		557
六、水文、水利		
1.河川年径流量	（亿立方米）	25.13
2.淡水总面积	（公顷）	1386.67
#可养殖面积		1386.67
3.水资源总量	（亿立方米）	32.01
#可利用总量		12.75
七、矿产资源储量		
煤储量	（亿吨）	2720
#已探明		1460
天然气	（亿立方米）	41800
#已探明		11800
石油	（亿吨）	6
#已探明		3.6
岩盐	（亿吨）	60000
#已探明		8857
湖盐探明量	（万吨）	1794
高岭土探明量	（万吨）	37386.7
铝矾土	（万吨）	10000
#已探明		1063
石炭盐探明量	（万吨）	2233
石英砂探明量	（万吨）	759.64

1－3 水资源情况(2016年)

河　系	干流长(公里)		流域面积（平方公里）		常流量（立方米/秒）	多年平均径流量（亿立方米）		多年平均输沙量（亿吨）	平均流量（立方米/秒）
	全长	市内	全流域	市内		全部	市内		
无定河	491.2	475.1	30260.0	20615.0		15.12	11.80	1.690	49.8
窟野河	192.6	142.7	8692.0	4069.0		4.57		1.420	19.7
秃尾河	133.9	133.9	3373.0	3373.0		4.00	4.00	0.280	12.0
佳芦河	93.0	93.0	1134.0	1134.0		0.85	0.85	0.780	3.3
皇甫川	137.0	48.0	3246.0	473.0				0.498	6.0
清水川	77.0	47.0	882.5	566.8		0.43			
孤山川	79.4	55.6	1276.5	1015.7				0.205	
石马川	43.0	43.0	243.0	243.0	0.7	0.17		0.734	
清涧河	168.0	28.7	4080.0	514.5		1.93		0.559	5.8
八里河	44.0	41.0	1373.4	1300.4	0.2～1				
红碱淖		14.3	1500.0	560.2					

1－4 各县区地理位置、自然资源基本情况(2016 年)

县区	位置		海拔(m)	总土地面积(平方千米)	森林覆盖率(%)
	北纬	东经			
榆阳区	37°49′~38°58′	108°58′~110°24′	870~1413	6796.5	45.5
横山区	37°22′~38°74′	108°65′~110°02′	879~1534.9	4299.1	32.1
神木县	38°13′~39°27′	109°40′~110°54′	738.7~1448.7	7480.7	31.6
府谷县	38°42′~39°35′	110°22′~111°14′	780~1426.6	3201.8	24.4
靖边县	36°58′~38°03′	108°17′~109°20′	1123~1823	4974.6	43.0
定边县	37°49′~37°53′	107°15′~108°22′	1303~1907	6821.3	25.1
绥德县	37°16′~37°45′	110°04′~110°41′	607.8~1287	1852.8	6.6
米脂县	37°39′~38°05′	109°49′~110°29′	843.2~1252	1168.4	11.9
佳　县	37°41′~38°23′	110°0′~110°45′	675~1339.5	2028.7	18.8
吴堡县	37°26′~37°43′	110°32′~110°47′	627~1204	421.1	12.9
清涧县	36°57′~37°25′	109°55′~110°38′	559.6~1282.5	1849.5	22.5
子洲县	37°17′~37°50′	109°29′~110°07′	868~1408	2026.6	13.5

1－5　气候基本情况(2016 年)

	榆林	神木	府谷	横山	靖边	定边	绥德	米脂	佳县	吴堡	清涧	子洲
平均风速(米/秒)	2.8	2.6	2.4	2.0	2.2	2.8	2.1	1.8	2.4	1.3	1.5	1.6
相对湿度(%)	52	55	51	52	55	51	58	57	58	59	59	60
无霜期(天)	210	199	187	193	187	210	199	186	205	186	199	181
平均气压(hpa)	900.4	892.8	863.8	867.6	891.0	885.6	914.6	911.8	910.8	914.6	930.9	910.0
极端最高气温(℃)	34.8	33.3	37.0	37.2	36.8	34.5	36.0	36.7	36.8	37.1	37.7	35.9
极端最低气温(℃)	-23.3	-24.7	-24.2	-22.5	-22.2	-23.8	-21.5	-21.6	-20.4	-20.6	-19.7	-20.8

1－6　平均气温(2016 年)

单位:摄氏度(℃)

	榆林	神木	府谷	横山	靖边	定边	绥德	米脂	佳县	吴堡	清涧	子洲	全市平均
一月	-8.9	-9.8	-8.4	-7.9	-9.0	-8.9	-8.2	-8.3	-7.5	-7.9	-6.7	-7.0	-8.2
二月	-4.4	-5.5	-4.2	-3.6	-4.4	-4.5	-3.6	-3.7	-3.0	-3.5	-2.2	-3.0	-3.8
三月	5.5	4.3	5.4	5.3	4.9	5.2	5.9	5.6	6.1	5.5	7.2	5.7	5.6
四月	14.6	13.5	13.7	13.9	14.0	13.9	15.4	14.9	15.0	14.8	16.3	14.5	14.5
五月	17.6	16.5	15.9	15.9	16.6	16.6	18.2	17.7	17.3	17.8	19.0	16.5	17.1
六月	21.3	20.4	21.9	21.5	21.6	21.0	22.6	22.4	22.5	22.9	23.9	22.1	22.0
七月	23.6	22.6	24.2	23.8	23.6	22.8	24.2	24.2	23.9	24.3	25.1	23.9	23.9
八月	23.6	22.5	23.1	23.2	23.5	22.6	23.9	24.1	23.9	24.2	24.7	24.2	23.6
九月	17.5	16.3	17.1	17.1	17.0	17.0	17.8	18.0	18.0	17.7	18.8	17.9	17.5
十月	11.5	10.2	10.9	10.9	10.7	10.5	11.5	11.6	11.5	11.3	12.4	11.1	11.2
十一月	2.9	1.7	3.4	3.8	2.3	2.6	2.9	2.7	2.9	2.5	3.8	2.8	2.9
十二月	-2.3	-3.2	-0.8	-0.2	-2.1	-2.0	-2.2	-2.1	-1.7	-2.1	-0.8	-1.6	-1.8
年平均	10.2	9.1	10.2	10.3	9.9	9.7	10.7	10.6	10.7	10.6	11.8	10.6	10.4

1－7　降水量(2016 年)

单位:毫米

	榆林	神木	府谷	横山	靖边	定边	绥德	米脂	佳县	吴堡	清涧	子洲	全市平均
一月	0.5	0.6	3.6	1.4	0.7	0.1	0.6	0.2	0.2	0.4	0.0	0.0	0.8
二月	8.7	8.9	14.5	11.5	5.2	6.6	3.7	1.6	5.1	2.6	4.2	5.2	6.5
三月	7.7	9.9	28.8	21.8	25.4	12.9	5.1	8.3	4.4	4.5	3.5	6.3	11.6
四月	21.6	13.2	12.7	10.6	10.5	28.6	21.8	29.4	31.8	16.9	31.2	26.0	21.2
五月	51.7	50.0	37.6	41.6	31.1	35.4	48.7	49.0	39.4	43.8	33.1	48.9	42.5
六月	89.7	83.7	29.9	36.1	35.7	74.4	51.9	76.1	50.0	47.5	46.0	64.2	57.1
七月	164.9	261.9	35.3	46.2	131.4	185.9	340.6	203.0	175.9	208.0	283.0	191.7	185.7
八月	135.0	168.9	66.0	113.7	145.6	257.3	199.8	51.6	66.3	98.8	285.0	20.0	134.0
九月	37.4	35.9	45.9	51.6	52.9	42.3	39.5	28.6	30.8	37.9	37.1	18.0	38.2
十月	91.2	100.8	42.7	64.1	60.9	75.0	85.9	90.8	78.2	79.7	83.4	79.3	77.7
十一月	10.2	6.9	0.0	0.8	4.0	3.4	5.0	4.6	5.3	2.7	8.9	3.3	4.6
十二月	3.1	2.8	0.0	6.2	2.6	3.0	4.5	1.6	5.1	3.0	6.1	2.8	3.4
全年总量	621.7	743.5	317.0	405.6	506.0	724.9	807.1	544.8	492.5	545.8	821.5	465.7	583.0

1－8　日照时数(2016 年)

单位:小时

	榆林	神木	府谷	横山	靖边	定边	绥德	米脂	佳县	吴堡	清涧	子洲	全市平均
一月	175.9	237.5	221.6	231.7	222.5	250.9	191.5	239.2	239.0	229.7	219.0	211.5	222.5
二月	214.0	237.2	239.2	233.2	209.0	224.7	217.5	229.2	233.6	234.0	225.0	218.8	226.3
三月	245.8	267.6	248.9	239.8	230.5	268.4	236.1	235.0	230.4	236.5	237.5	214.1	240.9
四月	276.8	285.6	256.9	277.7	259.9	226.2	276.6	270.4	272.1	278.7	241.6	234.1	263.1
五月	289.8	281.8	242.0	263.4	252.2	294.7	284.6	290.2	269.3	304.2	246.8	216.3	269.6
六月	239.6	224.4	274.5	292.4	247.6	232.7	267.6	282.6	279.1	291.0	254.9	234.7	260.1
七月	245.0	223.0	264.3	245.6	223.5	155.3	253.3	251.3	232.3	256.8	201.6	207.5	230.0
八月	237.1	185.8	220.2	233.2	175.2	193.7	213.7	247.9	222.6	249.0	196.8	208.2	215.3
九月	242.9	234.2	215.1	231.7	219.5	251.1	212.8	227.9	204.9	214.9	179.9	188.4	218.6
十月	184.0	176.8	182.3	178.5	154.6	179.8	152.9	172.2	143.6	171.7	146.4	148.9	166.0
十一月	186.6	232.6	226.1	226.6	225.6	245.9	203.6	220.0	196.0	216.5	191.5	189.2	213.4
十二月	138.5	201.9	200.1	208.1	182.4	204.5	187.0	198.4	181.9	191.9	175.2	170.6	186.7
全年总量	2676.0	2788.4	2791.2	2861.9	2602.5	2727.9	2697.2	2864.3	2704.8	2874.9	2516.2	2442.3	2712.3

主要统计指标解释

行政区划　指国家对行政区域的划分。根据有关法规规定，我国的行政区域划分如下：⑴全国分为省、自治区、直辖市；⑵省、自治区分为自治州、县、自治县、市；⑶自治州分为县、自治县、市；⑷县、自治县分为乡、民族乡、镇；⑸直辖市和较大的市分为区、县；⑹国家在必要时设立的特别行政区。

气候　指地球与大气之间长期能量交换与质量交换所形成的一种自然环境状态，它是多种因素综合作用的结果。气候既是人类生活和生产的环境要素之一，又是供给人类生活和生产的重要资源。气温、降水、湿度等气候要素的多年平均值是用来描述一个地区气候状况的主要参数，而各种气候要素某年、某月的平均值（或总量）则可以反映出该时期天气气候状况的重要特征。

自然资源　指人类可以直接从自然界获得，并用于生产和生活的物质资源。自然资源一般可以分成可再生资源和非再生资源两大类。可再生资源指在较短时间内可以再生、可以循环利用的资源，包括土地资源、水资源、气候资源、生物资源和海洋资源等。非再生资源指在使用后不能再生的资源，包括矿产资源和地热能源。

土地资源　土地指陆地的表层部分，它主要由岩石、岩石的风化物和土壤构成。土地资源按利用类型可以分为农用地、建筑用地和未利用地。农用地包括耕地、园地、林地、牧草地和水面。建筑用地包括居民点及工矿用地、交通用地和水利设施用地。未利用地指农用地和建筑用地以外的土地，包括滩涂、荒漠、戈壁、冰川和石山等。

森林资源　指森林、林木、林地以及依托森林、林木、林地生存的野生动物、植物和微生物。林木指树木和竹子。森林指以乔木为主体的植物群落，是集生的乔木及与共同作用的植物、动物、微生物和土壤、气候等的总体。

森林面积　指由乔木树种构成，郁闭度 0.2 以上（含 0.2）的林地或冠幅宽度 10 米以上的林带的面积，即有林地面积。森林面积包括天然起源和人工起源的针叶林面积、阔叶林面积、针阔混交林面积和竹林面积，不包括灌木林地面积和疏林地面积。

森林蓄积量　指一定森林面积上存在着的林木树干部分的总材积。它是反映一个国家或地区森林资源总规模和水平的基本指标之一，也是反映森林资源的丰富程度、衡量森林生态环境优劣的重要依据。

森林覆盖率　指一个国家或地区森林面积占土地总面积的百分比。森林覆盖率是反映森林资源的丰富程度和生态平衡状况的重要指标。在计算森林覆盖率时，森林面积包括郁闭度 0.2 以上的乔木林地面积和竹林地面积，国家特别规定的灌木林地面积、农田林网以及四旁（村旁、路旁、水旁、宅旁）林木的覆盖面积。计算公式为：

森林覆盖率（%）= 森林面积/土地总面积 × 100%

径流　指陆地上接受降水后扣除损耗外，从地表和地下向流域出口断面汇集的水流。径流可分为地表径流、地下径流和壤中流。地表径流指沿地表向河流、湖泊、沼泽、海洋等汇集的水流；地下径流指沿潜水层或隔水层间的含水层，向河流、湖泊、沼泽、海洋等汇集的地下水水流。

径流量　指在一定时段内通过河流某一过水断面的水量，用以反映一个国家或地区水资源的丰歉程度。计算公式为：

径流量 = 降水量 − 蒸发量

矿产资源　指由地质作用形成的，具有利用价值的，呈固态、液态、气态的自然资源，是社会生产发展的重要物质基础。按其特点和用途，可分为能源矿产（如煤炭、石油、天然气、地热）、金属矿产（如铁矿、锰矿、铜矿、铅矿、铝土矿）、非金属矿产（如金刚石、石灰岩、粘土）和水气矿产（如地下水、矿泉水、二氧化碳气）四大类。其中：金属矿产按其物质成份和性质又可分为：黑色金属矿产、有色金属矿产、贵金属矿产、稀有金属矿产、稀土金属矿产、分散元素金属矿产六类。

矿产保有储量　指探明的矿产储量（包括工业储量和远景储量），扣除已开采部分。

气温　指空气的温度，我国一般以摄氏度（℃）为单位表示。气象观测的温度表是放在离地面约 1.5 米处通风良好的百叶箱中的温度。其统计计算方法为：

月平均气温是将全月各日的平均气温相加，除以该月的天数而得。

年平均气温是将 12 个月的月平均气温累加后除以 12

而得。

降水量 指从天空降落到地面的液态或固态（经融化后）水，未经蒸发、渗透、流失而在地面上集聚的深度。期统计计算方法为：

月降水量是全月各日的降水量累加而得。

年降水量是将12个月的月降水量累加而得。

日照时数 指太阳实际照射地面的时间。其统计方法与降水量相同。

2

综　合

资料整理：王　燕

2. 综　　合

2016 年主要统计指标

全市生产总值	2773.05 亿元	比上年增长 6.5%
第一产业	162.44 亿元	比上年增长 4.8%
第二产业	1684.69 亿元	比上年增长 4.1%
#工业	1641.22 亿元	比上年年增长 3.8%
第三产业	925.92 亿元	比上年增长 11.2%
农业总产值	282.31 亿元	比上年增长 4.8%
规模以上工业总产值	3272.50 亿元	
全社会固定资产投资	1467.46 亿元	比上年增长 6.0%
财政总收入	487.80 亿元	比上年下降 23.7%
#地方财政收入	232.69 亿元	比上年增长 4.5%
财政支出	471.13 亿元	比上年增长 1.2%
社会消费品零售总额	422.05 亿元	比上年增长 6.5%
全体居民人均可支配收入	20463 元	比上年增长 8.2%
农村常住居民人均可支配收入	10582 元	比上年增长 8.0%
城镇常住居民人均可支配收入	29781 元	比上年增长 7.3%

2－1　榆林

		1978年	1980年	1990年	2000年
每天创造的财富					
生产总值	（万元）	98	113	542	2878
第一产业	（万元）	58	64	195	383
第二产业	（万元）	19	23	138	1277
第三产业	（万元）	21	26	209	1218
农林牧渔业总产值	（万元）	93	97	305	658
工业总产值	（万元）	38	34	228	2108
财政总收入	（万元）	7	7	32	258
地方财政收入	（万元）	7	7	32	168
粮食	（吨）	1684	1689	1853	1942
油料	（吨）	11	19	131	76
肉类	（吨）	36	44	112	263
奶类	（吨）		3	21	44
原煤	（万吨）	0.30	0.30	1.08	4.49
原油	（万吨）				0.24
天然气	（万立方米）				
发电量	（万千瓦时）	16	16	50	412
兰炭	（吨）	205	124	619	114
水泥	（吨）	89	75	383	658
电石	（吨）			59	339
每天消费量					
社会消费品零售总额	（万元）	71	74	219	980
平均每人消费水平					
粮食	（公斤）	0.490	0.500	0.563	0.576
肉类	（公斤）	0.014	0.016	0.020	0.025
油脂类	（公斤）	0.002	0.004	0.008	0.011
鲜蛋	（公斤）	0.002	0.002	0.003	0.008
每天其他经济活动					
全社会固定资产投资总额	（万元）	14	19	104	1687
公路客运量	（人次）	4027	5288	15918	27644
公路货运量	（吨）	3014	986	9178	47671
邮电业务总量	（万元）	1	1	4	55
居民储蓄额	（万元）	5	9	164	1637
每天人口变动					
出生	（人）	109	115	217	91
死亡	（人）	38	40	52	41

一日

2010 年	2011 年	2012 年	2013 年	2014 年	2015 年	2016 年
48128	62801	73147	76150	80016	68271	75974
2525	3066	3449	3695	3974	3937	4450
33035	44648	52836	52468	53884	41745	46156
12568	15087	16862	19986	22158	22589	25368
4188	5125	5746	6376	6850	6852	7735
53698	72919	85086	89265	96833	88102	89657
10982	15293	19007	18329	18564	17511	13364
3439	4938	6824	7143	7338	8098	6375
4524	3891	4219	4240	4331	3915	4386
196	191	233	218	278	202	237
424	451	470	490	505	504	504
225	228	234	247	252	225	231
70.50	78	88	93	99	99	99
2.69	2.97	3.18	3.37	3.37	3.25	2.99
3010	3310	3512	4099	4477	4141	4375
9761	10870	12008	13033	16224	17242	18987
26289	40296	53725	61291	72046	68469	79143
2995	8252	10699	13082	12595	10733	10076
2545	2984	3984	4584	5687	7077	6620
5853	7101	8430	9542	10267	10861	11563
0.438	0.352	0.410	0.610	0.358	0.398	0.394
0.031	0.030	0.042	0.039	0.041	0.053	0.052
0.019	0.017	0.021	0.020	0.022	0.026	0.023
0.013	0.014	0.028	0.015	0.014	0.022	0.019
30286	37774	48527	50080	45124	37928	40204
170411	198658	206384	216465	89973	87315	78630
178959	217096	263370	294247	413918	457370	676658
371	378	443	1477	1594	2042	2958
19194	21818	26154	29829	33799	38015	41843
137	109	105	106	107	107	109
27	59	56	56	59	59	59

	1949年	1952年	1957年	1962年	1965年	1970年	1975年	1978年
人口和劳动力								
年末总人口（万人）	117.40	132.81	157.91	178.66	190.76	211.40	225.56	227.52
年末从业人员（万人）	40.62	47.36	66.77	64.12	66.84	75.95	82.58	82.32
#职工人数（万人）	0.55	1.03	2.51	3.91	3.34	4.06	6.17	8.63
宏观经济								
生产总值（亿元）	0.49	0.68	1.05	1.01	1.32	1.88	3.31	3.58
第一产业（亿元）	...	...	...	...	...	...	...	2.10
第二产业（亿元）	...	...	...	...	...	...	...	0.72
第三产业（亿元）	...	...	...	...	...	...	...	0.76
全社会固定资产投资总额（亿元）	...	0.01	0.11	0.03	0.06	0.17	0.33	0.52
财政总收入（亿元）	0.01	0.03	0.06	0.13	0.09	0.12	0.18	0.26
#地方财政收入（亿元）	0.01	0.03	0.06	0.13	0.09	0.12	0.18	0.26
财政支出（亿元）	0.01	0.03	0.15	0.21	0.39	0.51	0.87	1.22
居民消费价格指数（上年=100）								
商品零售价格指数（上年=100）								
产　业								
农业								
农林牧渔业总产值（亿元）	0.59	0.80	1.02	1.01	1.31	1.76	2.55	3.40
粮食产量（万吨）	17.67	21.00	23.31	18.39	22.12	38.44	62.20	61.47
油料产量（万吨）	0.58	0.75	0.56	0.18	0.44	0.57	0.45	0.39
水果产量（万吨）	0.69	0.84	2.16	0.98	1.44	1.29	1.51	1.54
大牲畜年末存栏（万头）	11.82	20.14	25.49	23.57	26.95	29.61	28.48	27.08
猪年末存栏（万头）	4.16	10.28	11.29	12.11	11.43	31.01	43.52	60.60
羊年末存栏（万只）	44.40	92.82	146.89	151.17	163.95	181.43	214.53	207.62
肉类（万吨）								1.30
#猪牛羊肉（万吨）								1.30
奶类（万吨）								
常用耕地面积（千公顷）	757.13	748.57	787.51	724.05	767.06	709.90	692.55	685.81
工业								
规模以上工业企业单位数（个）	62	78	75	[illegible]	261	311	494	676
#大中型企业（个）								
#国有（个）	5	12	35	65	59	74	130	152
工业总产值（亿元）	359	0.05	0.15	0.21	0.23	0.34	0.89	1.38

社会发展主要指标

1980 年	1985 年	1990 年	1995 年	2000 年	2005 年	2010 年	2011 年	2012 年	2013 年	2014 年	2015 年	2016 年
233.09	256.40	296.45	317.79	342.57	351.63	364.50	370.69	374.55	376.99	373.84	377.46	382.00
87.66	102.02	119.82	134.56	151.07	163.20	193.03	194.41	191.68	199.32	204.55	203.47	202.36
9.17	12.24	15.06	17.91	18.35	19.22	24.25	25.25	24.31	34.78	35.48	35.41	35.55
4.11	7.07	19.77	45.79	105.05	447.63	1756.67	2292.25	2669.88	2779.46	2920.58	2491.89	2773.05
2.35	3.80	7.12	15.80	13.98	28.34	92.16	111.91	125.88	134.88	145.04	143.69	162.44
0.82	1.35	5.02	13.29	46.60	260.06	1205.77	1629.66	1928.53	1915.09	1966.78	1523.68	1684.70
0.94	1.93	7.63	16.70	44.47	159.23	458.74	550.68	615.47	729.49	808.76	824.51	925.92
0.69	1.41	3.81	22.44	61.57	211.52	1105.46	1378.73	1771.23	1827.91	1647.04	1384.37	1467.46
0.25	0.34	1.17	3.16	9.43	67.02	400.80	558.20	693.75	669.02	677.60	639.14	487.80
0.25	0.34	1.17	1.70	6.15	23.84	125.54	180.25	249.06	260.73	267.85	295.58	232.69
1.19	1.72	3.21	6.05	13.04	45.40	237.19	316.14	398.88	422.22	423.32	465.36	471.13
		100.2	120.8	98.2	103.1	105.4	106.6	104.6	103.3	102.1	101.1	101.3
		99.6	122.1	98.0	102.7	105.2	105.1	103.9	102.5	102.0	101.0	101.4
3.54	5.57	11.12	27.15	24.01	48.84	152.88	187.06	209.72	232.74	250.03	250.08	282.31
61.66	57.83	67.65	61.66	70.90	106.23	165.13	142.03	153.99	154.77	158.10	142.90	160.08
0.70	2.98	4.79	4.23	2.78	4.74	7.14	6.98	8.49	7.95	8.32	7.39	8.63
1.72	2.91	5.31	7.21	8.46	14.41	50.96	70.13	71.60	61.67	60.61	66.50	78.23
30.07	34.71	37.36	36.60	33.12	34.23	27.98	27.62	26.45	25.27	25.71	25.46	24.80
55.58	63.07	61.94	71.19	74.11	96.70	96.51	96.59	100.38	100.30	98.40	94.54	92.79
218.14	141.19	263.11	245.59	245.81	405.07	563.78	588.17	598.69	627.95	649.18	669.07	666.52
1.62	2.61	4.10	7.51	9.62	14.23	15.47	16.45	17.15	17.90	18.43	18.39	18.40
1.62	2.56	3.96	6.79	8.86	12.75	14.42	15.45	16.11	16.82	17.35	17.26	17.28
0.12	0.36	0.76	1.58	1.61	4.69	8.20	8.32	8.54	9.02	9.20	8.23	8.43
681.48	644.20	644.58	646.10	596.42	500.72	574.33	575.00	580.63	594.87	602.62	653.68	685.46
681	590	741	814	140	364	663	535	621	700	635	688	767
		1	14	18	24	61	75	107	143	136	153	134
148	156	190	248	105	53	41	32	39	41	45	47	21
1.25	2.19	8.34	21.87	76.95	397.01	1959.96	2661.55	3105.65	3258.19	3534.41	3215.72	3272.50

	1949 年	1952 年	1957 年	1962 年	1965 年	1970 年	1975 年	1978 年
主要工业产品产量								
原煤 （万吨）	8.8	11.2	25.2	36.7	32.9	46.6	78.7	108
原油 （万吨）								
天然气 （亿立方米）								
原盐 （万吨）	0.18	0.27	0.92	3.29	2.16	2.95	5.24	7.73
发电量 （亿千瓦时）		0.00	0.02	0.03	0.03	0.08	0.44	0.59
兰炭 （万吨）						0.73	2.50	7.50
水泥 （万吨）						0.32	2.06	3.24
玻璃 （万重量箱）								3.78
原油加工量 （万吨）								
电石 （万吨）								
精甲醇 （万吨）								
建筑业								
建筑业企业年平均职工人数 （人）								
建筑业总产值 （亿元）								
交通运输业								
公路客运量 （万人次）		1	30	10	4	58	125	147
公路客运周转量 （万人公里）		115	2376	2910	5653	5402	10497	12028
公路货运量 （万吨）		2	35	14	30	31	86	110
公路货运周转量 （万吨公里）		45	559	372	1508	2695	8084	10761
邮电通信业								
邮电业务总量 （万元）			6		167	50	111	228
国内商业								
社会消费品零售总额 （亿元）	0.24	0.35	0.65	0.70	0.76	0.94	1.94	2.60
金融业								
金融机构各项存款余额 （亿元）	...	0.04	0.09	0.28	0.28	0.42	0.61	0.75
金融机构各项贷款余额 （亿元）	...	0.02	0.43	0.55	0.73	1.01	1.61	2.16
人民生活								
全体居民人均年末现住房建筑面积								
城镇常住居民人均住房面积 （平方米）								
农村常住居民人均住房面积 （平方米）								
全体居民人均可支配收入								
城镇常住居民人均可支配收入 （元/人）								
农村常住居民人均可支配收入 （元/人）								52
城镇非私营单位就业人员平均工资 （元）		386	559	553	587	579	577	660
居民储蓄存款余额 （亿元）		...	0.04	0.07	0.08	0.06	0.13	0.21
社会发展								
各类学校在校学生数 （万人）	2.34	9.18	16.16	12.77	32.00	41.20	52.51	56.25
高等学校在校学生数 （万人）								0.03
中等学校在校学生数 （万人）	0.13	0.30	1.61	1.34	1.77	5.38	9.80	16.32
小学在校学生数 （万人）	2.23	8.88	14.55	11.44	30.22	35.83	42.70	39.89
学龄儿童入学率 （%）				67.50	77.10		97.10	94.00
卫生机构数 （个）	9	77	342	386	366	343	404	431
卫生机构床位数 （张）	17	52	291	964	1326	2289	2874	3187
卫生技术人员数 （人）	64	300	930	1616	2225	2650	2982	3270

表

1980年	1985年	1990年	1995年	2000年	2005年	2010年	2011年	2012年	2013年	2014年	2015年	2016年
108	160	394	1290	1640	6560	25732	28355	32005	33855	36263	36103.50	36216.21
			6	89	476	893	1083	1161	1230	1232	1186.94	1092.31
					60.50	109.83	120.80	128.16	149.62	163.36	151.13	159.70
5.50	4.39	12.50	8.46	7.50	26.25	40.98	41.90	104.80	111.88	142.97	134.85	134.69
0.60	0.28	1.82	4.91	15.04	68.46	356.27	396.77	438.29	475.72	592.16	629.34	693.02
4.52	1.82	22.59	12.19	4.16	35.80	959.56	1470.75	1960.95	2237.11	2629.69	2499.11	2888.70
2.74	3.81	13.97	29.44	24.00	29.30	109.31	301.21	390.49	477.51	459.72	391.74	367.79
1.77	1.73	27.04	43.70	52.26	198.70	683.38	839.58	793.02	648.58	667.78	570.45	564.90
				45.36	79.52	260.96	305.03	338.44	386.29	430.59	432.34	403.50
		2.14	3.64	12.38	48.00	92.91	108.92	145.43	167.32	207.58	258.32	241.64
				15.81	46.88	119.38	132.13	132.28	157.83	196.63	222.07	225.98
	5371	5149	7791	20493	31209	64589	47822	53117	79258	86173	59571	71320
	0.29	0.54	2.02	8.77	28.64	108.86	126.83	156.63	206.03	201.27	148.94	181.06
193	431	581	614	1009	1893	6220	7251	7533	7901	3284	3187	2870
17095	42302	68529	60552	266292	234670	387790	458942	487736	506441	382066	371500	350300
36	126	335	386	1740	1993	6532	7924	9613	10740	15108	16694	24698
5363	13441	44345	52480	307337	259265	3500659	4168489	4936122	5541126	5220045	5789157	6060400
318	420	1293	4407	20113	35124	135300	137810	161544	539074	581753	745320	1079810
2.70	4.46	7.99	16.17	35.77	76.32	213.64	259.18	307.70	348.27	374.74	396.41	422.05
1.17	3.18	12.07	34.87	97.26	357.24	1452.72	1844.51	2252.82	2428.70	2618.24	2793.87	3026.38
2.58	4.91	16.11	37.14	82.97	196.67	898.52	1179.39	1548.08	1803.81	1935.71	2032.89	1979.33
										31.0	33.9	31.7
			15.0	15.7	19.6	29.1	30.2	29.0	29.0	33.2	37.8	32.3
	9.3	16.2	17.9	22.9	19.3	26.6	29.9	33.6	34.5	29.4	30.9	31.3
										17218	18905	20463
284	414	830	2260	3505	6100	17545	20721	24140	26820	25676	27765	29781
60	231	363	837	1062	1803	5113	6520	7681	8687	8967	9802	10582
677	909	1762	3742	6569	14257	40629	45053	51607	55597	56321	58442	62140
0.47	1.80	8.27	25.44	59.75	175.24	700.57	796.37	954.63	1088.76	1233.65	1387.57	1527.26
50.67	37.39	43.31	62.83	80.45	75.27	64.87	63.28	60.58	60.77	61.10	62.61	65.17
0.04	0.06	0.09	0.11	0.27	1.89	1.47	1.35	1.57	1.62	1.66	1.73	1.74
13.61	9.34	8.98	11.95	24.87	37.40	30.33	27.22	22.18	22.39	20.17	18.68	18.22
37.03	27.95	34.10	50.71	55.22	35.94	25.02	24.39	21.81	21.71	22.86	24.59	26.54
92.20	95.40	96.00	97.70	99.10	99.50	99.80	99.81	99.81	99.81	99.82	99.83	99.94
452	496	507	498	367	346	719	5198	4993	4921	4939	4861	4631
3576	3854	4464	5774	6274	7885	13106	14390	15762	16778	17248	18301	20436
3800	5525	6414	8806	9251	10107	13561	15785	17520	20499	21245	22191	24890

2－3 各时期国民经济和社会

	恢复时期 (1949－1952)	"一五"时期 (1953－1957)	"二五"时期 (1958－1962)
增长速度			
生产总值	38.5	90.1	-44.5
第一产业			
第二产业			
第三产业			
全社会固定资产投资	1800.0	1100.0	-72.4
财政总收入	118.2	105.9	99.2
地方财政收入	118.2	105.9	99.2
财政支出	284.5	382.3	41.3
农林牧渔业总产值	36.0	62.3	-45.3
种植业	26.0	42.3	-48.8
林业	314.3	497.1	-21.6
畜牧业	97.0	95.1	-55.1
渔业			
农林牧渔服务业			
社会消费品零售总额	50.9	82.3	8.6
全体居民人均可支配收入			
城镇常住居民人均可支配收入			
农村常住居民人均可支配收入			
平均每年增长速度			
生产总值	11.5	13.7	-11.1
第一产业			
第二产业			
第三产业			
全社会固定资产投资	166.8	64.4	-22.7
财政总收入	29.7	15.5	14.8
地方财政收入	29.7	15.5	14.8
财政支出	56.7	37.0	7.2
农林牧渔业总产值	10.8	10.2	-11.4
种植业	8.0	7.3	-12.5
林业	60.6	43.0	-4.7
畜牧业	25.4	14.3	-14.8
渔业			
农林牧渔服务业			
社会消费品零售总额	14.7	12.8	1.7
全体居民人均可支配收入			
城镇常住居民人均可支配收入			
农村常住居民人均可支配收入			

发展主要指标增长速度

单位:%

调整时期 (1963－1965)	"三五"时期 (1966－1970)	"四五"时期 (1971－1975)	"五五"时期 (1976－1980)	1978－1980
45.4	46.7	59.2	1.9	-4.8
				-15.4
				5.1
				23.4
98.1	178.0	92.9	105.2	31.8
-32.8	44.8	48.7	34.2	-6.3
-32.8	44.8	48.7	34.2	-6.3
86.9	31.0	68.9	37.0	-2.9
44.0	40.4	57.0	7.6	-7.3
49.4	45.9	46.8	3.3	7.3
18.0	-4.3	293.2	-22.9	-56.3
52.7	61.8	-6.3	39.9	79.8
150.1	20.0	108.3	36.1	26.0
8.0	24.5	105.2	39.5	3.9
				15.4
13.3	8.0	9.7	0.4	-2.4
				-8.0
				2.5
				11.1
25.6	22.7	14.0	15.5	14.8
-12.4	7.7	8.3	6.1	-3.2
-12.4	7.7	8.3	6.1	-3.2
23.2	5.5	11.1	6.5	-1.4
12.9	7.0	9.4	1.5	-3.7
14.3	7.8	8.0	0.6	3.6
5.7	-0.9	31.5	-5.1	-33.9
15.2	10.1	-1.3	7.0	34.1
35.7	3.7	15.8	6.4	12.2
2.6	4.5	15.5	6.9	1.9
				7.4

	“六五”时期 (1981－1985)	“七五”时期 (1986－1990)	“八五”时期 (1991－1995)
增长速度			
生产总值	68.1	50.7	69.3
第一产业	56.1	12.4	1.5
第二产业	66.4	66.5	191.3
第三产业	98.5	133.5	85.8
全社会固定资产投资	105.3	170.6	488.3
财政总收入	37.0	246.2	169.5
地方财政收入	37.0	246.2	45.5
财政支出	45.1	86.6	88.3
农林牧渔业总产值	25.9	20.8	10.6
种植业	1.5	34.8	8.0
林业	111.5	－43.1	－1.7
畜牧业	62.0	52.8	36.5
渔业	41.3	139.5	99.0
农林牧渔服务业			
社会消费品零售总额	64.9	79.2	102.4
全体居民人均可支配收入			
城镇常住居民人均可支配收入	45.7	100.4	172.3
农村常住居民人均可支配收入	446.2	51.8	151.6
平均每年增长速度			
生产总值	10.9	8.5	11.1
第一产业	9.3	2.4	0.3
第二产业	10.7	10.7	23.8
第三产业	14.7	18.5	13.2
全社会固定资产投资	15.5	22.0	42.5
财政总收入	6.5	28.2	21.9
地方财政收入	6.5	28.2	7.8
财政支出	7.7	13.3	13.5
农林牧渔业总产值	4.7	3.9	2.0
种植业	0.3	6.2	1.6
林业	16.2	－10.7	－0.3
畜牧业	10.1	8.9	6.4
渔业	7.2	19.1	14.8
农林牧渔服务业			
社会消费品零售总额	10.5	12.4	15.1
全体居民人均可支配收入			
城镇常住居民人均可支配收入	7.8	14.9	22.2
农村常住居民人均可支配收入	40.4	8.7	20.3

表

单位:%

“九五”时期（1996－2000）	“十五”时期（2001－2005）	“十一五”时期（2006－2010）	“十二五”时期（2011－2015）	2016年
45.2	113.9	143.2	58.9	6.5
0.1	38.5	43.9	29.0	4.8
72.7	157.1	154.5	66.0	4.1
55.9	88.7	142.5	46.0	11.2
174.4	243.5	422.6	32.7	6.0
198.8	610.8	497.9	52.9	-23.7
260.6	287.9	426.5	142.8	4.5
115.4	641.9	145.1	96.4	1.2
9.1	53.6	159.4	30.2	4.8
1.3	50.4	189.3	14.7	7.0
23.1	27.4	58.8	119.5	17.8
17.6	54.1	127.6	54.3	0.7
26.6	289.1	-5.9	169.6	9.1
			23.5	7.0
121.3	113.3	187.3	73.2	6.5
				8.2
55.1	79.8	178.5	84.5	7.3
21.0	78.2	161.6	108.0	8.0
7.7	16.4	19.5	9.7	6.5
0.0	6.7	7.6	5.2	4.8
11.5	20.8	20.6	10.7	4.1
9.3	13.5	19.4	7.9	11.2
22.4	28.0	39.2	5.8	6.0
24.5	48.0	43.0	8.9	-23.7
29.2	31.1	39.4	19.4	4.5
16.6	49.3	39.2	14.5	1.2
1.8	9.0	21.0	5.4	4.8
0.3	8.5	23.7	2.8	7.0
4.2	5.0	9.7	17.0	17.8
3.3	9.0	17.9	9.1	0.7
4.8	31.2	-1.2	21.9	9.1
			4.3	7.0
17.2	16.4	21.7	11.6	6.5
				8.2
9.2	12.4	23.5	13.0	7.3
3.9	12.2	23.2	15.8	8.0

2－4　主要年份国民经济和

	1952 年	1978 年	1980 年	1985 年	1990 年	1995 年
总人口						
乡村人口	94.8	93.2	92.7	90.8	90.4	88.5
城镇人口	5.2	6.8	7.3	9.2	9.6	11.5
从业人员产业结构						
第一产业		86.9	87.8	79.3	75.1	71.8
第二产业		4.9	4.2	8.6	9.9	10.8
第三产业		8.2	7.9	12.1	15.1	17.4
生产总值产业结构						
第一产业		58.7	57.2	53.7	36.0	34.5
第二产业		20.0	20.0	19.0	25.4	29.0
第三产业		21.3	22.8	27.3	38.6	36.5
全社会固定资产投资结构						
第一产业		21.0	15.1		1.2	2.6
第二产业		27.5	26.5		53.0	63.6
第三产业		51.5	58.4		45.8	14.5
工农业产值结构						
工业	6.1	28.9	26.1	28.2	42.8	44.6
轻工业	4.5	19.4	16.8	18.5	26.1	18.5
重工业	1.6	9.5	9.3	9.7	16.7	26.1
农业	93.9	71.1	73.9	71.8	57.2	55.4
农林牧渔业产值结构						
农业	81.5	64.0	66.1	58.2	58.0	56.5
林业	2.7	11.3	7.5	14.1	8.9	4.3
牧业	14.6	18.7	20.5	21.1	27.4	35.4
渔业		0.1	0.1	0.1	0.3	0.3
农林牧渔服务业		6.0	5.9	6.5	5.4	3.5
工业产值结构						
轻工业	73.2	67.2	64.3	65.4	61.0	41.5
重工业	26.8	32.8	35.7	34.6	39.0	58.5
国有工业	12.7	58.2	61.6	57.9	69.0	64.3
集体工业	87.3	41.8	38.4	42.1	31.0	24.1
其他工业						11.5
社会消费品零售总额构成						
城镇		48.7	38.2	44.6	52.6	66.3
乡村		51.3	61.8	55.4	47.4	33.7
全体居民可支配收入结构						
工资性收入						
经营净收入						
财产性收入						
转移性收入						
城镇居民可支配收入结构						
工资性收入				84.4	79.5	77.4
经营净收入				1.3	2.7	4.2
财产性收入					0.5	0.7
转移性收入				14.3	17.3	17.7
农村居民可支配收入结构						
工资性收入				1.5	17.2	16.6
家庭经营性收入				98.4	77.6	79.2
财产性收入				0.2	5.2	1.7
转移性收入						2.6

注:1、总人口中 1952 年－2005 年为户籍人口中农业人口和非农业人口之比,2010 年以后为按常住人口计算的城镇化率。

3. 工业产值 2016 年之前为全部工业总产值,从 2016 年起为规模以上工业产值。

社会发展结构指标

单位:%

2000 年	2005 年	2010 年	2011 年	2012 年	2013 年	2014 年	2015 年	2016 年
86.2	83.2	52.6	51.4	48.7	47.2	46.1	45.0	43.7
13.8	16.8	47.4	48.6	51.3	52.8	53.9	55.0	56.3
63.0	56.0	45.9	44.2	42.1	38.4	47.2	47.4	48.8
11.8	13.6	23.5	24.5	25.4	61.6	52.8	52.6	51.2
25.2	30.4	30.7	31.2	32.5				
13.3	6.3	5.3	4.9	4.7	4.9	5.0	5.8	5.9
44.4	58.1	68.6	71.1	72.2	68.9	67.3	61.1	60.7
42.3	35.6	26.1	24.0	23.1	26.2	27.7	33.1	33.4
2.4	0.7	4.3	4.2	3.5	3.9	1.7	2.6	3.7
43.5	65.5	64.0	66.6	63.8	67.4	60.7	62.8	67
54.1	33.8	31.7	29.2	32.7	28.7	37.6	34.6	29.3
76.2	89.0	92.8	93.4	93.7	93.3	93.4	92.8	92.1
8.8	1.4	1.6	1.0	1.2	1.6	1.9	2.2	2.5
67.4	87.6	91.2	92.4	92.4	91.7	91.5	90.6	89.6
23.8	11.0	7.2	6.6	6.3	6.7	6.6	7.2	7.9
51.1	48.2	62.0	49.6	52.2	53.7	53.9	51.5	54.0
6.1	3.4	1.8	2.3	2.8	2.7	3.1	3.6	3.4
42.3	44.5	32.0	44.0	40.8	39.7	39.0	40.6	38.3
0.6	0.9	0.3	0.4	0.4	0.4	0.4	0.6	0.6
0.0	3.0	3.9	3.7	3.8	3.5	3.6	3.7	3.6
11.6	1.6	1.7	1.1	1.3	1.7	2.0	2.4	2.7
88.4	98.4	98.3	98.9	98.7	98.3	98.0	97.6	97.3
67.0	39.3	41.9	42.9	41.2	16.7	15.9	13.5	6.6
4.2	9.5	5.0	0.6	0.6	0.4	0.4	0.3	0.2
28.8	51.2	53.1	56.5	58.2	82.9	83.7	86.2	93.2
65.3	64.6	60.8	67.6	68.8	68.8	69.9	68.9	68.5
34.7	35.4	39.2	32.4	31.2	31.2	30.1	31.1	31.5
						56.9	56.2	56.6
						22.9	22.1	21.3
						10.7	11.6	11.6
						9.5	10.1	10.5
65.3	70.5	61.2	61.4	61.2	62.6	65.7	64.7	64.9
2.6	6.2	11.5	11.7	12.0	11.8	12.0	11.7	11.3
3.3	0.8	11.5	11.9	12.5	11.6	13.8	14.8	14.8
28.8	22.5	15.8	15.0	14.3	14.0	8.4	8.8	9.0
30.1	34.7	35.9	34.7	33.0	32.7	32.4	31.5	31.8
62.7	50.0	53.1	52.8	52.8	52.9	53.2	52.5	51.2
5.3	5.3	3.2	4.3	5.5	5.8	2.1	2.2	2.0
1.9	6.3	7.8	8.2	8.8	8.7	12.3	13.8	15.0

2、城乡居民收入结构 2014 年及以后按城乡一体化口径计算，均为可支配收入结构；

2－5 各县区主要年份国民经济和

年 份	年末总人口（万人）	生产总值（万元）	农林牧渔业总产值(万元)	工业总产值（万元）	全社会固定资产投资总额(万元)
			榆 阳		
1949	11.78		393	29	2
1952	15.15		503	61	29
1957	19.04		1050	642	118
1962	20.06		1390	927	84
1965	21.29		1385	404	139
1970	23.41		1533	805	386
1975	25.98		2607	1932	854
1978	26.90	5925	3291	3235	674
1980	27.67	7702	5061	2515	1044
1985	31.08	13707	6575	3694	4370
1990	36.64	27627	13073	10493	1629
1995	38.87	143020	43184	62507	32193
2000	43.07	233049	46344	93995	258891
2005	44.30	779220	82623	435079	417044
2010	52.14	2489500	232872	2335820	2282367
2011	53.43	3250200	330869	3121602	2843940
2012	54.57	4010900	359612	3029898	3729290
2013	55.41	4612639	395612	3916290	4593529
2014	55.54	5150260	430033	4762648	5110300
2015	57.00	5165000	444494	5497445	3600897
2016	58.48	5532000	503933	6072544	3705184
			神 木		
1949	13.68		359	70	
1952	15.43		808	123	1
1957	17.74		773	155	69
1962	19.72		855	124	20
1965	20.89		597	89	91
1970	22.86		1890	322	175
1975	24.02		2686	748	305
1978	24.44	3474	3720	1422	405
1980	24.77	4411	3615	1059	223
1985	26.90	7064	6626	1515	1562
1990	30.88	24500	10146	9715	21685
1995	33.09	75481	26333	47107	130849
2000	37.24	234246	32685	194240	218775
2005	38.22	1402509	64528	1086275	402165
2010	41.07	6049440	136925	6798544	2227331
2011	41.80	7710100	164526	9014445	2742559
2012	42.21	10038900	180649	12291288	3474440
2013	42.72	8821191	205324	11789310	2855752
2014	43.09	9143330	214584	12285050	2254563
2015	43.70	7695300	215555	11692337	2483685
2016	44.31	9019500	238197	13426330	2660638

注:2015 年及以前年份的工业产值为全部工业总产值,2016 年为规模以上工业总产值。

社会发展主要指标

地方财政收入（万元）	财政支出（万元）	社会消费品零售总额（万元）	全体居民人均可支配收入(元/人)	城镇常住居民人均可支配收入（元/人）	农村常住居民人均可支配收入（元/人）
		榆 阳			
14	8	272			
56	29	554			
163	163	1331			
246	183	1518			
189	300	1392			
193	529	1536			
347	961	2753			
456	1595	5666			
648	1291	4756		284	
354	1857	10377		430	294
1683	3903	13894		923	503
2102	5940	36145		2512	1321
7573	11558	77628		4023	1575
17100	34250	131947		6518	2416
93249	184757	434916		18868	6605
139158	271719	545471		22359	8428
172955	314069	705370		26071	10001
210948	335598	1127829		29069	11331
239352	405025	1177959	21313	26676	9992
243348	409384	1185171	23491	29110	11015
215935	450187	1250501	25485	31206	11929
		神 木			
14	6	246			
22	23	306			
51	127	508			
119	192	525			
76	339	694			
74	501	914			
85	780	1625			
150	825	2218			
187	836	3399			
255	1315	4254			260
1881	3399	9863			468
4072	6887	23450			1007
13302	16334	53672			1458
68267	76532	120857			2788
268558	392265	298868		22301	8672
420152	528048	371276		26064	10798
535610	678458	415989		29316	12537
501146	636886	436268		30100	13225
540203	688726	460490	20995	26731	11132
585202	809134	472693	22846	28450	12046
530624	773602	510277	24491	30384	12875

年 份	年末总人口（万人）	生产总值（万元）	农林牧渔业总产值（万元）	工业总产值（万元）	全社会固定资产投资总额（万元）
府 谷					
1949	9.82		640	102	
1952	10.35		916	147	1
1957	12.20		635	169	37
1962	12.90		844	124	24
1965	13.54		943	43	29
1970	14.33		1781	232	194
1975	15.00		3363	796	408
1978	15.09	2478	3103	1150	210
1980	15.56	2232	1822	877	169
1985	16.80	4412	3000	2119	1461
1990	19.03	11600	6269	11982	592
1995	20.34	51500	13607	46105	15971
2000	22.20	88300	10469	75352	37821
2005	22.66	281200	18378	370474	162498
2010	23.88	2659700	61760	3711673	2140650
2011	24.19	4079500	75455	5898538	2709395
2012	24.39	4505200	86360	6075576	3357128
2013	24.91	4638244	92635	6278462	2403641
2014	24.57	4599770	101206	6523258	1506600
2015	24.78	3658300	100327	5617560	1059561
2016	24.78	3910100	111732	5432554	1140084
横 山					
1949	6.79		433	21	2
1952	9.38		695	32	13
1957	13.63		902	106	67
1962	16.20		1109	228	54
1965	17.48		1048	37	30
1970	19.61		1526	162	65
1975	21.10		2141	464	252
1978	21.17	3009	3295	742	219
1980	21.63	3816	4304	628	407
1985	23.89	6233	5930	818	1121
1990	28.66	13400	13167	3273	398
1995	30.64	41100	31939	11383	6401
2000	32.71	65600	22431	30029	5024
2005	33.76	237829	55265	149892	43914
2010	36.04	830020	157063	692175	892795
2011	36.66	931100	184325	729706	1136591
2012	37.08	1042200	205689	889403	1554232
2013	37.27	1106531	232421	980053	1757287
2014	37.20	1184070	246554	1190712	1025300
2015	37.51	1108000	248690	1431243	746433
2016	37.90	1212800	280183	1250320	1068770

表一

地方财政收入（万元）	财政支出（万元）	社会消费品零售总额（万元）	全体居民人均可支配收入(元/人)	城镇常住居民人均可支配收入（元/人）	农村常住居民人均可支配收入（元/人）
府　谷					
11	5	156			
16	21	166			
37	87	342			
75	117	476			
45	213	434			
87	386	707			
122	758	1691			
18	836	1803			
119	709	1960			
246	1067	3300			154
1633	2622	5677			413
2693	4419	19455			904
7156	10941	40416			1037
21620	32111	80101			1745
176022	254811	244991		21415	7786
236423	297134	313225		25312	9927
274226	356939	385810		29083	11783
230690	324713	400128		30392	13001
231055	298998	440059	19948	26753	10060
164586	252564	469953	21681	28417	10871
140184	283489	474508	23264	30321	11610
横　山					
9	5	77			
14	19	156			
37	117	397			
75	135	510			
58	254	520			
48	283	680			
126	659	1315			
148	698	1651			
118	754	2023			
122	1210	3493			226
506	1879	5627			43
580	3991	9889			696
2763	7474	20560			921
5694	22029	38500			1520
20992	125072	183616		17400	5264
20295	156051	279849		20515	6701
37381	198881	382095		23920	7860
44442	213483	437790		26527	8725
37826	197425	486403	15367	23924	8920
40071	264717	509750	16901	25905	9760
27689	234524	539063	18253	27951	10522

年 份	年末总人口（万人）	生产总值（万元）	农林牧渔业总产值（万元）	工业总产值（万元）	全社会固定资产投资总额（万元）
			靖 边		
1949	7.54		450	1	
1952	8.13		516	1	
1957	10.47		619	27	12
1962	12.66		973	53	67
1965	13.88		1153	36	114
1970	15.63		1605	97	65
1975	17.09		3590	269	100
1978	17.53	2330	3107	526	171
1980	18.11	3783	2852	719	164
1985	20.12	4982	5046	678	1109
1990	24.26	9700	9501	2739	212
1995	26.30	32396	20819	14773	16840
2000	28.14	114700	27359	275148	46032
2005	29.16	1068689	63380	1530146	54752
2010	32.86	2403940	199310	3195878	1364192
2011	33.82	2929600	251958	4037609	1656764
2012	34.20	3170500	284670	4266154	2165035
2013	34.26	3200504	317568	4365460	2709061
2014	34.40	3397880	350910	4993047	2175558
2015	34.70	2536700	355569	3978946	1565161
2016	35.60	2456000	399931	3418515	1659312
			定 边		
1949	8.29		319	51	
1952	9.64		433	73	5
1957	11.61		477	191	29
1962	13.69		1311	270	23
1965	15.40		1062	102	118
1970	18.28		1440	486	152
1975	20.22		2748	1219	58
1978	20.91	3960	3309	1852	173
1980	21.60	5361	3499	1564	157
1985	23.58	7347	5782	1664	432
1990	26.85	13200	11335	5525	416
1995	28.91	30400	33403	13088	8064
2000	31.21	51100	26797	65098	19667
2005	32.10	366400	67088	343624	11876
2010	33.05	1727200	220498	2123279	1112980
2011	33.47	2327700	233905	2903794	1313372
2012	33.67	2910100	249735	3450443	1667118
2013	33.74	3205615	293266	3929179	2080917
2014	34.50	3465550	323520	4152415	2431000
2015	34.70	2449100	323223	2539898	2263379
2016	35.21	2299800	354825	1894232	1901190

表二

地方财政收入（万元）	财政支出（万元）	社会消费品零售总额（万元）	全体居民人均可支配收入(元/人)	城镇常住居民人均可支配收入（元/人）	农村常住居民人均可支配收入（元/人）
		靖　边			
13	6	210			
23	23	234			
45	95	449			
82	130	446			
69	236	522			
45	321	557			
96	584	1526			
163	797	1703			
159	843	1927			
79	1220	2686			238
477	2037	4186			401
893	4694	11122			678
7265	11023	37109			1215
29504	44745	112435			1842
120083	208167	312500		21132	7599
131051	234968	374174		24915	9689
152115	282473	449924		28652	11413
185040	313363	496624		30085	12680
200008	327688	534294	19636	27137	10053
187001	331043	596719	21551	29577	11058
121870	311727	641528	23318	31558	11910
		定　边			
18	8	175			
55	30	331			
87	107	565			
198	142	670			
167	252	780			
241	405	945			
380	662	2600			
713	1024	2952			
533	993	2435			
636	1269	4040			292
1203	2437	6547			417
1221	4373	11231			866
4915	10898	23605			1131
16877	30917	58415			1641
107000	193990	151860		18336	6233
132001	230704	182825		21655	8010
160039	277248	214616		25271	9492
185767	303421	242480		28152	10744
210812	327717	271418	16567	26474	9923
230022	343155	301731	18285	28895	10926
131592	323574	328398	19802	30885	11789

年 份	年末总人口（万人）	生产总值（万元）	农林牧渔业总产值(万元)	工业总产值（万元）	全社会固定资产投资总额(万元)
绥 德					
1949	15.39		560	10	
1952	16.15		646	16	11
1957	18.75		1210	134	552
1962	21.35		813	87	
1965	22.46		1505	58	38
1970	24.60		1921	169	138
1975	25.25		2199	526	180
1978	25.06	5420	2662	672	163
1980	25.55	5000	2759	727	265
1985	27.80	9169	6026	1660	1434
1990	31.77	17000	9772	4890	496
1995	34.10	27500	24070	6838	4891
2000	35.64	33900	15596	7624	4407
2005	36.65	113816	26198	10723	6651
2010	35.85	330490	99970	76429	299576
2011	36.31	404700	136345	115250	303932
2012	36.52	476200	146772	139196	376186
2013	36.51	519546	158733	164236	427452
2014	35.69	547550	171872	174541	493978
2015	35.77	594100	167692	126481	516820
2016	35.95	675400	183963	73567	592813
米 脂					
1949	8.99		509	43	1
1952	10.10		582	55	
1957	11.48		595	85	12
1962	13.35		537	133	11
1965	13.98		625	41	7
1970	15.42		1315	219	177
1975	15.83		1547	633	133
1978	15.65	2707	2030	1164	136
1980	15.85	3032	2562	530	139
1985	17.66	5289	3819	973	686
1990	20.17	9500	7788	2884	207
1995	21.33	21300	16507	5090	2498
2000	23.40	32900	13135	8202	6541
2005	23.65	67300	18014	8296	74690
2010	21.98	271280	64919	136719	211942
2011	22.26	335600	77104	199304	264266
2012	22.43	401200	86083	208709	326142
2013	22.44	362097	93653	243021	262416
2014	22.02	378430	100865	277496	272500
2015	22.19	394800	97077	354485	318613
2016	22.33	444900	118896	320855	365071

表三

地方财政收入（万元）	财政支出（万元）	社会消费品零售总额（万元）	全体居民人均可支配收入(元/人)	城镇常住居民人均可支配收入（元/人）	农村常住居民人均可支配收入（元/人）
		绥　德			
13	7	493			
37	26	671			
71	240	930			
109	228	815			
49	314	808			
93	423	1304			
163	742	1723			
235	885	2487			
188	985	2774			
255	1436	5399		397	235
1156	2806	11997		732	464
1045	3565	19862		1999	886
2830	8272	49699		2986	1300
2570	22571	112134		5682	1677
4018	122000	228635		16617	4564
5188	158000	247503		19492	5623
6198	192100	269008		22708	6630
7307	235100	94727		25138	7326
8261	236000	102557	12495	22696	7517
9955	235266	115684	13772	24664	8240
11839	262600	125236	14984	26760	8949
		米　脂			
6	5	160			
12	19	245			
33	133	493			
69	130	530			
48	216	559			
64	372	853			
68	483	1889			
125	752	1649			
116	731	2001			
40	950	2920			225
321	1851	4717			467
566	4373	6438			705
1155	6863	12959			898
861	18382	25798			1487
4026	97852	96424		17063	5209
4444	111380	101550		19998	6407
4876	139849	77646		23178	7509
5601	150677	81672		25681	8290
8041	160265	91219	13217	22705	8148
8160	181363	101158	14507	24667	8894
9265	191770	110044	15813	26813	9658

年 份	年末总人口（万人）	生产总值（万元）	农林牧渔业总产值(万元)	工业总产值（万元）	全社会固定资产投资总额(万元)
			佳 县		
1949	11.08		440	34	
1952	12.15		562	25	3
1957	13.56		824	27	15
1962	15.01		670	42	6
1965	16.14		620	8	15
1970	17.68		1754	35	36
1975	18.76		2631	124	159
1978	18.54	2779	3000	284	122
1980	18.99	3001	2861	395	61
1985	20.74	4160	4228	754	524
1990	23.33	9972	9280	2228	85
1995	24.88	20900	17069	1979	3209
2000	26.44	27600	13899	2799	4217
2005	27.12	61000	29848	3098	20935
2010	26.32	227310	115940	155111	103306
2011	26.59	270100	120924	162398	301677
2012	26.88	318600	141701	195560	423944
2013	26.94	325936	147758	231318	562603
2014	26.65	342730	155538	252484	573544
2015	26.83	327500	151820	208662	569225
2016	26.95	400700	176965	169206	615818
			吴 堡		
1949	4.70		167	1	
1952	4.71		148	1	12
1957	4.81		273	12	40
1962	5.26		266	15	4
1965	5.58		217	7	4
1970	6.01		310	47	21
1975	6.09		504	86	133
1978	6.05	1041	677	163	686
1980	6.18	981	673	207	95
1985	6.69	1717	1278	437	310
1990	7.47	3109	3381	2175	64
1995	7.99	10511	6939	4532	1517
2000	8.31	11282	2356	4648	3666
2005	8.53	31600	6058	4950	6785
2010	8.65	96420	22574	68420	109369
2011	8.66	115200	31629	71090	133888
2012	8.69	137700	34621	81548	160747
2013	8.68	162173	36487	103919	148126
2014	8.43	166220	39133	131584	90854
2015	8.40	159300	38156	116672	104968
2016	8.43	180200	50695	90938	150127

表四

地方财政收入（万元）	财政支出（万元）	社会消费品零售总额（万元）	全体居民人均可支配收入(元/人)	城镇常住居民人均可支配收入（元/人）	农村常住居民人均可支配收入（元/人）
佳　县					
9	6	79			
17	23	241			
38	138	467			
74	151	410			
40	302	519			
39	365	275			
66	572	1187			
118	738	1648			
95	825	1853			
41	1129	2406			193
353	2181	5149			367
429	4015	7021			874
1081	6715	10214			859
721	18630	15506			1393
2833	96917	32770		15545	4301
5429	109301	28801		18262	5458
7625	157239	25766		21412	6408
8205	171363	21833		23810	7254
9002	176687	24017	11113	21630	7463
10260	178702	26850	12242	23484	8174
8845	206511	29601	13405	25668	8893
吴　堡					
1	3	66			
3	12	137			
15	66	201			
19	81	213			
14	144	206			
13	142	223			
30	342	585			
39	978	742			
18	404	811			
27	606	1053			236
265	973	3309			435
349	2215	4828			792
670	3600	7638			680
835	11288	14273			1386
1656	53703	40931		16135	4403
2015	62537	40877		18975	5582
2441	83721	41748		21992	6558
2873	102286	38793		24367	7352
3256	105906	42828	12225	21684	7471
2836	109127	48310	13418	23516	8155
3616	112210	53140	14706	25656	8881

2－5　续

年　份	年末总人口（万人）	生产总值（万元）	农林牧渔业总产值(万元)	工业总产值（万元）	全社会固定资产投资总额(万元)
			清　涧		
1949	8.72		438	5	
1952	10.11		598	7	10
1957	10.62		624	63	35
1962	12.28		633	25	12
1965	12.92		727	22	24
1970	14.57		1226	158	138
1975	15.74		1878	361	192
1978	15.89	1608	1432	419	92
1980	16.02	1764	1546	473	83
1985	17.39	2830	2846	429	445
1990	19.98	8700	9182	2333	98
1995	21.39	19800	19905	3345	1356
2000	22.07	25600	16476	9256	4512
2005	22.40	70900	27416	16406	12382
2010	21.74	203350	118619	112553	138652
2011	21.95	261300	146992	144588	169462
2012	22.03	306800	180483	161548	217421
2013	21.99	401707	198024	226792	266752
2014	21.50	412500	197172	264354	324600
2015	21.60	390400	191669	248388	374045
2016	21.70	437000	207813	230344	440671
			子　洲		
1949	10.62		630	6	
1952	11.51		722	9	10
1957	14.00		927	113	154
1962	16.18		734	87	10
1965	17.22		1022	20	15
1970	18.99		1137	122	188
1975	20.50		2146	327	572
1978	20.30	2911	2300	611	82
1980	21.17	3041	2877	469	263
1985	23.76	4748	4397	945	641
1990	27.41	6580	7746	2747	94
1995	29.96	15453	15937	1953	614
2000	32.12	22651	12556	3115	6183
2005	33.08	75642	29607	10775	27658
2010	30.90	277530	98330	193031	171396
2011	31.55	335700	116523	217225	211498
2012	31.87	401600	140797	267480	260586
2013	32.11	438360	155906	353826	211601
2014	30.25	447440	168958	336552	211627
2015	30.28	419700	166563	345467	240952
2016	30.37	559300	196008	345521	374881

表五

地方财政收入（万元）	财政支出（万元）	社会消费品零售总额（万元）	全体居民人均可支配收入(元/人)	城镇常住居民人均可支配收入（元/人）	农村常住居民人均可支配收入（元/人）
清　涧					
9	6	201			
13	21	245			
27	121	300			
68	137	400			
44	206	400			
49	380	832			
72	547	1324			
104	731	1385			
80	640	1450			
85	984	2327			206
326	1862	4668			435
507	3474	6482			735
1230	6134	11581			689
1009	16288	21470			1393
2662	93475	46783		15890	4386
3282	107085	47552		18718	5465
4150	145274	51170		21675	6500
5352	180168	53399		24124	7352
6600	161229	59734	12096	21726	7524
7896	175256	67880	13313	23529	8234
9048	184055	82213	14471	25459	8918
子　洲					
9	6	215			
15	24	260			
35	114	483			
94	142	514			
52	246	517			
75	411	616			
75	660	1156			
43	740	1628			
67	676	1594			
44	1205	2310			192
278	1925	4233			452
382	2637	5742			739
1084	6813	12653			764
1605	20606	31785			1668
3136	101922	64149		16103	4570
3858	121154	58678		18921	5621
4550	158170	57902		21967	6582
5551	173704	51136		24406	7394
8258	176603	56385	12101	21785	7629
7945	196627	68188	13281	23598	8322
12427	235341	76007	14516	25768	9046

主要统计指标解释

平均增长速度　平均增长速度表明社会经济现象在一个较长的时期内逐期平均增长变化的程度，它不能根据各个环比增长速度直接求得，但与平均发展速度之间存在着一定的数量关系：平均增长速度＝平均发展速度－1。

平均发展速度　是一种根据环比发展速度计算的序时平均数，由于各时期对比的基础不同，所以计算平均发展速度不能采用一般的序时平均数的计算方法，计算方法分为水平法和累计法。水平法，又称几何平均法，即将环比发展速度按连乘法用几何平均数公式计算。累计法，也称方程法，根据一段时期内各年发展水平总和与基期水平的关系，列出方程式计算平均发展速度。水平法着重考虑最后一年所达到的发展水平；累计法着重考虑整个时期累计发展水平的总量。

3

国民经济核算

资料整理：常　婷

3. 国民经济核算

2016 年全市		
生产总值	2773.05 亿元	比上年增长 6.5%
第一产业	162.44 亿元	比上年增长 4.8%
第二产业	1684.69 亿元	比上年增长 4.1%
#工业	1641.22 亿元	比上年增长 3.8%
第三产业	925.92 亿元	比上年增长 11.2%
人均生产总值	81764 元	

生产总值(亿元)

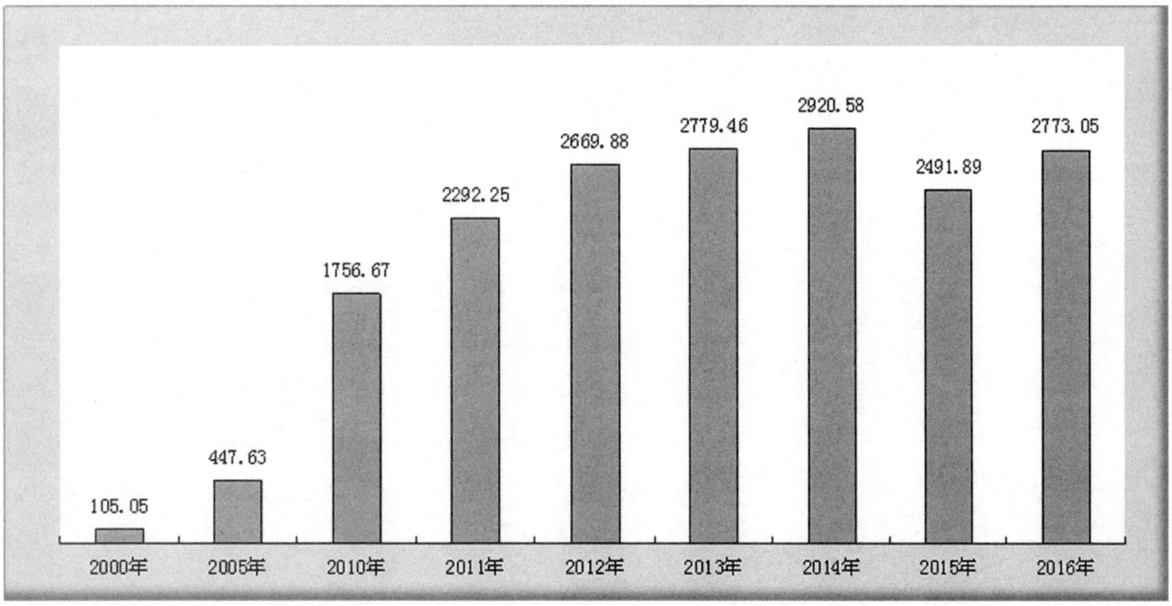

3-1 主要年份生产总值

（当年价格）

单位：亿元

年份	生产总值	第一产业	第二产业	工业	规模以上	规模以下	建筑业	第三产业	人均生产总值（元）
1949	0.49								
1952	0.68								
1957	1.05								
1962	1.01								
1965	1.32								
1970	1.88								
1975	3.31								
1978	3.58	2.10	0.72					0.76	158
1980	4.11	2.35	0.82					0.94	178
1985	7.07	3.80	1.35					1.93	278
1990	19.77	7.12	5.02	3.82			1.20	7.63	687
1995	45.79	15.80	13.29	9.53			3.76	16.70	1453
2000	105.05	13.98	46.60	40.25			6.35	44.47	3264
2005	447.63	28.34	260.06	249.71			10.35	159.23	13602
2010	1756.67	92.16	1205.77	1178.34	1151.00	27.34	27.43	458.74	52448
2011	2292.25	111.91	1629.66	1597.96	1563.70	34.26	31.70	550.68	68358
2012	2669.88	125.88	1928.53	1892.07	1852.67	39.40	36.46	615.47	79587
2013	2779.46	134.88	1915.09	1880.51	1838.13	42.38	52.29	729.49	82633
2014	2920.58	145.04	1966.78	1933.96	1888.98	44.98	56.00	808.76	86482
2015	2491.89	143.69	1523.68	1484.49	1448.39	36.10	58.91	824.51	73453
2016	2773.05	162.44	1684.69	1641.22	1610.08	31.14	64.45	925.92	81764

3-2 1990年以来生产总值指数

（以上年=100）

年份	生产总值	第一产业	第二产业			第三产业
				工业	建筑业	
1990	100.8	114.3	66.8	100.0	100.0	128.2
1991	109.5	101.4	128.0	127.7	133.3	111.0
1992	101.8	86.6	122.4	118.4	187.5	108.4
1993	109.1	115.3	102.9	102.8	104.4	107.1
1994	117.5	129.5	106.9	103.4	142.6	112.4
1995	111.8	77.4	182.5	190.9	120.9	110.6
1996	120.1	156.3	102.6	100.1	132.1	107.1
1997	98.6	64.0	136.3	138.9	114.0	105.1
1998	116.4	135.7	105.4	104.5	114.8	115.6
1999	92.2	57.6	103.4	103.1	105.7	109.9
2000	114.3	128.0	113.3	113.8	108.1	109.1
2001	114.2	92.4	116.3	120.8	87.6	118.9
2002	112.7	115.9	116.2	117.9	101.1	108.3
2003	117.5	120.3	121.9	122.6	114.8	112.0
2004	117.9	104.2	125.3	126.8	107.9	112.9
2005	120.0	103.1	124.7	124.9	120.2	115.8
2006	119.3	108.7	122.6	123.1	110.0	115.9
2007	121.4	106.4	124.3	124.9	108.2	118.9
2008	125.3	108.3	125.7	125.9	119.4	127.1
2009	113.3	106.6	111.6	111.2	125.8	117.2
2010	118.3	107.8	119.1	119.4	109.7	118.2
2011	115.0	106.0	116.3	116.5	106.2	113.5
2012	112.0	105.9	113.6	113.6	111.1	108.8
2013	108.8	104.5	109.6	109.6	112.3	107.4
2014	109.0	105.4	109.9	109.9	105.1	107.2
2015	104.0	104.4	104.3	104.3	107.3	103.0
2016	106.5	104.8	104.1	103.8	109.6	111.2

3-3 2000年以来三次产业贡献率

单位:%

年份	生产总值	第一产业	第二产业	#工业	第三产业
2000	100.0	10.6	45.7	38.5	43.7
2001	100.0	-7.1	50.7	56.0	56.4
2002	100.0	13.5	57.5	57.1	28.9
2003	100.1	12.8	58.2	54.7	29.0
2004	100.0	4.2	64.5	63.5	31.3
2005	100.0	1.1	70.9	68.5	28.0
2006	100.0	3.5	60.4	59.3	36.2
2007	100.0	1.7	67.8	66.9	30.5
2008	100.0	1.7	62.1	60.6	36.3
2009	100.0	2.2	53.7	50.1	44.2
2010	100.0	1.8	63.0	61.9	35.3
2011	100.0	2.1	74.4	73.8	23.5
2012	100.0	2.4	78.7	77.4	18.9
2013	100.0	2.3	77.5	75.5	20.2
2014	100.0	2.5	77.2	76.8	20.3
2015	100.0	4.5	76.9	75.1	18.6
2016	100.0	2.0	76.2	71.1	21.8

3-4 2000年以来三次产业拉动率

单位:%

年份	生产总值	第一产业	第二产业	#工业	第三产业
2000	14.3	1.5	6.5	5.5	6.2
2001	14.2	-1.0	7.2	8.0	8.0
2002	12.7	1.7	7.3	7.2	3.7
2003	17.5	2.2	10.2	9.6	5.1
2004	17.9	0.8	11.5	11.4	5.6
2005	20.0	0.2	14.2	13.7	5.6
2006	19.3	0.7	11.6	11.4	7.0
2007	21.4	0.4	14.5	14.3	6.5
2008	25.3	0.4	15.7	15.3	9.2
2009	13.3	0.3	7.1	6.7	5.9
2010	18.3	0.3	11.5	11.3	6.5
2011	15.0	0.3	11.2	11.1	3.5
2012	12.0	0.3	9.4	9.3	2.3
2013	8.8	0.2	6.8	6.6	1.8
2014	9.0	0.2	6.9	6.9	1.9
2015	4.0	0.2	3.1	2.8	0.7
2016	6.5	0.3	2.5	2.3	3.7

3-5 各县区主要年份生产总值

（当年价格）　　　　　　　　　　　　　　　　　　单位:亿元

年份	合计	榆阳	神木	府谷	横山	靖边	定边	绥德	米脂	佳县	吴堡	清涧	子洲
						生产总值							
1995	45.79	14.30	9.31	5.15	4.11	3.24	3.04	2.75	2.13	2.09	1.05	1.69	1.54
2000	105.05	23.31	23.00	8.83	6.56	9.59	4.80	3.51	3.29	2.76	1.13	2.10	2.27
2005	447.63	77.92	125.45	28.12	23.78	106.87	30.84	11.38	6.73	6.10	3.16	7.09	7.56
2010	1756.67	249.00	604.94	265.97	83.00	240.39	172.72	33.05	27.13	22.73	9.64	20.34	27.75
2011	2292.25	325.02	771.00	407.95	93.11	292.96	232.77	40.47	33.56	27.01	11.52	26.13	33.58
2012	2669.88	401.09	1003.89	450.52	104.22	317.05	291.01	47.63	40.12	31.86	13.77	30.68	40.16
2013	2779.46	461.26	882.12	463.82	110.65	320.05	320.56	51.96	36.21	32.59	16.22	40.17	43.84
2014	2920.58	515.03	914.33	459.98	118.41	339.79	346.56	54.76	37.84	34.27	16.62	40.64	44.74
2015	2491.89	516.50	769.53	365.83	110.80	253.67	244.91	59.41	39.48	32.75	15.93	39.04	41.97
2016	2773.05	553.20	901.95	391.01	121.28	245.60	229.98	67.54	44.49	40.07	18.02	43.70	55.93
						第一产业增加值							
1995	15.80	2.41	1.55	0.72	1.82	1.46	1.62	0.91	1.13	1.04	0.64	1.16	0.95
2000	13.98	3.03	1.80	0.60	1.47	1.74	1.40	0.96	1.11	1.03	0.15	0.93	0.76
2005	28.34	4.75	3.59	1.22	3.41	3.42	3.71	1.69	1.04	1.82	0.36	1.50	1.66
2010	92.16	13.82	8.10	3.75	9.33	11.68	12.66	6.19	4.02	7.37	1.43	7.50	6.32
2011	111.91	19.44	9.67	4.54	10.85	14.70	13.29	8.43	4.74	7.69	1.99	9.25	7.33
2012	125.88	21.17	10.63	5.21	12.16	16.65	14.34	9.08	5.28	8.91	2.21	11.41	8.82
2013	134.88	22.48	11.46	5.43	13.35	17.63	16.38	9.61	5.52	8.92	2.27	12.31	9.52
2014	145.04	24.37	11.97	5.91	14.19	19.60	18.14	10.46	5.96	9.40	2.49	12.13	10.39
2015	143.69	24.71	11.99	5.84	13.75	19.75	17.91	10.30	5.67	9.06	2.40	11.66	9.48
2016	162.44	28.53	13.24	6.50	16.06	22.13	19.64	10.98	6.99	10.60	3.21	12.62	11.93
						第二产业增加值							
1995	13.29	4.86	4.05	2.56	1.27	0.99	0.85	0.54	0.38	0.38	0.15	0.19	0.21
2000	46.60	6.79	12.30	4.17	3.05	5.04	1.89	0.47	0.82	0.40	0.48	0.42	0.38
2005	260.06	26.86	75.94	15.41	12.33	95.08	25.21	1.72	0.98	0.88	0.66	1.79	1.67
2010	1205.77	137.15	417.33	226.85	52.63	198.61	133.97	5.54	7.26	7.10	3.86	4.83	10.65
2011	1629.66	189.57	545.26	360.25	55.96	242.22	188.75	6.75	9.58	7.37	4.44	6.86	12.67
2012	1928.53	246.62	761.65	396.05	61.76	259.48	240.85	9.35	12.97	9.73	5.81	7.72	15.89
2013	1915.09	258.63	650.55	368.72	66.18	246.16	252.20	9.24	11.91	10.83	7.88	12.65	20.14
2014	1966.78	290.80	654.33	355.33	70.06	255.57	274.05	7.53	10.79	10.49	7.18	11.88	18.80
2015	1523.69	291.23	514.50	257.58	60.75	167.80	169.49	7.01	12.97	8.79	6.44	10.12	16.37
2016	1684.69	302.01	614.37	272.31	63.85	149.12	143.96	8.91	14.99	12.28	6.66	10.74	25.23

3－5 续表一

（当年价格）

单位:亿元

年份	合计	榆阳	神木	府谷	横山	靖边	定边	绥德	米脂	佳县	吴堡	清涧	子洲
						工 业							
1995	9.53	4.17	2.00	2.20	0.89	0.88	0.73	0.49	0.32	0.25	0.14	0.19	0.16
2000	40.25	5.21	11.14	3.93	2.68	4.34	1.60	0.35	0.69	0.19	0.41	0.35	0.25
2005	249.71	22.15	74.23	15.05	11.90	94.23	20.90	1.17	0.45	0.59	0.62	1.42	1.54
2010	1178.34	126.91	414.04	223.79	50.74	196.65	133.68	2.94	6.65	6.57	2.95	4.27	9.16
2011	1597.96	177.85	541.18	356.84	53.67	240.23	188.25	4.02	8.83	6.80	1.99	6.20	11.06
2012	1892.07	233.24	757.17	392.25	59.13	257.16	240.32	5.82	12.16	9.15	4.26	6.64	14.12
2013	1880.51	233.44	656.76	364.37	62.71	247.73	252.91	6.54	10.52	10.15	6.32	10.86	18.21
2014	1933.96	258.79	663.75	352.71	66.78	259.46	274.50	5.43	10.02	10.11	5.61	10.04	16.79
2015	1484.49	255.51	522.08	255.44	58.19	169.98	169.56	4.82	11.98	8.29	5.19	8.26	14.87
2016	1641.22	262.13	624.29	270.08	61.11	149.57	143.81	6.64	13.88	11.75	5.30	8.75	23.62
						建筑业							
1995	3.76	0.69	0.21	0.36	0.38	0.04	0.07	0.05	0.06	0.13	0.02	0.04	0.05
2000	6.35	1.57	0.62	0.24	0.37	0.70	0.13	0.12	0.13	0.21	0.07	0.08	0.13
2005	10.35	4.71	1.71	0.36	0.44	0.83	0.19	0.55	0.53	0.29	0.04	0.37	0.12
2010	27.43	10.24	3.29	3.06	1.89	1.96	0.29	2.60	0.61	0.53	0.91	0.56	1.50
2011	31.70	11.72	4.09	3.41	2.29	1.99	0.50	2.74	0.76	0.57	2.45	0.66	1.60
2012	36.46	13.38	4.48	3.80	2.63	2.32	0.53	3.53	0.81	0.58	1.55	1.08	1.77
2013	52.29	25.34	5.73	4.34	3.58	2.60	0.58	2.70	1.42	0.68	1.56	1.80	1.96
2014	56.00	32.13	6.04	2.62	3.37	2.58	0.56	2.10	0.78	0.38	1.57	1.84	2.03
2015	58.90	36.01	6.43	2.14	2.66	2.48	0.59	2.18	1.01	0.50	1.25	1.98	1.50
2016	64.45	40.35	6.55	2.23	2.84	2.80	0.76	2.27	1.13	0.53	1.36	1.99	1.64
						第三产业增加值							
1995	16.70	7.03	3.71	1.87	1.02	0.79	0.57	1.30	0.62	0.67	0.26	0.34	0.38
2000	44.47	13.49	8.90	4.06	2.04	2.81	1.51	2.08	1.36	1.33	0.50	0.77	1.13
2005	159.23	46.31	60.72	11.49	8.04	8.37	7.72	7.97	4.71	3.40	2.14	3.80	4.24
2010	458.74	98.03	179.52	35.37	21.04	30.11	26.09	21.32	15.85	8.26	4.36	8.01	10.78
2011	550.68	116.01	216.07	43.16	26.30	36.04	30.73	25.29	19.25	11.95	5.09	10.02	13.58
2012	615.47	133.30	231.61	49.26	30.30	40.92	35.82	29.19	21.87	13.22	5.75	11.55	15.45
2013	729.49	180.15	220.11	89.68	31.12	56.26	51.98	33.11	18.78	12.85	6.06	15.21	14.18
2014	808.76	199.86	248.03	98.73	34.16	64.62	54.37	36.77	21.10	14.38	6.95	16.63	15.56
2015	824.51	200.56	243.04	102.41	36.30	66.12	57.51	42.10	20.84	14.90	7.09	17.26	16.12
2016	925.92	222.66	274.34	112.20	41.37	74.35	66.38	47.65	22.51	17.19	8.15	20.34	18.77

3－5　续表二

（当年价格）　　单位:亿元

年份	合计	榆阳	神木	府谷	横山	靖边	定边	绥德	米脂	佳县	吴堡	清涧	子洲
						交通运输业							
1995	4.38	0.55	1.12	0.60	0.11	0.10	0.05	0.25	0.15	0.09	0.03	0.04	0.08
2000	9.07	1.00	2.86	1.30	0.30	0.56	0.27	0.44	0.40	0.48	0.09	0.09	0.25
2005	40.01	15.24	13.64	3.60	0.46	0.98	1.18	1.60	2.39	0.40	0.26	1.04	0.60
2010	76.47	22.46	27.63	7.10	1.40	2.04	2.44	2.87	7.43	0.28	0.67	2.01	1.51
2011	90.05	26.79	32.22	8.30	1.66	2.42	2.90	3.37	8.80	0.32	0.79	2.33	1.78
2012	101.01	30.53	36.12	9.27	1.90	2.75	3.31	3.79	10.02	0.36	0.90	2.61	2.02
2013	78.53	18.52	29.07	7.85	2.02	2.96	3.60	4.03	3.79	0.88	0.89	2.72	2.19
2014	86.69	20.45	32.09	8.67	2.23	3.27	3.97	4.44	4.19	0.97	0.99	3.01	2.42
2015	85.10	20.22	30.31	6.19	2.34	3.40	4.17	4.46	4.24	1.02	1.01	3.02	2.41
2016	91.81	22.40	33.59	6.86	2.59	3.76	4.58	4.92	4.69	1.13	1.12	3.34	2.83
						人均生产总值（元）							
1995	1453	3831	2824	2619	1371	1185	1097	830	1012	896	1472	821	541
2000	3264	5768	6224	4210	2196	3526	1653	990	1414	1126	1580	1006	762
2005	13602	15500	33289	14988	7687	36992	9546	3251	3082	2420	3342	3411	2882
2010	52448	47600	146050	108338	28825	78150	58077	10969	12479	9274	12634	13524	10677
2011	68358	50923	169154	156393	32296	82246	72866	13652	21639	10156	15198	20350	19282
2012	79587	62719	220079	172382	36075	88872	91169	16058	25867	11851	18190	24138	23061
2013	82633	71797	192792	176559	38018	98273	100144	17557	23301	15905	21569	32033	23112
2014	86482	79652	199244	165792	40268	101077	107778	18511	24352	16680	22193	33174	24245
2015	73453	79584	167527	139072	37427	69480	75824	19960	24799	15983	20662	30311	23539
2016	81764	85464	196078	148589	40639	66767	70658	22770	28151	20469	24901	34084	31962

3－6　各县区主要年份生产总值指数

（以上年＝100）

年份	合计	榆阳	神木	府谷	横山	靖边	定边	绥德	米脂	佳县	吴堡	清涧	子洲
生产总值													
1990	100.8	109.7	118.5	101.3	107.0	135.9	116.0	121.4	112.0	131.0	101.6	118.5	125.1
1991	109.5	125.9	105.1	122.4	104.7	85.8	89.3	105.0	79.6	103.9	121.0	95.7	112.8
1992	101.8	97.6	115.8	147.3	149.6	131.6	105.3	117.0	120.7	112.0	112.0	125.6	119.0
1993	109.1	164.5	127.4	155.4	128.0	140.1	119.3	193.0	128.3	114.2	116.2	104.4	146.5
1994	117.7	143.8	118.1	129.9	116.3	124.7	107.2	133.0	132.3	114.2	102.8	124.6	143.8
1995	111.8	113.5	111.2	94.5	103.8	108.9	109.7	146.0	86.9	100.6	129.3	115.0	82.6
1996	120.1	121.7	121.4	129.4	109.4	141.1	105.3	183.0	117.7	120.7	112.0	119.5	177.0
1997	98.6	114.5	100.3	112.7	99.9	112.4	122.2	90.0	62.4	85.5	91.2	79.2	41.4
1998	116.4	111.7	121.4	106.9	114.9	112.3	103.1	144.0	151.1	131.4	123.8	146.9	143.9
1999	92.2	106.2	127.4	110.8	99.9	107.7	107.6	130.0	89.9	93.9	84.9	69.4	83.9
2000	114.3	106.0	139.9	110.5	153.1	140.5	102.4	165.0	143.4	103.6	119.0	135.6	135.8
2001	114.2	110.1	114.1	99.1	108.7	204.3	112.3	115.0	75.7	127.2	91.5	81.0	107.2
2002	112.7	115.7	125.2	121.8	116.9	164.2	114.3	123.0	122.3	113.5	112.2	114.0	120.2
2003	117.5	115.8	119.2	120.9	117.7	114.4	119.8	106.0	106.9	105.0	107.7	114.6	122.4
2004	117.9	119.6	117.7	126.1	110.4	216.9	116.6	114.0	137.2	110.9	132.7	128.7	120.8
2005	120.0	114.5	124.5	124.1	115.6	126.1	114.4	117.5	102.8	101.9	127.4	130.0	114.1
2006	119.3	116.0	120.7	129.3	125.5	122.2	115.0	114.8	119.4	118.2	128.7	120.6	123.9
2007	121.4	119.7	124.1	132.7	120.2	121.3	121.1	120.2	119.5	124.8	127.2	107.7	120.3
2008	125.3	126.5	118.2	138.1	123.0	127.5	125.6	116.8	109.5	114.4	128.5	122.7	128.9
2009	113.3	113.8	114.0	130.0	111.0	104.5	110.3	121.5	111.1	122.9	122.8	116.6	132.6
2010	118.3	119.6	116.3	122.6	122.6	119.0	117.5	122.9	116.4	120.0	123.0	110.2	107.9
2011	115.0	113.6	111.7	124.3	112.2	118.6	117.6	110.5	114.9	102.2	109.0	114.6	109.4
2012	112.0	112.3	115.0	110.8	110.7	108.8	108.1	111.6	108.7	114.1	108.1	112.7	109.4
2013	108.8	121.6	101.2	108.6	112.9	109.5	108.3	107.4	109.4	108.9	115.5	106.4	109.2
2014	109.0	111.6	111.3	110.5	109.4	109.3	108.1	107.9	107.1	106.8	107.1	105.0	109.2
2015	104.0	106.0	106.7	105.7	105.6	99.9	96.2	109.6	105.2	108.6	107.2	105.0	102.5
2016	106.5	108.5	107.6	104.0	107.7	102.3	102.2	108.5	107.8	108.6	108.4	110.6	109.7
第一产业													
1990	114.3	124.6	106.1	103.7	105.2	158.1	108.6	97.4	105.7	149.3	131.5	123.5	139.8
1991	101.4	152.5	88.0	105.7	99.8	83.9	93.4	104.0	76.8	96.8	110.0	87.5	97.8
1992	86.6	105.5	114.3	114.1	166.8	133.0	102.4	120.0	120.9	101.2	125.8	117.5	89.8
1993	115.3	100.2	151.4	188.6	114.1	129.4	113.3	316.0	126.9	119.9	129.4	104.1	157.6
1994	129.4	111.4	120.9	106.5	104.0	117.5	111.2	182.0	115.2	114.3	135.4	132.5	178.1
1995	77.4	90.1	36.8	81.1	99.7	90.1	109.6	112.0	74.9	129.3	103.4	113.7	78.0
1996	156.3	137.1	182.8	163.0	149.7	121.6	103.7	190.0	167.5	146.9	101.0	122.4	218.0
1997	64.0	93.5	62.0	64.0	99.7	74.0	83.9	60.0	19.9	52.1	61.5	69.0	12.1
1998	135.7	113.1	146.2	143.9	143.6	118.1	112.1	133.0	244.4	158.9	93.2	118.4	224.9
1999	57.6	87.0	43.3	42.2	99.6	60.2	82.9	97.0	59.0	117.0	35.4	36.2	40.1
2000	128.0	111.9	119.7	150.1	100.0	140.5	106.9	265.0	202.4	72.5	150.5	221.4	201.4
2001	92.4	90.2	60.8	37.1	133.2	126.6	108.6	55.0	65.8	113.9	67.1	38.5	78.2
2002	115.9	120.3	175.4	315.0	131.2	105.9	116.4	290.0	134.2	109.2	234.6	220.0	204.7
2003	120.3	110.9	122.2	139.3	128.3	106.4	109.7	102.0	80.6	124.6	54.3	83.0	91.9
2004	104.2	116.9	120.6	98.2	107.8	113.7	108.5	200.0	115.2	121.3	240.1	190.4	155.6
2005	103.1	119.7	115.6	102.0	104.3	121.3	108.2	107.7	88.4	84.5	116.7	110.0	93.2
2006	108.7	103.9	118.7	102.9	108.7	108.3	94.0	108.5	125.8	137.8	125.7	142.5	115.9
2007	106.4	109.8	106.1	101.9	112.6	109.1	114.9	107.3	109.8	109.7	120.5	103.9	109.3
2008	108.3	108.4	105.5	102.8	106.5	107.3	103.0	107.4	108.1	108.8	123.4	108.6	108.6
2009	106.6	106.7	106.0	114.3	106.2	106.3	108.6	106.8	107.0	111.7	106.2	106.2	106.0
2010	107.8	107.9	106.5	109.2	108.5	107.9	109.5	107.0	84.7	107.0	106.5	107.5	107.5
2011	106.0	110.0	102.8	105.8	116.3	107.9	102.4	109.7	105.2	102.9	109.8	109.8	104.3
2012	105.9	105.6	106.0	106.2	106.7	106.8	105.0	105.0	105.3	105.8	105.0	106.5	106.2
2013	104.5	105.3	107.2	100.0	106.8	106.1	108.7	102.3	102.3	96.9	98.7	101.2	103.8
2014	105.4	107.1	104.2	107.1	104.7	107.7	106.6	105.5	105.6	104.3	101.7	98.4	103.8
2015	104.4	105.1	103.5	103.9	104.7	104.9	104.5	104.2	102.0	104.3	104.3	104.1	104.3
2016	104.8	103.7	102.7	104.3	103.8	103.6	106.0	105.1	106.4	106.6	106.3	105.8	105.7

3-6 续 表

（以上年=100）

年份	合计	榆阳	神木	府谷	横山	靖边	定边	绥德	米脂	佳县	吴堡	清涧	子洲
第二产业													
1990	66.8	66.3	133.5	87.8	138.8	111.3	124.6	115.6	119.1	109.3	60.3	86.2	74.9
1991	128.0	140.5	104.4	126.9	128.0	98.0	77.1	106.0	84.0	117.3	129.0	100.0	173.9
1992	122.4	116.0	105.0	166.0	141.9	153.7	107.4	105.0	119.1	116.1	115.1	130.0	110.1
1993	102.9	125.5	122.9	147.2	152.6	201.9	120.0	172.0	104.0	123.0	105.6	107.7	140.9
1994	106.9	135.6	95.5	121.9	136.6	151.0	91.4	131.0	150.0	119.8	44.6	100.0	94.6
1995	182.5	130.3	159.9	88.5	136.9	123.4	106.4	180.0	87.4	135.1	180.0	135.7	83.0
1996	102.6	116.0	130.8	119.3	99.8	146.0	102.4	102.0	58.5	108.9	139.2	115.8	77.0
1997	136.3	112.4	110.8	117.9	115.3	186.0	127.2	122.0	176.4	117.3	129.0	90.9	154.8
1998	105.4	109.5	112.8	79.3	99.9	106.6	93.1	122.0	111.9	128.4	136.0	230.0	144.7
1999	103.4	106.6	155.2	135.6	110.9	119.5	107.4	147.0	90.7	59.1	114.5	84.8	70.5
2000	113.3	102.2	119.1	125.5	142.0	152.4	101.0	121.0	229.5	105.3	111.4	105.1	132.6
2001	116.3	113.2	116.3	92.7	103.5	257.7	126.5	99.0	61.0	178.6	69.7	78.0	112.7
2002	116.2	119.8	131.4	130.2	118.5	196.6	113.2	102.0	98.0	44.6	57.8	117.4	107.2
2003	121.9	116.3	124.2	133.3	113.7	117.9	140.8	118.0	122.4	107.6	167.8	113.0	97.8
2004	125.3	107.2	121.1	139.6	118.2	230.8	115.4	118.0	200.0	116.3	97.0	109.8	90.4
2005	124.7	116.9	128.6	132.9	122.8	128.2	113.9	124.7	108.6	103.6	143.3	100.5	178.5
2006	122.6	124.5	123.1	140.1	136.4	121.4	123.2	117.3	156.7	71.4	144.2	115.2	147.0
2007	124.3	124.2	128.5	143.0	121.7	120.9	122.6	115.4	133.1	158.3	137.1	103.5	147.2
2008	125.7	135.0	119.6	147.7	128.9	129.4	128.6	102.2	95.4	140.0	134.1	128.9	152.0
2009	111.6	114.7	113.4	134.1	102.8	102.8	105.4	126.7	107.6	188.7	164.7	132.3	231.8
2010	119.1	122.9	113.6	126.5	131.2	118.7	118.7	119.0	99.5	153.9	141.2	115.5	96.5
2011	116.3	115.3	110.9	126.0	105.7	120.1	120.2	105.4	121.2	93.9	106.9	117.1	103.1
2012	113.6	113.5	119.9	110.8	110.9	108.7	107.4	116.3	108.3	133.5	107.2	123.5	110.6
2013	109.6	129.5	101.3	99.5	117.6	109.1	108.3	87.6	111.7	118.6	101.8	118.7	120.4
2014	109.9	113.0	113.3	109.1	109.7	109.5	108.3	107.0	107.7	105.1	107.6	108.4	120.4
2015	104.3	107.8	108.9	106.8	105.0	98.9	93.5	105.1	110.4	108.2	99.0	103.4	97.6
2016	104.1	107.1	105.5	101.6	105.9	99.0	97.8	105.6	108.9	105.7	106.0	105.8	109.5
第三产业													
1990	128.2	112.3	154.1	95.0	100.4	101.6	109.5	204.3	122.2	113.2	121.5	95.2	132.5
1991	111.0	97.0	133.4	134.5	99.9	86.4	91.3	107.0	81.8	112.5	111.0	141.7	133.0
1992	108.4	68.7	138.3	111.9	130.6	116.5	114.3	107.0	122.2	131.4	124.0	152.9	310.2
1993	107.1	323.3	113.6	153.2	142.9	136.7	125.8	212.0	159.1	100.5	105.5	103.9	132.6
1994	112.4	161.4	150.9	177.1	119.7	122.7	120.0	113.0	151.4	109.9	110.1	147.8	117.1
1995	110.6	109.3	129.9	119.6	120.6	150.1	115.7	114.0	103.8	133.0	158.0	109.7	96.0
1996	107.1	120.6	94.1	131.3	113.2	154.1	114.0	114.0	102.9	102.7	114.5	111.8	137.0
1997	105.1	122.0	116.6	134.5	127.7	114.6	133.1	141.0	93.6	109.4	109.8	110.5	118.1
1998	115.6	113.0	128.1	127.2	110.6	115.2	109.7	177.0	156.1	114.6	140.4	173.8	110.9
1999	109.9	110.1	114.7	110.2	112.1	137.3	126.1	127.0	106.0	101.9	88.4	112.3	119.4
2000	109.1	107.4	168.3	93.4	112.7	126.3	101.3	123.0	101.4	111.2	120.2	106.1	120.4
2001	118.9	113.0	119.8	116.0	107.5	156.5	111.9	143.0	98.1	114.1	122.3	117.3	117.6
2002	108.3	112.8	113.2	104.7	104.4	97.7	112.4	103.0	125.7	103.4	125.1	84.6	100.9
2003	112.0	116.5	113.4	104.9	110.1	98.4	109.8	178.0	121.3	111.9	107.4	137.3	147.0
2004	112.9	126.7	110.5	117.6	106.4	179.0	119.6	144.0	124.0	103.8	110.2	109.2	110.8
2005	115.8	112.5	117.8	117.1	110.3	109.0	120.6	115.8	105.8	114.0	126.1	100.5	121.5
2006	115.9	110.6	115.7	118.7	112.0	136.6	100.0	107.0	107.7	119.8	124.8	111.1	124.0
2007	118.9	114.3	110.5	120.6	112.6	131.8	115.8	129.4	114.1	128.6	125.4	111.8	120.1
2008	127.1	120.8	116.5	124.3	119.8	115.4	121.1	123.0	116.6	112.5	127.8	129.3	132.4
2009	117.2	113.9	114.8	117.8	125.2	122.0	127.9	124.4	113.0	113.1	111.3	115.9	113.5
2010	118.2	119.2	120.7	110.7	113.3	122.6	115.5	126.7	131.1	111.1	107.4	109.5	117.5
2011	113.5	111.7	114.1	115.2	125.3	112.9	111.4	112.1	114.4	108.8	110.6	117.6	118.6
2012	108.8	111.5	104.4	110.7	111.9	110.2	113.2	112.3	109.7	107.6	109.9	111.6	110.1
2013	107.4	112.0	100.7	173.5	104.8	113.3	108.0	113.8	110.1	109.8	102.4	102.2	102.3
2014	107.2	108.8	106.6	106.0	109.8	109.0	107.5	108.8	107.2	109.7	108.1	108.0	102.3
2015	103.0	103.0	100.3	119.2	107.5	102.6	105.3	111.9	102.9	111.9	109.3	106.8	107.5
2016	111.2	111.3	112.4	109.8	112.0	110.3	114.0	109.8	107.5	111.4	111.4	116.6	112.2

3-7 分行业生产总值

单位:亿元、%

行业	现价增加值		可比价增加值		2016年比2015增长
	2016年	2015年	2016年	2015年	
生产总值	2773.05	2491.89	2647.35	2486.84	6.5
农林牧渔业	168.65	149.37	156.60	149.37	4.8
工业	1641.22	1484.49	1540.76	1484.49	3.8
建筑业	64.45	58.90	64.58	58.90	9.6
批发和零售业	337.03	302.28	336.02	298.14	12.7
批发业	251.33	228.58	250.58	218.66	14.6
零售业	85.70	73.70	85.44	79.48	7.5
交通运输、仓储和邮政业	91.81	85.10	89.02	85.10	4.6
住宿和餐饮业	46.36	42.54	45.67	43.12	5.9
住宿业	9.78	10.99	9.88	9.42	4.9
餐饮业	36.58	31.55	35.79	33.70	6.2
金融业	95.00	85.91	94.24	85.91	9.7
房地产业	30.50	28.12	30.44	29.14	4.5
房地产业(K门类)	6.53	5.64	6.42	6.26	2.6
自有房地产经营活动	23.97	22.48	24.02	22.88	5.0
其他服务业	298.04	255.18	290.03	255.18	13.7
营利性服务业	101.85	82.73	115.89	82.73	40.1
非营利性服务业	196.19	172.45	174.14	172.45	1.0
第一产业	162.44	143.69	150.55	143.69	4.8
第二产业	1684.70	1523.68	1585.71	1523.68	4.1
第三产业	925.92	824.51	911.09	819.47	11.2

主要统计指标解释

三次产业 根据《国民经济行业分类》(GB/T 4754—2002)规定,三次产业划分范围如下:

第一产业是指农、林、牧、渔业和农林牧渔服务业。

第二产业是指采矿业,制造业,电力、燃气及水的生产和供应业,建筑业。

第三产业是指除第一、二产业以外的其他行业。第三产业包括:交通运输、仓储和邮政业,信息传输、计算机服务和软件业,批发和零售业,住宿和餐饮业,金融业,房地产业,租赁和商务服务业,科学研究、技术服务和地质勘查业,水利、环境和公共设施管理业,居民服务和其他服务业,教育,卫生、社会保障和社会福利业,文化、体育和娱乐业,公共管理和社会组织,国际组织。

国内生产总值(GDP) 指按市场价格计算的一个国家所有常住单位在一定时期内生产活动的最终成果,它反映了一个国家经济的总规模,是反映经济运行状况最重要的指标。国内生产总值有三种表现形态,即价值形态、收入形态和产品形态。从价值形态看,它是所有常住单位在一定时期内生产的全部货物和服务价值超过同期投入的全部非固定资产货物和服务价值的差额,即所有常住单位的增加值之和;从收入形态看,它是所有常住单位在一定时期内创造并分配给常住单位和非常住单位的初次收入之和;从产品形态看,它是所有常住单位在一定时期内最终使用的货物和服务价值减去货物和服务进口价值。

国内生产总值的三种表现形态在实际核算中形成了不同的核算方法,即生产法、收入法和支出法。按生产法核算,国内生产总值等于三次产业增加值(总产出 - 中间投入)之和。按支出法核算,包括最终消费、资本形成总额及货物和服务净出口三部分。按收入法核算,包括劳动者报酬、生产税净额、固定资产折旧和营业盈余四个部分。对于一个地区来说,称为地区生产总值或地区GDP。

总产出 是指一定时期内一个国家(或地区)常住单位生产的所有货物和服务的价值,既包括新增价值,也包括转移价值。它反映常住单位生产活动的总规模。总产出按生产者价格计算。

中间投入 指常住单位在生产或提供货物与服务过程中,消耗和使用的所有非固定资产货物和服务的价值,中间投入也称为中间消耗。一般按购买者价格计算。

增加值 指常住单位生产过程中创造的新增价值和固定资产的转移价值。它可以按生产法计算,也可以按收入法计算,按生产法计算,它等于总产出减去中间投入;按收入法计算,它等于劳动者报酬、生产税净额、固定资产折旧和营业盈余之和。

劳动者报酬 指劳动者因从事生产活动所获得的全部报酬。包括劳动者获得的各种形式的工资、奖金和津贴,既包括货币形式的,也包括实物形式的,还包括劳动者所享受的公费医疗和医药卫生费、上下班交通补贴、单位支付的社会保险费、住房公积金等。对于个体经济来说,其所有者所获得的劳动报酬和经营利润不易区分,这两部分统一作为劳动者报酬处理。

生产税净额 指生产税减生产补贴后的余额。生产税指政府对生产单位从事生产、销售和经营活动以及因从事生产活动使用某些生产要素(如固定资产、土地、劳动力)所征收的各种税、附加费和规费。生产补贴与生产税相反,指政府对生产单位的单方面转移支出,因此视为负生产税,包括政策亏损补贴、价格补贴等。

固定资产折旧 指一定时期内为弥补固定资产损耗按照规定的固定资产折旧率提取的固定资产折旧,或按国民经济核算统一规定的折旧率虚拟计算的固定资产折旧。它反映了固定资产在当期生产中的转移价值。各类企业和企业化管理的事业单位的固定资产折旧是指实际计提的折旧费;不计提折旧的政府机关、非企业化管理的事业单位和居民住房的固定资产折旧是按照统一规定的折旧率和固定资产原值计算的虚拟折旧。原则上,固定资产折旧应按固定资产的重置价值计算,但是目前我国尚不具备对全社会固定资产进行重估价的基础,所以暂时只能采用上述办法。

营业盈余 指常住单位创造的增加值扣除劳动者报酬、生产税净额和固定资产折旧后的余额。它相当于企业的营业利润加上生产补贴,但要扣除从利润中开支的工资和福利等。

最终消费 指常住单位为满足物质、文化和精神生活的需要，从本国经济领土和国外购买的货物和服务的支出；不包括非常住单位在本国经济领土内的消费支出。最终消费分为居民消费和政府消费。

居民消费 指常住住户在一定时期内对货物和服务的全部最终消费支出。居民消费按市场价格计算，即按居民支付的购买者价格计算。购买者价格是购买者取得货物所支付的价格，包括购买者支付的运输和商业费用。居民消费除了直接以货币形式购买货物和服务的消费支出外，还包括以其他方式获得的货物和服务的消费支出，即所谓的虚拟消费支出。居民虚拟消费支出包括以下几种类型：单位以实物报酬及实物转移的形式提供给劳动者的货物和服务；住户生产并由本住户消费了的货物和服务，其中的服务仅指住户的自有住房服务和付酬的家庭雇员提供的家庭和个人服务；金融机构提供的金融媒介服务。

政府消费 指政府部门为全社会提供的公共服务的消费支出和免费或以较低价格向住户提供的货物和服务的净支出。前者等于政府服务的产出价值减去政府单位所获得的经营收入的价值，后者等于政府部门免费或以较低价格向住户提供的货物和服务的市场价值减去向住户收取的价值。

资本形成总额 指常住单位在一定时期内获得的减去处置的固定资产加存货的净额，包括固定资本形成总额和存货增加。

固定资本形成总额 指生产者在一定时期内获得的固定资产减处置的固定资产的价值总额。固定资产是通过生产活动生产出来的，且其使用年限在一年以上、单位价值在规定标准以上的资产，不包括自然资产。可分为有形固定资本形成总额和无形固定资本形成总额。有形固定资本形成总额包括一定时期内完成的建筑工程、安装工程和设备工器具购置（减处置）价值，以及土地改良、新增役、种、奶、毛、娱乐用牲畜和新增经济林木价值。无形固定资本形成总额包括矿藏的勘探、计算机软件等获得减处置。

存货增加 指常住单位在一定时期内存货实物量变动的市场价值，即期末价值减期初价值的差额，再扣除当期由于价格变动而产生的持有收益。存货增加可以是正值，也可以是负值；正值表示存货上升，负值表示存货下降。存货包括生产单位购进的原材料、燃料和储备物资等存货，以及生产单位生产的产成品、在制品和半成品等存货。

货物和服务净出口 指货物和服务出口减货物和服务进口的差额。出口包括常住单位向非常住单位出售或无偿转让的各种货物和服务的价值；进口包括常住单位从非常住单位购买或无偿得到的各种货物和服务的价值。由于服务活动的提供与使用同时发生，一般把常住单位从非常住单位得到的服务作为进口，非常住单位从常住单位得到的服务作为出口。货物的出口和进口都按离岸价格计算。

可比价格 指计算各种总量指标所采用的扣除了价格变动因素的价格，可进行不同时期总量指标的对比。按可比价格计算总量指标有两种方法：一种是直接用产品产量乘某一年的不变价格计算；另一种是用价格指数进行缩减。

指数 是一种表明社会经济现象动态的相对数。运用指数可以测定不能直接相加和直接对比的社会经济现象的总动态，可以分析社会经济现象总变动中各因素变动的影响程度，可以研究总平均指标变动中各组标志水平和总体结构变动的作用。它是在把各个年份的数值换算成可比价格的基础上，根据定基指数等于相应各个环比指数的连乘积这个换算关系计算出来的。

平均增长速度 平均增长速度表明社会经济现象在一个较长的时期内逐期平均增长变化的程度，它不能根据各个环比增长速度直接求得，但与平均发展速度之间存在着一定的数量关系：平均增长速度 = 平均发展速度 - 1。

平均发展速度是一种根据环比发展速度计算的序时平均数，由于各时期对比的基础不同，所以计算平均发展速度不能采用一般的序时平均数的计算方法，计算方法分为水平法和累计法。水平法，又称几何平均法，即将环比发展速度按连乘法用几何平均数公式计算。累计法，也称方程法，根据一段时期内各年发展水平总和与基期水平的关系，列出方程式计算平均发展速度。水平法着重考虑最后一年所达到的发展水平；累计法着重考虑整个时期累计发展水平的总量。

4

人　口

资料整理：杨瑞芳

4. 人　　口

2016 年全市

年底总人口(公安年报数)	382.00 万人	比上年增长 1.2%
常住人口	338.20 万人	
人口自然增长率	5.31‰	比上年提升 0.16 个千分点
男女性别比(以女性为 100)	109:100	
人口密度(按公安年报数计算)	87.66 人/平方公里	

各县区常住人口(万人)

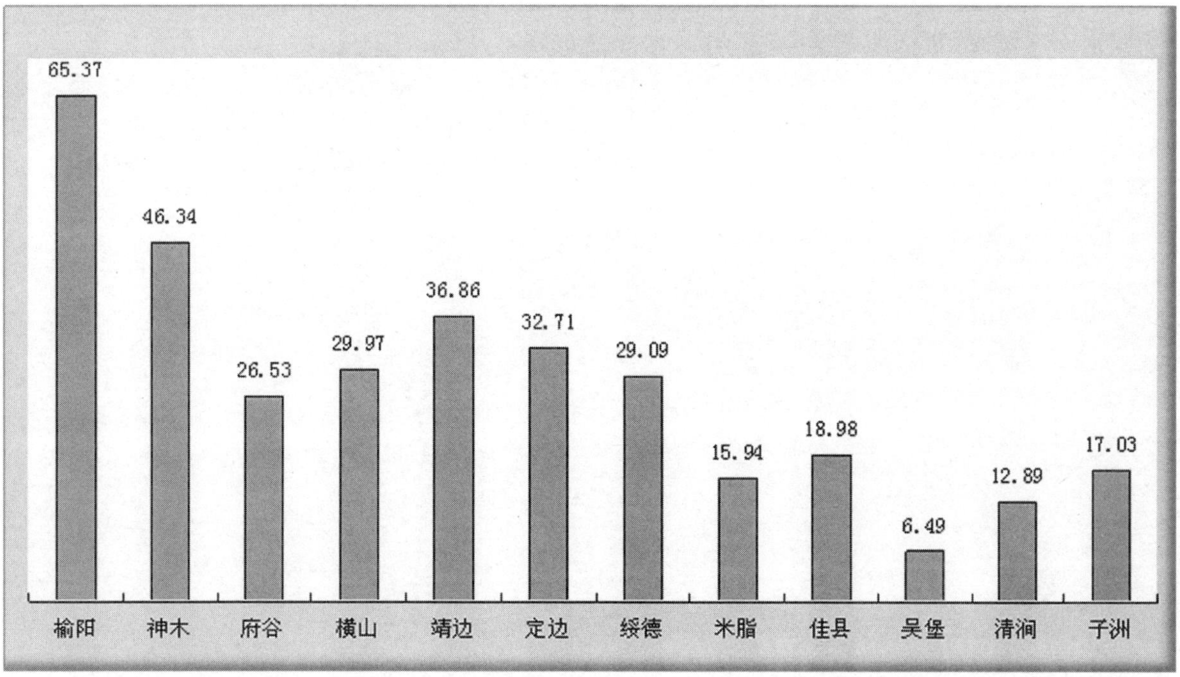

4－1　1978年以来人口数和构成

单位:万人

年份	年底总人口	按性别分		按城乡分		按农业、非农业分		常住人口
		男	女	城镇人口	乡村人口	农业人口	非农业人口	
1978	227.52	117.51	110.01	12.63	214.89	212.15	15.37	
1979	229.93	118.77	111.16	13.42	216.51	213.44	16.49	
1980	233.09	120.51	112.58	13.95	219.14	216.01	17.08	
1985	256.40	133.45	122.95	65.41	190.99	232.90	23.50	
1990	296.45	153.88	142.57	77.46	218.99	268.04	28.41	
1991	301.48	156.39	145.09	79.12	222.36	272.12	29.36	
1992	305.54	158.72	146.82	82.59	222.95	274.46	31.08	
1993	309.66	161.72	147.94	83.24	226.42	276.53	33.13	
1994	313.94	163.38	150.56	86.64	227.30	279.44	34.50	
1995	317.79	165.46	152.33	87.59	230.20	281.25	36.54	
1996	320.73	167.04	153.69	91.13	229.60	282.84	37.89	
1997	323.91	168.63	155.28	92.54	231.37	284.42	39.49	
1998	325.86	169.80	156.06	166.77	159.09	285.44	40.42	
1999	329.82	171.95	157.87	169.80	160.02	286.79	43.03	
2000	342.57	178.28	164.29	177.79	164.78	295.29	47.28	
2001	344.67	179.77	164.90	213.58	131.09	295.38	49.29	
2002	346.49	180.84	165.65	215.04	131.45	295.55	50.94	
2003	348.21	181.80	166.41			293.09	55.12	
2004	349.96	182.19	167.77			292.58	57.38	
2005	351.63	183.25	168.38			292.73	58.90	329.16
2006	353.41	184.36	169.05			291.75	61.66	330.33
2007	355.25	185.29	169.96			293.13	62.12	332.80
2008	357.01	186.21	170.80			291.62	65.39	333.98
2009	358.76	187.13	171.63			291.17	67.59	334.73
2010	364.50	190.03	174.47			292.27	72.23	335.42
2011	370.69	193.32	177.37			291.92	78.77	335.24
2012	374.55	195.47	179.08			293.99	80.56	335.69
2013	376.99	196.80	180.19			295.83	81.16	337.03
2014	373.84	195.96	177.88			297.63	76.21	338.39
2015	377.46	197.28	180.18	91.93	285.53			340.11
2016	382.00	199.52	182.48	109.41	272.60			338.20

注:1、年底总人口1990年－2009年为人口普查及人口变动情况抽样调查推算数据,其余年份为公安年报数。

2、城乡人口2000年及以前按行政区划统计,2001年及以后为人口变动抽样调查推算数。

4－2 主要年份人口自然变动情况

单位:‰

年份	出生率	死亡率	自然增长率
1953	29.55	9.89	19.66
1964	46.31	18.82	27.48
1982	30.47	6.75	23.72
1990	26.30	6.32	19.98
1991	19.17	2.32	16.85
1992	19.67	4.68	14.90
1993	19.19	6.29	12.90
1994	18.95	5.69	13.26
1995	17.84	5.59	12.25
1996	16.10	5.22	10.88
1997	13.50	5.06	8.44
1998	10.66	4.89	5.77
1999	10.20	4.22	5.98
2000	9.95	4.49	5.46
2001	9.26	4.36	4.90
2002	9.34	4.08	5.26
2003	9.54	4.56	4.98
2004	9.38	4.36	5.12
2005	8.77	4.30	4.50
2006	9.46	4.40	5.06
2007	10.72	5.69	5.03
2008	10.81	5.74	5.07
2009	10.70	5.81	4.89
2010	10.98	5.98	5.00
2011	11.01	5.99	5.02
2012	11.39	6.09	5.30
2013	11.48	6.07	5.41
2014	11.49	6.34	5.15
2015	11.51	6.36	5.15
2016	11.72	6.41	5.31

4－3　各县区常住人口和自然增长率

县区	2011年		2012年		2013年	
	常住人口（万人）	自然增长率（‰）	常住人口（万人）	自然增长率（‰）	常住人口（万人）	自然增长率（‰）
全市	335.24	5.02	335.69	5.30	337.03	5.41
榆阳	63.83	4.79	64.07	5.32	64.42	5.37
神木	45.58	5.73	45.65	5.88	45.86	5.89
府谷	26.09	5.08	26.18	5.29	26.36	5.46
横山	28.83	5.29	28.95	5.51	29.26	5.72
靖边	35.62	4.99	35.73	5.36	35.94	5.54
定边	31.93	4.39	31.91	4.83	32.11	5.10
绥德	29.65	5.64	29.66	5.84	29.52	5.86
米脂	15.51	3.36	15.51	3.68	15.54	3.99
佳县	20.42	5.26	20.42	5.42	20.49	5.43
吴堡	7.58	3.85	7.56	4.09	7.47	3.96
清涧	12.79	4.31	12.63	4.63	12.45	4.80
子洲	17.41	5.22	17.42	5.50	17.61	5.54

县区	2014年		2015年		2016年	
	常住人口（万人）	自然增长率（‰）	常住人口（万人）	自然增长率（‰）	常住人口（万人）	自然增长率（‰）
全市	338.39	5.15	340.11	5.15	338.20	5.31
榆阳	64.89	5.18	64.91	5.18	65.37	5.73
神木	45.92	5.39	45.95	5.41	46.34	5.92
府谷	26.30	5.20	26.31	5.18	26.53	4.26
横山	29.55	5.46	29.66	5.44	29.97	5.37
靖边	36.32	5.28	36.51	5.30	36.86	5.07
定边	32.20	4.84	32.40	4.83	32.71	6.08
绥德	29.64	5.60	29.89	5.60	29.09	5.26
米脂	15.54	3.99	15.92	4.02	15.94	4.30
佳县	20.50	5.17	19.91	5.17	18.98	5.19
吴堡	7.48	3.95	7.94	3.96	6.49	3.81
清涧	12.40	4.54	12.88	4.57	12.89	4.82
子洲	17.65	5.31	17.83	5.30	17.03	4.71

4－4　各县区总户数和户籍人口数(2016 年)

(公安年报)

单位:人

县区	总户数(户)	总人口			城镇人口	乡村人口
			男	女		
全市	1348064	3820028	1995230	1824798	1094059	2725969
榆阳	226818	584781	297710	287071	259541	325240
神木	172062	443088	232399	210689	141676	301412
府谷	96565	247802	130398	117404	84084	163718
横山	105425	378971	198491	180480	69745	309226
靖边	106113	356028	184103	171925	125689	230339
定边	99953	352125	181438	170687	83678	268447
绥德	139779	359474	188046	171428	93846	265628
米脂	81531	223312	117068	106244	54844	168468
佳县	103946	269474	143116	126358	50929	218545
吴堡	34343	84254	44045	40209	17238	67016
清涧	66472	217011	116473	100538	41281	175730
子洲	115057	303708	161943	141765	71508	232200

4－5　各县区城镇化率

单位:%

县区	2010 年	2011 年	2012 年	2013 年	2014 年	2015 年	2016 年
全市	47.41	48.56	51.34	52.79	53.86	55.00	56.25
榆阳	67.25	68.41	71.32	72.48	73.28	73.61	74.11
神木	62.62	63.80	66.63	68.07	68.88	69.19	69.69
府谷	57.05	59.17	62.04	64.03	64.74	65.01	65.41
横山	39.52	41.08	44.69	45.81	46.72	48.03	49.83
靖边	53.66	55.82	58.64	60.51	61.98	62.71	63.51
定边	38.01	39.16	41.71	43.52	44.74	46.03	47.25
绥德	31.26	31.72	33.93	35.42	37.05	39.01	40.65
米脂	33.40	33.75	35.94	37.49	39.42	40.59	41.69
佳县	19.61	20.03	22.45	23.39	23.92	30.01	32.13
吴堡	35.96	36.63	38.76	39.41	40.83	42.04	43.14
清涧	29.89	30.24	32.47	33.63	34.87	36.20	37.40
子洲	28.51	28.93	31.97	32.94	33.64	34.95	36.16

主要统计指标解释

人口数 指一定时点、一定地区范围内有生命的个人总和。

年度统计的年末人口数指每年 12 月 31 日 24 时的人口数。年度统计的全国人口总数内未包括香港、澳门特别行政区和台湾省以及海外华侨人数。

出生率(又称粗出生率) 指在一定时期内(通常为一年)一定地区的出生人数与同期内平均人数(或期中人数)之比,用千分率表示。本资料中的出生率指年出生率,其计算公式为:

$$出生率=\frac{年出生人数}{年平均人数}\times 1000‰$$

式中:出生人数指活产婴儿,即胎儿脱离母体时(不管怀孕月数),有过呼吸或其他生命现象。年平均人数指年初、年底人口数的平均数,也可用年中人口数代替。

死亡率(又称粗死亡率) 指在一定时期内(通常为一年)一定地区的死亡人数与同期内平均人数(或期中人数)之比,用千分率表示。本资料中的死亡率指年死亡率,其计算公式为:

$$死亡率=\frac{年死亡人数}{年平均人数}\times 1000‰$$

人口自然增长率 指在一定时期内(通常为一年)人口自然增加数(出生人数减死亡人数)与该时期内平均人数(或期中人数)之比,用千分率表示。计算公式为:

$$人口自然增长率=\frac{本年出生人数-本年死亡人数}{年平均人数}\times 1000‰$$

$$=人口出生率-人口死亡率$$

5

就业和工资

资料整理：杨瑞芳

5. 就业人员和职工工资

2016 年全市

年底就业人员数	202.36 万人	比上年下降 0.5%
#城镇非私营单位在岗职工人数	35.55 万人	比上年增长 0.4%
城镇非私营单位就业人员平均工资	62140 元	比上年增长 4.8%
城镇私营单位就业人员平均工资	28426 元	比上年增长 2.2%
城镇登记失业率	3.55%	

全社会从业人员数（万人）

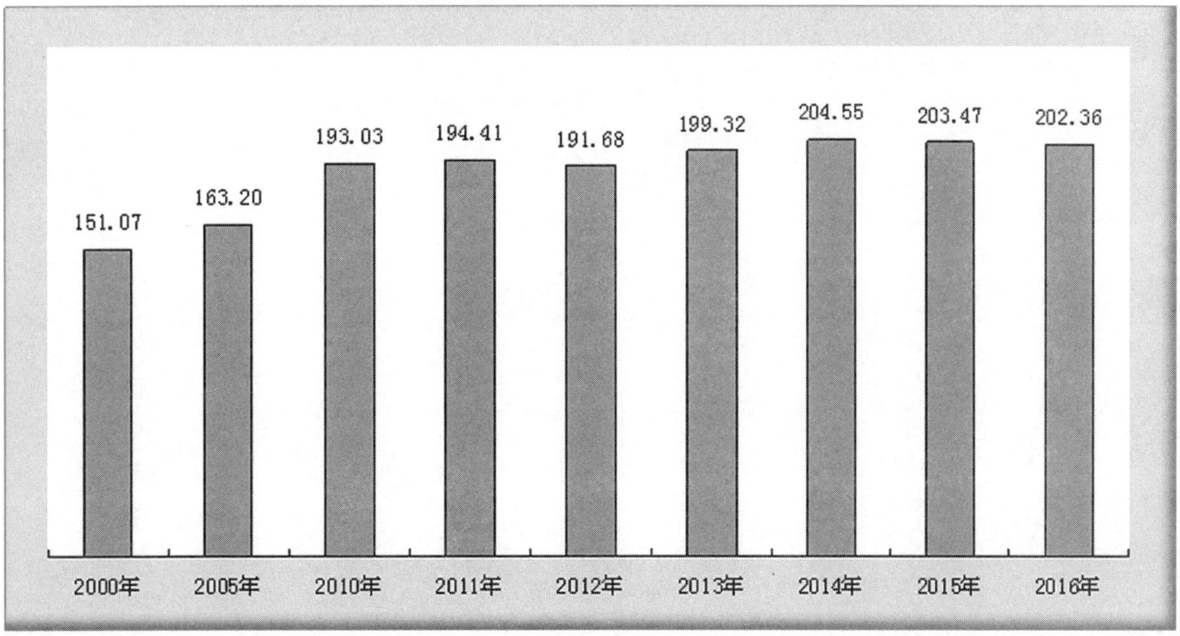

5－1　主要年份就业人员人数

单位:万人

年份	就业人员人数	第一产业	第二产业	第三产业	年末职工人数	#国有单位	#集体单位	城镇私营就业人员	乡村就业人员	其他就业人员
1978	82.32	71.57	4.04	6.71	8.63	7.20	1.43		73.69	
1980	87.66	77.00	3.71	6.95	9.17	7.62	1.55	0.06	78.43	
1985	102.02	80.88	8.80	12.34	12.24	9.67	2.57	0.59	89.19	
1990	119.82	90.05	11.69	18.08	15.06	12.53	2.53	1.35	103.41	
1991	125.48	94.28	11.66	19.54	15.61	13.13	2.48	1.34	108.53	
1992	128.26	97.05	11.79	19.42	16.01	13.59	2.42	1.19	111.06	
1993	129.34	96.40	12.51	20.43	16.57	13.66	2.36	1.38	111.39	
1994	133.20	96.85	14.18	22.17	17.68	15.10	2.44	1.56	113.96	
1995	134.56	96.64	14.57	23.35	17.91	15.60	2.15	1.86	114.79	
1996	140.54	98.60	14.81	27.13	19.70	17.05	2.18	2.52	118.32	
1997	145.15	97.43	16.36	31.36	19.97	17.19	2.42	3.09	120.56	
1998	148.07	99.26	15.61	33.20	17.99	15.81	1.50	5.24	123.04	
1999	153.68	100.47	17.07	36.14	19.92	17.19	1.38	11.75	122.01	
2000	151.07	95.13	17.91	38.03	18.35	16.02	1.17	13.72	117.82	1.18
2001	152.02	93.70	17.97	40.35	18.21	16.06	1.03	14.33	118.30	1.18
2002	156.81	95.32	19.11	42.38	17.84	15.49	0.79	14.86	122.76	1.35
2003	152.04	90.54	19.27	42.23	18.12	15.89	0.78	7.56	124.92	1.44
2004	153.10	90.18	20.66	42.26	20.00	17.64	0.80	6.33	125.54	1.23
2005	163.20	91.38	22.25	49.57	19.22	16.81	0.82	6.71	136.29	0.98
2006	166.44	91.32	23.96	51.17	19.45	16.01	0.68	8.97	137.15	0.87
2007	167.31	91.30	24.19	51.82	19.97	16.43	0.80	10.90	135.47	0.97
2008	173.10	94.40	25.01	53.69	20.48	16.84	0.87	11.42	140.18	1.02
2009	181.39	96.52	27.41	57.46	22.50	18.62	0.85	11.89	145.52	1.48
2010	193.03	88.51	45.34	59.18	24.25	20.31	0.94	19.08	148.04	1.66
2011	194.41	86.01	47.67	60.73	25.25	20.37	1.03	19.40	148.13	1.63
2012	191.68	80.62	111.06		24.31	19.98	0.92	20.02	144.15	1.51
2013	199.32	79.37	119.95		34.78	18.86	0.91	14.44	143.83	2.94
2014	204.55	96.66	107.89		35.48	19.44	0.72	15.43	147.02	2.99
2015	203.47	96.45	107.02		35.41	19.06	0.57	14.04	147.74	2.83
2016	202.36	98.79	103.57		35.55	18.74	0.55	13.95	146.35	2.69

注:本表职工人数 2011 年为在岗职工加劳务派遣人员合计数,其余年份均为在岗职工人数。

5-2 分行业就业人员数(2016年)

单位:万人

行　业	合计	国有单位	集体单位	其他单位	私营单位	乡村就业人员
总　计	**202.36**	**21.63**	**0.76**	**19.67**	**13.95**	**146.35**
第一产业	98.79	0.40	0.00	0.00	0.31	98.08
农、林、牧、渔业	98.79	0.40	0.00	0.00	0.31	98.08
第二产业		2.95	0.30	14.24	7.96	
采矿业		1.55	0.07	5.64	2.01	
制造业		0.86	0.00	5.22	3.01	
电力、燃气及水生产和供应业		0.47	0.00	1.33	0.34	
建筑业		0.07	0.23	2.05	2.60	
第三产业		18.27	0.47	5.42	5.67	
批发和零售业		0.31	0.04	1.43	2.04	
交通运输、仓储和邮政业		0.48	0.02	1.63	0.81	
住宿和餐饮业		0.02	0.00	0.61	0.93	
信息传输、计算机服务和软件业		0.03	0.00	0.32	0.03	
金融业	103.57	0.34	0.26	0.33	0.07	48.27
房地产业		0.07	0.00	0.35	0.53	
租赁和商务服务业		0.10	0.01	0.29	0.37	
科学研究、技术服务和地质勘查业		0.51	0.06	0.11	0.22	
水利、环境和公共设施管理业		1.29	0.00	0.03	0.06	
居民服务和其他服务业		0.02	0.00	0.06	0.15	
教育		4.78	0.01	0.12	0.17	
卫生、社会保障和社会福利业		1.92	0.06	0.12	0.09	
文化、体育和娱乐业		0.38	0.01	0.01	0.20	
公共管理和社会组织		8.02	0.00	0.01	0.00	
其他行业						

5－3 城镇非私营单位企业、事业、机关人数和工资(2016 年)

指标		合计	企业	事业	机关	民间非盈利组织	其他
一、就业人员年末人数	（人）	420613	238482	121853	57989	793	1496
#女性		127089	50357	59187	16602	434	509
#在岗职工人数		355478	193973	107391	52034	775	1305
1. 国有单位		216299	37704	119587	57968	123	917
2. 集体单位		7610	6781	803			26
3. 其他单位		196704	193997	1463	21	670	553
二、就业人员工资总额	（万元）	2590461	1617307	656583	306996	3102	6473
#在岗职工工资总额		2310441	1382231	626438	293252	3072	5448
三、就业人员平均工资	（元）	62140	68533	54370	52947	39416	47772
四、在岗职工平均工资	（元）	65265	72117	57795	56375	39947	46685
1. 国有单位		60571	79107	57720	56369	58065	47059
2. 集体单位		84355	88959	56313			69231
3. 其他单位		70084	70336	64084	80615	36986	44260

5-4 城镇非私营单位分行业就业人员年末人数(2016年)

单位:万人

行　业	年末人数	国有单位	集体单位	其他单位
总　计	**420613**	**216299**	**7610**	**196704**
农林牧渔业	4026	4026		
采矿业	72719	15525	763	56431
制造业	60817	8606		52211
电力、燃气及水的生产和供应业	18075	4728		13347
建筑业	23487	662	2279	20546
批发和零售业	17771	3111	369	14291
交通运输、仓储和邮政业	21176	4754	164	16258
住宿和餐饮业	6326	218		6108
信息传输、计算机服务和软件业	3565	334		3231
金融业	9388	3430	2645	3313
房地产业	4179	711		3468
租赁和商务服务业	3917	955	51	2911
科学研究、技术服务和地质勘查业	6707	5104	550	1053
水利、环境和公共设施管理业	13185	12855		330
居民服务和其他服务业	851	236		615
教育	49072	47767	82	1223
卫生、社会保障和社会福利业	21059	19227	625	1207
文化、体育和娱乐业	3944	3810	82	52
公共管理和社会组织	80349	80240		109

5－5　各县区城镇非私营单位就业人员年末人数(2016年)

单位:人

县　区	总　计	国有单位	集体单位	其他单位	#港澳台投资	#外商投资
全市	420613	216299	7610	196704	264	1844
榆阳	96997	46378	1488	49131	230	1037
神木	100172	21022	1309	77841		232
府谷	61289	20891	913	39485	34	575
横山	24705	15773	883	8049		
靖边	39213	31005	635	7573		
定边	25489	21477	389	3623		
绥德	19806	16410	1077	2319		
米脂	12117	9264	251	2602		
佳县	10435	9498	161	776		
吴堡	6522	5598	293	631		
清涧	13171	9798	39	3334		
子洲	10697	9185	172	1340		

5－6　城镇非私营单位就业人员年末人数和工资

指标	年末人数(人)		工资总额(万元)		平均工资(元)	
	2015年	2016年	2015年	2016年	2015年	2016年
总　计	**416880**	**420613**	**2435136**	**2590461**	**58442**	**62140**
国有单位	219527	216299	1173694	1213789	53819	56546
集体单位	8013	7610	56171	56390	69803	73054
其他单位	189330	196704	1205271	1320282	63253	67881
(一)内资	187426	194596	1190376	1304233	63105	67747
1、股份合作制	2107	1626	11657	8364	58284	50387
2、联营	1634	1363	9836	9272	61206	67977
3、有限责任公司	132346	141370	772626	851499	57920	61114
4、股份有限公司	48562	47329	386662	424361	79145	89354
5、其它	2777	2908	9596	10737	34567	40243
(二)港、澳、台投资	279	264	1741	1631	63544	62483
(三)外商投资	1625	1844	13154	14419	80206	83586

5－7　主要年份职工平均工资和指数

年份	职工平均工资(元)	指数(1978＝100)		国有单位职工平均工资(元)	指数(1978＝100)		集体单位职工平均工资(元)	指数(1978＝100)	
		货币工资	实际工资		货币工资	实际工资		货币工资	实际工资
1978	660	100.0	100.0	668	100.0	100.0	622	100.0	100.0
1980	677	102.6	95.1	687	102.8	95.3	641	103.1	95.6
1985	909	137.7	113.1	957	143.3	117.7	792	127.3	104.6
1990	1762	267.0	133.2	1852	277.2	138.3	1321	212.4	106.0
1995	3742	567.0	135.9	3877	580.4	139.1	2657	427.2	102.4
2000	6569	995.3	220.6	6448	965.3	213.9	5235	841.6	186.5
2001	8373	1268.6	275.6	8226	1231.4	267.5	6283	1010.1	219.5
2002	10118	1533.0	334.1	9821	1470.2	320.4	7113	1143.6	249.2
2003	10166	1540.3	328.9	10286	1539.8	328.6	7426	1193.9	254.8
2004	11956	1811.5	367.9	11466	1716.5	348.6	7977	1282.5	260.4
2005	14257	2160.2	425.5	13490	2019.5	397.8	8647	1390.2	273.8
2006	17487	2649.5	507.7	15903	2380.7	456.2	10269	1651.0	316.3
2007	23547	3567.7	649.8	25911	3878.9	706.5	16152	2596.8	473.0
2008	30786	4664.5	781.6	29724	4449.7	745.6	21713	3490.8	584.9
2009	36494	5529.4	908.3	37476	5610.2	921.6	33965	5460.6	897.0
2010	40629	6155.9	959.4	40918	6125.4	954.7	38419	6176.7	962.7
2011	45053	7508.8	960.4	44480	7256.1	955.7	42767	7489.8	963.7
2012	51607	7819.2	956.1	52150	7806.9	983.0	48834	7851.1	965.9
2013	55597	8423.8	997.1	51371	7690.3	937.4	56911	9149.7	1089.6
2014	56321	8533.5	989.3	53198	7963.8	950.8	71231	11451.9	1335.7
2015	58442	8854.8	1015.4	53819	8056.7	923.9	69803	11222.3	1286.9
2016	62140	9415.2	1066.3	56546	8465.0	958.7	73054	11745.0	1330.1

注:本表不含城镇私营单位和个体,1998年及以后数据为在岗职工平均工资,2011年为在岗职工与劳务派遣人员平均工资,2012年为城镇就业人员年平均工资,2013年以后为非私营单位从业人员平均工资。指数据此推算。

5－8　城镇非私营单位就业人员分行业工资总额(2016年)

单位:万元

行　业	工资总额	国有单位	集体单位	其他单位
总　计	**2590461**	**1213789**	**56390**	**1320282**
农林牧渔业	21774	21774		
采矿业	620800	108709	3948	508142
制造业	396124	63360		332764
电力、燃气及水的生产和供应业	128182	31873		96310
建筑业	102927	5309	9109	88509
批发和零售业	88611	23133	1009	64470
交通运输、仓储和邮政业	126363	23674	556	102133
住宿和餐饮业	21445	642		20803
信息传输、计算机服务和软件业	29650	1864		27786
金融业	84228	19220	33403	31605
房地产业	16256	3759		12498
租赁和商务服务业	16160	4871	127	11162
科学研究、技术服务和地质勘查业	38257	29155	3717	5385
水利、环境和公共设施管理业	48378	46162		2216
居民服务和其他服务业	4407	1600		2807
教育	275603	266622	550	8431
卫生、社会保障和社会福利业	128083	120050	3521	4511
文化、体育和娱乐业	20345	19669	450	227
公共管理和社会组织	422868	422343		525

5-9 城镇非私营单位就业人员分行业平均工资(2016年)

单位:元

行　业	平均工资	国有单位	集体单位	其他单位
总　计	**62140**	**56546**	**73054**	**67881**
农林牧渔业	54137	54137		
采矿业	85241	67825	54004	90626
制造业	66462	77334		64729
电力、燃气及水的生产和供应业	72728	72586		72775
建筑业	44352	81675	37257	44008
批发和零售业	50119	74816	27331	45341
交通运输、仓储和邮政业	60880	51499	33927	63853
住宿和餐饮业	34262	29594		34430
信息传输、计算机服务和软件业	85471	55988		88602
金融业	92314	58561	127251	98242
房地产业	40753	52866		38125
租赁和商务服务业	38320	51113	24824	34740
科学研究、技术服务和地质勘查业	57297	57110	68207	52437
水利、环境和公共设施管理业	37046	36322		63317
居民服务和其他服务业	51906	67805		45785
教育	56819	56489	67024	68883
卫生、社会保障和社会福利业	61389	63065	56342	37497
文化、体育和娱乐业	52969	53015	54841	46347
公共管理和社会组织	52660	52666		48183

5－10 城镇非私营单位在岗职工分行业平均工资(2016年)

单位:元

行 业	平均工资	国有单位	集体单位	其他单位
总 计	**65265**	**60571**	**84355**	**70084**
农林牧渔业	54530	54530		
采矿业	91373	80869	54004	94731
制造业	68351	83227		66073
电力、燃气及水的生产和供应业	74473	74966		74310
建筑业	46032	97959	42786	44566
批发和零售业	51363	80632	27331	45879
交通运输、仓储和邮政业	64888	53172	45077	68517
住宿和餐饮业	34710	35980		34688
信息传输、计算机服务和软件业	87694	59139		90454
金融业	105043	73712	141306	101243
房地产业	42409	62202		38838
租赁和商务服务业	56343	57567	24824	57685
科学研究、技术服务和地质勘查业	59366	58742	69930	57175
水利、环境和公共设施管理业	43523	42663		65087
居民服务和其他服务业	52118	69509		45715
教育	58533	58224	77373	68883
卫生、社会保障和社会福利业	65034	67183	56342	34512
文化、体育和娱乐业	55925	56076	55386	46347
公共管理和社会组织	56119	56128		49624

5－11　城镇私营单位分行业就业人员平均工资

单位:元

行　　业	2013 年	2014 年	2015 年	2016 年
总　计	**26377**	**27426**	**27809**	**28426**
农林牧渔业	19938	20012	20354	21366
采矿业	39321	41321	41625	42594
制造业	27556	27663	28610	28850
电力、燃气及水的生产和供应业	32947	33652	33882	33960
建筑业	22432	23980	23468	24110
批发和零售业	21744	22689	23014	23325
交通运输、仓储和邮政业	25595	26078	27100	28156
住宿和餐饮业	21810	22045	22364	22480
信息传输、计算机服务和软件业	22333	24074	24236	24637
金融业	25086	28936	29013	29934
房地产业	26738	28034	28412	28883
租赁和商务服务业	21958	23015	23169	24538
科学研究、技术服务和地质勘查业	25167	28124	28396	29020
水利、环境和公共设施管理业	20625	20779	21135	21363
居民服务和其他服务业	20247	23322	23476	24751
教育	25052	27165	27680	28013
卫生、社会保障和社会福利业	20273	21963	22334	24562
文化、体育和娱乐业	22400	22986	23641	23986

5－12 各县区城镇非私营单位就业人员工资总额(2016年)

单位:万元

县 区	从业人员年末人数	国有单位	集体单位	其他单位	#港澳台投资	#外商投资
全市	2590461	1213789	56390	1320282	1631	14419
榆阳	599258	260613	16150	322496	1439	5802
神木	744498	107383	9763	627352		3715
府谷	345074	124131	8909	212034	192	4902
横山	145185	86021	3232	55932		
靖边	227351	186825	7890	32637		
定边	147934	128947	2156	16831		
绥德	105920	92513	3197	10210		
米脂	66402	51046	1712	13644		
佳县	56737	53047	812	2878		
吴堡	28391	24580	1558	2254		
清涧	68656	52183	88	16385		
子洲	55055	46501	925	7630		

5－13 各县区城镇非私营单位就业人员平均工资(2016年)

单位:元

县区	就业人员平均工资	#在岗职工平均工资	国有单位	集体单位	其他单位	#港澳台投资	#外商投资
全市	62140	65265	56546	73054	67881	62483	83586
榆阳	62971	66522	57503	118834	66517	63392	63475
神木	74836	78388	53107	76453	80443		157415
府谷	57086	57892	59390	97156	54888	56412	85252
横山	60300	63365	54892	33701	75106		
靖边	57769	64381	60076	97888	43802		
定边	57598	58940	59341	55419	47211		
绥德	53460	60847	56383	29515	43972		
米脂	54891	57265	55096	68191	52864		
佳县	54195	56060	55886	50435	35268		
吴堡	43438	46636	43908	50915	35660		
清涧	52530	55711	53444	22564	50153		
子洲	51555	60373	50610	53756	57848		

5-14　2008年以来城镇登记失业人数及失业率

年份	年末城镇登记实有失业人数(人)	城镇登记失业率(%)
2008	10881	3.82
2009	9619	3.80
2010	10071	3.90
2011	9923	3.75
2012	8970	3.59
2013	9683	3.53
2014	9455	3.48
2015	9566	3.50
2016	9620	3.55

5-15　社会保障基本情况

单位:万户、万人

指标	2013年	2014年	2015年	2016年
城镇居民最低生活保障户数	4.47	3.63	3.46	3.17
城镇居民最低生活保障人数	9.44	7.34	6.83	6.27
参加失业保险职工人数	18.90	20.00	21.82	24.97
参加养老保险职工人数	20.91	22.01	26.38	27.79
参加医疗保险职工人数	35.50	35.71	36.49	38.06
城镇居民基本医疗保险参保人数	40.10	39.91	32.48	27.35
参加工伤保险职工人数	34.44	38.31	41.61	43.12
参加生育保险职工人数	28.36	28.58	30.76	32.71

5－16　参加基本养老保险的职工及离退休人员(2016 年)

单位:人

指标	职工人数	离退休人员
总　计	**277940**	**56891**
一、企业	235434	30401
(一)内资企业	235384	30401
1. 国有企业	76932	20745
2. 集体企业	3749	5000
3. 其他	154703	4656
(二)港澳台及外资企业	50	
二、其他	42506	26490

5－17　失业保险基本情况

单位:人

指标	2013 年	2014 年	2015 年	2016 年
参加失业保险人数	189048	199973	218217	249653
一、企业	100533	105910	120675	151292
(一)内资企业	100440	105817	120445	151062
1. 国有企业	33016	52861	58994	69950
2. 集体企业	4241	5143	4667	4886
3. 其他	63183	47813	56784	76226
(二)港澳台及外资企业	93	93	230	230
二、事业单位	87797	89648	89407	89689
三、其他单位	718	4415	8135	8672
领取失业保险金人数	517	509	666	684

主要统计指标解释

就业人员 指在一定年龄以上,有劳动能力,取得劳动报酬或经营收入而从事一定社会劳动的人员,具体指年满16周岁,为取得报酬或利润,在调查周内从事了1小时(含1小时)以上的劳动或由于学习、休假等原因在调查周内暂时处于未工作状态,但有工作单位或场所的人口。

单位就业人员 指报告期末最后一日24小时在本单位中工作,并取得工资或其他形式劳动报酬的人员数,该指标为时点指标,不包括最后一日当天以及以前已经与单位解除劳动合同关系的人员,是在岗职工、劳务派遣人员及其他就业人员之和。就业人员不包括;

(1)离开本单位仍保留劳动关系,并定期领取生活费的人员;

(2)利用课余时间打工的学生及在本单位实习的各类在校学生;

(3)本单位因劳务外包而使用的人员。

城镇私营和个体就业人员 城镇私营就业人员指在工商管理部门注册登记,其经营地址设在县城关镇(含县城关镇)以上的私营企业的就业人员,包括私营企业投资者和雇工。城镇个体就业人员指在工商管理部门注册登记,并持有城镇户口或城镇长期居住,经批准从事个体工商经营的就业人员,包括个体经营者和在个体工商户劳动的家庭帮工和雇工。

国有单位 指资产归国家所有的经济组织。包括按《中华人民共和国企业法人登记管理条例》规定登记注册的非公司制的经济组织,以及中央、地方各级国家机关、事业单位和社会团体。

集体单位 指生产资料归集体所有,并按《中华人民共和国企业法人登记管理条例》规定登记注册的经济组织。

其他单位 包括股份合作单位、联营单位、有限责任公司、股份有限公司、港澳台商投资单位及外商投资单位等其他登记注册类型单位。

在职工岗 指在本单位工作且与本单位签订劳动合同,并由单位支付各项工资和社会保险、住房公积金的人员,以及上述人员中由于学习、病伤、产假等原因暂未工作仍由单位支付工资的人员。在岗职工还包括:

(1)应订立劳动合同而未订立劳动合同人员(如使用的农村户籍人员);

(2)处于试用期人员;

(3)编制外招用的人员

(4)派往外单位工作,但工资仍由本单位发放的人员(如挂职锻炼、外派工作等情况)

工资总额 指根据《关于工资总额组成的规定》(1990年1月1日国家统计局发布的一号令)进行修订,在报告期内(季度或年度)直接支付给本单位全部就业人员的劳动报酬总额。包括计时工资、计件工资、奖金、津贴和补贴、加班加点工资、特殊情况下支付的工资,是在岗职工工资总额、劳务派遣人员工资总额和其他就业人员工资总额之和。

工资总额是税前工资,包括单位从个人工资中直接为其代扣或代缴的房费、水费、电费、住房公积金和社会保险基金个人缴纳部分等。

工资总额不论是计入成本的还是不计入成本的,不论是以货币形式支付的还是以实物形式支付的,均应列入工资总额的计算范围。

平均工资 指单位就业人员在一定时期内平均每人所得的工资额。它表明一定时期工资收入的高低程度,是反映就业人员工资水平的主要指标。计算公式为:

平均工资 = 报告期就业人员工资总额/报告期就业人员平均人数

平均工资指数 指报告期就业人员平均工资与基期就业人员平均工资比率,是反映不同时期就业人员货币工资水平变动情况的相对数。计算公式为:

平均工资指数 = (报告期就业人员平均工资/基期就业人员平均工资) * 100%

平均实际工资指数 就业人员平均实际工资指扣除物价变动因素后的就业人员平均工资。就业人员平均实际工资指数是反映实际工资变动情况的相对数,表明就业人员实际工资水平提高或降低的程度。计算公式为：

平均实际工资指数 =（报告期就业人员平均工资指数/报告期城镇居民消费价格指数）* 100%

城镇登记失业人员 指有非农业户口，在一定的劳动年龄内（16 周岁至退休年龄），有劳动能力，无业而要求就业，并在当地就业服务机构进行求职登记的人员。

城镇登记失业率 城镇登记失业人员与城镇单位就业人员（扣除使用的农村劳动力、聘用的离退休人员、港澳台及外方人员）、城镇单位中的不在岗职工、城镇私营业主、个体户住、城镇私营企业和个体就业人员、城镇登记失业人员之和的比。

6

固定资产投资

资料整理：郝　亮　任琳娜　宋娇阳

6. 固定资产投资

2016 年全市

全社会固定资产投资	1467.46 亿元	比上年增长 6.0%
固定资产投资	1257.98 亿元	比上年增长 11.0%
项目投资	1217.44 亿元	比上年增长 12.0%
房地产开发投资	40.55 亿元	比上年下降 13.7%
农户投资	32.77 亿元	比上年下降 0.3%
跨区投资	176.45 亿元	比上年下降 19.0%
全社会新增固定资产投资	921.30 亿元	比上年增长 21.3%
房屋竣工面积	99.59 万平方米	比上年下降 9.7%

全社会固定资产投资（亿元）

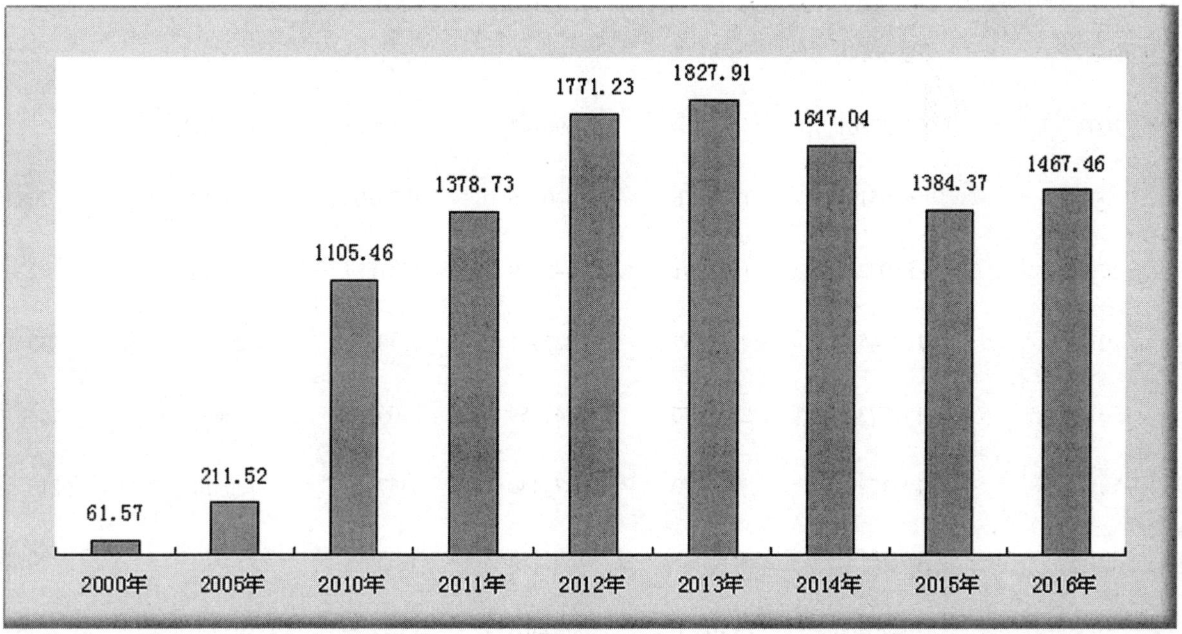

6－1 各县区主要年份全社会

年份	合计	榆阳	神木	府谷	横山	靖边
1978	5211	674	405	210	219	171
1980	6866	1044	223	169	407	164
1985	14095	4370	1562	1461	1121	1109
1990	38142	1629	21685	592	398	212
1995	224403	32193	130849	15971	6401	16840
2000	615736	258891	218775	37821	5024	46032
2001	611228	232083	163927	30867	17487	81623
2002	750000	289415	55604	68660	8870	58666
2003	1212000	295884	103223	90276	20430	87527
2004	1579406	299715	252171	127811	26538	216667
2005	2115213	417044	402165	162498	43914	54752
2006	2990145	649387	506679	271605	66772	153550
2007	4527861	905014	690143	613877	179011	251751
2008	6005199	1271416	1340716	1020202	708104	708456
2009	8503253	1547201	1885649	1531684	851400	1022097
2010	11054557	2282367	2227331	2140650	892795	1364192
2011	13787344	2843940	2742559	2709395	1136591	1656764
2012	17712269	3729290	3474440	3357128	1554232	2165035
2013	18279137	4593529	2855752	2403641	1757287	2709061
2014	16470400	5110300	2254563	1506600	1025300	2175558
2015	13843739	3600897	2483685	1059561	746433	1565161
2016	14674559	3705184	2660638	1140084	1068770	1659312

备注:1、各种分组县区未包括跨省项目,因此相加与全市不等,2008 年以后包括。

固定资产投资完成情况

单位:万元

定边	绥德	米脂	佳县	吴堡	清涧	子洲
173	163	136	122	686	92	82
157	265	139	61	95	83	263
432	1434	686	524	310	445	641
416	496	207	85	64	98	94
8064	4891	2498	3209	1517	1356	614
19667	4407	6541	4217	3666	4512	6183
39103	9860	9696	5106	3898	7349	10229
53015	17343	7631	6932	4583	5690	9295
166159	16900	14405	11061	7489	10356	6349
50310	7715	48950	13242	8961	13668	5129
11876	6651	74690	20935	6785	12382	27658
167108	12611	32288	15765	15041	17558	15545
247337	37194	84565	30083	29842	26673	29259
365610	179505	91985	43323	88886	75683	111313
887228	201088	202582	52273	98531	94562	128960
1112980	299576	211942	103306	109369	138652	171396
1313372	303932	264266	301677	133888	169462	211498
1667118	376186	326142	423944	160747	217421	260586
2080917	427452	262416	562603	148126	266752	211601
2431000	493978	272500	573544	90854	324600	211627
2263379	516820	318613	569225	104968	374045	240952
1901190	592813	365071	615818	150127	440671	374881

2、1978－1980 年各县区全社会固定资产额为基本建设投资额,1989 年数据不包括全民其他和零星固定资产投资额。

6-2 各县区主要年份

年份	合计	榆阳	神木	府谷	横山	靖边
1978	1239	339	121	143	40	73
1980	2118	641	229	119	141	55
1985	6328	1977	1570	1014	125	148
1990	19051	2876	2425	358	139	128
1995	164469	13155	76987	3542	2958	9478
2000	355298	69099	197286	19323	3504	40430
2001	183447	47187	29014	29347	4127	27731
2002	357615	121256	77489	8771	9180	49530
2003	381235	103051	74983	49918	15642	21620
2004	735332	267082	109647	143379	14579	160910
2005	578020	11504	152367	23561	55314	68427
2006	970405	222189	40694	25633	54134	126335
2007	2761326	840530	67350	67145	95175	169470
2008	2215273	190848	808714	265603	268114	198509
2009	3064199	1227158	335114	178752	236392	329776
2010	3567140	1718975	401004	238515	94581	386276
2011	3477846	921132	470696	204701	430944	564878
2012	4415982	535747	555520	464253	415342	591318
2013	4881588	766598	486158	508092	420688	1152040
2014	5858707	1853965	452483	297458	207901	870322
2015	7166317	1427144	1273442	438418	228904	922247
2016	9212978	5399362	773717	591170	57954	504564

注:1991－1995 年各县区本年新增固定资产投资额为基本建设和更新改造投资额数据。

本年新增固定资产情况

单位:万元

定边	绥德	米脂	佳县	吴堡	清涧	子洲
99	73	75	42	89	70	75
96	162	303	50	15	40	266
281	378	179	82	143	152	279
1221	1706	266	142	730	164	174
320	2241	1866	578	771	577	554
14370	2369	6078	2084	1473	3060	4222
19096	5277	3409	7229	1428	3432	4700
45174	12067	8728	6958	2617	3550	12295
32436	11049	6755	13505	5743	6251	5110
48140	10875	5226	5702	7105	17405	1552
5848	61280	23403	4605	11872	2880	
166112	9703	28386	18038	14312	17158	10792
232394	13354	76325	28453	20556	19071	10870
243899	24143	45964	39882	30741	57538	41803
361493	78317	137999	42089	33247	67553	36309
437580	43472	105368	23686	8969	44258	64456
226264	77935	167688	255093	61281	67684	29550
1077155	159857	189616	116563	85403	91369	133839
556725	353049	236533	93390	124214	112967	71134
1099201	317175	252623	160941	32320	198195	132483
1090413	781941	299052	197138	56547	292888	158213
250536	389570	346030	63935	61409	303914	144880

6－3　各时期全社会固定

时期	投资总额	按隶属关系分		按项目种类分					
		中央省属(中央)	市县属(地方)	基本建设	更新改造	其它投资	房地产开　发	集体投资	城乡个人
恢复时期	248		248						
“一五”时期	3468		3468						
“二五”时期	5019		5019						
调整时期	2088		2088						
“三五”时期	3691		3691						
“四五”时期	14521		14521						
“五五”时期	24912		24912	10187	353			3640	4441
“六五”时期	46828	3042	43786	15047	5664	1287		6583	18247
“七五”时期	142539	54504	88035	83852	14489	2717	382	9024	32075
“八五”时期	601657	294888	306769	402640	53024	11458	2729	59726	72080
“九五”时期	1999805	872725	1127080	1663164	65211	49196	31965	117247	97322
“十五”时期	6267847	1848324	4419523	4572803	152792	342657	180417	176022	150446
“十一五”时期	33081015	5452509	23309638	22008129			963356	781405	
“十二五”时期	80092889	8458629	58249498	56623483	4423226	4602687	2921905	1262132	1885529
2016 年	14674559	1293138	11286679	10700357	358947	1520513	405454	180264	

注:2009 年以后的投资总额为全社会投资,分项均为城镇固定资产投资,不包含跨区投资;基本建设为新建,更新改造为扩建,

资产投资完成情况

单位：万元

按国民经济行业分					本年新增固定资产（万元）	房屋建筑面积（万平方米）		
农　林牧渔业	工　业建筑业	交通运输邮电业	商饮业	其他行业		施工面积	竣工面积	#住宅
17	20	165	18	28				
1570	247	939	294	418				
1483	475	204	99	222	460	2	2	
1380	308	115	101	184	1159	10	8	
593	1974	235	245	381	1258	22	18	3
4823	6479	871	755	1593	8742	51	34	8
5776	6556	323	1355	2976	9934	86	384	348
1980	8900	2555	1996	6178	15022	126	1007	923
2018	77042	5172	1951	15562	71496	387.6	852.4	749.2
7124	368279	25510	10791	43960	438522	1028	857	684
21091	929886	588327		416373	1144407	983	690	466
85873	2986693	1496118		1017268	2235649	1486	793	467
450775	15780211	6284915		2807837	12725779	3910	853	464
2074611	44042888	7657468		13727789	26230914	10209519	1120378	671966
611800	7756515	1069797			9144596	11932471	1023407	598914

其他投资为改建. 2010 年以后分项为固定资产投资，不含跨区投资。

6－4　主要年份全社会固定

指标名称	1949年	1952年	1957年	1962年	1965年
一、本年完成投资	5	95	1140	315	624
按构成分					
1、建筑工程				158	326
2、安装工程					
3、设备工器具购置				35	23
4、其它费用				121	275
按项目种类分					
1、基本建设	5	95	1140	315	624
2、更新改造					
3、其它投资					
4、房地产开发					
5、集体投资					
6、城乡个人					
按建设性质分					
1、新建					
2、扩建					
3、改建					
4、单纯建生活设施					
5、迁建					
6、单纯购置及其他					
按工程用途分					
1、农林牧渔业用					
2、工业、建筑业用					
3、商业运输邮电用					
4、其他					
按隶属关系分					
1、中央					
2、地方	5	95	1140	315	624
二、本年新增固定资产				103	307
三、房屋建筑面积价值					
施工面积(万平方米)				1	4
竣工面积(万平方米)					3
#住宅					
竣工价值					
#住宅					
四、施工项目个数(个)					
投产项目个数(个)					

资产投资完成情况

单位:万元

1970 年	1975 年	1978 年	1980 年	1985 年	1990 年	1995 年
1735	3346	5211	6866	14094	38142	224403
840	2259	2459	5175	10677	18206	115988
					1503	9015
805	844	590	321	1834	9124	62287
90	243	2162	1370	1584	3550	37113
1735	3346	3133	3070	5742	25967	148441
			208	2199	2504	17897
				203	748	3086
					382	2186
		988	1384	1464	2613	23112
		1090	2204	4487	5919	29681
					23535	131049
					3396	25242
					485	2450
					366	6220
					202	1029
					9662	58413
						5831
						142826
						32640
						43106
				1585	25976	120193
1735	3346	5211	6866	12510	21796	104210
922	2322	2309	2118	5182	19051	164469
8	14	101	181	187	178	264
6	9	95	173	184	158	219
2	2	88	166	163	135	181
	190	2091	3353	7588	14442	6574
	190	1326	2613	4907	7865	44165
		10	157	213	998	4342
		5	73	123	921	4142

6－4 续

指标名称	2000	2005	2010
一、本年完成投资	615736	2115213	11054557
按构成分			
1、建筑工程	407337	924292	4618347
2、安装工程	26954	108641	601518
3、设备工器具购置	117303	350714	1581843
4、其它费用	64102	174698	1551108
按项目种类分			
1、基本建设	554965		
2、更新改造	8975		
3、其它投资	19248		
4、房地产开发	7028		283279
5、集体投资			
6、城乡个人	25520		
按建设性质分			
1、新建	524789	1485442	7034383
2、扩建	32043	29104	759285
3、改建	18756	36632	396302
4、单纯建生活设施	7066		
5、迁建	533		
6、单纯购置及其他			
按工程用途分			
1、农林牧渔业用	14929	20635	185770
2、工业、建筑业用	267943	792707	5017061
3、商业运输邮电用	239414	451444	2873813
4、其他	93450	321704	276172
按隶属关系分			
1、中央	276103	613658	669812
2、地方	339633	1501555	7683004
二、本年新增固定资产	355298	578020	3567140
三、房屋建筑面积价值			
施工面积(万平方米)	185	386	1312
竣工面积(万平方米)	109	172	157
#住宅	65	88	76
竣工价值	89559		358123
#住宅	37207		150116
四、施工项目个数(个)	348	511	1250
投产项目个数(个)	200	305	608

表　一

单位:万元

2015	2016	“一五”时期	“二五”时期	调整时期	“三五”时期
11336739	12579817	3468	5019	2132	3692
2106396	6615674			1171	1526
6100425	1159932				
2425092	2978270			168	937
704826	1825941			793	1229
		3468	5019	2132	3692
				65211	
469903	405454				
10460966	10700357				
236074	936627				
151806	358947				
				102522	144921
360108	611800	1570	1483	1380	4823
7174448	7756515	247	475	308	1974
914438	1329538	1233	303	216	480
		418	2758	228	645
2795145	1293138				
8071691	11286679	3468	5019	2132	3692
7596791	9144596		460	1159	1258
10202631	1193.25		2	10	23
1119798	102.34		2	8	18
671627	59.89				3
	1023407				
	598914				
1079	1170	1473			
728	667	744			

6－4 续

指标名称	"四五"时期	"五五"时期	"六五"时期
一、本年完成投资	14521	16478	46828
按构成分			
1、建筑工程	9192	11933	35727
2、安装工程			
3、设备工器具购置	4146	3049	4237
4、其它费用	1183	1496	5864
按项目种类分			
1、基本建设	14521	16478	15047
2、更新改造			5664
3、其它投资			1287
4、房地产开发			
5、集体投资			6583
6、城乡个人			18247
按建设性质分			
1、新建			
2、扩建			
3、改建			
4、单纯建生活设施			
5、迁建			
6、单纯购置及其他			
按工程用途分			
1、农林牧渔业用	5619	1991	2058
2、工业、建筑业用	6479	6266	8900
3、商业运输邮电用	1636	323	4449
4、其他	1583	4270	31488
按隶属关系分			
1、中央			3042
2、地方	14521	16478	43786
二、本年新增固定资产	8742	9673	33289
三、房屋建筑面积价值			
施工面积(万平方米)	51	84	1051
竣工面积(万平方米)	34	51	1007
#住宅	8	17	923
竣工价值	2380	4845	26807
#住宅	560	1615	19309
四、施工项目个数(个)			783
投产项目个数(个)			500

表 二

单位:万元

“七五”时期	“八五”时期	“九五”时期	“十五”时期	“十一五”时期	“十二五”时期
154381	601657	1999805	6267847	33080515	77585889
92562	332835	1194819	3235835	13547711	37827051
3718	24142	113464	288198	1941383	13640375
26697	162715	335180	986917	5673617	13056834
31404	81956	243639	488328	4160827	8728817
83852	402640	1662164			
14489					
2717	11422	49200			
382	2729	31965		963356	2921905
9024	38926				
32318	59726	97322			
40773	34385	1392629	4646060	20805094	56387409
8469	69793	172487	216610	2436911	4507494
1375	18166	69573	321389	1569292	4049667
839	18215	39116			
403	6290	2990			
7738	21091	85873	85873	450775	1745911
52626	409483	929886	2986693	15780211	42262943
7448	81553	588327	1496118	6284915	7770764
92252	102883	391641	1008274	2807837	12603080
64854	294888	872825	1773324	3032479	8458629
89527	30676	1127080	4419522	22863584	58249498
90014	438522	1144407	3893278	12494345	25908492
1145	1028	93	1486	3459	10209519
534	857	690	793	757	1120378
464	684	466	467	432	671966
29250	157720	32892		637890	1005426
22956	95637	182957		355444	604820
993	12985	2942	2349	4939	6616
528	12249	2029	1168	2651	3611

6－5　各县区项目

指标名称	合计	榆阳区	神木县	府谷县	横山区
本年完成投资	12579817	3578611	2313665	1084734	785692
#住宅	390262	193558	36607	4095	17829
建筑安装工程	7775606	2136798	1212102	759348	345547
设备工器具购置	2978270	678179	710287	178180	395926
其他费用	1825941	763634	391276	147206	44219
本年新增固定资产	9212978	5399362	773717	591170	57954
施工项目个数	1170	154	201	87	48
本年投产项目个数	667	53	108	25	8
本年施工房屋面积	11932471	6433197	1640959	410189	624353
#住宅	6760581	3354802	598914	309225	302867
本年竣工房屋面积	1023407	830919	26800	690	67333
#住宅	598914	428899	15600	550	67333
本年资金来源合计	12263865	3966738	2145854	1148805	684085
1. 上年末结余资金	1185859	798574	106729	85001	107344
2. 本年资金来源小计	11078006	3168164	2039125	1063804	576741
（1）国家预算内资金	1380688	376953	160942	62616	46372
（2）国内贷款	2156649	1202466	454700	51509	147928
（3）债券	900	600	300		
（4）利用外资	2000		2000		
（5）自筹资金	6577148	1211759	1283274	925503	356716
（6）其他资金来源	960621	376386	137909	24176	25725

注：项目投资包括城镇投资和农村非农户投资

投资主要指标(2016年)

单位:万元、个、平方米

靖边县	定边县	绥德县	米脂县	佳　县	吴堡县	清涧县	子洲县
1205406	1105599	485950	348520	410375	110681	370155	210924
95777	16309	907	2420	1100	2864	15696	2400
715877	604187	484950	240514	235785	101459	368405	210924
295833	436137	1000	64449	137036	4601	300	
193696	65275		43557	37554	4621	1450	
504564	250536	389570	346030	63935	61409	303914	144880
90	74	136	134	34	57	113	39
46	29	117	89	6	40	92	22
1744918	317760	124578	287668	26	194426	144423	10000
1491658	309865	90977	22562	28	163775	105936	10000
60505					32160		5000
56107	984286				25425		5000
1161103	27955	404566	355066	162890	113951	370776	233072
47835	956331	200	2923	6415	413	2270	200
1113268	130580	404366	352143	156475	113538	368506	232872
176970	170314	55678	120449	62602	55832	53265	63835
79732				23000			
779650	625500	93389	230322	62500	57306	291813	168337
76916	29937	255299	1372	8373	400	23428	700

6－6　各县区分行业

行业名称	合计	榆阳区	神木县	府谷县	横山县
总计	**12579817**	**3578611**	**2313665**	**1084734**	**785692**
(一)农、林、牧、渔业	611800	167490	80547	4188	8063
(二)采矿业	2270177	1055047	435109	564570	2745
(三)制造业	1603267	118127	367789	224933	49728
(四)电力、燃气及水的生产和供应业	3883071	816878	740879	140745	608772
(五)建筑业					
(六)批发和零售业	268014	139565	15370	10057	
(七)交通运输、仓储和邮政业	1069797	412550	160831	119313	17431
(八)住宿和餐饮业	3700				
(九)信息传输、计算机服务和软件业	68028	65421	500		
(十)金融业	13317		8000		
(十一)房地产业	1139282	411213	80505	9222	28734
(十二)租赁和商务服务业	22559	11950	3459		
(十三)科学研究、技术服务和地质勘查业	52289	4932			
(十四)水利、环境和公共设施管理业	905826	236811	350210	10646	20980
(十五)居民服务和其他服务业	31743	1358	23567		
(十六)教育	217842	89522	14882	760	42701
(十七)卫生、社会保障和社会福利业	103715	22542			6000
(十八)文化、体育和娱乐业	134137	11971	32017		538
(十九)公共管理和社会组织	181253	13234		300	
(二十)国际组织					

项目投资(2016年)

单位:万元

靖边县	定边县	绥德县	米脂县	佳　县	吴堡县	清涧县	子洲县
1205406	**1105599**	**485950**	**348520**	**410375**	**110681**	**370155**	**210924**
21897	33153	85248	115929		11552	53755	26970
	46	952	5650	8100		1591	4930
85114	121857	32760	45408	293420	1840	2810	
526219	834176	21850	56022	45544	3275	21215	50896
80752	3500	5300	5000	500	500	7470	
37379	47708	54084	26221	18340	27522	46266	35032
			100	3600			
			233	1274	600		
	1210				3422	685	
285617	53021	142891	53686	7865	8220	20511	25257
		4150			3000		
	1210					5308	23885
72497	6423	69979	16216	5671	30602	62997	22304
68		6150		600			
8062	3295	21810	5609	8660	7345	7889	5850
39301		24356	5110	4388	1338	680	
46600		16420	8441	12413	2800	2937	
1900			4895		8665	136041	15800

6-7 各县区按控股情况分项目投资(2016年)

单位:万元

县 区	合计	国有控股	集体控股	私人控股	港澳台商控股	外商控股	其他控股
总计	**12579817**	**8675533**	**180264**	**2878665**	**147**		**439754**
榆阳	3369690	2522801	72547	774195	147		
神木	2288963	1183141	68401	878260			159161
府谷	1084311	673990	22135	294749			93437
横山	764063	675128	6538	40553			41844
靖边	1098719	547726	8548	446792			95653
定边	1089020	653364	1210	417929			16517
绥德	484622	470762		10			13850
米脂	346030	320524		9636			15870
佳县	410375	404873		5502			
吴堡	105152	90491	200	11039			3422
清涧	356089	355404	685				
子洲	264491	264491					

注:分县区数据中不包含市直跨区投资部分。

6-8 各县区按构成及建设性质分项目投资(2016年)

单位:万元

县 区	合计	按构成分			按建设性质分			
		建筑工程	设备工器具购置	其他费用	新建	扩建	改建和技术改造	其他
总计	**12579817**	**7775606**	**2978270**	**1825941**	**10131552**	**936627**	**358947**	**1152691**
榆阳	3578611	2136798	678179	763634	2841555	453681	40844	242531
神木	2313665	1212102	710287	391276	1881239	156713	108246	167467
府谷	1084734	759348	178180	147206	888486	109537	86288	423
横山	785692	345547	395926	44219	704607	2128	57328	21629
靖边	1205406	715877	295833	193696	1036196	54055	8468	106687
定边	1105599	604187	436137	65275	971686	71145	44132	18636
绥德	485950	484950	1000		473936	5771	4915	1328
米脂	348520	240514	64449	43557	301766	39588	4676	2490
佳县	410375	235785	137036	37554	410375			
吴堡	110681	101459	4601	4621	101492	3660		5529
清涧	370155	368405	300	1450	311690	40349	4050	14066
子洲	210924	210924			208524			2400

6-9 分行业工业固定资产投资(2016 年)

单位:万元

行业名称	投资额	#改建和技术改造
总计	7756515	447740
采矿业	2270177	37740
煤炭开采和洗选业	2054428	37740
石油和天然气开采业	206477	
黑色金属矿采选业		
有色金属矿采选业		
非金属矿采选业		
开采辅助活动	4298	
其他开采业	4974	
制造业	1603267	299863
农副食品加工业	62972	17835
食品制造业	49390	
酒、饮料和精制茶制造业	3600	
烟草制品业		
纺织业	3763	
纺织服装和服饰业		
皮革、毛皮、羽毛(绒)及其制品业		
木材加工及木、竹、藤、棕、草制		
家具制造业		
造纸及纸制品业		
印刷业和记录媒介的复制	1400	
文教体育用品制造业	9500	
石油加工、炼焦及核燃料加工业	633065	77584
化学原料及化学制品制造业	215442	104237
医药制造业	1959	
化学纤维制造业		
橡胶和塑料制品业	3535	
非金属矿制品业	99220	9216
黑色金属冶炼和压延加工业	7580	
有色金属冶炼和压延加工业	61858	18134
金属制品业		
通用设备制造业	8297	8297
专用设备制造业	11290	8757
汽车制造业		
铁路、船舶、航空航天等制造业		
电气机械及器材制造业	302056	
计算机、通信和其他电子设备制造业	31319	
仪器仪表制造业		
其他制造业	41940	41940
废弃资源综合利用业	40338	
金属制品、机械和设备修理业	14743	13863
电力、热力、燃气及水的生产和供应业	3883071	110137
电力、热力的生产和供应业	3585001	88744
燃气生产和供应业	81283	6
水的生产和供应业	216787	21387

6－10　民间投资情况(2016 年)

指标名称	投资额(万元)	比重(%)
计划总投资	12546071	
本年完成投资	3891858	
施工项目个数	236915	
#本年新开工	275	
本年投产项目个数	159	
按行业分	138	
(一)农、林、牧、渔业	139848	3.6
(二)采矿业	381157	9.8
(三)制造业	570530	14.7
(四)电力、热力、燃气及水的生产和供应业	1981133	50.9
(五)建筑业		－
(六)批发和零售业	123079	3.2
(七)交通运输、仓储和邮政业	124597	3.2
(八)住宿和餐饮业	3700	0.1
(九)信息传输、软件和信息技术服务业		－
(十)金融业	13317	0.3
(十一)房地产业	342781	8.8
(十二)租赁和商务服务业	6459	0.2
(十三)科学研究和技术服务业		－
(十四)水利、环境和公共设施管理业	177471	4.6
(十五)居民服务和其他服务业		－
(十六)教育	23389	0.6
(十七)卫生和社会工作		－
(十八)文化、体育和娱乐业	4397	0.1
(十九)公共管理和社会组织		
按区域分		
榆阳	974472	25.0
神木	1115122	28.7
府谷	411334	10.6
横山	109458	2.8
靖边	657680	16.9
定边	452235	11.6
绥德	15188	0.4
米脂	112826	2.9
佳县	5502	0.1
吴堡	20190	0.5
清涧	14751	0.4
子洲	3100	0.1

6－11　分县区房地产投资

指标名称	合计	榆阳区	神木县	府谷县	横山区
房地产企业个数	157	101	6	8	4
本年完成投资	405454	208921	24702	423	21629
按投资构成分					
建筑工程	264797	139212	15122		11423
安装工程	115827	56790	2880	123	7156
设备工器具购置	10801	4599	1600		3050
其他费用	14029	8320	5100	300	
#土地购置费	4110		4000		
按工程用途分					
住宅	322564	146847	23342	123	17829
办公楼	4000	3625			
商业营业用房	58068	43209	1060		2100
其他	20822	15240	300	300	1700
本年新增固定资产	257871	215555			24960
房屋施工面积	9908709	6260339	416552	409236	448559
#新开工面积	711426	259087	150841		73913
房屋竣工面积	995917	830919			67333
房屋竣工价值	221568	191770			13591
商品房销售面积	557944	367100		8000	18586
商品房销售额	297155	237688		3600	7320
本年资金来源小计	485063	280450	34240	1923	21260
国内贷款	73270	32270	8000	500	
利用外资					
自筹资金	221979	100436	26240	1423	21260
其他资金来源	189814	147744			
#个人按揭贷款	50925	32776			

主要指标(2016 年)

单位:万元、个、平方米

靖边县	定边县	绥德县	米脂县	吴堡县	清涧县	子洲县
11	13	4	2	3	3	2
106687	16579	1328	2490	5529	14066	3100
62695	14949	656	2490	1784	14066	2400
43892	1630	672		2684		
100				752		700
				309		
				110		
95777	15289	907	2420	2864	14066	3100
150				225		
9320	1290	398	60	631		
1440		23	10	1809		
14130				2226		1000
1649135	313760	116078	28641	183533	72876	10000
114289	1014			29406	72876	10000
60505				32160		5000
13214				1993		1000
87083	58408				18767	
28721	16926				2900	
107119	16769	1185	2355	5630	11932	2200
31000	1500					
36114	15269	220	2355	5230	11932	1500
40005		965		400		700
17534		615				

6－12 房地产开发企业

指标名称	合计	榆阳区	神木县	府谷县	横山区
应付职工薪酬	10586	6974	174	281	331
主要财务指标					
年末资产负债情况					
资产总计	3242441	2439783	310433	57897	63483
累计折旧	45973	32104	1700	1038	3338
#本年折旧	6451	3566	395	262	646
负债合计	2612560	2107244	285042	25794	27080
所有者权益合计	629882	332540	25392	32103	36403
#实收资本	482822	358443	26699	9084	12500
损益情况					
主营业务收入	394520	258416	11862	1900	20291
土地转让收入	590		50		
商品房屋销售收入	387536	253838	11768	1900	20291
房屋出租收入	4015	3007	41		
其他收入	2379	1571	2		
主营业务成本	384124	271771	11823	1500	16283
主营业务税金及附加	17139	10590	21	108	974
销售费用	3798	3000	8	54	69
其他业务利润	184	184			
管理费用	19284	13624	567	893	595
财务费用	6487	3871	1	1	17
营业利润	－25180	－32899	－559	－656	1717
营业外收入	374	28	12		334
营业外支出	759	673	20		3
利润总额	－25565	－33544	－567	－656	2048

财务分县区情况(2016 年)

单位:万元

靖边县	定边县	绥德县	米脂县	吴堡县	清涧县	子洲县
986	765	339	28	305	354	48
236928	91081	23902	2906	3013	12313	700
4663	1854	300	254	125	568	30
814	426	76	21	1	233	10
85677	72125	3178	782	988	4630	20
151251	18956	20724	2123	2025	7684	680
36286	14816	18800	2100	1750	1684	660
31822	44890	12893	638	1130	10119	560
					540	
31292	44804	12893	611		9579	560
530	86			350		
			27	780		
25814	38540	10821	1178	1015	4959	420
1303	2727	328	51	33	968	36
416	107	95	21		25	3
627	1789	541	43	25	541	40
105	2113	343		23	12	2
3493	-420	655	-655	19	4067	59
	64					
3493	-484	655	-655	19	4067	59

主要统计指标解释

全社会固定资产投资 是以货币形式表现的在一定时期内全社会建造和购置固定资产的工作量以及与此有关的费用的总称。该指标是反映固定资产投资规模、结构和发展速度的综合性指标,又是观察工程进度和考核投资效果的重要依据。全社会固定资产投资按登记注册类型可分为国有、集体、个体、联营、股份制、外商、港澳台商、其他等。

房地产开发投资 指各种登记注册类型的房地产开发公司、商品房建设公司及其他房地产开发法人单位和附属于其他法人单位实际从事房地产开发或经营活动的单位统一开发的包括统代建、拆迁还建的住宅、厂房、仓库、饭店、宾馆、度假村、写字楼、办公楼等房屋建筑物和配套的服务设施,土地开发工程(如道路、给水、排水、供电、供热、通讯、平整场地等基础设施工程)的投资;不包括单纯的土地交易活动。

固定资产投资的资金来源 根据固定资产投资的资金来源不同,分为国家预算内资金、国内贷款、利用外资、自筹资金和其他资金。

(1)国家预算内资金:分为财政拨款和财政安排的贷款两部分。包括中央财政的基本建设基金(分经营性基金和非经营性基金两部分)、专项支出(如煤代油专项等)、收回再贷、贴息资金,财政安排的挖潜改造和新产品试制支出、城建支出、商业部门简易建筑支出、不发达地区发展基金等资金中用于固定资产投资的资金;地方财政中由国家统筹安排的资金等。

(2)国内贷款:指报告期固定资产投资单位向银行及非银行金融机构借入的用于固定资产投资的各种国内借款,包括银行利用自有资金及吸收的存款发放的贷款、上级主管部门拨入的国内贷款、国家专项贷款、地方财政专项资金安排的贷款、国内储备贷款、周转贷款等。

(3)利用外资:指报告期收到的用于固定资产建造和购置的国外资金(包括设备、材料、技术在内)。包括对外借款(外国政府、国际金融组织贷款、出口信贷、外国银行商业贷款、对外发行债券和股票)、外商直接投资及外商其他投资。不包括我国自有外汇资金(国家外汇、地方外汇、留成外汇、调剂外汇和中国银行自有资金发行的外汇贷款等)。计算利用外资时,需要折算成人民币,折算中所使用的外汇汇率按现汇计算,即按使用外汇时的汇率计算。

(4)自筹资金:指固定资产投资单位报告期收到的,由各地区、各部门及企、事业单位筹集用于固定资产投资的预算外资金,包括中央各部门、各级地方和企、事业单位的自筹资金。

(5)其他资金:指在报告期收到的除以上各种资金之外其他用于固定资产投资的资金,包括企业或金融机构通过发行各种债券筹集到的资金、群众集资、个人资金、无偿捐赠的资金及其他单位拨入的资金等。

固定资产投资按国民经济行业分 根据建设项目建成投产后的主要产品或主要用途及社会经济活动性质来确定国民经济行业。一般情况下,一个建设项目或一个企业、事业单位只能属于一种国民经济行业。

固定资产投资按隶属关系分 是按建设单位或企业、事业、行政单位的主管上级机关确定的。

(1)中央:是指中共中央、人大常委会和国务院各部、委、局、总公司以及直属机构直接领导的建设项目和企业、事业、行政单位。这些单位的固定资产投资计划由国务院各部门直接编制和下达,建设中所需物资、主要设备以及建设中的问题都由中央有关部门安排和解决。

(2)地方:是由省(自治区、直辖市)、地区(州、盟、省辖市)、县(旗、县级市)三级政府及业务主管部门直接领导和管理的建设项目、企业、事业、行政单位。地方项目还包括不隶属以上各级政府及主管部门的建设项目和企业、事业单位,如外商投资企业和无主管部门的企业等。

固定资产投资按建设性质分 根据整个建设项目情况来确定。建设项目的性质一般分为新建、扩建、改建和技术改造、迁建、恢复。房地产开发单位、农村投资、城镇工矿区私人建房投资不划分建设性质。

(1)新建:一般指从无到有开始建设的企业、事业和行政单位或建设项目。有的单位原有基础很小,经过建设后新增的固定资产价值超过该企业、事业、行政单位原有固定资产价值(原值)三倍以上的也应作为新建。

(2)扩建:指在厂内或其他地点,为扩大原有产品的生产能力（或效益）或增加新的产品生产能力，而增建主要的生产车间（或主要工程）、分厂、独立的生产线。行政、事业单位在原单位增建业务用房（如学校增建教学用房、医院增建门诊部、病房等）也作为扩建。

现有企、事业单位为扩大原有主要产品生产能力或增加新的产品生产能力，增建一个或几个主要生产车间（或主要工程）、分厂，同时进行一些更新改造工程的，也应作为扩建。

（3）改建和技术改造：指现有企业、事业单位，对原有设施进行技术改造或更新（包括相应配套的辅助性生产、生活福利设施）的建设项目。现有企业、事业单位为适应市场变化的需要，而改变企业的主要产品种类（如军工企业转产民用品等）的建设项目，应作为改建。原有产品生产作业线由于各工序（车间）之间能力不平衡，为填平补齐充分发挥原有生产能力而增建不增加本企业主要产品设计能力的车间，也应作为改建。技术改造是指企业、事业单位在现有基础上，用先进的技术代替落后的技术，用先进的工艺和装备代替落后的工艺和装备，以改变企业落后的技术经济面貌，实现以内涵为主的扩大再生产，达到提高产品质量、促进产品更新换代、节约能源、降低消耗、扩大生产规模、全面提高社会经济效益的目的。技术改造具体包括以下内容：机器设备和工具的更新改造；生产工艺改革、节约能源和原材料的改造；厂房建筑和公共设施的改造；劳动条件和生产环境的改造等。

固定资产投资按构成分 固定资产投资活动按其工作内容和实现方式分为建筑安装工程，设备、工具、器具购置，其他费用三个部分。

（1）建筑安装工程（建筑安装工作量）：指各种房屋、建筑物的建造工程和各种设备、装置的安装工程。包括各种房屋建造工程；各种用途设备基础和各种工业窑炉的砌筑工程及金属结构工程；为施工而进行的各种准备工作和临时工程以及完工后的清理工作等；铁路、道路的铺设，矿井的开凿及石油管道的架设等；水利工程；防空地下建筑等特殊工程；列入房屋工程预算内的暖气、卫生、通风、照明、煤气等设备的价值及装设油饰工程；列入建筑工程预算内的各种管道（蒸汽、压缩空气、石油、给排水等管道）、电力、电讯电缆导线等的敷设工程；以及各种机械设备的安装工程；为测定安装工程质量，对设备进行的试运工作；房地产开发单位进行的商品房屋开发建设工程、土地开发工程。

在安装工程中，不包括被安装设备本身的价值。

（2）设备、工具、器具购置：指建设单位或企、事业单位购置或自制的，达到固定资产标准的设备、工具、器具的价值。新建单位及扩建单位的新建车间，按照设计或计划要求购置或自制的全部设备、工具、器具，不论是否达到固定资产标准均计入“设备、工具、器具购置”中。

（3）其他费用：指在固定资产建造和购置过程中发生的，除上述几项内容以外的各种应分摊计入固定资产的费用。

施工项目 指报告期内进行过建筑或安装施工活动的项目。凡是报告期内施过工的建设项目，不论施工时间长短，均作为施工项目统计。施工项目个数可以反映一定时期固定资产投资的实际规模，与同期全部建成投产项目个数相比，可以从建设速度的角度反映固定资产投资的效果。根据建设项目施工活动的不同性质，施工项目又分为：本年正式施工项目、本年收尾项目和以前年度全部停缓建项目。

全部建成投产项目 工业项目指设计文件规定形成生产能力的主体工程及其相应配套的辅助设施全部建成，经负荷试运转，证明具备生产设计规定合格产品的条件，并经过验收鉴定合格或达到竣工验收标准，与生产性工程配套的生活福利设施可以满足近期正常生产的需要，正式移交生产的建设项目。非工业项目指设计文件规定的主体工程和相应的配套工程全部建成，能够发挥设计规定的全部效益，经验收鉴定合格或达到竣工验收标准，正式移交使用的建设项目。

新增生产能力（或工程效益） 指通过固定资产投资活动而增加的设计能力（或工程效益），该指标是以实物形态表现的反映固定资产投资成果的指标，也是考核投资经济效果的重要依据之一。

新增生产能力（或工程效益）一般有以下几种表现形式：

（1）用产品数量表示，以工程在单位时间内（一般是一年）所能生产的产品数量（即年产量）表示。如原煤开采用万吨/年表示，化学农药用吨/年表示，拖拉机制造用台/年表示等。某些化工产品由于含量差别较大，按其设计含量计算折合量表示，如硫酸、纯碱、烧碱等。

（2）用单位时间内所能处理的原料数量表示，以工程每天（或小时）所能处理原料的数量表示。如机制糖工程日处理原料吨，食用植物油日处理原料吨，城市污水处理能力用万吨/日表示等。

（3）用新增加的主要设备的数量或容量表示，如新增棉布织机、丝织机等台数，毛纺锭等锭数，发电厂新增发电机组容量用千瓦表示等。

（4）用建筑物容积、容量、面积、长度表示，是非工业项目或工程新增效益的一种表现形式。如铁路投产里程、新建公路、水库容量、粮食仓库、学校学生席位、医院病床、有效灌溉面积等。

根据工程的特点，有时需要用两种或两种以上的复合计量单位表示新增生产能力（或工程效益），如新增内燃机生产能力同时用年产台数、千瓦数表示等。

为了规范新增生产能力（或工程效益）的名称和计算单位，国家统计局制订了《新增生产能力（或工程效益）目录及代码》。各固定资产投资单位在统计新增生产能力（或工程效益)时,必须按目录中规定的名称、计量单位和代码填报。

房屋建筑面积 指房屋建筑物勒脚以上外墙外围的水平截面面积,包括房屋建筑物的有效面积和结构面积。该指标是从实物形态上反映建设规模和建设成果的重要指标之一,也是检查工程形象进度、计算工程造价、分析投资效果、研究施工任务和建筑材料之间平衡情况的重要依据。

住宅建筑面积 指施工和竣工房屋建筑面积中供居住用的房屋建筑面积。

施工面积 指报告期内施工的全部房屋建筑面积。包括本期新开工的面积和上期开工跨入本期继续施工的房屋面积,以及上期已停建在本期恢复施工的房屋面积。本期竣工和本期施工后又停缓建的房屋,其建筑面积仍计入本期房屋施工面积中。

竣工面积 指在报告期内房屋建筑按照设计要求已经全部完工,达到住人和使用条件,经验收鉴定合格(或达到竣工验收标准),正式移交使用单位的各栋房屋建筑面积的总和。

房屋建筑面积竣工率 指一定时期内房屋竣工面积占同期房屋施工面积的比率。

新增固定资产 指报告期内已经完成建造和购置过程,并已交付生产或使用单位的固定资产价值。该指标是表示固定资产投资成果的价值指标,也是反映建设进度,计算固定资产投资效果的重要指标。

项目建成投产率 指一定时期内全部建成投产项目个数与同期施工项目个数的比率。该指标是从建设单位建设速度的角度反映投资效果的指标。

固定资产交付使用率 指一定时期新增固定资产与同期完成投资额的比率。该指标是反映固定资产动用速度,衡量建设过程中宏观投资效果的综合指标。由于新增固定资产是较长时期内形成的结果,而投资额则是当年完成的,因此,该指标一般适宜于反映较长时期内固定资产的动用情况。

商品房销售面积 指报告期内出售商品房屋的合同总面积(即双方签署的正式买卖合同中所确定的建筑面积)。由现房销售建筑面积和期房销售建筑面积两部分组成。

商品房销售额 指报告期内出售商品房屋的合同总价款(即双方签署的正式买卖合同中所确定的合同总价)。该指标与商品房销售面积同口径,由现房销售额和期房销售额两部分组成。

保障性安居工程 指为增加中低收入家庭住房供应,解决中低收入家庭住房困难,列入当地政府住房保障规划和年度计划,由政府组织实施建设或筹集的住房。在城镇范围内实施的保障性安居工程,主要包括廉租住房、公共租赁住房、经济适用住房、限价商品住房、城市棚户区改造、国有工矿棚户区改造、国有林区棚户区和国有林场危旧房改造、国有垦区危房改造、中央下放地方煤矿棚户区改造等。在农村范围内实施的保障性安居工程,主要包括农村危房改造、游牧民定居工程等。保障性安居工程中,通常将廉租住房、公共租赁住房、经济适用住房和限价商品住房合称为保障性住房。

7

能　源

资料整理：李妮娜　张甲颖　刘文学

7. 能　　源

2016 年全市

能源生产总量	29594.56 万吨标准煤	比上年增长 0.3%
能源消费总量（等价值）	3054.15 万吨标准煤	比上年增长 2.9%
规模以上工业企业		
综合能源消费量（当量值）	3511.35 万吨标准煤	比上年增长 6.2%
原煤消费量	17185.96 万吨标准煤	
#发电用原煤	2443.26 万吨标准煤	
电力消费量	298.01 亿度	

规模以上工业综合能源消费量（万吨标准煤）

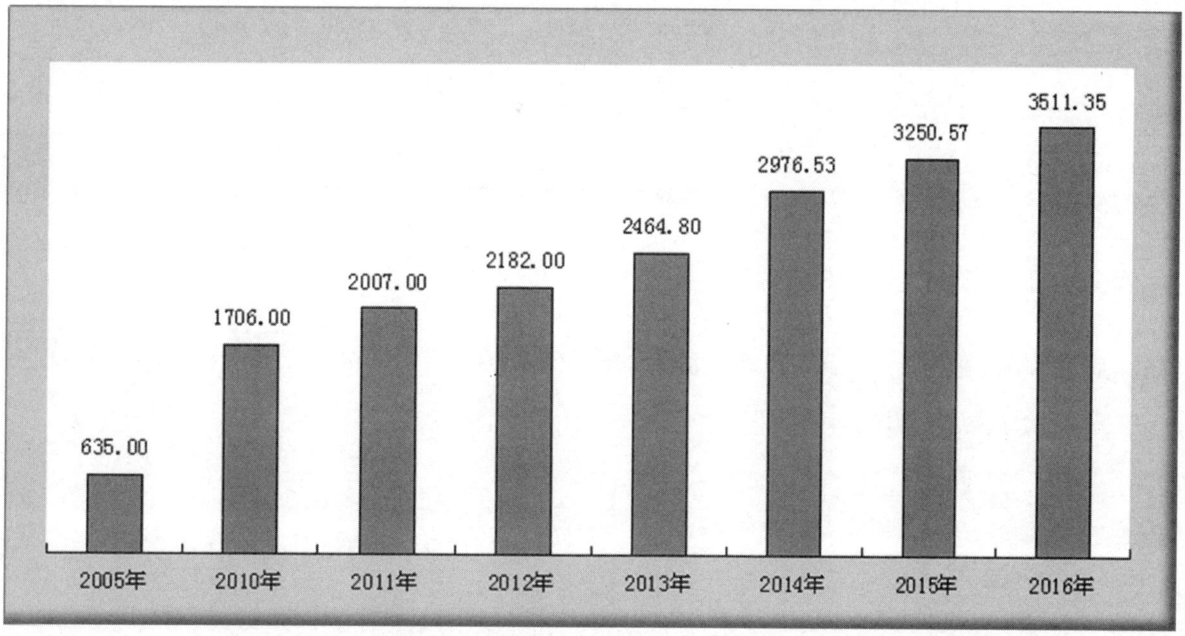

7－1　分年度综合能源消费量

单位：吨标准煤

单位名称	2005年	2010年	2011年	2012年	2013年	2014年	2015年	2016年
合　计	**6349790**	**17063122**	**20073338**	**21818489**	**24647945**	**29765281**	**32505702**	**35113462**
直报企业合计	5966398	15007777	17358191	19043174	21478056	26536551	29596708	32460094
反馈企业合计	383392	2055345	2715147	2775315	3169888	3228730	2908993	2653369
#长庆油田公司	175800	1605750	1826396	1822067	2070938	2083968	1902081	1735177
长庆石油勘探局	81449	30545	8574	17040	15876	18651	14835	14583
榆林炼油厂	91706	247449	325707	423691	510452	522847	418642	419636
延长油田股份有限责任公司	34437	96775	405308	343247	381636	380259	378900	282299
农电	——	74826	94370	107458	122280	134405	114887	122157
陕西省电力公司	——	——	54791	61812	68705	88600	79648	79518

注：除7－1，7－2表外，其它能源消费表中不包含长庆油田、长庆勘探局、榆林供电局、延长集团公司、延长股份公司、陕西省电力公司六户反馈企业的数据。

7-2 综合能源消费量分组表

分组名称	年度	单位数（个）	综合能源消费量（吨标准煤）	消费量增速（%）	年度	单位数（个）	综合能源消费量（吨标准煤）	消费量增速（%）
1万吨以上		96	5857345	45.5		167	16474110	15.1
5万吨以上		39	4336633	62.1		53	13425645	17.0
10万吨以上	2005	14	2716353	76.8	2010	27	11502194	15.8
100万吨以上						3	5742217	23.4
1万吨以下		263	109053	-14.4		490	589013	16.1
5000吨以下		258	75246	-29.2		447	283691	6.8
1万吨以上		171	16936427	18.9		186	18392135	8.6
5万吨以上		52	13747756	21.7		71	15268279	11.1
10万吨以上	2011	24	11676900	24.7	2012	32	12601471	7.9
100万吨以上		3	5851436	1.9		2	4415869	-24.5
1万吨以下		359	421764	-28.4		428	651039	54.4
5000吨以下		334	228426	-19.5		383	319615	39.9
1万吨以上		202	20801747	14.4		207	25803506	25.1
5万吨以上		85	17839574	15.9		103	23043740	25.9
10万吨以上	2013	43	14794016	13.0	2014	56	19729605	27.9
100万吨以上		2	4418452	-0.1		2	4799340	8.6
1万吨以下		491	676310	-48.2		421	733045	-44.5
5000吨以下		445	331292	-62.0		367	333955	-56.6
1万吨以上		225	28898746	14.7		247	34512902	10.5
5万吨以上		106	26072799	18.7		118	31478078	10.6
10万吨以上	2015	58	22561765	19.7	2016	74	28345944	9.9
100万吨以上		4	6930384	14.1		7	10609010	5.1
1万吨以下		459	697962	-45.6		468	600562	-67.4
5000吨以下		407	319522	-61.9		424	289513	-81.8

7－3　分县区主要年份分品种

县　区	综合能源消费量(吨标准煤)							
	2005 年	2010 年	2011 年	2012 年	2013 年	2014 年	2015 年	2016 年
榆林市	5966398	15007777	17358191	19043174	21478056	26536551	29596708	32460094
榆阳区	1105837	1792713	1994001	2072752	2831310	3302671	3673075	4387084
神木县	3665034	7906560	9073826	10544752	11129410	12472901	13101610	14459198
府谷县	1056514	4924953	5943520	5822642	6680812	7507741	8312633	8796509
横山区	57454	119404	122028	273279	404910	2360204	3121349	3464471
靖边县	4321	79131	17506	56272	44531	471727	934843	969154
定边县	32937	5252	4483	5290	68380	124874	9597	62569
绥德县	1306	8403	2611	2897	3122	3746	2963	3265
米脂县	17609	117766	162086	167739	205124	174555	184663	190414
佳　县	37	14534	9944	38309	9376	14517	16209	18495
吴堡县	14514	15712	9889	43735	48217	42987	49278	41540
清涧县	548	2925	3381	4183	4998	5764	6150	7126
子洲县	10287	20425	14917	11325	47866	54864	97966	60268

县　区	焦炭(吨)							
	2005 年	2010 年	2011 年	2012 年	2013 年	2014 年	2015 年	2016 年
榆林市	381001	846002	940022	1106463	1266811	1501510	1970414	1852359
榆阳区	100451	56477	65527	57666	12971	59519	98809	44974
神木县	109268	491966	482381	565053	781320	946552	1221948	1067892
府谷县	171282	295604	392114	483714	435072	495403	649624	739429
横山区								
靖边县								32
定边县		25			21	36	33	32
绥德县								
米脂县		1930			37428			
佳　县								
吴堡县								
清涧县								
子洲县								

县　区	其他焦化产品(吨)							
	2005 年	2010 年	2011 年	2012 年	2013 年	2014 年	2015 年	2016 年
榆林市		223345	423414	498923	678289	669539	558536	782066
榆阳区								
神木县		220340	423414	492643	673111	669539	558536	782066
府谷县								
横山区								
靖边县								
定边县								
绥德县								
米脂县								
佳　县				6280	5178			
吴堡县		3005						
清涧县								
子洲县								

规模以上工业企业能源消费量

原煤(吨)							
2005年	2010年	2011年	2012年	2013年	2014年	2015年	2016年
6966369	42398322	66113691	82738739	98447400	114809687	161557691	171859592
1057885	2737115	3033753	3912534	8547400	14499686	42637377	36842512
4774459	23759573	34859997	45304278	44513400	50864250	67319550	67575555
928788	14439393	26819648	31626266	43592900	44114146	44758381	59231935
115030	250673	272863	492626	695000	3990678	5021514	5728162
4900	2310	1114	1850	8400	354349	805845	1704175
39833	4847	3335	4732	5000	4830	3933	3131
1565	2771	3953	4373	4100	4932	3416	3228
22155	156798	225847	233162	229400	287634	250146	285636
90	188153	105582	292340	32000	19737	22132	25179
19200	13453	10044	56008	61900	53129	60783	51011
305	101614	187519	248612	382200	271348	115084	52283
2159	741622	590036	561958	375700	344968	559532	356784

焦炉煤气(万立方米)							
2005年	2010年	2011年	2012年	2013年	2014年	2015年	2016年
15464	41422	71369	169808	235393	348270	402316	432503
	1430			19	6699	21555	11734
	11453	34772	110157	144341	219440	232743	271857
15464	28539	36597	59651	91034	122131	148018	148912

天然气(万立方米)							
2005年	2010年	2011年	2012年	2013年	2014年	2015年	2016年
19170	41386	41363	53962	107093	157729	149688	171857
18614	41119	41188	40041	47099	58688	39705	37070
				4	1724	1370	1755
	234	165	298	229			
	24		13613	14846	33522	26951	43366
			9	25241	40980	38883	32623
						19	45
				5	7	18224	25992
556				19669	22809	24536	31006

县 区	原油(吨)							
	2005 年	2010 年	2011 年	2012 年	2013 年	2014 年	2015 年	2016 年
榆林市	35889							
榆阳区								
神木县	5							
府谷县								
横山区								
靖边县								
定边县	35884							
绥德县								
米脂县								
佳 县								
吴堡县								
清涧县								
子洲县								

县 区	热力(百万千焦)							
	2005 年	2010 年	2011 年	2012 年	2013 年	2014 年	2015 年	2016 年
榆林市		1229649	2324546	2899378	1403792	1111562	875322	8708422
榆阳区		203760	213984	221432	230839	185019	171420	8421344
神木县		1025889	2110562	2677946	1172953	926543	703899	287078
府谷县								
横山区								
靖边县								
定边县								
绥德县								
米脂县								
佳 县								
吴堡县								
清涧县								
子洲县								

县 区	煤矸石(吨)							
	2005 年	2010 年	2011 年	2012 年	2013 年	2014 年	2015 年	2016 年
榆林市	461719	2422806	1497001	1720407	2083759	2123839	1972441	1850057
榆阳区	454	2644		2054				
神木县		620729	377687	355514	405611	494902	448013	496118
府谷县	461232	1792933	1119314	1362839	1678148	1628937	1524428	1353939
横山区								
靖边县								
定边县								
绥德县								
米脂县								
佳 县								
吴堡县		6500						
清涧县								
子洲县	34							

注:1、综合能源消费量＝工业生产消费的各种能源合计－能源加工转换产出合计；

表

柴油(吨)							
2005 年	2010 年	2011 年	2012 年	2013 年	2014 年	2015 年	2016 年
23666	113889	54343	69788	79347	82330	61809	74068
1997	10692	8832	7302	8796	6166	5937	8191
16131	31614	24237	43405	56103	56005	41583	55194
4336	14926	6635	4138	2360	2697	1810	2676
301	3405	2380	3665	2936	3361	2439	2232
1	51974	11010	10414	8245	13486	9332	5033
288	1072	984	689	708	481	370	353
	29						
600	137	265	175	198	135	338	391
12	40						

电力(万千瓦时)							
2005 年	2010 年	2011 年	2012 年	2013 年	2014 年	2015 年	2016 年
520349	1123705	1438896	1700548	1978693	2425820	2437782	2980101
249012	124558	124063	149160	298858	519578	267911	285864
121339	600599	732849	886623	877752	878861	1036633	1473846
144096	355444	523996	597767	705796	799230	851913	947953
2271	11621	9992	9798	28934	132667	117670	122060
901	605	106	7228	7605	28859	87822	66118
716	592	849	1015	11735	18230	15404	13825
153	569	118	106	143	154	158	238
740	26416	42880	43506	34881	33341	44430	52699
30	651	262	566	434	340	326	446
629	1044	2226	3034	3244	4098	4769	4153
284	623	583	728	991	1519	1814	2441
177	981	972	1017	8322	8944	8933	10459

能源消费总量(吨标准煤)							
2005 年	2010 年	2011 年	2012 年	2013 年	2014 年	2015 年	2016 年
6798049	34501704	51822759	65769442	78926278	92909571	126157942	134704159
1377313	2596120	2929785	3593587	7352076	12056151	30918162	27208000
3988637	19212951	27933867	36646759	36826450	42119264	54119379	55235776
1216629	11477990	19828680	23850275	32438882	33256312	34192962	44202977
85396	215086	250703	404249	589075	3088507	3969468	4317179
4609	79166	17506	207135	226715	757119	1060760	1887639
81081	5978	4998	5817	354744	571653	539482	453684
1306	8426	2969	3254	3122	3746	2963	3319
17609	150776	211283	217074	243457	242860	467861	615082
101	135198	75740	216423	29152	14518	16209	18533
14514	15718	9910	43735	48217	42987	49278	41541
567	73349	134661	178479	274209	195691	84434	40345
10287	530947	422657	402656	540179	560763	736983	680084

2、能源消费总量 = 工业生产消费的各种能源合计；

7－4　主要年份规模以上工业

行业名称	综合能源消费量(吨标准煤)					
	2005 年	2010 年	2011 年	2012 年	2013 年	2014 年
合　　计	**5966398**	**15086422**	**17358191**	**19043174**	**21478056**	**26536551**
折标准量(吨标准煤)						
(一)采矿业	71110	655938	655564	1262926	1983877	3036549
煤炭开采和洗选业	53935	407143	559952	1052849	1761909	2811090
石油和天然气开采业	1506	222825	68979	108943	124744	122783
黑色金属矿采选业						
有色金属矿采选业	370			3079	3925	2753
非金属矿采选业	15299	25970	26633	81193	79572	86517
开采辅助活动						13407
其他采矿业				16862	13727	
(二)制造业	3841669	6971998	8114581	9343803	10509215	13251679
农副食品加工业	5083	4402	1536	1631	1604	3777
食品制造业	445	7988	6198	9222	10410	14170
饮料制造业	999	8662	10333	10705	12235	11721
烟草制品业						
纺织业	8	155	76		353	316
纺织服装、鞋、帽制造业		363	241	241	542	511
皮革、毛皮、羽毛(绒)及其制品业		114				5
木材加工及木、竹、藤、棕、草制品业		61	29		163	328
家具制造业		4				
造纸及纸制品业	2102	329	190	219	625	787
印刷业和记录媒介的复制	20					
文教体育用品制造业				55	45	31
石油加工、炼焦及核燃料加工业	2174171	2293837	2430546	3183141	3678453	4094630
化学原料及化学制品制造业	1146400	3081623	4103619	4770221	5119200	7074611
医药制造业	2319	3264	1864	1979	2034	3436
化学纤维制造业						
橡胶和塑料制品业	344	23	46	30	38	24
非金属矿物制品业	123068	255428	305290	270946	262129	323298
黑色金属冶炼及压延加工业	84171	195409	239589	193279	188485	270598
有色金属冶炼及压延加工业	302539	1116573	1011769	822379	1228855	1540887
金属制品业		2668	2279		155	143
通用设备制造业		151		395	315	149
专用设备制造业		2		77419	2321	2331
汽车制造业						922
交通运输设备制造业		765	937	1276	1293	
电气机械及器材制造业						
通信设备、计算机及其他电子设备制造业						
仪器仪表及文化、办公用机械制造业						
工艺品及其他制造业		176	40	665		2
废弃资源和废旧材料回收加工业						
(三)电力、燃气及水的生产和供应业	2053619	7458486	8588046	8436445	8984964	10248323
电力、热力的生产和供应业	2052533	7454469	8583630	8428902	8880035	10042219
燃气生产和供应业	2	226	484	552	97750	199361
水的生产和供应业	1084	3791	3932	6991	7179	6743

企业分行业能源消费量

		原煤(吨)							
2015 年	2016 年	2005 年	2010 年	2011 年	2012 年	2013 年	2014 年	2015 年	2016 年
29596708	**32460094**	**6966369**	**42398322**	**66113691**	**82738739**	**98447402**	**114809682**	**161557691**	**171859592**
		4976077	30285121	47225009	59100281	70320979	82008556	115400659	122759307
3395891	3440403	39230	4317939	18521773	27579393	38411637	43260528	87524164	86221258
3204784	3243243	17343	4284958	18459284	27434271	38263102	43101996	87412020	86110228
99081	113093	1027	2429	2339	1068	1112	1230	521	344
					42038	50792	35542		
79418	78628	20860	30552	60150	100756	95593	120628	110358	109866
12608	5439							1264	820
					1260	1039	1132		
15411156	17421631	3752515	22783052	29419912	38147257	42449791	52562437	54308143	63525751
7285	6456	5720	3944	887	954	1131	3258	4772	5080
14031	14664	305	10384	7831	11760	12903	17744	17492	17758
11923	9322	1855	1548	348	2787	4149	4219	4847	4698
202	436								96
2236	491		176				54	152	211
5	3		150						
276	431						80	26	81
	10								
773	1474	2311	464	267	296	834	1046	1026	1955
34	34								
4260257	5539375	3141394	14645335	19453554	26867635	31083425	36200865	35781284	43914403
9594565	10083728	139860	2371337	3758326	4707579	4555061	8121600	12880254	12786398
2206	2387	3221	4133	2890	3078	2737	4015	2107	1671
93	707		4	56	29	21	19	15	50
333535	452867	163585	286110	445949	1077109	849862	761670	1213722	2063098
372149	476316	11108	493	410	359	25			
807989	829007	283156	5458006	5748380	5231713	5938349	7446884	4401351	4729951
188	894			2		106	93	147	48
130	146		30		79	107	112	92	98
2443	2467				242330			185	90
775	264							672	65
			802	1012	1549	1080	778		
			136						
63	154								
10789661	11598060	3174624	15297331	18172006	17012089	17585974	18986718	19725385	22112583
10591898	11419278	3174174	15297331	18172006	17012089	17585974	18986718	19725385	22112463
187894	171036								
9869	7746	450							120

行业名称	焦炭(吨)					
	2005 年	2010 年	2011 年	2012 年	2013 年	2014 年
合　计	**381001**	**846002**	**940022**	**1106463**	**1266811**	**1501510**
折标准量(吨标准煤)	370104	821806	913137	1074818	1230580	1458567
(一)采矿业						
煤炭开采和洗选业						
石油和天然气开采业						
黑色金属矿采选业						
有色金属矿采选业						
非金属矿采选业						
开采辅助活动						
其他采矿业						
(二)制造业	348657	845950	939770	1106172	1202056	1175194
农副食品加工业						
食品制造业						
饮料制造业		180				
烟草制品业						
纺织业						
纺织服装、鞋、帽制造业		90	115			
皮革、毛皮、羽毛(绒)及其制品业						
木材加工及木、竹、藤、棕、草制品业						
家具制造业						
造纸及纸制品业						
印刷业和记录媒介的复制						
文教体育用品制造业						
石油加工、炼焦及核燃料加工业			30571	49222	23561	34353
化学原料及化学制品制造业	317981	694333	792304	968500	1079791	1008630
医药制造业						
化学纤维制造业						
橡胶和塑料制品业						
非金属矿物制品业		9232		897	11060	7580
黑色金属冶炼及压延加工业	30676	102141	108721	87522	87623	124596
有色金属冶炼及压延加工业		39949	8060			
金属制品业						
通用设备制造业		25		30	21	36
专用设备制造业						
汽车制造业						
交通运输设备制造业						
电气机械及器材制造业						
通信设备、计算机及其他电子设备制造业						
仪器仪表及文化、办公用机械制造业						
工艺品及其他制造业						
废弃资源和废旧材料回收加工业						
(三)电力、燃气及水的生产和供应业	32344	52	252	291	64756	326316
电力、热力的生产和供应业	32344				64396	326186
燃气生产和供应业						
水的生产和供应业		52	252	291	360	130

表　一

		焦炉煤气（万立方米）							
2015 年	2016 年	2005 年	2010 年	2011 年	2012 年	2013 年	2014 年	2015 年	2016 年
1970414	**1852359**	**15464**	**41422**	**71369**	**169808**	**235393**	**348270**	**402316**	**432503**
1914060	1799382	88361	236685	407802	970283	1345036	213942	247143	265687
							3822	7971	
							3822	7971	
1586944	1508135	15464	32011	35927	90046	113908	154997	193720	230743
	9								
	32								
124562	135729		6877	24520	82700	109411	148977	185645	229313
1263291	1102477								
13483	22095							8075	1430
185577	230272								
	17111	15464	25134	11407	7346	4497	6020		
	378								
33	32								
383470	344224		9411	35442	79762	121486	189450	200625	201760
383340	344224		9411	35442	79762	121486	189450	200625	201760
130									

7－4 续

行业名称	天然气(万立方米)					
	2005 年	2010 年	2011 年	2012 年	2013 年	2014 年
合　　计	**19170**	**41386**	**41363**	**53962**	**107093**	**157729**
折标准量(吨标准煤)	254961	550434	550128	717695	1424337	209780
(一)采矿业		3708	3915	19112	22183	8458
煤炭开采和洗选业						33
石油和天然气开采业		3474	3750	18814	21954	8425
黑色金属矿采选业						
有色金属矿采选业						
非金属矿采选业		234	165	298	229	
开采辅助活动						
其他采矿业						
(二)制造业	18614	37659	37426	34598	39753	62280
农副食品加工业						
食品制造业						
饮料制造业		6	217		4	76
烟草制品业						
纺织业						
纺织服装、鞋、帽制造业			12	21	18	16
皮革、毛皮、羽毛(绒)及其制品业						
木材加工及木、竹、藤、棕、草制品业						
家具制造业						
造纸及纸制品业						
印刷业和记录媒介的复制						
文教体育用品制造业						
石油加工、炼焦及核燃料加工业						26513
化学原料及化学制品制造业	18614	37653	37197	34577	37898	32356
医药制造业						
化学纤维制造业						
橡胶和塑料制品业						
非金属矿物制品业						
黑色金属冶炼及压延加工业						
有色金属冶炼及压延加工业					1832	3319
金属制品业						
通用设备制造业						
专用设备制造业						
汽车制造业						
交通运输设备制造业						
电气机械及器材制造业						
通信设备、计算机及其他电子设备制造业						
仪器仪表及文化、办公用机械制造业						
工艺品及其他制造业						
废弃资源和废旧材料回收加工业						
(三)电力、燃气及水的生产和供应业	556	19	22	252	45158	86990
电力、热力的生产和供应业	556					
燃气生产和供应业		11	10	10	44916	86703
水的生产和供应业		9	12	242	242	288

表 二

			柴油(吨)							
	2015 年	2016 年	2005 年	2010 年	2011 年	2012 年	2013 年	2014 年	2015 年	2016 年
	149688	**171857**	**23666**	**113889**	**54343**	**69788**	**79347**	**82330**	**61809**	**74068**
	199085	228570	34484	165948	79183	101688	115617	119963	90062	107924
	6814	7863	13998	98386	40870	54368	65076	63007	43476	53146
			13512	45421	28960	43163	55846	53910	35775	50057
	6814	7858	175	52884	11830	372	526	766	624	547
			196							
			115	80	79	77	77	77	77	76
		5							7000	2465
						10756	8628	8254		
	51696	62368	4426	13141	11764	13637	12458	17857	16961	19518
	14	33	14	14	12	19	38	45	13	3
		8								
	89	74	1	35						7
	123	123		2	4	1				
	31121	27464	3281	9092	8487	10074	9403	8859	11403	11995
	17820	32578	649	2108	1482	1534	1543	6964	4919	6626
	19	45		4						
		1								56
	170	20	71	543	555	424	173	204	29	254
				33	1					
	2340	2015	410	1280	1219	1488	1190	1707	536	518
		7		25	4		4	5	4	3
				5		54	51			
						43	52	54	50	49
									7	6
							4	19		
	91178	101626	5242	2362	1709	1782	1813	1467	1372	1404
		940	5242	2362	1709	1782	1813	1467	1363	1379
	90890	100649								
	288	37							9	25

行业名称	电力(万千瓦时)					
	2005 年	2010 年	2011 年	2012 年	2013 年	2014 年
合　计	**520349**	**1123705**	**1438896**	**1700548**	**1978693**	**2425820**
折标准量(吨标准煤)	639509	1381033	1768403	2089973	2431814	2981333
(一)采矿业	26562	131102	151361	200457	225494	294327
煤炭开采和洗选业	25830	127638	148226	185343	209083	276657
石油和天然气开采业	406	588	762	7557	8415	8872
黑色金属矿采选业						
有色金属矿采选业	3			38	46	38
非金属矿采选业	322	2876	2373	7497	7937	8733
开采辅助活动						
其他采矿业				21	14	27
(二)制造业	459092	661669	921938	1136658	1326776	1656849
农副食品加工业	837	1369	780	805	545	1074
食品制造业	200	577	551	741	967	1214
饮料制造业	72	784	875	1389	1074	1129
烟草制品业						
纺织业	7	132	62		287	257
纺织服装、鞋、帽制造业		207	141	173	227	201
皮革、毛皮、羽毛(绒)及其制品业		3				4
木材加工及木、竹、藤、棕、草制品业		52	25		133	194
家具制造业		3				
造纸及纸制品业	605	9	9	12	24	33
印刷业和记录媒介的复制	16					
文教体育用品制造业				45	36	26
石油加工、炼焦及核燃料加工业	3673	43059	100443	194024	296155	324997
化学原料及化学制品制造业	401982	430275	587393	717413	643323	718576
医药制造业	41	255	127	112	64	163
化学纤维制造业						
橡胶和塑料制品业	280	15	1	4	3	3
非金属矿物制品业	4895	18582	23229	20098	30529	24286
黑色金属冶炼及压延加工业	37785	78119	109014	88107	84088	123097
有色金属冶炼及压延加工业	8699	85745	97239	108696	267069	459487
金属制品业		2165	1849		47	37
通用设备制造业		30		182	111	22
专用设备制造业		2		4177	1827	1818
汽车制造业						
交通运输设备制造业		191	166	138	266	229
电气机械及器材制造业						
通信设备、计算机及其他电子设备制造业						2
仪器仪表及文化、办公用机械制造业						
工艺品及其他制造业		96	32	541		
废弃资源和废旧材料回收加工业						
(三)电力、燃气及水的生产和供应业	34695	330934	365597	363434	426423	474645
电力、热力的生产和供应业	33836	327819	362354	359823	404030	435098
燃气生产和供应业	2	175	384	443	19128	36877
水的生产和供应业	857	2940	2859	3168	3266	2670

表 三

		热力(百万千焦)							
2015 年	2016 年	2005 年	2010 年	2011 年	2012 年	2013 年	2014 年	2015 年	2016 年
2437782	**2980101**		**1229649**	**2324546**	**2899378**	**1403792**	**1111562**	**875322**	**8708422**
2996034	3662544		41931	79267	98869	47869	37904	29848	296957
256059	293067		2						
239644	276012		2						
7195	7764								
8386	8456								
835	835								
1640798	2027180		1229647	2324546	2899378	1403792	1111562	875319	8298625
2876	1905								
1250	1566								
1163	999		203760	213984	221432	230839	185019	171420	202030
164	310								
358	216								
4	4								
178	247								
	6								
32	78								
28	28								
362321	401241								
916473	1180060		1025887	2110562	2677946	1172953	926543	703899	8096595
127	211								
57	411								
28744	30025								
156029	206909								
168884	200349								
30	307								
20	40								
1821	1985								
187	158								
51	125								
540925	659854							2	409797
501780	617014								409797
33959	36988							2	
5186	5852								

7－4 续

行业名称	煤矸石(吨)					
	2005 年	2010 年	2011 年	2012 年	2013 年	2014 年
合　计	**461719**	**2422806**	**1497001**	**1720407**	**2083759**	**2123839**
折标准量(吨标准煤)	82463	432713	267364	307265	595330	606781
(一)采矿业	454	2943	1573	14047	22761	
煤炭开采和洗选业		43				
石油和天然气开采业						
黑色金属矿采选业						
有色金属矿采选业	454					
非金属矿采选业		2900	1573	14047	22761	
开采辅助活动						
其他采矿业						
(二)制造业	34	49166	43130	88266	340994	554243
农副食品加工业						
食品制造业						
饮料制造业						
烟草制品业						
纺织业						
纺织服装、鞋、帽制造业						
皮革、毛皮、羽毛(绒)及其制品业						
木材加工及木、竹、藤、棕、草制品业						
家具制造业						
造纸及纸制品业						
印刷业和记录媒介的复制						
文教体育用品制造业						
石油加工、炼焦及核燃料加工业				46158	332382	402196
化学原料及化学制品制造业						152047
医药制造业						
化学纤维制造业						
橡胶和塑料制品业						
非金属矿物制品业	34	49166	43130	42108	8611	
黑色金属冶炼及压延加工业						
有色金属冶炼及压延加工业						
金属制品业						
通用设备制造业						
专用设备制造业						
汽车制造业						
交通运输设备制造业						
电气机械及器材制造业						
通信设备、计算机及其他电子设备制造业						
仪器仪表及文化、办公用机械制造业						
工艺品及其他制造业						
废弃资源和废旧材料回收加工业						
(三)电力、燃气及水的生产和供应业	461232	2370697	1452298	1618094	1720005	1569596
电力、热力的生产和供应业	461232	2370697	1452298	1618094	1720005	1569596
燃气生产和供应业						
水的生产和供应业						

注:1、综合能源消费量＝工业生产消费的各种能源合计－能源加工转换产出合计;

表 四

		工业企业能源消费量(吨标准煤)							
2015 年	2016 年	2005 年	2010 年	2011 年	2012 年	2013 年	2014 年	2015 年	2016 年
1972441	**1850057**	**8434374**	**34501704**	**51822759**	**65769442**	**78926278**	**92323978**	**126157942**	**134704159**
563526	528561								
		81441	3441008	13181410	20097212	27796080	31211555	61689881	60690585
		64059	3285929	13064058	19701130	27356217	30952903	61488928	60519068
		1516	126494	69246	259596	302083	122783	99081	77061
		370			30074	36337	25434		
		15496	28586	48106	89295	87717	97027	89265	89000
							13407	12608	5456
					17116	13727			
667660	662254	3977255	19016444	24732001	31846097	35877189	43469304	45944731	53795688
		5134	4627	1618	1730	1604	3777	7285	6606
		464	8135	6274	9311	10410	14170	14031	14717
		1746	9344	11130	11265	12235	11721	11923	12476
		8	162	76		353	316	202	450
			500	442	503	542	511	2237	2111
			118				5	5	5
			64	31		163	328	276	431
			4						14
		2394	343	202	226	625	787	773	1517
		20							
					55	45	31	34	34
489037	474291	2304457	10973683	15076103	20954495	24547139	28133979	28930086	35227358
178623	187963	1149801	3372488	4727852	5770827	5810620	8462868	12175674	12689071
		2590	3278	2221	2336	2034	3436	2206	2405
		344	23	46	39	38	24	93	760
		123495	255626	355936	800210	654458	581605	1030565	1686921
		84190	195643	239895	193571	188485	270598	372149	477977
		302612	4188444	4306884	3920830	4644355	5981599	3393596	3668789
			2698	2279		155	143	188	894
			162		406	315	149	130	158
			2		178292	2321	2331	2443	2576
							922	775	264
			884	973	1335	1293			
			215	40	665		2		
								63	154
1304781	1187803	2739353	12044252	13909347	13826134	15253010	17643119	18523331	20217886
1304781	1187803	2737918	12040023	13904705	13818355	14624793	16437708	17262757	18825957
		38	396	710	788	621037	1198668	1250704	1384123
		1397	3833	3932	6991	7180	6743	9870	7806

2、能源消费总量 = 工业生产消费的各种能源合计；

7－5　主要年份规模以上工业

能源名称	计量单位	加工转换投入合计					
		2005 年	2010 年	2011 年	2012 年	2013 年	2014 年
原煤	（吨）	2446658	40028216	63413095	80090212	95458333	109828780
1. 无烟煤	（吨）						
2. 炼焦烟煤	（吨）			1853558	1480203	2887543	2754799
3. 一般烟煤	（吨）			61559537	78610008	92570790	107073981
4. 褐煤	（吨）						
洗精煤	（吨）	162200			21518	148500	26031
其他洗煤	（吨）	355583			43533	106516	106933
煤制品	（吨）						
焦炭	（吨）	32344					
其他焦化产品	（吨）		219460	423414	490591	560212	546284
焦炉煤气	（万立方米）		16288	59962	162462	230877	339190
高炉煤气	（万立方米）						
其他煤气	（万立方米）						
发生炉煤气	（万立方米）						
天然气	（万立方米）				13612	58411	109675
液化天然气	（吨）						
煤层气（煤田）	（万立方米）						
原油	（吨）	35884					
汽油	（吨）	1				43	
煤油	（吨）						
柴油	（吨）	632	2811	1081	1003	1257	811
燃料油	（吨）	3					
液化石油气	（吨）						
炼厂干气	（吨）						
石脑油	（吨）						
润滑油	（吨）						
石蜡	（吨）						
溶剂油	（吨）						
石油焦	（吨）						
石油沥青	（吨）						
其他石油制品	（吨）						6534
热力	（百万千焦）						
电力	（万千瓦时）						
煤矸石用于燃料	（吨）		2353794	1452298	1664252	2052387	2123839
能源合计	（吨标准煤）	2212514	29744756	46442786	59867219	75298839	83888070

企业能源加工转换投入产出表

		能源加工转换产出							
2015 年	2016 年	2005 年	2010 年	2011 年	2012 年	2013 年	2014 年	2015 年	2016 年
154093615	165159207								
2319949	2597480								
151773666	162561727								
	59786		3111884	6825642	8566294	9607740	15178431	46377582	14410400
140564	155603		112337	9698269	16556725	23980890	20115384	23740328	56716939
		45767	11042883	14752118	19549287	22368362	26238537	24981781	28887020
558536	782066	26087	771338	1028904	1322027	1436462	1690859	1662031	1834017
390533	410375		11078	26438	122492	143502	255487	283780	251518
119689	128495								
					85728	398717	745404	809695	872865
746	744								172717
		33522							
									32879
									348426
							6399	4359	5719
									310971
					74558	77523	74766	78287	84225
									4605
4520	5884		112543	256601	311786	358806	359974	360867	1026314
		8803	10320310	12106682	17107726	18824556	20694179	22832813	27225217
		556819	3583387	4309355	4406177	4724346	5815553	6123324	6597955
1817280	1850057								
115071115	123371095	804259	19425675	34442602	46642460	57448222	66373020	96561234	102182028

能源名称	计量单位	火力发电投入					
		2005 年	2010 年	2011 年	2012 年	2013 年	2014 年
原煤	（吨）	2274328	15201773	18695724	17725590	18269010	21922387
1. 无烟煤	（吨）						
2. 炼焦烟煤	（吨）			485956			
3. 一般烟煤	（吨）			18209768	17725590	18269010	21922387
4. 褐煤	（吨）						
洗精煤	（吨）	162200					
其他洗煤	（吨）	355583			43533	106516	106933
煤制品	（吨）						
焦炭	（吨）	32344					
其他焦化产品	（吨）						
焦炉煤气	（万立方米）		16288	59962	162462	230877	339190
高炉煤气	（万立方米）						
其他煤气	（万立方米）						
发生炉煤气	（万立方米）						
天然气	（万立方米）						
液化天然气	（吨）						
煤层气(煤田)	（万立方米）						
原油	（吨）						
汽油	（吨）					43	
煤油	（吨）						
柴油	（吨）	632	2081	674	850	820	632
燃料油	（吨）						
液化石油气	（吨）						
炼厂干气	（吨）						
石脑油	（吨）						
润滑油	（吨）						
石蜡	（吨）						
溶剂油	（吨）						
石油焦	（吨）						
石油沥青	（吨）						
其他石油制品	（吨）						
热力	（百万千焦）						
电力	（万千瓦时）						
煤矸石用于燃料	（吨）		2353794	1452298	1664252	2052387	2123839
能源合计	（吨标准煤）	2038150	11598529	13957270	14355180	15311661	18740323

表 一

		供热投入							
2015 年	2016 年	2005 年	2010 年	2011 年	2012 年	2013 年	2014 年	2015 年	2016 年
22355358	24432635	616	641437	767735	1202288	1329574	1440444	1497909	2114513
22355358	24432635			767735	1202288	1329574	1440444	1497909	2114513
140564	155603								
390533	410375								
									940
501	474		730	407	153	437	179	245	270
1817280	1850057								
19450431	20873683	444	464827	565736	879921	999500	1084529	1127470	1595924

能源名称	计量单位	原煤入洗投入						
		2010 年	2011 年	2012 年	2013 年	2014 年	2015 年	2016 年
原煤	（吨）	4131461	18617730	27634643	38223781	41725950	87684199	85950338
1. 无烟煤	（吨）							
2. 炼焦烟煤	（吨）				299219	479573	5875	
3. 一般烟煤	（吨）		18617730	27634643	37924562	41246377	87678324	85950338
4. 褐煤	（吨）							
洗精煤	（吨）							
其他洗煤	（吨）							
煤制品	（吨）							
焦炭	（吨）							
其他焦化产品	（吨）							
焦炉煤气	（万立方米）							
高炉煤气	（万立方米）							
其他煤气	（万立方米）							
发生炉煤气	（万立方米）							
天然气（气态）	（万立方米）							
液化天然气	（吨）							
煤层气（煤田）	（万立方米）							
原油	（吨）							
汽油	（吨）							
煤油	（吨）							
柴油	（吨）							
燃料油	（吨）							
液化石油气	（吨）							
炼厂干气	（吨）							
石脑油	（吨）							
润滑油	（吨）							
石蜡	（吨）							
溶剂油	（吨）							
石油焦	（吨）							
石油沥青	（吨）							
其他石油制品	（吨）							
热力	（百万千焦）							
电力	（万千瓦时）							
煤矸石用于燃料	（吨）							
能源合计	（吨标准煤）	2951103	12943932	19507512	26841681	29462792	61261302	59987211

表　二

炼焦投入							
2005 年	2010 年	2011 年	2012 年	2013 年	2014 年	2015 年	2016 年
139860	20053545	25331907	33527691	37635969	44739998	42556148	48303835
		1367602	1480203	2588324	2275226	2314074	2597480
		23964305	32047488	35047645	42464772	40242074	45706355
			21518	148500	26031		59786
99902	14488891	18510094	24403918	27620789	32531695	31019335	35262550

能源名称	计量单位	炼油投入						
		2010 年	2011 年	2012 年	2013 年	2014 年	2015 年	2016 年
原煤	（吨）						4357885	
1. 无烟煤	（吨）							
2. 炼焦烟煤	（吨）							
3. 一般烟煤	（吨）							4357885
4. 褐煤	（吨）							
洗精煤	（吨）							
其他洗煤	（吨）							
煤制品	（吨）							
焦炭	（吨）							
其他焦化产品	（吨）	219460	423414	490591	560212	546284	558536	782066
焦炉煤气	（万立方米							
高炉煤气	（万立方米）							
其他煤气	（万立方米）							
发生炉煤气	（万立方米）							
天然气（气态）	（万立方米）							
液化天然气	（吨）							
煤层气（煤田）	（万立方米）							
原油	（吨）							
汽油	（吨）							
煤油	（吨）							
柴油	（吨）							
燃料油	（吨）							
液化石油气	（吨）							
炼厂干气	（吨）							
石脑油	（吨）							
润滑油	（吨）							
石蜡	（吨）							
溶剂油	（吨）							
石油焦	（吨）							
石油沥青	（吨）							
其他石油制品	（吨）					6534	4520	5884
热力	（百万千焦）							
电力	（万千瓦时）							
煤矸石用于燃料	（吨）							
能源合计	（吨标准煤）	241406	465755	539650	616233	610060	620718	3955241

表　三

天然气液化投入				
2012 年	2013 年	2014 年	2015 年	2016 年
13612	58411	109675	119689	127555
181040	776869	1458671	1591858	1696487

7－6 规模以上工业企业能源

能源名称	计量单位	企业单位数（个）	年初库存量	购进量	
				实物量	金额（万元）
原煤	（吨）	377	2474788	158758153	9272093.41
其中：1. 无烟煤	（吨）	12	12963	2959	
2. 炼焦烟煤	（吨）	8	76120	2607536	
3. 一般烟煤	（吨）	359	2385702	156147659	9272093.41
4. 褐煤	（吨）	1	3		
洗精煤	（吨）	1	38862		
其它洗煤	（吨）	1	952	182593	
煤制品	（吨）		3		
焦炭	（吨）	55	45840	1518095	186741.22
其它焦化产品	（吨）	11	31728	723573	
焦炉煤气	（万立方米）	24		251616	
高炉煤气	（万立方米）				
转炉煤气	（万立方米）				
发生炉煤气	（万立方米）	1			
天然气（气态）	（万立方米）	25	32	166297	
液化天然气（液态）	（吨）	3		79026	
煤层气（煤田）	（万立方米）				
原油	（吨）				
汽油	（吨）	75	9	2291	76.36
煤油	（吨）	4	11	11	
柴油	（吨）	201	6441	79785	15002.08
燃料油	（吨）	1		120	
液化石油气	（吨）			165	
炼厂干气	（吨）				
石脑油	（吨）				
润滑油	（吨）	2		52	
石蜡	（吨）				
溶剂油	（吨）				
石油焦	（吨）				
石油沥青	（吨）				
其它石油制品	（吨）	1	158	6083	6083.22
热力	（百万千焦）	3		8298635	
电力	（万千瓦时）	650		1630557	
煤矸石用于燃料	（吨）	9	2292	1854656	241278.82
城市垃圾用于燃料	（吨）				
生物质废料用于燃料	（吨）				
余热余压	（百万千焦）				
其它工业废料用于燃料	（吨）		5	218731	
其他燃料	（吨标准煤）	1		963	963.00
能源合计	（吨标准煤）	652			

购进、消费与库存情况(2016 年)

消费量					年末库存量
合计	1. 工业生产消费	用于原材料	2. 非工业生产消费	合计中:运输工具消费	
171859592	171782012	4897918	77581	10206	2207886
2583	2532		51	8	13232
2598692	2597972		720		85408
169258317	169181507	4897918	76810	10198	2109247
59786	59786				38862
155603	155603				27941
1852359	1852359	814631			32415
782066	782066				29688
432503	432503				
171857	171343		514		118
4067	4066		1		74959
2303	1246	1	1057	800	3
11	11				
74068	72273	1109	1795	9767	6001
120	61		59		
165	165				
1	1				
52	52				
5884	5884				358
8708422	8618233		90189		
2980101	2957395		22707	3390	
1850057	1850057				6119
218450	218450				281
890	888		2		81
134704159	134606075		98084		

7－7 规模以上工业企业

能源名称	计量单位	工业生产消费量	加工转换投入合计	火力发电	供　热
原煤	（吨）	169385869	165159207	24432635	2114513
其中：1. 无烟煤	（吨）				
2. 炼焦烟煤	（吨）	2597480	2597480		
3. 一般烟煤	（吨）	166788389	162561727	24432635	2114513
4. 褐煤	（吨）				
洗精煤	（吨）	59786	59786		
其它洗煤	（吨）	155603	155603	155603	
煤制品	（吨）				
焦炭	（吨）	740058			
其它焦化产品	（吨）	782066	782066		
焦炉煤气	（万立方米）	432503	410375	410375	
高炉煤气	（万立方米）				
转炉煤气	（万立方米）				
发生炉煤气	（万立方米）				
天然气（气态）	（万立方米）	161001	128495		940
液化天然气（液态）	（吨）	4066			
煤层气（煤田）	（万立方米）				
原油	（吨）				
汽油	（吨）	160			
煤油	（吨）	11			
柴油	（吨）	23172	744	474	270
燃料油	（吨）	61			
液化石油气	（吨）	165			
炼厂干气	（吨）				
石脑油	（吨）	1			
润滑油	（吨）				
石蜡	（吨）				
溶剂油	（吨）				
石油焦	（吨）				
石油沥青	（吨）				
其它石油制品	（吨）	5884	5884		
热力	（百万千焦）	696875			
电力	（万千瓦时）	1942430			
煤矸石用于燃料	（吨）	1850057	1850057	1850057	
城市垃圾用于燃料	（吨）				
生物质废料用于燃料	（吨）				
余热余压	百万千焦				
其它工业废料用于燃料	（吨）	218450	218450	218450	
其他燃料	（吨标准煤）				
能源合计	（吨标准煤）	130089771	123371095	20873683	1595924

能源加工转换投入产出表(2016 年)

原煤入洗	炼焦	炼油	天然气液化	能源加工转换产出
85950338	48303835	4357885		
	2597480			
85950338	45706355	4357885		
	59786			14410400
				56716939
				28887020
		782066		1834017
				251518
			127555	
				872865
				172717
				32879
				348426
				5719
				310971
				84225
				4605
		5884		1026314
				27225217
				6597955
59987211	35262550	3955241	1696487	102182028

主要统计指标解释

能源生产总量 指一定时期内,全国一次能源生产量的总和。该指标是观察全国能源生产水平、规模、构成和发展速度的总量指标。一次能源生产量包括原煤、原油、天然气、水电、核能及其他动力能(如风能、地热能等)发电量,不包括低热值燃料生产量、生物质能、太阳能等的利用和由一次能源加工转换而成的二次能源产量。

能源消费总量 指一定时期内,全国各行业和居民生活消费的各种能源的总和。该指标是观察能源消费水平、构成和增长速度的总量指标。能源消费总量包括原煤和原油及其制品、天然气、电力,不包括低热值燃料、生物质能和太阳能等的利用。能源消费总量分为终端能源消费量、能源加工转换损失量和能源损失量三部分。

(1)终端能源消费量:指一定时期内,全国生产和生活消费的各种能源在扣除了用于加工转换二次能源消费量和损失量以后的数量。

(2)能源加工转换损失量:指一定时期内,全国投入加工转换的各种能源数量之和与产出各种能源产品之和的差额。该指标是观察能源在加工转换过程中损失量变化的指标。

(3)能源损失量:指一定时期内,能源在输送、分配、储存过程中发生的损失和由客观原因造成的各种损失量,不包括各种气体能源放空、放散量。

能源生产弹性系数 是研究能源生产增长速度与国民经济增长速度之间关系的指标。计算公式:

$$能源生产弹性系数=\frac{能源生产总量年平均增长速度}{国民经济年平均增长速度}$$

国民经济年平均增长速度,可根据不同的目的或需要,用国民生产总值、国内生产总值等指标来计算,本年鉴是采用国内生产总值指标计算的。

电力生产弹性系数 是研究电力生产增长速度与国民经济增长速度之间关系的指标。一般来说,电力的发展应当快于国民经济的发展,也就是说电力应超前发展。计算公式为:

$$电力生产弹性系数=\frac{电力生产量年平均增长速度}{国民经济年平均增长速度}$$

能源消费弹性系数 反映能源消费增长速度与国民经济增长速度之间比例关系的指标。计算公式为:

$$能源消费弹性系数=\frac{能源消费量年平均增长速度}{国民经济年平均增长速度}$$

电力消费弹性系数 反映电力消费增长速度与国民经济增长速度之间比例关系的指标。计算公式为:

$$电力消费弹性系数=\frac{电力消费量平均增长速度}{国民经济年平均增长速度}$$

能源加工转换效率 指一定时期内,能源经过加工、转换后,产出的各种能源产品的数量与同期内投入加工转换的各种能源数量的比率。该指标是观察能源加工转换装置和生产工艺先进与落后、管理水平高低等的重要指标。计算公式为:

$$能源加工转换效率=\frac{能源加工转换产出量}{能源加工转换投入量}\times 100\%$$

单位生产总值能耗 指一定时期内,一个国家或地区每生产一个单位的生产总值所消耗的能源。计算公式为:

$$单位生产总值能耗=\frac{能源消费总量}{生产总值}$$

单位生产总值电耗 指一定时期内,一个国家或地区每生产一个单位的生产总值所消耗的电力。计算公式为:

$$单位生产总值电耗 = \frac{全社会用电量}{生产总值}$$

单位工业增加值能耗 指一定时期内,一个国家或地区每生产一个单位的工业增加值所消耗的能源。计算公式为:

$$单位工业增加值能耗 = \frac{工业能源消费量}{工业增加值}$$

8

财　政

资料整理：任菲凡

8. 财　　政

2016 年全市

财政总收入	487.80 亿元	比上年下降 23.7%
#地方财政收入	232.69 亿元	比上年增长 4.5%
财政支出	471.13 亿元	比上年增长 1.2%

地方财政收入与支出(亿元)

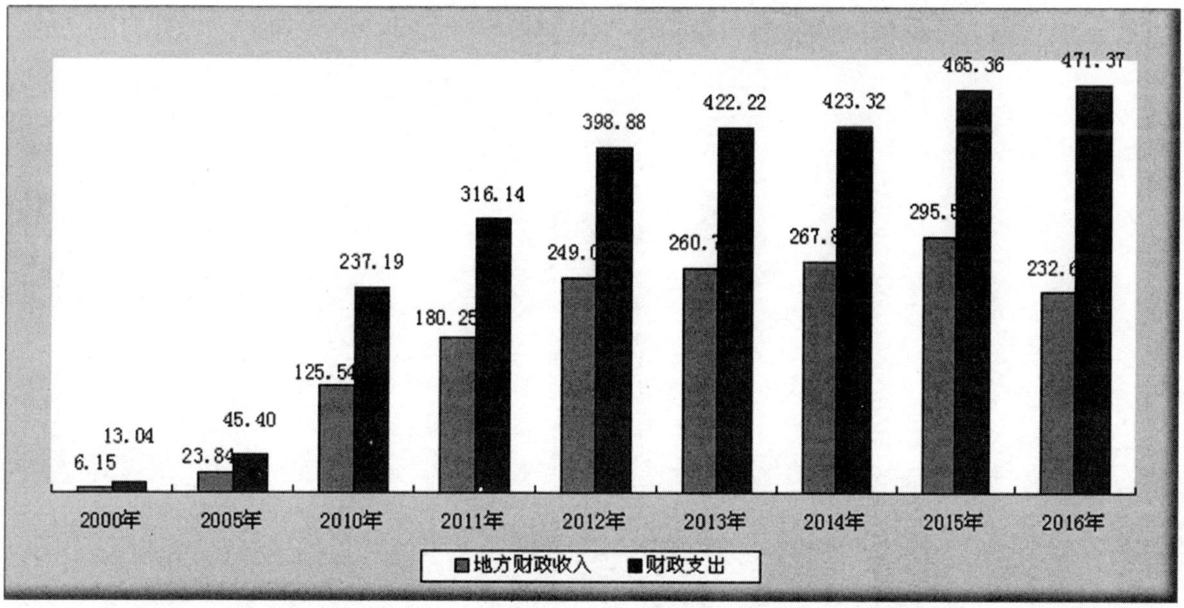

8－1　主要年份财政收支情况

单位:万元

年份	财政总收入	地方财政收入	财政支出
1952	310		308
1957	638		1484
1962	1270		2096
1965	854		3918
1970	1237		5131
1975	1840		8666
1978	2633		12223
1979	2152		12197
1980	2469		11873
1985	3383		17228
1990	11712		32145
1991	14701		36219
1992	15159		37625
1993	21454		45181
1994	28152	14669	47443
1995	31560	17046	60535
1996	43361	27233	69846
1997	54550	37910	84539
1998	63362	43332	89887
1999	67403	48695	106240
2000	94291	61460	130415
2001	147912	78755	178511
2002	198948	96838	213874
2003	260009	123505	255542
2004	403153	195423	330087
2005	670189	238413	454030
2006	1150641	356563	641484
2007	1536503	501207	959005
2008	2211800	700108	1231849
2009	3000000	911750	1710836
2010	4008483	1255369	2371891
2011	5582027	1802477	3161366
2012	6937450	2490582	3988792
2013	6690229	2607340	4222195
2014	6775982	2678541	4233196
2015	6391394	2955817	4653570
2016	4878000	2326940	4711306

注:地方财政收入从 1994 年起为新口径统计数

8－2 各县区

项目	榆林市	榆林市本级	区县合计	榆横区	榆神区	榆阳区
一、税收收入	1485768	690000	795768	28096	4588	154721
增值税	561444	311589	249855	7793	219	51861
营业税	87053	32481	54572	4562	2084	11452
企业所得税	96885	48841	48044	2702	120	9451
企业所得税退税						
个人所得税	29376	13675	15701	588	87	4138
资源税	381731	231004	150727			38842
城市维护建设税	118230	26110	92120	－384	364	4523
房产税	30419	12624	17795	1725	299	5143
印花税	27020		27020	2267	347	6518
城镇土地使用税	36541	13676	22865	1437	684	2623
土地增值税	6021		6021	2262		406
车船税	23794		23794	62		9911
耕地占用税	73936		73936	2185	174	6788
契税	13318		13318	2897	210	3065
烟叶税						
其他税收收入						
二、非税收入	841172	374148	467024	4716	2458	61214
专项收入	169403	52384	117019	1067	655	22405
行政事业性收费收入	193905	93919	99986	251		15012
罚没收入	61048	28515	32533	560	1785	6355
国有资本经营收入	197477	97267	100210			10173
国有资源(资产)有偿使用收入	143127	92057	51070	385	18	6970
其他收入	76212	10006	66206	2453		299
本年收入合计	**2326940**	**1064148**	**1262792**	**32812**	**7046**	**215935**

财政收入(2016 年)

单位:万元

神木县	府谷县	横山区	靖边县	定边县	绥德县	米脂县	佳县	吴堡县	清涧县	子洲县
314913	110465	18237	63178	71100	7505	6237	6796	2017	3620	4295
91225	44221	6009	17444	22201	1942	2426	2057	659	828	970
9757	5165	1977	4188	7176	2077	930	2793	349	1299	763
24652	4241	787	851	3156	535	270	342	109	584	244
5416	1674	312	746	1209	340	164	593	79	224	131
65896	28124	2583	2905	12217		107				53
43871	14255	2630	15955	8010	775	873	364	177	222	485
6124	1812	397	892	737	115	207	73	71	152	48
11775	1892	895	1682	781	228	221	225	50	53	86
6378	3591	588	2587	4599	61	195	14	30	18	60
1241	705	97	168	253	426	96	8	33	46	280
4560	2083	602	2212	2015	715	479	104	102	137	812
41600	1713	958	12283	7920	5	48	32			230
2418	989	402	1265	826	286	221	191	358	57	133
215711	29719	9452	58692	60492	4334	3028	2049	1599	5428	8132
44738	13030	4814	19206	7484	1072	779	766	165	213	625
41398	7270	1699	21861	3950	841	680	375	2	912	5735
10115	4134	951	2253	1588	1974	561	328	1110	477	342
89368	669									
29984	3084	103	1620	2526	310	994	580	322	3826	348
108	1532	1885	13752	44944	137	14				1082
530624	**140184**	**27689**	**121870**	**131592**	**11839**	**9265**	**8845**	**3616**	**9048**	**12427**

8－3 各县区

项目	榆林市	榆林市本级	区县合计	榆横区	榆神区	榆阳区
一、一般公共服务支出	463288	71404	391884	5171	1338	56768
二、外交支出						
三、国防支出	531	300	231			
四、公共安全支出	248065	67155	180910	1870	683	9394
五、教育支出	920029	60404	859625	17961		131616
六、科学技术支出	56526	7984	48542		50	7600
七、文化体育与传媒支出	112028	21665	90363			8331
八、社会保障和就业支出	723494	243127	480367		987	43476
九、医疗卫生与计划生育支出	437844	165223	272621	10		41774
十、节能环保支出	119283	17078	102205		737	3353
十一、城乡社区支出	274626	61549	213077	7834	855	35562
十二、农林水支出	668570	61919	606651		654	83908
十三、交通运输支出	254799	152646	102153			11284
十四、资源勘探信息等支出	99014	42368	56646	3976	267	5964
十五、商业服务业等支出	35882	5294	30588			2099
十六、金融支出	1685	661	1024		8	100
十七、援助其他地区支出	594	244	350			30
十八、国土海洋气象等支出	36627	6842	29785	184	330	174
十九、住房保障支出	204183	94171	110012			1375
二十、粮油物资储备支出	13552	4124	9428			1574
二十一、其他支出	6234	464	5770	713		2420
二十二、债务付息支出	34452	8898	25554	45	4523	3385
其中:地方政府一般债券付息支出	29963	8898	21065	45	4523	3385
二十三、债务发行费用支出						
本年支出合计	**4711306**	**1093520**	**3617786**	**37764**	**10432**	**450187**

财政支出(2016年)

单位:万元

神木县	府谷县	横山区	靖边县	定边县	绥德县	米脂县	佳县	吴堡县	清涧县	子洲县
58686	32035	27201	37959	36610	32705	18970	24169	13447	23447	23378
	5		56			55	115			
37732	16231	13246	21248	19483	11767	11630	8571	7014	11016	11025
172622	61889	67092	68342	64393	72424	45833	42926	20958	31856	61713
18144	425	3758	2356	824	4716	1156	494	2580	1839	4600
17130	5441	2960	10497	5608	11071	6907	8432	3857	4948	5181
83946	46036	28448	33189	52679	42373	34428	27670	9113	37859	40163
53389	28470	14382	26281	22134	21332	14645	13524	8899	12990	14791
65447	4348	661	2523	5424	3447	3882	6035	2567	2314	1467
71841	15584	4407	20340	17526	7175	5074	7585	7403	5950	5941
85863	40974	46227	59922	75638	33913	36806	49611	21304	29997	41834
30776	7473	5089	4553	5387	6225	2598	6149	6666	5254	10699
20512	8043	1241	4571	4318	2990	2331	418	971	424	620
18751	2946	594	1763	1232	255	694	1418	364	158	314
471	298		40	52	5	11	13		26	
200	20		50	50						
6677	2347	1559	2619	2410	4053	2433	2121	1109	1153	2616
20160	8465	12248	12812	8143	7460	2845	6520	5481	14247	10256
1562	1295	427	893	1093	325	503	612	189	414	541
2267	234		60					76		
7426	930	4984	1653	570	364	969	128	212	163	202
2937	930	4984	1653	570	364	969	128	212	163	202
773602	**283489**	**234524**	**311727**	**323574**	**262600**	**191770**	**206511**	**112210**	**184055**	**235341**

8-4 地方财政收入(2016年)

单位:万元

预算科目	决算数	预算科目	决算数
税收收入	1485768	车船税(款)	23794
增值税	561444	耕地占用税	73936
营业税	87053	契税	13318
企业所得税	96885	非税收入	841172
个人所得税	29376	专项收入	169403
资源税	381731	行政事业性收费收入	193905
城市维护建设税	118230	罚没收入	61048
房产税	30419	国有资本经营收入	197477
印花税	27020	国有资产有偿使用收入	143127
城镇土地使用税	36541	其他收入	76212
土地增值税	6021	**一般预算收入**	**2326940**

8-5 财政支出(2016年)

单位:万元

预算科目	决算数	预算科目	决算数
一般公共服务支出	463288	交通运输支出	254799
国防支出	531	资源勘探信息等支出	99014
公共安全支出	248065	商业服务业等支出	35882
教育支出	920029	金融支出	1685
科学技术支出	56526	援助其他地区支出	594
文化体育与传媒支出	112028	国土海洋气象等支出	36627
社会保障和就业支出	723494	住房保障支出	204183
医疗卫生与计划生育支出	437844	粮油物资管理事务	13552
节能环保支出	119283	其他支出	6234
城乡社区支出	274626	债务付息支出	34452
农林水支出	668570	**合　计**	**4711306**

主要统计指标解释

财政收入　指国家财政参与社会产品分配所取得的收入，是实现国家职能的财力保证。主要包括：

（1）各项税收：包括国内增值税、国内消费税、进口货物增值税和消费税、出口货物退增值税和消费税、营业税、企业所得税、个人所得税、资源税、城市维护建设税、房产税、印花税、城镇土地使用税、土地增值税、车船税、船舶吨税、车辆购置税、关税、耕地占用税、契税、烟叶税等。

（2）非税收入：包括专项收入、行政事业性收费、罚没收入和其他收入。

财政支出　指国家财政将筹集起来的资金进行分配使用，以满足经济建设和各项事业的需要。主要包括：

（1）一般公共服务：指政府提供基本公共管理与服务的支出，包括人大事务、政协事务、政府办公厅（室）及相关机构事务、发展与改革事务、统计信息事务、财政事务、税收事务、审计事务、海关事务、人力资源事务、纪检监察事务、人口与计划生育事务、商贸事务、知识产权事务、工商行政管理事务、国土资源事务、海洋管理事务、测绘事务、地震事务、气象事务、民族事务、宗教事务、港澳台侨事务、档案事务、共产党事务、民主党派事务及工商联事务、群众团体事务、彩票事务等。

（2）外交：指政府外交事务支出，包括外交行政管理、驻外机构、对外援助、国际组织、对外合作与交流、边界勘界联检等方面的支出。

（3）国防：指政府用于国防方面的支出，包括用于现役部队、预备役部队、民兵、国防科研事业、专项工程、国防动员等方面的支出。

（4）公共安全：指政府维护社会公共安全方面的支出，包括武装警察、公安、国家安全、检察、法院、司法行政、监狱、劳教、国家保密、缉私警察等。

（5）教育：指政府教育事务支出，包括教育行政管理、学前教育、小学教育、初中教育、普通高中教育、普通高等教育、初等职业教育、中专教育、技校教育、职业高中教育、高等职业教育、广播电视教育、留学生教育、特殊教育、干部继续教育、教育机关服务等。

（6）科学技术：指用于科学技术方面的支出，包括科学技术管理事务、基础研究、应用研究、技术研究与开发、科技条件与服务、社会科学、科学技术普及、科技交流与合作等。

（7）文化教育与传媒：指政府在文化、文物、体育、广播影视、新闻出版等方面的支出。

（8）社会保障和就业：指政府在社会保障与就业方面的支出，包括社会保障和就业管理事务、民政管理事务、财政对社会保险基金的补助、补充全国社会保障基金、行政事业单位离退休、企业改革补助、就业补助、抚恤、退役安置、社会福利、残疾人事业、城市居民最低生活保障、其他城镇社会救济、农村社会救济、自然灾害生活救助、红十字事务等。

（9）医疗卫生：指政府医疗卫生方面的支出，包括医疗卫生管理事务支出、医疗服务支出、医疗保障支出、疾病预防控制支出、卫生监督支出、妇幼保健支出、农村卫生支出等。

（10）环境保护：指政府环境保护支出，包括环境保护管理事务支出、环境监测与监察支出、污染治理支出、自然生态保护支出、天然林保护工程支出、退耕还林支出、风沙荒漠治理支出、退牧还草支出、已垦草原退耕还草、能源节约利用、污染减排、可再生能源和资源综合利用等支出。

（11）城乡社区事务：指政府城乡社区事务支出，包括城乡社区管理事务支出、城乡社区规划与管理支出、城乡社区公共设施支出、城乡社区住宅支出、城乡社区环境卫生支出、建设市场管理与监督支出等。

(**12**)农林水事务:指政府农林水事务支出,包括农业支出、林业支出、水利支出、扶贫支出、农业综合开发支出等。

(**13**)交通运输:指政府交通运输和邮政业方面的支出,包括公路运输支出、水路运输支出、铁路运输支出、民用航空运输支出、邮政业支出等。

(**14**)工业商业金融等事务:指政府对工业、商业及金融等方面的支出,包括采掘业支出、制造业支出、建筑业支出、工业和信息产业监管支出、国有资产监管支出、商业流通事务支出、金融业监管支出、旅游业管理与服务支出等。

中央财政收入和地方财政收入　指按现行分税制财政体制划分的中央本级收入和地方本级收入。属于中央财政的收入包括关税,进口货物增值税和消费税,出口货物退增值税和消费税,消费税,铁道部门、各银行总行、各保险公司总公司等集中交纳的营业税和城市维护建设税,增值税**75%**部分,纳入共享范围的企业所得税**60%**部分,未纳入共享范围的中央企业所得税、中央企业上交的利润,个人所得税**60%**部分,车辆购置税,船舶吨税,证券交易印花税**97%**部分,海洋石油资源税,中央非税收入等。属于地方财政的收入包括营业税(不含铁道部门、各银行总行、各保险公司总公司集中交纳的营业税),地方企业上交利润,城市维护建设税(不含铁道部门、各银行总行、各保险公司总公司集中交纳的部分),房产税,城镇土地使用税,土地增值税,车船税,耕地占用税,契税,烟叶税,印花税,增值税**25%**部分,纳入共享范围的企业所得税**40%**部分,个人所得税**40%**部分,证券交易印花税**3%**部分,海洋石油资源税以外的其他资源税,地方非税收入等。

9

价格指数

资料整理：惠　勇

9. 价格指数

2016 年全市	以上年为 100
居民消费价格指数	101.3
商品零售价格指数	101.4

价格指数（以上年为 100）

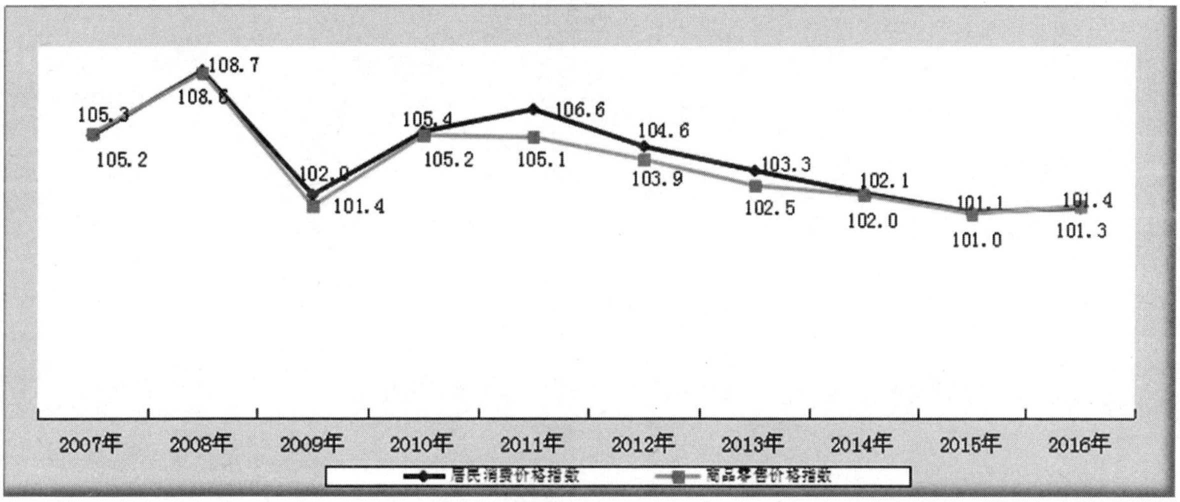

9-1 主要年份物价指数

年份	居民消费价格指数			商品零售价格指数		
	以上年为100	以1990年为100	以2000年为100	以上年为100	以1990年为100	以2000年为100
1990	100.2	100.0		99.6	100.0	
1991	104.7	104.7		104.5	104.5	
1992	113.4	118.7		109.5	114.4	
1993	116.0	137.7		112.0	128.2	
1994	125.1	172.3		122.8	157.4	
1995	120.8	208.1		122.1	192.2	
1996	110.4	230.0		110.8	213.0	
1997	103.9	239.0		102.0	217.3	
1998	98.3	234.9		96.7	210.1	
1999	97.5	229.0		97.8	205.5	
2000	98.4	225.3	100.0	98.1	201.6	100.0
2001	102.0	229.8	102.0	100.2	202.0	100.2
2002	99.7	229.1	101.7	99.6	201.2	99.8
2003	102.1	233.9	103.8	100.9	203.0	100.7
2004	105.1	245.8	109.1	104.2	211.5	104.9
2005	103.1	253.4	112.5	102.6	217.0	107.6
2006	102.8	260.5	115.7	102.9	223.3	110.7
2007	105.2	274.0	121.7	105.3	235.1	116.6
2008	108.7	297.8	132.3	108.6	255.3	126.6
2009	102.0	303.8	134.9	101.7	258.9	128.4
2010	105.4	320.2	142.2	105.2	272.4	135.1
2011	106.6	341.3	151.6	105.1	286.3	142.0
2012	104.6	357.0	158.6	103.9	297.5	147.5
2013	103.3	368.8	163.8	102.5	304.9	151.2
2014	102.1	376.5	167.2	102.0	311.0	154.2
2015	101.1	380.4	169.0	101.0	314.1	155.7
2016	101.3	385.5	171.2	101.4	318.5	157.9

9-2 居民消费价格指数(2016年)

项目	以上年为100					
	全市	榆阳	神木	靖边	绥德	清涧
居民消费价格总指数	**101.3**	**101.5**	**99.3**	**101.7**	**101.8**	**102.0**
非食品烟酒价格指数	100.7	101.5	97.3	100.7	101.1	102.3
服务价格指数	100.1	101.0	95.2	100.3	101.0	102.2
鲜活食品价格指数	102.9	104.4	98.8	104.0	104.3	101.5
扣除鲜菜鲜果价格指数	101.2	101.4	99.3	101.4	101.7	102.2
一、食品烟酒	102.6	101.7	103.8	103.9	103.4	101.5
1. 食品	102.9	102.2	102.2	104.7	104.1	102.1
(1)粮食	100.4	100.8	97.7	100.5	101.6	101.3
(2)薯类	114.0	100.1	86.2	129.9	138.9	129.0
(3)豆类	102.2	98.9	104.4	106.9	104.1	100.3
(4)食用油	100.5	100.7	99.5	102.4	100.5	99.1
(5)菜	105.9	109.4	103.0	108.1	103.6	102.2
鲜菜	106.4	110.3	102.9	108.8	103.9	102.3
(6)畜肉类	103.3	104.1	99.0	100.5	106.9	105.1
猪肉	110.7	114.5	100.5	101.4	115.4	117.8
(7)禽肉类	100.8	105.6	95.4	100.5	100.0	98.0
(8)水产品	102.5	103.9	100.9	103.9	100.0	102.7
淡水鱼	103.5	105.2	102.3	102.9	100.0	105.2
其他水产品及制品	100.2	100.0	100.5	100.7	100.0	100.0
(9)蛋类	97.0	97.7	98.3	100.9	100.0	87.2
(10)奶类	107.3	99.1	138.8	106.0	100.0	101.0
(12)糖果糕点类	100.5	100.7	99.3	103.0	100.5	99.1
(13)调味品	101.0	100.0	104.0	101.3	100.5	100.0
(14)其他食品类	103.0	102.3	102.2	108.0	102.8	100.5
2. 茶及饮料	99.8	100.3	95.1	103.0	100.0	100.2
3. 烟酒	104.8	99.8	122.0	104.7	102.7	100.0
(1)烟草	102.1	100.0	102.8	107.4	102.3	100.0
(2)酒类	109.6	99.5	155.2	100.1	103.4	100.0
4. 在外餐饮	100.8	100.6	101.6	100.8	101.2	100.0
二、衣着	102.7	103.1	103.5	103.8	101.5	101.2
1. 服装	103.2	104.7	104.8	103.8	100.3	100.7
(1)男式服装	104.2	107.8	108.6	101.6	100.1	99.6
(2)女式服装	102.4	103.2	103.5	103.5	100.2	100.9
(3)儿童服装	102.9	101.9	100.0	109.6	101.0	103.0
2. 服装材料	102.1	101.7	100.0	109.5	100.0	100.0
3. 其他衣着及配件	103.5	101.3	106.8	103.6	108.8	99.1
4. 衣着加工服务费	102.9	100.2	96.0	100.4	100.5	119.9
5. 鞋类	101.4	99.9	100.4	103.7	103.4	101.2
(1)鞋	101.3	99.9	100.5	103.0	103.5	101.3
(2)鞋类加工服务	103.6	100.0	100.0	121.7	100.0	100.0
三、居住	101.3	101.7	99.8	100.0	101.7	102.7
1. 租赁房房租	102.7	99.8	100.0	100.0	100.0	116.7
2. 住房保养维修及管理	104.1	105.9	100.0	100.0	110.5	102.3
(1)住房装潢材料	102.8	106.7	100.0	100.0	100.8	102.4

9－2 续表

项目	以上年为100					
	全市	榆阳	神木	靖边	绥德	清涧
（2）物业管理费	100.7	102.0	100.0	100.0	100.0	100.0
（3）住房装潢维修	108.1	105.8	100.0	100.0	134.3	102.8
3.水电燃料	100.5	102.2	99.3	100.0	100.0	99.0
（1）水	109.9	129.8	100.0	100.0	100.0	100.0
（2）电	100.0	100.0	100.0	100.0	100.0	100.0
（3）燃气	100.5	99.8	100.0	100.0	100.0	103.4
（4）取暖费	100.0	100.0	100.0	100.0	100.0	100.0
（5）其他燃料	93.5	98.3	90.0	100.0	100.0	74.5
4.自有住房	100.2	100.5	100.0	100.0	100.0	100.5
四、生活用品及服务	101.2	101.6	100.5	100.7	101.2	101.6
1.家具及室内装饰品	101.2	101.7	100.0	100.0	104.2	99.6
（1）家具	101.2	101.9	100.0	100.0	104.8	98.6
（2）室内装饰品	101.2	100.2	100.0	100.0	100.0	106.6
2.家用器具	100.4	100.4	99.4	100.0	99.9	101.9
3.家用纺织品	101.1	101.2	101.6	100.7	100.8	101.2
4.家庭日用杂品	101.4	101.8	100.0	102.7	101.1	100.9
5.个人护理用品	100.6	101.3	100.0	100.2	100.0	101.1
6.家庭服务	103.8	104.7	103.9	100.7	103.6	105.1
五、交通和通信	99.8	99.8	96.0	100.4	100.2	102.8
1.交通	100.7	99.7	98.6	100.7	100.1	105.7
（1）交通工具	104.4	99.4	100.0	100.0	100.0	127.5
（2）交通工具用燃料	96.8	95.5	95.3	102.9	100.6	91.4
（3）交通工具使用和维修	97.5	101.5	96.2	100.7	100.0	85.0
（4）交通费	97.0	102.7	100.0	100.4	100.0	76.3
2.通信	98.4	100.0	91.9	100.0	100.3	98.0
（1）通信工具	96.5	100.1	83.8	100.0	100.7	94.2
（2）通信服务	99.4	100.0	95.9	100.0	100.0	100.2
六、教育文化和娱乐	100.7	102.3	98.0	100.5	100.0	100.8
1.教育	99.1	103.4	97.0	100.2	100.0	91.0
2.文化娱乐	103.8	100.1	100.2	101.2	100.0	121.5
七、医疗保健	98.9	100.3	86.4	100.1	101.8	104.2
1.药品及医疗器具	102.7	101.2	108.3	100.3	106.4	98.9
（1）中药	104.1	101.1	105.0	100.9	115.0	101.6
（2）西药	106.4	101.5	133.8	100.3	104.0	97.3
（3）滋补保健品	100.8	101.6	102.7	100.0	100.0	98.9
（4）医疗卫生器具	83.8	98.9	6.4	98.7	100.0	100.0
（5）保健器具	93.8	101.8	63.2	100.0	100.0	95.7
2.医疗服务	97.4	100.0	78.0	100.0	100.0	106.3
（1）综合医疗类	91.9	100.0	51.4	100.0	100.0	100.0
（2）诊断类	96.4	99.8	57.8	100.0	100.0	121.0
八、其他用品和服务	99.9	101.8	92.7	101.4	100.5	101.4
1.其他用品类	99.0	103.0	88.0	100.5	100.0	99.7
（1）首饰手表	105.3	105.5	116.8	100.2	100.0	103.9
（2）其他杂项用品	91.0	99.8	51.3	100.9	100.0	94.4
2.其他服务类	100.9	100.5	97.7	102.3	101.0	103.1

9-3 商品零售价格指数(2016年)

项目	以上年为100					
	全市	榆阳	神木	靖边	绥德	清涧
商品零售价格指数	**101.4**	**101.6**	**99.9**	**101.7**	**101.6**	**101.9**
一、食品	102.3	101.9	102.1	103.8	102.9	101.2
1.粮食	100.6	101.0	97.9	100.6	101.3	101.7
2.薯类	114.0	100.1	86.2	129.9	138.9	129.0
3.豆类	102.2	98.6	104.9	107.0	103.9	100.3
4.食用油	100.5	100.7	99.5	102.4	100.5	99.1
5.菜	105.7	108.9	103.0	107.8	103.5	102.1
6.畜肉类	102.9	103.7	98.8	100.3	106.1	104.5
猪肉	110.7	114.5	100.5	101.4	115.4	117.8
牛肉	100.0	97.8	93.1	95.9	115.4	100.0
羊肉	93.7	92.8	99.1	98.2	90.5	88.8
7.禽肉类	100.8	105.6	95.4	100.5	100.0	98.0
8.水产品	102.3	103.6	100.6	103.7	100.0	102.3
淡水鱼	103.5	105.2	102.3	102.9	100.0	105.2
海水鱼	102.7	103.1	100.0	110.0	100.0	100.0
9.蛋类	97.0	97.7	98.4	100.9	100.0	87.5
10.奶类	107.8	99.2	141.4	106.1	100.0	101.0
11.干鲜瓜果类	99.6	97.7	93.4	110.4	101.1	97.2
12.糖果糕点类	100.7	100.7	99.5	103.1	100.4	99.7
13.调味品	100.8	100.0	102.9	101.2	100.5	100.0
14.其他食品类	103.0	102.3	102.2	108.0	102.8	100.5
15.在外餐饮	100.8	100.6	101.6	100.8	101.3	100.0
二、饮料、烟酒	102.8	99.6	111.9	103.5	102.3	100.1
1.茶及饮料	99.6	100.3	94.5	102.5	100.0	100.3
茶叶	95.9	100.6	70.7	102.5	100.0	100.9
果汁饮料	101.0	100.0	103.4	103.7	100.0	98.7
2.烟草	102.1	100.0	102.8	107.4	102.3	100.0
3.酒类	106.4	98.7	136.4	100.1	104.3	100.0

9－3 续表

项目	以上年为100					
	全市	榆阳	神木	靖边	绥德	清涧
三、服装、鞋帽	103.0	103.6	104.2	103.7	101.5	101.2
1.服装	103.3	105.0	105.2	103.7	100.3	100.8
(1)男士服装	104.2	107.7	108.5	101.6	100.1	99.5
(2)女士服装	102.8	103.8	104.3	103.6	100.2	100.9
(3)儿童服装	103.1	102.7	100.0	108.6	101.3	103.2
2.鞋帽袜	101.8	100.2	102.5	103.0	105.1	99.7
(1)鞋	101.3	99.9	100.5	103.0	103.5	101.3
(2)袜子	103.4	100.0	100.0	101.8	118.5	100.0
(3)帽子	103.1	102.6	120.0	104.1	101.6	88.0
3.其他衣着配件	104.3	101.9	100.0	106.7	100.0	115.3
四、纺织品	100.9	100.6	102.1	102.1	100.2	99.8
1.服装材料	102.1	101.7	100.0	109.5	100.0	100.0
2.床上用品	100.6	100.4	102.6	100.2	100.2	99.7
五、家用电器及音像器材	99.6	100.3	98.5	100.1	100.0	98.2
1.家庭设备	100.4	100.5	99.8	100.0	99.9	102.0
2.文娱用耐用消费品	97.8	99.9	95.7	100.0	100.0	91.2
六、文化办公用品	101.4	99.6	104.3	101.0	100.0	103.8
七、日用品	100.5	100.9	95.5	102.3	100.9	102.5
八、体育娱乐用品	105.8	102.9	102.2	101.4	100.2	125.1
九、交通、通信用品	101.1	102.4	93.4	100.1	100.0	108.4
十、家具	101.0	101.6	100.0	100.0	104.0	98.6
十一、化妆品	100.6	101.3	100.0	100.0	100.0	101.0
十二、金银饰品	100.7	107.0	87.4	100.2	100.0	102.5
十三、中西药品及医疗保健用品	102.3	101.1	106.4	100.2	107.1	97.9
1.中药	104.6	101.1	105.9	100.8	117.1	101.3
2.西药	106.3	101.5	135.2	100.3	103.9	95.3
十四、书报杂志及电子出版物	102.3	103.8	100.0	100.1	100.3	105.9
十五、燃料	96.6	97.1	91.5	100.8	100.0	93.3
十六、建筑材料及五金电料	101.7	104.8	97.5	100.5	100.7	101.6

主要统计指标解释

居民消费价格指数 是反映一定时期内城乡居民所购买的生活消费品价格和服务项目价格变动趋势和程度的相对数,是对城市居民消费价格指数和农村居民消费价格指数进行综合汇总计算的结果。该指数可以观察和分析消费品的零售价格和服务项目价格变动对城乡居民实际生活费支出的影响程度。

商品零售价格指数 是反映一定时期内城乡商品零售价格变动趋势和程度的相对数。商品零售价格的变动直接影响到城乡居民的生活支出和国家的财政收入,影响居民购买力和市场供需的平衡,影响到消费与积累的比例关系。因此,该指数可以从一个侧面对上述经济活动进行观察和分析。

10

人民生活

资料整理：张天梅

10. 人民生活

2016 年全市

全体居民人均生活消费支出	16628 元	
农村常住居民人均生活消费支出	10905 元	
城镇常住居民人均生活消费支出	22024 元	
全体居民人均可支配收入	20463 元	比上年增长 8.2%
农村常住居民人均可支配收入	10582 元	比上年增长 8.0%
城镇常住居民人均可支配收入	29781 元	比上年增长 7.3%

全体居民人均可支配收入(元/人)

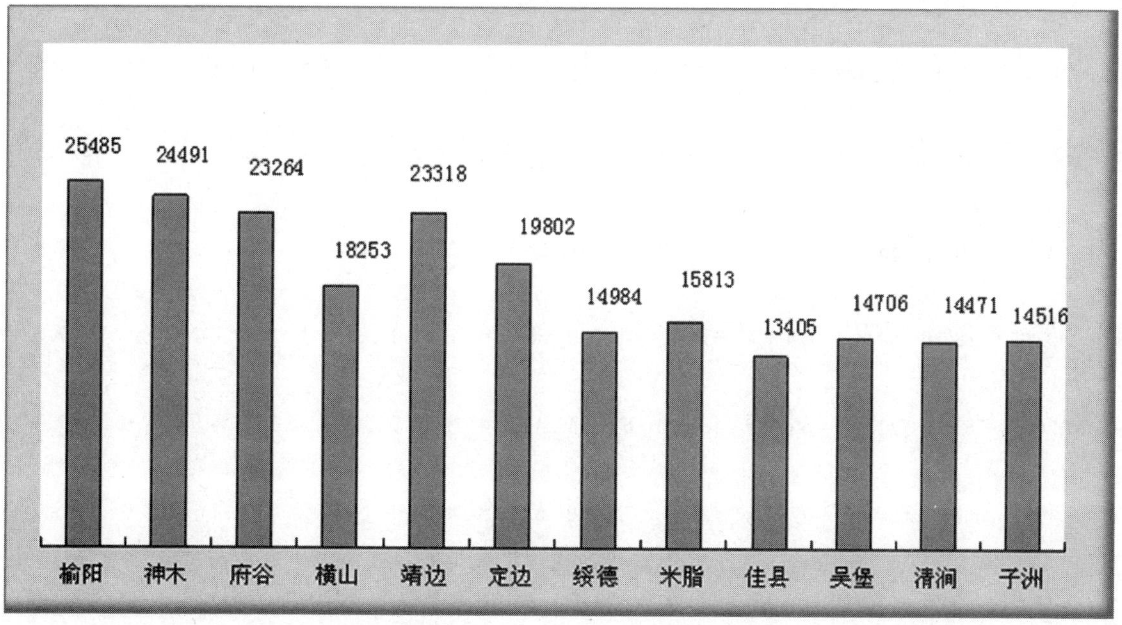

10－1　主要年份居民收入情况

年份	全市	榆阳	神木	府谷	横山	靖边	定边	绥德	米脂	佳县	吴堡	清涧	子洲
农民人均纯收入(元)													
1985	231	294	260	154	226	237	292	235	225	193	236	206	192
1990	443	503	561	405	432	401	417	526	467	367	435	435	452
1995	837	1321	1008	904	696	678	866	886	705	874	792	735	740
2000	1062	1575	1458	1037	921	1215	1131	1300	898	859	680	689	764
2001	1071	1448	1790	852	981	1336	1790	888	646	627	604	649	802
2002	1328	1845	2025	1158	1186	1490	1430	1285	900	1027	874	1036	1139
2003	1438	1942	2196	1384	1197	1564	1442	1223	872	898	976	964	985
2004	1652	2257	2565	1501	1389	1687	1586	1566	1306	1320	1226	1363	1381
2005	1803	2416	2788	1745	1520	1842	1641	1677	1487	1393	1387	1393	1668
2006	2094.4	2920.6	3294.6	2125.6	1838.8	2022.2	1620.9	2013.4	1886.4	1667.5	1767.3	1844.7	1828.0
2007	2621.0	3304.9	5034.2	2579.7	2250.2	3007.1	2660.4	2341.2	2408.3	1961.5	2077.1	1992.8	2117.4
2008	3402.4	4185.0	6028.0	4703.4	3380.0	4850.0	3411.0	2941.4	3368.1	2731.0	2705.8	2767.0	2946.0
2009	4126.8	5321.1	7223.1	5614.9	4215.4	6031.4	4524.4	3686.0	4209.4	3435.4	3515.0	3502.3	3693.2
2010	5113.1	6605.4	8671.7	7786.1	5264.0	7599.0	6233.5	4564.1	5209.2	4301.1	4403.0	4386.0	4570.1
2011	6520	8428	10798	9927	6701	9689	8010	5623	6407	5458	5582	5465	5621
2012	7681	10001	12537	11783	7860	11413	9492	6630	7509	6408	6558	6500	6582
2013	8687	11331	13225	13001	8725	12680	10744	7326	8290	7254	7352	7352	7394

10－1 续表一

年份	全市	榆阳	神木	府谷	横山	靖边	定边	绥德	米脂	佳县	吴堡	清涧	子洲
城镇居民人均可支配收入(元)													
2006	6691	7035	9071	7825	5428	6910	6001	5687	5540	4375	4426	4838	5921
2007	8850	8965	12636	9934	8047	9860	8260	7904	7856	7597	7873	7667	7956
2008	12197	12210	16075	14035	12163	14891	13015	11037	11981	10403	10186	11286	11360
2009	14856	15478	19102	16922	14696	18026	15228	14009	14375	13018	13227	13456	13644
2010	17545	18868	22301	21415	17400	21132	18336	16617	17063	15545	16135	15890	16103
2011	20721	22359	26064	25312	20515	24915	21655	19492	19998	18262	18975	18718	18921
2012	24140	26071	29316	29083	23920	28652	25271	22708	23178	21412	21992	21675	21967
2013	26820	29069	30100	30392	26527	30085	28152	25138	25681	23810	24367	24124	24406
一体化后城乡居民收入 全体居民人均可支配收入(元)													
2014	17218	21313	20995	19948	15367	19636	16567	12495	13217	11113	12225	12096	12101
2015	18905	23491	22846	21681	16901	21551	18285	13772	14507	12242	13418	13313	13281
2016	20463	25485	24491	23264	18253	23318	19802	14984	15813	13405	14706	14471	14516
农村常住居民人均可支配收入(元)													
2014	8967	9992	11132	10060	8920	10053	9923	7517	8148	7462	7471	7524	7629
2015	9802	11015	12046	10871	9760	11058	10926	8240	8894	8174	8155	8234	8322
2016	10582	11929	12875	11610	10522	11910	11789	8949	9658	8893	8881	8918	9046
城镇常住居民人均可支配收入(元)													
2014	25676	26676	26731	26753	23924	27137	26474	22696	22705	21630	21684	21726	21785
2015	27765	29110	28450	28417	25905	29577	28895	24664	24667	23484	23516	23529	23598
2016	29781	31206	30384	30321	27951	31558	30885	26760	26813	25668	25656	25459	25768

10－2 主要年份人民物

		2005年	2006年	2007年
一、就业	（人）			
每一农村劳动力负担人数		1.7	1.6	1.6
每一城镇就业者负担人数		2.6	2.5	2.4
二、收入	（元）			
农民人均纯收入		1803	2094	2621
城镇居民家庭人均可支配收入		6100	6691	8851
职工年平均工资		14257	17487	23547
三、消费水平				
居民平均消费水平	（元）	2479	3042	3313
农民		2028	2184	2357
非农业居民		4710	6137	7795
城镇居民每人每年消费	（公斤）			
粮食		90.4	86.0	68.7
油脂类		8.7	7.2	5.5
猪肉		13.8	12.8	9.4
蛋类		8.1	7.3	6.4
蔬菜		84.0	78.0	76.8
农民每人每年消费	（公斤）			
粮食		194.7	183.5	184.8
油脂类		3.6	4.7	4.8
猪肉		11.8	10.0	8.7
蛋类		2.0	2.3	2.5
蔬菜		55.7	52.1	51.5
四、人均住房面积	（平方米）			
农村居民		19.3	19.1	19.4
城镇居民		19.6	17.2	26.0
五、交通	（辆）			
城镇每百户拥有				
自行车		82	74	
摩托车		36	41	38
农村每百户拥有				
自行车		50	44	35
摩托车		42	46	49
六、文化	（台）			
城镇每百户拥有彩色电视机		127	123	108
农村每百户拥有彩色电视机		80	85	87

质文化生活水平

2008 年	2009 年	2010 年	2011 年	2012 年	2013 年	2014 年	2015 年	2016 年
1.5	1.4	1.4	1.6	1.6	1.7	1.4	1.3	1.4
2.4	2.2	2.2	2.0	1.9	1.9	2.0	2.2	2.2
3402	4127	5113	6520	7681	8687	8967	9802	10582
12197	14856	17545	20721	24140	26820	25676	27765	29781
30786	36494	40629	45053	51607	55597			
3864	4397	5910	7135	10973	11105	12889	13266	16628
3134	3317	4298	4975	7223	7425	8277	8751	10905
7119	9048	10315	12650	14527	14394	17617	17660	22024
59.9	54.3	87.3	82.4	86.7	84.5	112.8	128.4	130.7
4.3	5.2	8.0	7.3	7.3	7.5	7.3	8.8	8.5
7.9	10.3	12.2	10.4	12.5	13.1	10.1	19.9	12.5
6.0	6.2	7.2	6.8	7.1	6.9	5.4	8.5	7.7
58.9	66.7					57.4	62.9	63.0
205.3	187.5	210.7	172.0	216.3	377.2	143.5	157.6	153.8
6.8	5.4	7.2	5.4	7.8	7.0	8.5	9.9	8.3
9.6	10.5	10.5	11.3	18.2	15.3	10.4	13.9	12.7
3.3	3.2	3.1	3.5	13.5	4.1	4.6	7.7	6.6
40.8	40.6	30.3	39.2	49.7	44.1	49.4	52.8	59.2
23.1	24.6	26.6	29.9	33.6	34.5	29.4	30.9	31.3
27.1	28.9	29.1	30.2	29.0	29.0	33.2	37.8	32.3
42	44	44	46	38	39	44	43	37.6
30	25	27	25	18	16			
55	51	46	69	54	46	63	65	59.9
113	116	115	116	110	110.5	106	106	106
99	85	91	109	102	93	104	105	104

10－3　全体居民

项　目		全市	榆阳	神木	府谷
调查户人口					
1、调查户数	（户）	1443	151	133	113
(1)一人户		53	3	4	2
(2)二人户		509	52	40	28
(3)三人户		405	45	34	32
(4)四人户		349	37	51	41
(5)五人户		87	11	4	7
(6)六人及以上户		40	3	1	3
2、调查家庭人口数	（人）	4391	463	414	372
3、劳动力人数	人）	3154	317	283	244
整劳动力人数		1703	175	199	165
半劳动力人数		1451	142	84	79
4、每劳动力负担人口	（人）	1.4	1.5	1.5	1.5
6周岁及以上住户成员受教育程度	（人）	4158	435	388	347
1. 未上过学		348	26	53	31
2. 小学		1110	130	88	97
3. 初中		1354	152	99	97
4. 高中		580	67	55	46
5. 大学专科		383	30	57	36
6. 大学本科		368	28	35	37
7. 研究生		15	3		3
年末现住房建筑面积	（平方米/人）	31.7	30.9	27.7	26.9

10－4　全体居民

项　目	2016年	项　目	2016年
一、按住户居住空间样式分	100	三、按现住房房屋来源分	100
单栋楼房	7.1	租赁公房	1.3
单栋平房	36.8	租赁私房	9.6
四居室及以上单元房	1.5	自建住房	65.4
三居室单元房	12.9	购买商品房	15.4
二居室单元房	4.5	购买房改住房	0.9
一居室单元房	0.3	购买保障性住房	0.3
筒子楼或连片平房	15.1	拆迁安置房	0.3
其他	21.8	继承或获赠住房	4.1
二、按主要建筑材料分	100	免费借用房	1.9
钢筋混凝土	20.4	雇主提供免费住房	
砖混材料	36.0	其他	0.8
砖瓦砖木	24.2	四、按住宅外道路路面情况分	100
竹草土坯	0.1	水泥或柏油路面	53.7
其他	19.3	沙石或石板等硬质路面	20.4

家庭基本情况(2016年)

横山	靖边	定边	绥德	米脂	佳县	吴堡	清涧	子洲
120	124	115	123	114	120	117	101	112
3	2	0	9	2	1	13	3	11
22	42	30	50	45	64	37	50	49
46	23	31	38	35	37	29	30	26
34	34	24	20	27	17	29	14	21
7	9	22	5	4	1	8	4	5
8	14	8	1	1	0	1		
404	425	407	341	341	314	338	271	300
301	312	298	244	246	255	257	189	210
177	179	186	117	116	88	125	82	96
124	133	112	127	130	167	132	107	114
1.3	1.4	1.4	1.4	1.4	1.2	1.3	1.4	1.4
392	402	380	316	322	311	330	253	283
29	35	34	24	10	14	22	29	41
132	97	122	95	90	64	84	40	71
110	106	125	115	140	105	136	86	84
40	69	44	40	37	58	39	52	33
36	50	30	21	20	28	25	23	27
43	44	24	20	25	41	21	23	28
2	1	1	1		1	3		
30.4	36.4	32.4	31.4	28.1	43.4	36.0	27.8	30.2

家庭居住情况(2016年)

单位:%

项　目	2016年	项　目	2016年
其他	25.9	卫生旱厕	9.2
五、按住宅有管道供水情况分	100	普通旱厕	60.8
管道供水入户	73.4	无厕所	0.4
管道供水至公共取水点	3.8	八、按住户主要取暖设备状况分	100
没有管道设施	22.8	由市政或小区集中供暖	11.5
六、按住户主要饮用水来源情况分	100	自行供暖	77.9
经过净化处理的自来水	56.2	无取暖设备	10.6
受保护的井水和泉水	28.1	九、按主要炊用能源状况分	100
不受保护的井水和泉水	8.9	柴草	18.8
江河湖泊水	1.2	煤炭	40.6
收集雨水	4.4	液化石油气	0.8
其他	1.2	管道煤气	
七、按住户厕所类型分	100	管道天然气	32.2
水冲式卫生厕所	28.8	电	7.2
水冲式非卫生厕所	0.8	其他	0.3

10－5　全体居民人均

项　目	全市	榆阳	神木	府谷
可支配收入	**20463**	**25485**	**24491**	**23264**
一、工资性收入	11580.1	13609.4	15971.2	14907.7
（一）工资	10480.3	12842.6	15341.2	13925.6
（二）实物福利	5.9	14.3	35.9	7.1
（三）其他	1094.0	752.6	594.0	975.0
#住房公积金	455.5	172.7	360.6	958.9
二、经营净收入	4355.9	3431.0	3378.8	2043.8
（一）第一产业经营净收入	1368.8	1733.4	38.4	110.2
#农业	657.6	812.3	69.9	61.6
林业	140.7	248.3	－11.5	－0.1
牧业	567.8	672.8	－20.1	43.0
（二）第二产业经营净收入	414.5	42.2	1445.4	－0.3
（三）第三产业经营净收入	2572.6	1655.4	1895.0	1933.9
#批发和零售业	1173.7	95.5	1236.3	539.8
交通运输、仓储和邮政业	466.6	1517.1	334.7	867.6
住宿和餐饮业	619.5	28.1	19.0	4.1
居民服务、修理和其他服务业	409.6	25.7	305.0	509.1
三、财产净收入	2370.9	4469.0	3936.9	4677.4
#利息净收入	101.5	－0.9	4.9	－374.5
红利收入	605.3	1185.5	603.3	5.0
出租房屋财产性收入	1144.3	2243.1	1288.9	3384.0
房屋虚拟租金	326.8	1039.5	1689.0	836.0
四、转移净收入	2156.1	3975.5	1203.8	1634.8
（一）转移性收入	2848.9	4423.8	1998.3	2476.0
#养老金或离退休金	1796.5	3761.2	630.1	1582.8
社会救济和补助	158.3	184.9	96.5	62.7
政策性生活补贴	67.3	0.4	836.6	179.3
报销医疗费	298.0	13.7	70.2	249.7
赡养收入	249.0	234.1	256.8	212.7
（二）转移性支出	692.8	448.4	794.5	841.2
#个人所得税	51.9	38.8	137.2	49.3
社会保障支出	486.9	319.6	625.7	777.6
赡养支出	62.2	55.9	11.6	6.9
实物可支配收入	902.8	1346.1	1712.8	1007.8

可支配收入情况(2016 年)

单位:元/人

横山	靖边	定边	绥德	米脂	佳县	吴堡	清涧	子洲
18253	**23318**	**19802**	**14984**	**15813**	**13405**	**14706**	**14471**	**14516**
9350.2	12013.9	8340.1	10619.1	9718.0	6880.3	8788.3	8075.7	8340.6
7694.5	9121.5	7945.4	10518.7	8970.4	6158.3	8590.2	8028.6	8206.1
	0.7	2.2		11.0				0.6
1655.6	2891.7	392.6	100.4	736.6	722.1	198.2	47.2	133.9
200.7	639.6	362.5	75.3	660.4	51.4	198.0	6.0	120.7
3984.0	6021.2	5612.3	1628.5	3386.6	3424.5	2246.5	1674.6	2476.9
2722.4	2968.4	3820.6	863.9	2094.2	1001.5	411.1	611.8	1509.8
1688.6	1552.2	2901.3	557.7	1261.2	855.6	373.7	590.3	1048.9
106.2	111.7	16.7	110.4	179.0	0.7	38.6	24.3	245.9
927.7	1304.5	902.6	195.9	654.0	145.2	-1.2	-2.9	215.0
51.8	513.4	18.8	8.1	113.0	371.3	707.6	84.6	
1209.8	2539.4	1772.8	756.4	1179.4	2051.7	1127.9	978.2	967.1
1038.5	1157.8	1115.0	565.2	878.9	1594.9	578.2	819.9	355.3
	458.1	501.8	-130.7	144.7	0.2	498.1	-93.1	101.4
167.2	592.2	106.7	90.0	30.5	123.9	79.6	181.2	335.2
3.4	7.2	-1.2	232.0	127.6	188.2	-24.7	70.7	161.9
3434.8	3571.8	2258.4	408.6	462.2	893.6	1206.4	197.7	196.5
395.6	1099.4	22.5	2.2	-226.3	-0.2	0.9	-77.3	-231.5
555.5	196.6	406.0		9.8	21.6	22.1		93.9
1742.1	1758.4	1015.8	72.9	155.9	469.2	230.5	18.9	120.5
642.0	353.0	673.9	333.4	419.4	330.0	451.3	273.3	165.1
1484.2	1711.3	3591.5	2328.3	2246.3	2206.6	2464.6	4523.2	3502.4
1691.2	2441.6	3804.3	2767.8	2781.5	2485.4	2624.8	4678.5	3846.0
690.0	1464.2	3171.5	1345.2	1184.6	1734.2	1729.2	2894.0	1738.6
52.1	66.9	44.4	797.9	750.5	159.1	241.2	132.9	430.4
12.6	17.7	55.9	18.6	11.8		74.8	45.9	18.6
197.0	180.0	60.7	279.7	253.3	139.7	23.9	136.9	355.3
56.5	496.1	61.9	92.7	251.8	96.3	208.4	169.1	57.8
206.9	730.3	212.7	439.6	535.3	278.8	160.2	155.3	343.6
19.0	14.5	0.2	22.1	21.9	21.4	6.9	5.8	5.2
187.4	574.9	206.9	371.0	500.5	205.0	135.4	121.5	315.6
0.6	128.2	3.5	23.5	10.6	11.3	15.1	26.4	19.3
1776.3	1075.9	3101.5	792.1	1239.7	778.0	471.7	396.2	1000.6

10－6 全体居民人均

项目	全市	榆阳	神木	府谷
消费支出	16627.8	15123.8	17385.6	15361.0
一、食品烟酒	5266.3	5092.0	3811.9	4507.2
1、食品	3567.1	2891.8	2653.2	3066.1
(1)谷物	772.1	676.4	480.2	578.5
(2)薯类	166.3	168.4	71.9	182.8
(3)豆类	48.4	76.1	69.7	65.5
(4)食用油	127.0	82.7	110.6	127.9
(5)蔬菜和食用菌	224.3	275.5	299.7	281.7
(6)肉类	1066.3	883.8	660.1	832.5
(7)禽类	102.1	82.3	60.3	73.2
(8)水产品	33.8	25.5	36.3	37.8
(9)蛋类	69.6	54.8	70.7	64.5
(10)奶类	419.5	157.5	210.6	255.7
(11)干鲜瓜果类	220.8	159.6	224.7	260.0
(12)糖果糕点类	71.4	64.9	51.1	83.2
2、烟酒	698.6	518.2	425.7	506.9
(1)烟草	441.3	438.0	304.2	306.3
(2)酒类	257.3	80.2	121.5	200.6
3、饮料	78.4	44.2	73.8	90.4
4、饮食服务	922.3	1637.7	659.1	843.8
二、衣着	1265.0	1059.9	1197.0	1326.5
1、衣类	1007.1	887.5	948.4	989.9
2、鞋类	257.9	172.4	248.6	336.6
三、居住	2965.5	3635.3	5236.1	3248.3
1、租赁房房租	625.3	406.6	660.9	505.5
2、住房维修及管理	445.2	232.3	366.1	508.5
3、水电燃料及其他	927.4	944.5	957.0	813.0
4、自有住房折算租金	967.6	2052.0	3252.1	1421.4
四、生活用品及服务	915.8	579.4	917.4	658.0
#家具及室内装饰品	107.8	66.9	87.7	66.5
家用器具	211.6	208.6	224.7	64.0
家用纺织品	100.7	27.7	67.0	58.8
家庭日用杂品	297.7	153.8	287.3	233.3
个人用品	179.9	104.5	226.6	202.5
五、交通通信	2151.0	2055.5	3301.8	2026.0
1、交通	1316.6	1633.1	2387.2	1179.4
(1)交通工具	224.2	507.7	1082.4	21.9
(2)交通工具用燃料	591.6	680.4	620.8	616.4
2、通信	834.4	422.4	914.6	846.6
(1)通信工具	313.3	65.5	330.8	259.5
(2)通信服务	521.1	356.9	583.8	587.1
六、教育文化娱乐	1762.6	1539.3	1914.7	2060.3
1、教育	1252.9	661.7	1122.2	1391.9
2、文化娱乐	509.6	877.7	792.5	668.4
七、医疗保健	1922.4	912.4	727.6	1202.1
1、医疗器具及药品	435.0	447.9	418.6	661.0
2、医疗服务	1487.4	464.5	309.0	541.0
八、其他用品和服务	379.2	249.9	279.2	332.5

生活消费支出情况(2016 年)

单位:元/人

横山	靖边	定边	绥德	米脂	佳县	吴堡	清涧	子洲
13589.7	17386.5	12239.2	10465.2	11253.4	9525.7	8144.0	9889.0	11149.3
3657.8	5242.8	3349.7	2973.6	3976.8	2939.8	2116.0	2793.2	2825.4
1956.5	3240.6	2340.2	2252.3	2495.2	2312.6	1662.5	2067.9	2180.9
384.8	518.7	378.4	454.4	437.6	589.2	440.6	456.5	541.8
36.9	134.0	126.5	160.2	442.2	180.4	199.5	125.4	132.4
27.1	49.0	15.9	46.4	69.6	54.2	21.6	40.2	39.9
86.5	75.1	212.8	153.1	134.4	140.8	104.3	166.3	151.6
236.6	163.3	212.4	220.2	244.2	168.6	196.7	224.0	210.8
484.2	1107.0	710.3	445.5	577.6	576.0	247.1	409.7	447.6
44.8	214.2	70.1	35.3	28.0	28.6	11.4	18.1	45.7
29.6	45.5	17.1	8.7	14.5	7.8	6.9	10.5	20.8
56.2	89.1	50.2	63.2	60.9	71.4	109.0	55.9	54.5
182.1	204.9	113.8	208.2	84.5	140.1	41.7	139.5	160.1
118.6	248.4	225.2	170.7	166.2	116.8	71.7	190.3	179.4
8.2	79.7	32.1	54.6	65.3	25.3	8.8	48.4	53.1
867.4	824.7	350.7	209.9	451.6	343.7	289.8	308.3	286.9
463.7	335.0	254.6	151.0	258.4	207.1	226.8	243.9	173.6
403.7	489.7	96.1	58.8	193.2	136.6	63.0	64.4	113.3
47.5	105.7	67.2	43.7	73.9	75.1	59.0	33.4	68.8
786.4	1071.8	591.7	467.8	956.1	208.3	104.7	383.5	288.8
856.6	1352.4	1047.5	1148.7	972.1	531.5	716.7	728.5	842.8
697.3	996.6	807.1	863.9	756.6	400.6	594.6	524.9	655.5
159.3	355.8	240.4	284.8	215.5	130.9	122.1	203.6	187.3
3897.3	3217.8	3185.8	1972.3	2333.7	2460.6	2435.2	1998.5	2024.5
100.5	94.8	26.9	32.1	83.4	31.8	128.9	20.1	257.0
1404.2	660.5	798.3	185.3	556.8	356.8	130.3	230.6	236.6
497.7	855.1	682.7	636.1	506.6	574.1	1089.7	525.4	651.6
1895.0	1607.4	1677.9	1118.8	1186.8	1498.0	1086.3	1222.4	879.3
862.4	924.3	919.8	887.0	827.3	484.4	552.5	418.9	834.8
201.9	203.8	156.8	35.3	188.3	79.4	54.5	39.8	144.5
169.8	136.6	212.5	365.2	61.7	129.8	120.1	66.1	259.9
63.9	107.7	113.5	94.4	293.4	67.1	58.6	39.4	97.0
308.1	245.7	176.8	243.6	244.5	170.1	258.8	148.1	194.3
110.7	210.5	141.3	147.4	36.0	19.6	52.2	114.4	124.8
1842.9	2903.4	1507.9	1253.9	1020.7	1243.4	1034.9	1113.6	1203.8
1028.3	2032.0	757.9	564.6	490.4	853.7	335.2	407.7	763.7
340.8	630.2	113.0	69.3	136.4	499.5	13.4	8.6	202.5
381.6	763.4	348.7	265.7	155.2	135.5	134.2	180.8	186.9
814.5	871.4	750.0	689.3	530.3	389.7	699.7	705.9	440.1
515.5	321.2	243.2	289.5	203.7	92.8	87.9	247.6	128.3
299.0	550.2	506.8	399.8	326.6	296.9	611.8	458.2	311.8
1097.0	1616.8	1245.9	1168.5	800.1	759.3	737.1	1630.5	751.5
568.2	1154.2	762.8	696.5	533.7	493.3	509.8	1337.0	496.5
528.8	462.6	483.1	472.1	266.4	265.9	227.2	293.4	255.0
898.3	1761.3	669.5	876.6	1179.4	903.9	430.8	1105.8	2473.0
249.3	469.6	364.5	212.3	275.0	334.6	185.4	443.8	355.6
649.0	1291.6	305.0	664.3	904.4	569.3	245.4	661.9	2117.3
477.4	367.9	313.0	184.5	143.2	202.9	120.8	100.0	193.4

10－7　全体居民总收入

项　目	全市	榆阳	神木	府谷
总收入(未扣除生产费用)	**24899.6**	**27917.9**	**27608.3**	**25395.5**
一、工资性收入	11580.1	13609.4	15971.2	14907.7
二、经营性收入	7797.2	5320.1	5586.7	2929.3
(一)第一产业经营收入	2658.2	2929.2	111.5	187.1
#农业	1223.4	1153.5	94.0	88.7
牧业	1281.0	1527.4	17.5	92.6
(二)第二产业经营收入	492.2	52.9	2145.6	
(三)第三产业经营收入	4646.9	2338.0	3329.6	2742.3
#批发和零售业	1461.1	109.4	1969.5	664.5
交通运输、仓储和邮政业	778.9	2060.6	446.5	1420.7
三、财产性收入	2673.4	4564.6	4052.2	5082.4
#利息收入	273.1	92.8	37.2	30.6
红利收入	605.3	1185.5	603.3	5.0
出租房屋财产性净收入	1144.3	2243.1	1288.9	3384.0
房屋虚拟租金	326.8	1039.5	1689.0	836.0
四、转移性收入	2848.9	4423.8	1998.3	2476.0
#养老金或离退休金	1796.5	3761.2	630.1	1582.8
报销医疗费	298.0	13.7	70.2	249.7
五、非收入所得	3103.1	764.9	597.8	9842.1
#出售资产所得	1554.0	104.7	17.6	8875.0
非经常性转移所得	1547.3	659.3	540.4	966.4
六、借贷性所得	1822.1	571.1	427.7	
#借入款	1020.0	114.5	173.9	
总支出	**25580.8**	**20537.9**	**22523.4**	**19436.5**
一、消费支出	16627.8	15123.8	17385.6	15361.0
二、生产经营费用支出	3185.8	1526.3	2063.0	703.1
(一)第一产业经营费用支出	1170.1	1027.7	58.2	71.8
#农业	528.5	282.1	18.2	22.1
牧业	631.8	745.6	29.9	49.6
(二)第二产业经营费用支出	42.5	10.6	600.0	
(三)第三产业经营费用支出	1973.2	488.0	1404.8	631.3
#批发和零售业	276.5	13.6	727.0	99.5
#交通运输、仓储和邮政业	254.0	350.7	102.9	408.9
三、财产性支出	302.5	95.5	115.2	405.0
(一)生活贷款利息支出	171.6	93.7	32.3	405.0
1、住房贷款利息支出	51.4	87.0	32.3	191.0
2、其他生活贷款利息支出	120.1	6.7		214.0
(二)其他财产性支出	130.9	1.8	83.0	
四、转移性支出	681.7	441.1	793.2	841.2
(一)个人所得税	51.9	38.8	137.2	49.3
(二)社会保障支出	486.9	319.6	625.7	777.6
五、部分商业保险支出	20.2	6.7	20.6	30.3
六、购置资产及非经常性转移支出	2531.6	2838.3	1790.4	1976.8
七、借贷性支出	2231.2	506.3	355.5	119.2

与总支出情况(2016年)

单位:元/人

横山	靖边	定边	绥德	米脂	佳县	吴堡	清涧	子洲
20075.6	**27374.0**	**23373.6**	**16603.8**	**17592.4**	**14339.0**	**15204.5**	**16834.7**	**15665.6**
9350.2	12013.9	8340.1	10619.1	9718.0	6880.3	8788.3	8075.7	8340.6
5579.5	9195.7	8874.0	2808.3	4403.0	4041.1	2584.4	3788.3	2904.5
4000.0	5440.6	6302.7	1054.1	3068.9	1284.5	529.1	1251.1	1782.2
2457.3	2534.5	4855.5	694.3	1579.2	1054.6	469.8	710.7	1247.8
1416.9	2772.0	1420.3	247.9	1309.4	226.5	19.6	515.4	286.6
69.6	842.6	37.4	21.7	115.5	462.2	784.3	443.1	
1509.9	2912.5	2533.9	1732.5	1218.6	2294.3	1271.0	2094.2	1122.4
1294.2	1180.5	1372.4	941.5	885.8	1816.6	622.9	1729.8	398.4
0.0	598.7	900.4	377.8	149.6	0.3	532.6	1.6	139.0
3454.8	3722.8	2355.3	408.6	689.9	932.2	1206.9	292.1	574.4
415.6	1249.4	119.4	2.2	0.4	38.3	1.4		144.2
555.5	196.6	406.0		9.8	21.6	22.1		93.9
1742.1	1758.4	1015.8	72.9	155.9	469.2	230.5	18.9	120.5
642.0	353.0	673.9	333.4	419.4	330.0	451.3	273.3	165.1
1691.2	2441.6	3804.3	2767.8	2781.5	2485.4	2624.8	4678.5	3846.0
690.0	1464.2	3171.5	1345.2	1184.6	1734.2	1729.2	2894.0	1738.6
197.0	180.0	60.7	279.7	253.3	139.7	23.9	136.9	355.3
107.7	2097.6	2113.7	440.5	2172.4	320.8	353.1	720.7	1049.0
0.0	359.2	940.5	7.3	66.8	1.0	222.5	261.5	8.3
107.4	1732.1	1173.1	433.2	2105.5	280.0	130.6	458.9	1040.7
325.2	752.6	812.7	171.3	122.6	588.2	491.4	681.0	370.6
126.3	319.0	391.9	45.0	78.3	331.8	152.6	514.0	254.9
17496.6	**28033.3**	**19845.5**	**14092.5**	**16740.5**	**12202.1**	**9500.3**	**14155.5**	**15608.8**
13589.7	17386.5	12239.2	10465.2	11253.4	9525.7	8144.0	9889.0	11149.3
1394.5	2580.2	2965.3	1132.7	897.3	460.8	243.3	1844.4	402.7
1087.2	2258.3	2369.7	180.2	869.0	172.3	72.9	598.6	259.7
654.6	949.7	1868.6	126.7	279.3	88.3	50.9	92.7	186.3
414.0	1286.2	490.9	52.0	588.4	81.3	20.9	505.1	71.6
16.4		18.6	13.1		86.1	76.8	303.3	
290.9	321.8	577.1	939.5	28.3	202.5	93.6	942.5	143.0
251.0		221.1	370.5	2.1	182.7	36.3	840.3	34.6
0.0	123.8	261.1	482.9		0.1	33.2	0.1	37.6
20.0	151.0	96.9		227.7	38.6	0.5	94.4	377.9
20.0	150.1	96.9		226.7	38.6	0.5	77.3	375.6
11.0		2.4		159.1	20.9			251.7
9.0	150.1	94.5		67.6	17.6	0.5	77.3	123.9
0.0	0.9			1.0			17.1	2.3
206.9	730.3	212.7	439.6	535.3	278.8	160.2	155.3	343.6
19.0	14.5	0.2	22.1	21.9	21.4	6.9	5.8	5.2
187.4	574.9	206.9	371.0	500.5	205.0	135.4	121.5	315.6
7.4	26.0	4.6	6.8	16.6	1.3	1.0	1.2	22.9
2081.3	4944.2	2527.3	1933.8	2158.6	1823.7	802.1	1772.4	2845.4
196.6	2215.1	1799.5	114.3	1651.6	73.2	149.3	398.9	467.0

10-8 全体居民家庭实物消费

项 目		全市	榆阳	神木	府谷
食品消费情况(含自产自用)	(公斤/人)				
一、粮食消费量		143.9	134.2	128.9	150.1
(一)谷物消费量		126.5	108.3	109.5	127.5
(二)薯类消费量		8.4	10.4	5.8	11.6
(三)豆类消费量		8.9	15.6	13.5	11.0
二、油脂类消费量		8.4	6.7	6.4	6.4
三、蔬菜及菜制品消费量		60.8	68.2	62.4	83.3
四、肉类		19.0	26.7	20.4	22.2
五、禽类		3.7	3.7	3.2	3.1
六、水产品		1.2	1.5	2.0	1.2
七、蛋类及蛋制品		7.1	6.9	6.7	5.8
八、奶和奶制品		12.4	23.7	11.9	10.6
九、干鲜瓜果类		33.3	33.4	37.1	42.5
十、糖果糕点类		2.6	3.1	2.3	3.0
十一、饮料		0.1	0.1	0.1	
十二、烟叶消费量		28.0	31.6	29.5	26.3
十三、酒		4.4	3.6	3.0	5.4
耐用消费品百户拥有情况	--				
1. 家用汽车	(辆/百户)	31.5	41.5	57.2	50.4
2. 摩托车	(辆/百户)	50.3	48.1	24.4	32.7
3. 助力车	(台/百户)	15.0	13.1	33.2	3.5
4. 洗衣机	(台/百户)	90.0	97.0	97.9	85.8
5. 电冰箱(柜)	(台/百户)	82.6	94.4	98.7	79.6
6. 微波炉	(台/百户)	16.0	25.2	21.8	17.7
7. 彩色电视机	(台/百户)	104.9	104.0	104.3	104.4
8. 其中:接入有线电视	(台/百户)	42.7	69.7	55.9	54.0
9. 空调	(台/百户)	15.0	15.9	15.2	34.5
10. 热水器	(台/百户)	39.8	57.4	54.0	52.2
11. 其中:太阳能热水器	(台/百户)	26.5	33.5	24.0	42.5
12. 消毒碗柜	(台/百户)	3.7	1.3	3.0	4.4
13. 洗碗机	(台/百户)	1.2		2.3	2.7
14. 排油烟机	(台/百户)	28.0	43.1	33.8	32.7
15. 固定电话	(线/百户)	22.7	16.6	10.5	32.7
16. 移动电话	(部/百户)	244.7	240.1	245.4	256.6
17. 其中:接入互联网	(部/百户	100.6	180.8	153.1	80.5
18. 计算机	(台/百户)	42.0	45.4	56.5	52.2
19. 其中:接入互联网	(台/百户	28.6	35.5	42.0	35.4
20. 摄像机	(台/百户)	2.4	1.3	1.5	4.4
21. 照相机	(台/百户)	13.1	17.2	17.3	10.6
22. 中高档乐器	(架/百户)	1.9	2.0	0.8	4.4
23. 健身器材	(台/百户)	1.8	2.3	2.3	3.5
24. 组合音响	(套/百户)	3.3	4.0	2.3	9.7

和耐用消费品拥有情况(2016 年)

横山	靖边	定边	绥德	米脂	佳县	吴堡	清涧	子洲
123.6	148.6	109.2	149.5	156.3	190.2	147.3	149.7	161.3
113.9	132.8	101.0	134.2	126.5	170.5	134.9	136.1	147.1
4.7	7.4	6.3	8.7	16.8	8.4	8.5	5.5	7.4
5.0	8.4	2.0	6.6	13.0	11.2	3.9	8.1	6.7
7.2	4.4	6.0	11.8	8.1	11.9	10.3	12.6	13.2
45.3	47.2	55.8	60.6	83.0	58.3	62.5	52.1	49.8
13.2	34.2	21.3	12.5	15.9	17.3	9.6	12.7	13.1
2.5	13.9	3.6	1.7	2.2	2.2	0.8	1.0	3.2
1.7	2.1	0.9	0.6	1.1	0.7	0.3	0.6	1.2
6.1	9.4	6.9	6.8	6.9	7.1	10.6	5.6	5.5
7.3	10.3	10.3	13.8	14.8	11.7	4.3	13.5	14.6
24.4	35.8	35.1	30.7	34.9	33.8	16.5	37.1	38.4
0.5	4.5	1.4	2.6	4.8	2.5	1.1	2.6	3.2
0.1	0.2				0.1			0.1
18.8	30.6	29.7	15.8	30.3	26.2	35.4	35.9	26.3
6.0	10.0	6.3	1.5	3.2	2.9	3.0	3.4	2.5
20.0	56.5	42.3	14.6	13.1	23.3	15.4	19.8	15.0
93.3	46.8	67.3	37.4	56.9	74.2	49.6	34.7	39.4
20.8	25.8	21.8	19.5	15.1	0.8	4.3	8.9	8.9
96.7	102.4	103.5	85.4	89.5	77.5	73.5	78.2	87.5
79.2	105.6	92.2	76.4	79.9	68.3	59.0	67.3	82.1
20.8	22.6	11.8	22.8	9.6	8.3	16.2	4.0	5.1
100.8	125.0	107.8	99.2	109.0	105.0	94.9	99.0	104.5
63.3	53.2	32.2	17.9	12.3	30.8	33.3	52.5	28.4
16.7	5.6	4.4	23.6	5.3	13.3	29.1	6.9	8.7
31.7	37.9	38.8	39.8	35.0	39.2	33.3	22.8	26.6
16.7	28.2	33.6	33.3	23.6	25.0	28.2	12.9	12.5
10.8	17.7		1.6	0.9	2.5	0.9	1.0	
5.8					2.5			0.9
27.5	45.2	24.0	29.3	21.9	20.0	26.5	6.9	16.1
33.3	5.6	24.4	9.8	28.0	47.5	22.2	8.9	35.8
226.7	287.9	291.1	204.9	245.5	247.5	202.6	228.7	260.0
31.7	281.5	58.0	122.0	74.4	28.3	40.2	86.1	23.9
35.0	54.0	37.9	31.7	39.4	40.8	35.9	33.7	37.4
19.2	33.9	23.1	17.1	26.3	27.5	26.5	26.7	26.8
4.2	2.4	0.9	1.6	0.9	1.7	9.4		0.9
17.5	18.5	5.7	9.8	11.4	18.3	14.5	4.0	8.9
5.8	0.8		1.6	6.1			2.0	
1.7	2.4	2.6	2.4	2.6	0.8		1.0	
8.3	2.4	2.6	3.3	0.9	5.0			

10－9　城镇常住居民

项　目		全市	榆阳	神木	府谷
调查户人口					
1、调查户数	（户）	618	90	72	47
（1）一人户		19	3	1	1
（2）二人户		174	30	16	12
（3）三人户		228	31	19	18
（4）四人户		161	19	33	12
（5）五人户		24	5	2	2
（6）六人及以上户		12	2	1	2
2、调查家庭人口数	（人）	1891	266	237	149
3、劳动力人数	（人）	1303	178	166	101
整劳动力人数		810	104	122	70
半劳动力人数		493	74	44	31
4、每劳动力负担人口	（人）	1.5	1.5	1.4	1.5
6周岁及以上住户成员受教育程度	（人）	1810	253	223	142
1. 未上过学		101	17	28	7
2. 小学		335	53	48	24
3. 初中		492	101	48	29
4. 高中		310	44	30	29
5. 大学专科		293	19	45	28
6. 大学本科		271	20	24	24
7. 研究生		7			1
年末现住房建筑面积	（平方米/人）	32.3	27.6	30.1	30.6

10－10　城镇常住居民

项　目	2016年	项　目	2016年
一、按住户居住空间样式分	100	三、按现住房房屋来源分	100
单栋楼房	13.8	租赁公房	1.6
单栋平房	17.3	租赁私房	14.9
四居室及以上单元房	3.2	自建住房	38.7
三居室单元房	29.8	购买商品房	34.4
二居室单元房	10.0	购买房改住房	2.1
一居室单元房	0.5	购买保障性住房	0.6
筒子楼或连片平房	16.2	拆迁安置房	0.2
其他	9.2	继承或获赠住房	2.6
二、按主要建筑材料分	100	免费借用房	2.9
钢筋混凝土	43.7	雇主提供免费住房	
砖混材料	37.4	其他	1.9
砖瓦砖木	12.2	四、按住宅外道路路面情况分	100
竹草土坯		水泥或柏油路面	73.3
其他	6.6	沙石或石板等硬质路面	21.0

家庭基本情况（2016 年）

横山	靖边	定边	绥德	米脂	佳县	吴堡	清涧	子洲
50	64	39	43	47	40	50	33	44
	1		2			6	2	3
10	14	15	14	12	17	10	11	13
20	15	17	19	21	20	17	14	17
19	24	5	7	13	3	12	6	9
1	5	2	1			4		2
	5			1		1		
161	229	110	119	148	106	151	90	125
107	155	80	83	96	87	100	63	88
74	101	57	47	60	37	59	28	52
33	54	23	36	36	50	41	35	36
1.5	1.5	1.4	1.4	1.5	1.2	1.5	1.4	1.4
154	214	106	119	142	105	146	86	120
5	12	3	5	3	1	5	9	7
37	31	19	22	31	4	28	10	29
38	54	26	31	45	25	56	14	25
19	45	19	26	21	26	16	20	15
24	36	27	17	17	19	21	20	20
31	35	12	17	25	29	17	13	25
	1		1		1	3		
35.1	38.9	40.8	31.6	26.5	41.9	33.5	23.7	29.8

家庭居住情况（2016 年）

单位：%

项　目	2016 年	项　目	2016 年
其他	5.7	卫生旱厕	5.0
五、按住宅有管道供水情况分	100	普通旱厕	28.1
管道供水入户	94.2	无厕所	0.8
管道供水至公共取水点	2.3	八、按住户主要取暖设备状况分	100
没有管道设施	3.5	由市政或小区集中供暖	22.3
六、按住户主要饮用水来源情况分	100	自行供暖	74.7
经过净化处理的自来水	92.8	无取暖设备	2.9
受保护的井水和泉水	4.9	九、按主要炊用能源状况分	100
不受保护的井水和泉水	2.1	柴草	
江河湖泊水	0.2	煤炭	17.9
收集雨水		液化石油气	0.6
其他	0.2	管道煤气	
七、按住户厕所类型分	100	管道天然气	70.7
水冲式卫生厕所	64.6	电	10.0
水冲式非卫生厕所	1.5	其他	0.8

10－11　城镇常住居民人均

项　目	全市	榆阳	神木	府谷
可支配收入	**29781**	**31206**	**30384**	**30321**
一、工资性收入	19329.4	17695.3	20634.2	19776.3
（一）工资	18213.7	17404.9	19753.8	18246.1
（二）实物福利	9.8	7.1	53.2	11.2
（三）其他	1105.9	283.3	827.2	1518.9
#住房公积金	834.0	210.8	532.0	1518.9
二、经营净收入	3359.3	2355.3	2973.3	1291.3
（一）第一产业经营净收入	59.2		19.3	8.9
（二）第二产业经营净收入	654.2	60.1	2120.8	
#制造业	19.0	60.1	1022.3	
建筑业	610.9		1098.4	
（三）第三产业经营净收入	2645.9	2295.3	833.2	1282.4
#批发和零售业	1006.4	103.2	308.0	618.9
交通运输、仓储和邮政业	181.9	2131.5	373.4	
住宿和餐饮业	1054.0	39.7		
居民服务、修理和其他服务业	536.7	36.6	151.9	663.5
三、财产净收入	4399.9	6058.6	5817.9	7277.5
#利息净收入	148.0	－4.7	7.4	－563.8
红利收入	901.6	1479.0	890.1	
出租房屋财产性收入	2164.8	3103.7	1845.7	5398.6
房屋虚拟租金	635.0	1478.2	2545.9	1342.4
四、转移净收入	2692.5	5096.8	958.7	1976.4
（一）转移性收入	3841.5	5655.4	1971.1	3148.1
#养老金或离退休金	3154.3	5005.0	703.9	2188.2
社会救济和补助	28.4	259.1	28.4	19.4
政策性生活补贴	72.2	0.5	1124.4	174.5
报销医疗费	188.6	11.6	49.1	340.1
赡养收入	228.4	311.4	43.7	332.9
（二）转移性支出	1149.0	558.6	1012.4	1171.7
#个人所得税	100.7	53.0	206.5	78.6
社会保障支出	765.1	378.8	786.2	1082.0
赡养支出	108.3	78.4	17.4	
实物可支配收入	775.5	1218.3	2516.5	1692.6

可支配收入情况(2016年)

单位:元/人

横山	靖边	定边	绥德	米脂	佳县	吴堡	清涧	子洲
27951	**31558**	**30885**	**26760**	**26813**	**25668**	**25656**	**25459**	**25768**
17397.8	18141.6	16931.7	22968.3	20613.1	13040.6	13465.3	16584.3	19754.2
14905.3	15407.7	16004.6	22746.2	18603.6	12761.1	13087.8	16566.5	19383.2
0.0	1.1			29.7				2.0
2492.5	2732.8	927.1	222.1	1979.8	279.5	377.5	17.9	369.0
452.5	1101.6	863.9	222.1	1840.5	191.1	376.9	17.9	369.0
2391.5	5308.9	2284.9	140.1	3114.2	4840.5	4409.9	470.3	228.0
-9.6	765.8	-0.1	-0.1	37.0		24.2	-0.1	-1.8
90.8	884.2		24.0	314.9	1275.8	2040.4		
0.0			24.0	314.9	1275.8			
12.5	116.2					2040.4		
2310.3	3658.9	2285.0	116.2	2762.3	3564.7	2345.2	470.4	229.7
2079.6	1858.4	1867.3	83.8	2217.1	3408.1	1029.5		130.8
0.0	161.6	398.0		403.2		1002.4		106.8
230.7	1020.0			85.0		328.7	306.2	
0.0			32.3	64.9	161.3	-5.9	164.3	-8.0
6706.5	5870.3	4227.8	1120.3	1132.7	2772.7	3427.7	865.7	531.7
868.4	1682.8	218.0	6.5	-469.1	-8.8			-555.6
403.3	338.6	113.4		27.4	80.4	63.8		221.0
3927.5	3005.5	2280.2	129.8	408.4	1474.2	619.8	51.8	368.5
1447.3	608.0	1606.0	984.0	1168.8	1227.0	1299.6	814.0	504.8
1455.6	2237.4	7440.7	2531.3	1952.8	5013.8	4353.2	7539.1	5254.1
1767.6	3315.1	7803.7	3584.1	3160.5	5910.1	4528.1	7695.6	5832.7
1286.3	2360.7	7262.8	3133.9	2347.6	5426.3	4350.6	6688.9	2744.3
0.0	68.5	61.7	279.7	144.3	124.2	1.1	257.9	441.8
0.0		119.4		32.9			7.7	34.0
136.4	138.8			278.8	338.0	2.2	212.4	674.6
0.0	649.7	147.6	143.8	155.9	14.6	80.8	10.2	7.8
312.0	1077.7	363.1	1052.8	1207.8	896.4	174.9	156.6	578.6
41.6	25.0		65.3	60.8	75.9	16.6	16.4	15.8
270.4	844.5	354.1	866.3	1119.0	627.5	114.7	62.3	496.5
0.0	186.5	8.5	60.8	21.7	40.0	43.6	76.9	55.5
1572.2	175.5	1403.4	973.4	1451.0	1477.9	1271.4	998.9	1165.9

10－12　城镇常住居民人均

项　目	全市	榆阳	神木	府谷
消费支出	22024.4	18393.1	20657.4	19028.2
一、食品烟酒	6864.4	6217.2	4199.8	5180.3
1、食品	4402.4	3215.0	2879.7	3357.6
(1)谷物	986.7	878.4	437.2	629.6
(2)薯类	104.6	82.8	64.8	98.7
(3)豆类	54.8	96.0	86.0	81.0
(4)食用油	130.1	101.7	113.6	136.8
(5)蔬菜和食用菌	263.2	309.9	320.9	312.3
(6)肉类	1305.8	861.9	756.4	901.6
(7)禽类	94.8	104.7	65.5	87.5
(8)水产品	45.8	35.3	37.3	50.0
(9)蛋类	74.8	61.0	75.3	80.3
(10)奶类	653.0	207.3	252.0	321.5
(11)干鲜瓜果类	295.9	205.9	254.1	306.9
(12)糖果糕点类	104.7	85.2	61.2	103.7
2、烟酒	844.3	672.9	439.9	543.8
(1)烟草	561.5	583.9	298.9	341.5
(2)酒类	282.8	89.0	141.0	202.3
3、饮料	99.7	58.9	87.3	104.4
4、饮食服务	1518.0	2270.4	792.9	1174.5
二、衣着	1864.9	1383.3	1476.0	1680.5
1、衣类	1509.3	1159.9	1172.0	1254.3
2、鞋类	355.7	223.4	304.1	426.2
三、居住	3967.0	4062.7	6372.4	4331.8
1、租赁房房租	1016.9	571.1	713.8	650.8
2、住房维修及管理	565.1	291.2	289.6	767.5
3、水电燃料及其他	1202.8	848.5	1089.4	939.4
4、自有住房折算租金	1182.1	2351.9	4279.5	1974.1
四、生活用品及服务	1310.6	738.3	1106.3	785.6
#家具及室内装饰品	154.6	87.5	124.6	65.3
家用器具	319.5	290.9	260.5	74.8
家用纺织品	147.7	35.2	74.7	72.4
家庭日用杂品	382.8	186.5	309.8	258.3
个人用品	276.2	117.5	305.5	270.6
五、交通通信	2605.8	2416.2	4220.3	2364.7
1、交通	1519.7	1890.7	3188.0	1374.7
(1)交通工具	243.5	524.1	1563.5	16.1
(2)交通工具用燃料	689.1	879.4	728.8	720.8
2、通信	1086.1	525.6	1032.3	990.0
(1)通信工具	401.2	81.0	361.9	292.8
(2)通信服务	684.9	444.5	670.4	697.1
六、教育文化娱乐	2680.9	2124.3	2181.6	2811.8
1、教育	1875.0	907.1	1112.4	1913.4
2、文化娱乐	805.9	1217.2	1069.3	898.4
七、医疗保健	2147.6	1111.7	791.1	1376.9
1、医疗器具及药品	595.1	527.8	473.2	775.7
2、医疗服务	1552.4	583.9	317.9	601.3
八、其他用品和服务	583.2	339.3	309.9	496.6

生活消费支出情况(2016 年)

单位:元/人

横山	靖边	定边	绥德	米脂	佳县	吴堡	清涧	子洲
20492.5	20277.0	18772.1	16879.3	18280.7	17724.5	12765.8	14372.1	15582.6
5455.9	6189.8	4635.6	4431.6	6148.8	5387.2	2641.8	4034.4	3700.2
2362.9	3555.6	3009.3	2964.4	2833.4	4020.6	2074.0	2706.7	2539.6
320.4	506.5	373.3	436.4	382.5	820.7	570.0	397.1	459.2
65.5	97.0	51.1	100.1	125.0	162.6	6.7	115.3	83.8
45.2	58.3	27.2	50.3	65.8	66.3	8.1	64.7	55.8
88.5	96.9	233.2	165.9	153.1	217.3	145.1	165.9	138.0
315.4	202.3	324.2	315.4	275.2	352.2	345.7	382.9	297.9
566.4	1175.9	812.4	686.5	875.8	1077.8	240.4	460.2	487.5
50.4	188.7	105.9	70.5	46.1	71.2	2.5	38.5	40.1
34.7	56.4	32.2	12.9	26.5	15.4	9.0	21.7	25.8
67.4	75.2	54.5	83.7	67.5	113.1	164.8	84.9	61.4
308.9	249.5	208.5	300.5	123.4	366.9	83.3	230.3	249.2
145.2	358.8	413.3	297.3	338.7	291.8	121.6	334.0	333.9
10.9	110.2	61.5	96.2	89.3	71.6	6.0	88.7	107.2
1495.8	899.5	321.4	330.2	852.5	510.2	345.4	393.6	279.2
780.6	329.7	225.2	240.2	440.8	233.4	275.5	297.4	169.3
715.3	569.8	96.2	90.0	411.7	276.9	69.8	96.2	109.9
78.2	130.4	98.0	73.9	132.9	229.7	42.7	47.3	99.5
1519.0	1604.3	1206.9	1063.1	2330.0	626.7	179.7	886.8	781.9
1420.2	1978.3	1847.9	2206.2	1639.6	1310.5	1511.9	1264.0	1586.1
1196.2	1461.5	1445.7	1687.2	1292.8	984.9	1305.7	925.1	1260.3
224.0	516.8	402.2	519.1	346.8	325.5	206.3	338.8	325.8
6436.1	3816.2	4899.2	2708.4	3257.0	4955.8	4712.4	2741.3	3138.3
87.9	160.4	33.8	7.9	189.4	18.4	155.7	31.6	681.2
2568.1	603.2	885.6	292.6	242.8	991.7	62.4	196.4	595.5
679.9	1054.5	965.5	920.5	605.4	1071.1	2399.5	686.0	583.8
3100.2	1998.1	3014.3	1487.4	2219.4	2874.6	2094.8	1827.3	1277.7
1119.5	1320.5	1731.2	1849.6	1879.5	1036.5	815.7	542.6	1649.6
111.9	343.9	251.0	5.7	446.7	159.1	100.3	11.6	385.3
237.3	192.5	385.0	964.1	109.5	365.3	70.9	111.9	562.7
102.0	148.5	192.3	168.2	780.5	145.8	133.8	57.1	226.4
461.7	289.7	325.3	382.6	442.6	244.3	406.2	169.9	195.5
198.2	316.5	297.4	328.9	91.8	71.4	103.4	171.5	243.9
2994.7	2779.9	2272.2	2197.7	1862.6	1623.0	2014.9	1847.0	2097.0
1559.6	1596.3	1013.3	1055.1	942.8	887.4	550.6	632.8	1510.2
480.8	24.2	28.6	130.4	364.1	47.7	5.5	7.6	610.7
674.4	852.5	472.4	452.2	301.1	202.7	197.6	265.0	299.7
1435.2	1183.6	1258.9	1142.6	919.8	735.6	1464.3	1214.2	586.8
966.3	485.1	374.4	508.4	461.0	163.3	91.4	490.0	193.8
468.8	698.5	884.5	634.2	458.8	572.3	1372.9	724.3	393.0
1395.4	2082.7	1902.7	2439.4	1687.8	1263.9	522.6	1977.9	1201.1
422.4	1376.0	880.3	1375.8	1109.2	537.7	66.6	1379.7	678.8
973.0	706.7	1022.4	1063.6	578.6	726.2	456.0	598.2	522.3
979.5	1673.9	980.8	584.7	1594.3	1712.1	270.1	1792.5	1842.8
308.4	620.2	681.1	232.4	363.1	806.4	252.7	863.8	411.7
671.0	1053.8	299.7	352.3	1231.2	905.7	17.4	928.7	1431.1
691.3	435.8	502.6	461.8	211.2	435.6	276.5	172.4	367.5

10－13 城镇常住居民总收入

项　目	全市	榆阳	神木	府谷
总收入(未扣除生产费用)	**33644.3**	**32833.6**	**32914.0**	**32290.3**
一、工资性收入	19329.4	17695.3	20634.2	19776.3
二、经营性收入	5839.3	3290.0	4317.1	1524.6
（一）第一产业经营收入	93.3		22.7	9.3
（二）第二产业经营收入	31.3		22.7	
#制造业	52.2			
建筑业	684.1	75.2	3131.1	
（三）第三产业经营收入	5061.9	3214.7	1163.2	1515.3
#批发和零售业	1185.4	114.6	450.8	719.9
交通运输、仓储和邮政业	231.0	2862.6	501.9	
三、财产性收入	4634.1	6192.9	5991.6	7841.3
#利息收入	363.8	127.1	56.0	
红利收入	901.6	1479.0	890.1	
出租房屋财产性净收入	2164.8	3103.7	1845.7	5398.6
房屋虚拟租金	635.0	1478.2	2545.9	1342.4
四、转移性收入	3841.5	5655.4	1971.1	3148.1
#养老金或离退休金	3154.3	5005.0	703.9	2188.2
报销医疗费	188.6	11.6	49.1	340.1
五、非收入所得	3723.1	813.9	620.3	15280.5
#出售资产所得	2088.4	2.9	26.5	14250.1
非经常性转移所得	1632.5	810.0	533.7	1029.3
六、借贷性所得	1409.7	617.2	644.8	
#借入款	32.0	79.8	262.2	
总支出	**31403.5**	**23729.1**	**25663.5**	**23352.2**
一、消费支出	22024.4	18393.1	20657.4	19028.2
二、生产经营费用支出	2397.8	666.4	1183.0	223.0
（一）第一产业经营费用支出	34.0		3.5	0.3
（二）第二产业经营费用支出	11.2		3.5	0.2
#制造业	22.3			
建筑业	9.3	15.1	880.2	
（三）第三产业经营费用支出	2354.6	651.4	299.3	222.6
#批发和零售业	170.2	11.1	141.0	92.1
交通运输、仓储和邮政业	33.9	464.8	120.4	
三、财产性支出	234.2	134.3	173.7	563.8
（一）生活贷款利息支出	215.9	131.8	48.6	563.8
1、住房贷款利息支出	98.9	123.8	48.6	306.7
2、其他生活贷款利息支出	117.0	8.1		257.1
（二）其他财产性支出	18.3	2.5	125.1	
四、转移性支出	1127.7	548.3	1012.4	1171.7
（一）个人所得税	100.7	53.0	206.5	78.6
（二）社会保障支出	765.1	378.8	786.2	1082.0
五、部分商业保险支出	28.3	9.5	23.7	44.9
六、购置资产及非经常性转移支出	3102.1	3350.6	2167.6	2303.7
七、借贷性支出	2488.9	627.0	445.8	17.0

与总支出情况（2016年）

单位:元/人

横山	靖边	定边	绥德	米脂	佳县	吴堡	清涧	子洲
28787.3	**34084.4**	**32396.1**	**27982.8**	**28555.0**	**27732.8**	**26095.1**	**25726.7**	**27161.6**
17397.8	18141.6	16931.7	22968.3	20613.1	13040.6	13465.3	16584.3	19754.2
2915.5	6645.3	3387.7	310.2	3175.5	5926.7	4674.1	581.0	266.6
0.0	1316.9			40.6		27.3		
0.0	183.1			31.9		27.3		
0.0	1130.4			8.7				
124.5	1451.2		64.0	321.7	1607.6	2258.4		
2791.0	3877.2	3387.7	246.2	2813.2	4319.1	2388.4	581.0	266.6
2508.5	1892.6	2332.3	195.1	2230.4	4136.7	1044.4		159.8
0.0	163.8	1035.7		416.9		1015.3		106.8
6706.5	5982.4	4273.0	1120.3	1605.8	2855.4	3427.7	865.7	1308.0
868.4	1794.8	263.2	6.5	1.2	73.8			213.8
403.3	338.6	113.4		27.4	80.4	63.8		221.0
3927.5	3005.5	2280.2	129.8	408.4	1474.2	619.8	51.8	368.5
1447.3	608.0	1606.0	984.0	1168.8	1227.0	1299.6	814.0	504.8
1767.6	3315.1	7803.7	3584.1	3160.5	5910.1	4528.1	7695.6	5832.7
1286.3	2360.7	7262.8	3133.9	2347.6	5426.3	4350.6	6688.9	2744.3
136.4	138.8			278.8	338.0	2.2	212.4	674.6
121.8	1293.7	924.6	365.4	3160.5	182.9		543.8	1072.6
0.0		96.5		185.6			7.4	
121.8	1282.9	828.1	365.4	2974.5	182.9		535.6	1072.6
93.0	604.6	255.8	197.9	187.6	441.1		20.5	699.4
0.0	91.8			64.4				665.9
23538.6	**31261.3**	**24667.1**	**21541.8**	**24768.1**	**24365.2**	**13815.2**	**18364.1**	**21574.3**
20492.5	20277.0	18772.1	16879.3	18280.7	17724.5	12765.8	14372.1	15582.6
512.5	712.4	767.6	159.4	25.9	998.6	233.8	83.2	23.2
9.6	549.1	0.1	0.1	3.6		3.0	0.1	1.8
9.6	40.8		0.1	2.8		3.0	0.1	1.8
0.0	503.5	0.1		0.8				
33.6			38.5		315.0	218.0		
469.3	163.3	767.6	120.8	22.3	683.6	12.8	83.1	21.5
418.4		399.4	103.5		657.8	3.5		13.5
0.0	1.7	368.2				9.2		
0.0	112.1	45.2		473.1	82.7			776.3
0.0	112.1	45.2		470.3	82.7			769.4
0.0		5.7		443.5	47.1			769.4
0.0	112.1	39.4		26.8	35.5			
0.0				2.8				7.0
312.0	1077.7	363.1	1052.8	1207.8	896.4	174.9	156.6	578.6
41.6	25.0		65.3	60.8	75.9	16.6	16.4	15.8
270.4	844.5	354.1	866.3	1119.0	627.5	114.7	62.3	496.5
16.8	37.0	9.9	0.6	34.1	4.8	1.9		57.1
2204.7	6113.2	3358.9	3238.9	2887.9	4600.1	638.8	3123.0	3310.2
0.0	2931.9	1350.3	210.7	1858.7	58.1		629.1	1246.4

10－14　城镇常住居民家庭实物消费

项　目		全市	榆阳	神木	府谷
食品消费情况(含自产自用)	(公斤/人)				
一、粮食消费量		130.7	124.9	125.2	151.9
(一)谷物消费量		112.8	99.2	103.5	127.0
(二)薯类消费量		6.6	7.7	4.8	8.2
(三)豆类消费量		11.3	18.0	16.9	16.7
二、油脂类消费量		8.5	7.2	6.2	6.6
三、蔬菜及菜制品消费量		63.0	66.1	60.5	78.9
四、肉类		20.7	23.9	21.4	24.1
五、禽类		3.7	4.8	3.6	4.3
六、水产品		1.7	2.0	1.9	2.1
七、蛋类及蛋制品		7.7	7.9	7.3	8.6
八、奶和奶制品		18.2	32.4	13.9	18.2
九、干鲜瓜果类		45.3	41.0	39.8	55.3
十、糖果糕点类		3.8	4.2	2.5	4.3
十一、饮料		0.1	0.1	0.1	
十二、烟叶消费量		23.0	28.5	26.3	28.6
十三、酒		3.9	2.7	3.2	4.9
耐用消费品百户拥有情况	--				
1.家用汽车	(辆/百户)	43.2	40.7	57.1	51.1
2.摩托车	(辆/百户)	37.6	29.5	25.8	29.8
3.助力车	(台/百户)	20.8	10.9	41.8	2.1
4.洗衣机	(台/百户)	98.2	96.1	103.1	100.0
5.电冰箱(柜)	(台/百户)	93.6	91.6	104.5	95.7
6.微波炉	(台/百户)	30.0	32.3	26.5	27.7
7.彩色电视机	(台/百户)	105.9	103.3	103.8	104.3
8.其中:接入有线电视	(台/百户)	76.8	71.3	80.1	95.7
9.空调	(台/百户)	30.2	20.1	19.5	63.8
10.热水器	(台/百户)	64.7	68.5	69.7	91.5
11.其中:太阳能热水器	(台/百户)	41.8	38.4	29.3	80.9
12.消毒碗柜	(台/百户)	7.8		4.2	10.6
13.洗碗机	(台/百户)	1.3		1.4	6.4
14.排油烟机	(台/百户)	59.5	66.9	58.5	68.1
15.固定电话	(线/百户)	32.5	27.9	16.7	55.3
16.移动电话	(部/百户)	247.3	240.7	253.7	253.2
17.其中:接入互联网	(部/百户)	132.1	183.3	182.6	55.3
18.计算机	(台/百户)	69.2	52.9	72.5	83.0
19.其中:接入互联网	(台/百户)	54.1	47.4	55.7	59.6
20.摄像机	(台/百户)	5.3	1.1	2.8	8.5
21.照相机	(台/百户)	25.3	20.1	27.9	19.1
22.中高档乐器	(架/百户)	4.4	2.2	1.4	10.6
23.健身器材	(台/百户)	3.6	3.9	4.2	4.3
24.组合音响	(套/百户)	4.9	3.3	1.4	14.9

和耐用消费品拥有情况(2016 年)

横山	靖边	定边	绥德	米脂	佳县	吴堡	清涧	子洲
111.8	129.9	87.3	126.2	103.5	201.6	153.2	131.9	141.3
93.6	111.7	79.1	114.6	85.6	178.9	150.7	115.0	126.0
9.8	7.9	3.9	5.4	7.0	10.6	0.9	5.4	7.1
8.4	10.3	4.2	6.1	10.9	12.2	1.6	11.4	8.1
7.9	5.3	5.0	11.6	6.8	15.5	14.4	11.6	11.6
54.7	45.5	56.6	59.4	55.7	75.6	79.8	83.0	57.2
14.6	31.2	20.7	17.4	18.7	25.9	10.9	14.5	14.9
2.6	7.1	4.3	2.9	2.7	4.3	0.2	1.9	2.4
1.9	2.3	1.8	0.9	1.7	1.4	0.4	1.1	1.9
6.2	6.3	5.7	7.5	6.5	9.2	12.8	8.5	6.7
10.5	14.9	23.2	16.9	18.9	22.3	7.1	13.8	21.8
30.1	50.6	59.3	45.5	50.8	52.1	20.9	58.9	58.2
0.8	6.1	2.8	4.1	4.7	4.7	1.5	4.3	5.0
0.3	0.3	0.1		0.1	0.1			0.2
12.7	20.3	12.1	13.3	25.0	15.4	35.5	27.7	21.5
8.2	6.9	3.9	1.4	3.0	1.4	3.2	3.5	1.7
34.0	73.4	55.8	27.9	25.5	45.0	30.0	30.3	29.1
82.0	15.6	23.4	25.6	53.2	80.0	60.0	12.1	25.1
16.0	50.0	44.2	23.3	17.0	2.5	10.0	6.1	11.4
98.0	106.3	100.0	95.3	102.1	95.0	96.0	87.9	90.9
90.0	109.4	94.8	97.7	83.0	100.0	88.0	66.7	86.3
38.0	43.8	29.9	58.1	14.9	17.5	36.0	9.1	13.1
100.0	131.3	105.2	104.7	112.8	100.0	94.0	97.0	106.9
84.0	95.3	93.5	48.8	29.8	85.0	78.0	93.9	68.0
36.0	4.7	13.0	65.1	12.8	40.0	66.0	18.2	22.3
50.0	40.6	71.4	81.4	57.4	72.5	76.0	42.4	54.3
32.0	25.0	61.0	69.8	31.9	32.5	66.0	21.2	25.1
24.0	32.8		4.7	2.1	5.0	2.0	3.0	
4.0					2.5			2.3
48.0	84.4	66.2	76.7	42.6	55.0	60.0	21.2	41.1
66.0	10.9	49.4	11.6	27.7	55.0	36.0	9.1	41.1
252.0	287.5	254.5	209.3	259.6	245.0	220.0	212.1	257.1
44.0	275.0	113.0	130.2	140.4	75.0	80.0	130.3	40.6
60.0	82.8	76.6	55.8	63.8	95.0	76.0	48.5	70.3
46.0	64.1	55.8	39.5	46.8	75.0	60.0	45.5	54.9
10.0	4.7	2.6	4.7	2.1	5.0	22.0		2.3
40.0	32.8	9.1	20.9	23.4	42.5	32.0	6.1	22.9
14.0	1.6		4.7	14.9			6.1	
4.0	4.7	7.8	7.0	4.3	2.5			
16.0	3.1	2.6	9.3		10.0			

10－15　农村常住居民

项　目		全市	榆阳	神木	府谷
调查户人口					
1、调查户数	（户）	825	61	62	66
（1）一人户		34	0	3	1
（2）二人户		335	22	24	16
（3）三人户		178	14	14	14
（4）四人户		187	18	18	29
（5）五人户		63	6	2	5
（6）六人及以上户		28	1	0	1
2、调查家庭人口数	（人）	2500	197	177	223
3、劳动力人数	（人）	1851	139	117	143
整劳动力人数		894	71	77	95
半劳动力人数		958	68	40	48
4、每劳动力负担人口	（人）	1.4	1.4	1.5	1.6
6 周岁及以上住户成员受教育程度	（人）	2349	182	165	205
1. 未上过学		247	9	26	24
2. 小学		775	77	40	73
3. 初中		862	51	51	68
4. 高中		270	23	25	17
5. 大学专科		90	11	12	8
6. 大学本科		97	8	11	13
7. 研究生		8	3	0	2
年末现住房建筑面积	（平方米/人）	31.3	35.3	24.3	24.4

10－16　农村常住居民

项　目	2016 年	项　目	2016 年
一、按住户居住空间样式分	100	三、按现住房房屋来源分	100
单栋楼房	2.2	租赁公房	1.1
单栋平房	51.5	租赁私房	5.6
四居室及以上单元房	0.1	自建住房	85.4
三居室单元房	0.2	购买商品房	1.2
二居室单元房	0.4	购买房改住房	
一居室单元房	0.1	购买保障性住房	
筒子楼或连片平房	14.3	拆迁安置房	0.4
其他	31.2	继承或获赠住房	5.2
二、按主要建筑材料分	100	免费借用房	1.1
钢筋混凝土	2.9	雇主提供免费住房	
砖混材料	35.0	其他	
砖瓦砖木	33.1	四、按住宅外道路路面情况分	100
竹草土坯	0.2	水泥或柏油路面	39.0
其他	28.7	沙石或石板等硬质路面	20.0

家庭基本情况(2016 年)

横山	靖边	定边	绥德	米脂	佳县	吴堡	清涧	子洲
70	60	76	80	67	80	67	68	68
3	1	0	7	2	1	7	1	8
12	28	15	36	33	47	27	39	36
26	8	15	19	14	17	12	16	9
15	10	19	13	14	14	17	8	12
6	4	20	4	4	1	4	4	3
8	9	8	1	0	0	0	0	0
243	196	298	222	193	209	187	181	175
194	157	218	161	150	168	157	126	122
103	78	129	70	56	51	66	54	44
91	79	89	91	94	117	91	72	78
1.3	1.2	1.4	1.4	1.3	1.2	1.2	1.4	1.4
238	188	275	197	180	206	184	167	163
24	23	31	19	7	13	17	20	34
95	66	104	73	59	60	56	30	42
72	52	99	84	95	80	80	72	59
21	24	25	14	16	32	23	32	18
12	14	3	4	3	9	4	3	7
12	9	12	3	0	12	4	10	3
2	0	1	0	0	0	0	0	0
27.3	33.4	29.2	31.3	29.4	44.2	38.1	29.8	30.4

家庭居住情况(2016 年)

单位:%

项　目	2016 年	项　目	2016 年
其他	41.0	卫生旱厕	12.2
五、按住宅有管道供水情况分	100	普通旱厕	85.3
管道供水入户	57.9	无厕所	0.1
管道供水至公共取水点	5.0	八、按住户主要取暖设备状况分	100
没有管道设施	37.2	由市政或小区集中供暖	3.4
六、按住户主要饮用水来源情况分	100	自行供暖	80.2
经过净化处理的自来水	28.9	无取暖设备	16.4
受保护的井水和泉水	45.5	九、按主要炊用能源状况分	100
不受保护的井水和泉水	13.9	柴草	32.8
江河湖泊水	1.9	煤炭	57.7
收集雨水	7.7	液化石油气	0.8
其他	2.0	管道煤气	
七、按住户厕所类型分	100	管道天然气	3.4
水冲式卫生厕所	2.1	电	5.1
水冲式非卫生厕所	0.2	其他	

10－17　农村常住居民人均

项　目	全市	榆阳	神木	府谷
可支配收入	**10582**	**11929**	**12875**	**11610**
一、工资性收入	3362.6	3928.1	6780.7	6869.1
（一）工资	2279.6	2032.3	6644.4	6791.9
（二）实物福利	1.7	31.2	1.9	0.3
（三）其他	1081.3	1864.5	134.5	77.0
#住房公积金	54.0	82.5	22.6	34.2
二、经营净收入	5412.7	5979.8	4178.0	3286.2
（一）第一产业经营净收入	2757.5	5840.6	76.0	277.4
#农业	1333.6	2737.1	169.7	163.5
林业	285.9	836.5	－34.1	
牧业	1138.2	2267.0	－59.6	113.9
（二）第二产业经营净收入	160.4		114.4	－0.9
（三）第三产业经营净收入	2494.8	139.3	3987.6	3009.7
#批发和零售业	1351.2	77.3	3065.8	409.3
交通运输、仓储和邮政业	768.6	61.3	258.6	2300.2
住宿和餐饮业	158.7	0.8	56.4	10.8
居民服务、修理和其他服务业	274.8		606.8	254.3
三、财产净收入	219.3	702.5	229.7	384.3
#利息净收入	52.2	8.0		－61.8
红利收入	291.1	490.0	38.2	13.2
出租房屋财产性收入	62.0	203.9	191.5	57.8
四、转移净收入	1587.4	1318.6	1686.8	1070.8
（一）转移性收入	1796.3	1505.7	2051.8	1366.3
#养老金或离退休金	356.6	813.9	484.6	583.2
社会救济和补助	296.0	9.0	230.6	134.3
政策性生活补贴	62.0	0.3	269.2	187.4
报销医疗费	414.1	18.7	111.8	100.4
赡养收入	270.7	51.1	676.8	14.1
（二）转移性支出	208.9	187.1	365.0	295.5
#个人所得税	0.1	5.2	0.7	1.1
社会保障支出	191.9	179.4	309.4	274.9
赡养支出	13.3	2.5		18.3
实物可支配收入	1037.9	1648.9	128.9	－122.9

可支配收入情况(2016 年)

单位:元/人

横山	靖边	定边	绥德	米脂	佳县	吴堡	清涧	子洲
10522	**11910**	**11789**	**8949**	**9658**	**8893**	**8881**	**8918**	**9046**
2934.9	3530.1	2128.2	4289.3	3621.0	4613.7	6300.4	3775.7	2791.6
1946.4	418.4	2118.5	4251.4	3579.6	3728.8	6197.6	3713.7	2772.1
0.0		3.7		0.5				
988.5	3111.7	6.1	38.0	40.9	884.9	102.8	62.0	19.5
0.0						102.8		
5253.4	7007.2	8018.0	2391.3	3539.1	2903.6	1095.7	2283.2	3570.2
4900.1	6017.7	6583.0	1306.8	3245.5	1370.0	616.8	921.0	2244.7
3042.3	3504.6	4999.0	843.5	1950.7	1170.4	559.7	888.7	1559.7
190.9	268.1	28.7	166.9	279.2	1.0	59.1	36.6	365.5
1667.2	2245.0	1555.3	296.3	1015.5	198.6	-1.9	-4.3	319.5
20.7		32.4			38.5	-1.4	127.4	
332.6	989.5	1402.5	1084.6	293.6	1495.0	480.4	1234.8	1325.6
208.5	187.9	571.0	811.9	130.0	927.8	338.1	1234.3	464.5
0.0	868.5	576.9	-197.7		0.2	229.9	-140.2	98.7
116.6		183.8	136.1		169.5	-52.8	118.1	498.1
6.2	17.2	-2.1	334.3	162.8	198.1	-34.7	23.4	244.4
826.7	389.7	834.5	43.8	86.9	202.2	24.8	-139.9	33.5
18.7	291.7	-118.9		-90.4	2.9	1.4	-116.4	-73.9
676.9		617.5						32.2
0.0	31.8	101.6	43.8	14.6	99.4	23.4	2.2	
1507.1	983.0	808.6	2224.2	2410.5	1173.8	1460.0	2999.1	2650.7
1630.3	1232.3	912.6	2349.5	2569.5	1225.4	1612.3	3153.7	2880.1
214.7	222.9	213.4	428.4	533.9	375.8	334.8	976.1	1249.6
93.7	64.6	31.9	1063.6	1089.7	172.0	368.9	69.7	424.8
22.6	42.2	9.9	28.2	0.1		114.6	65.3	11.1
245.3	237.0	104.6	423.1	239.0	66.7	35.5	98.8	200.1
101.6	283.3		66.5	305.4	126.4	276.3	249.4	82.1
123.2	249.3	104.0	125.3	159.0	51.6	152.3	154.6	229.4
0.9		0.3		0.1	1.3	1.7	0.4	
121.2	201.7	100.4	117.1	154.4	49.6	146.4	151.4	227.7
1.1	47.3		4.4	4.5	0.7		0.9	1.7
1939.0	2322.5	4329.2	699.2	1121.4	520.5	46.3	91.6	920.3

10－18 农村常住居民人均

项　目	全市	榆阳	神木	府谷
消费支出	10905.2	7377.2	10937.4	9306.0
一、食品烟酒	3571.7	2425.9	3047.3	3395.8
1、食品	2681.2	2126.1	2206.8	2584.8
(1)谷物	544.5	197.7	564.8	494.1
(2)薯类	231.8	371.4	86.1	321.7
(3)豆类	41.5	29.0	37.6	39.8
(4)食用油	123.6	37.6	104.7	113.2
(5)蔬菜和食用菌	183.1	194.0	257.9	231.1
(6)肉类	812.3	935.7	470.4	718.5
(7)禽类	109.9	29.2	50.0	49.6
(8)水产品	21.1	2.5	34.3	17.5
(9)蛋类	64.1	40.1	61.7	38.5
(10)奶类	172.0	39.4	128.9	147.0
(11)干鲜瓜果类	141.2	49.7	166.8	182.5
(12)糖果糕点类	36.0	16.8	31.2	49.4
2、烟酒	544.1	151.7	397.8	446.1
(1)烟草	313.8	92.4	314.6	248.3
(2)酒类	230.3	59.3	83.2	197.7
3、饮料	55.8	9.4	47.2	67.2
4、饮食服务	290.6	138.7	395.5	297.8
二、衣着	628.7	293.5	646.9	741.9
1、衣类	474.5	242.1	507.7	553.2
2、鞋类	154.2	51.4	139.2	188.7
三、居住	1903.5	2622.7	2996.5	1459.4
1、租赁房房租	210.1	16.8	556.6	265.4
2、住房维修及管理	317.9	92.8	516.8	80.9
3、水电燃料及其他	635.5	1171.9	696.1	604.2
4、自有住房折算租金	740.0	1341.2	1227.0	508.8
四、生活用品及服务	497.2	202.9	545.3	447.4
#家具及室内装饰品	58.2	18.0	15.0	68.6
家用器具	97.2	13.4	154.0	46.2
家用纺织品	50.8	9.9	51.9	36.4
家庭日用杂品	207.4	76.4	242.8	192.0
个人用品	77.9	73.7	71.2	89.9
五、交通通信	1668.7	1200.8	1491.6	1466.9
1、交通	1101.2	1022.8	808.9	856.9
(1)交通工具	203.7	468.8	134.1	31.5
(2)交通工具用燃料	488.3	208.7	408.0	444.0
2、通信	567.6	178.0	682.7	610.0
(1)通信工具	220.2	28.6	269.6	204.5
(2)通信服务	347.4	149.4	413.2	405.5
六、教育文化娱乐	788.7	153.2	1388.7	819.5
1、教育	593.2	80.0	1141.7	530.8
2、文化娱乐	195.5	73.2	247.0	288.8
七、医疗保健	1683.7	440.3	602.4	913.4
1、医疗器具及药品	265.2	258.7	310.9	471.8
2、医疗服务	1418.5	181.6	291.5	441.6
八、其他用品和服务	163.0	37.9	218.7	61.7

生活消费支出情况（2016 年）

单位：元/人

横山	靖边	定边	绥德	米脂	佳县	吴堡	清涧	子洲
8087.1	13384.8	7515.7	7177.6	7320.9	6509.0	5685.4	7623.3	8994.0
2224.4	3931.7	2420.0	2226.4	2761.4	2039.2	1836.3	2165.9	2400.1
1632.7	2804.4	1856.3	1887.3	2306.0	1684.2	1443.6	1745.1	2006.6
436.1	535.5	382.1	463.6	468.3	504.1	371.7	486.5	582.0
14.1	185.2	181.0	191.1	619.7	186.9	302.0	130.5	156.1
12.6	36.3	7.6	44.4	71.7	49.7	28.8	27.8	32.1
84.9	44.9	198.1	146.5	123.9	112.6	82.6	166.5	158.2
173.8	109.3	131.6	171.4	226.8	101.0	117.5	143.7	168.5
418.7	1011.6	636.4	322.0	410.7	391.4	250.7	384.2	428.2
40.4	249.5	44.2	17.3	17.8	12.9	16.2	7.8	48.4
25.4	30.3	6.2	6.6	7.7	5.0	5.8	4.8	18.3
47.2	108.3	47.1	52.7	57.2	56.0	79.3	41.3	51.2
81.0	143.1	45.4	160.9	62.7	56.6	19.6	93.7	116.7
97.4	95.6	89.2	105.9	69.6	52.5	45.2	117.7	104.3
6.0	37.5	10.9	33.2	51.9	8.2	10.3	28.1	26.8
366.4	721.2	372.0	148.2	227.2	282.4	260.2	265.2	290.6
211.2	342.4	275.9	105.3	156.3	197.4	200.9	216.9	175.7
155.3	378.8	96.0	42.9	70.9	85.0	59.3	48.3	114.9
23.0	71.5	44.9	28.2	40.9	18.2	67.7	26.4	53.9
202.4	334.5	146.8	162.7	187.2	54.4	64.8	129.2	49.1
407.3	485.9	468.8	606.6	598.6	244.9	293.7	457.9	481.4
299.6	352.9	345.3	442.0	456.5	185.5	216.3	322.7	361.5
107.7	133.0	123.5	164.7	142.1	59.3	77.3	135.2	119.9
1873.5	2389.4	1946.9	1595.1	1817.0	1542.6	1223.8	1623.1	1483.1
110.4	4.0	21.8	44.6	24.1	36.7	114.6	14.3	50.8
476.3	739.7	735.3	130.3	732.6	123.2	166.4	247.9	62.1
352.4	579.0	478.2	490.3	451.3	391.2	393.0	444.2	684.6
934.3	1066.7	711.6	929.9	609.0	991.5	549.8	916.7	685.5
657.4	375.8	333.3	393.6	238.6	281.3	412.4	356.4	438.7
273.6	9.8	88.7	50.5	43.6	50.1	30.2	54.1	27.4
116.0	59.2	87.7	58.3	35.0	43.1	146.3	42.9	112.8
33.6	51.2	56.5	56.6	20.8	38.2	18.6	30.4	34.1
185.7	184.8	69.4	172.4	133.7	142.8	180.4	137.1	193.7
40.9	63.7	28.4	54.4	4.7	0.5	25.0	85.5	66.9
924.7	3074.3	955.3	770.1	549.5	1103.7	513.7	743.0	769.6
604.8	2635.1	573.3	313.2	237.3	841.3	220.7	294.0	400.8
229.2	1469.1	174.1	37.9	9.0	665.7	17.5	9.0	4.1
148.1	640.0	259.2	170.2	73.6	110.8	100.4	138.2	132.0
319.8	439.2	382.0	456.9	312.3	262.4	293.0	449.0	368.8
156.2	94.3	148.2	177.3	59.7	66.9	86.1	125.2	96.5
163.6	344.9	233.7	279.6	252.6	195.5	206.9	323.8	272.3
859.2	971.7	771.0	517.1	303.4	573.6	851.2	1454.9	532.9
684.5	847.2	677.8	348.3	211.7	477.0	745.6	1315.5	407.9
174.7	124.6	93.2	168.9	91.8	96.6	105.6	139.4	125.0
833.7	1882.2	444.4	1026.2	947.2	606.5	516.3	758.7	2779.4
202.1	261.2	135.6	202.0	225.6	160.9	149.6	231.6	328.4
631.5	1621.0	308.8	824.2	721.6	445.6	366.7	527.1	2451.0
307.0	273.8	176.0	42.4	105.1	117.2	38.0	63.4	108.8

10－19 农村常住居民

项　目	全市	榆阳	神木	府谷
总收入(未扣除生产费用)	**15626.5**	**16270.3**	**17151.2**	**14011.3**
一、工资性收入	3362.6	3928.1	6780.7	6869.1
二、经营性收入	9873.4	10130.4	8089.0	5248.7
(一)第一产业经营收入	5378.0	9869.8	286.5	480.6
(二)第二产业经营收入	2487.6	3886.6	234.5	235.2
#制造业	2584.1	5146.7	52.0	245.4
建筑业	288.7		203.2	
(三)第三产业经营收入	4206.7	260.6	7599.3	4768.1
#批发和零售业	1753.4	97.1	4962.9	573.0
交通运输、仓储和邮政业	1360.0	160.3	337.4	3766.4
三、财产性收入	594.1	706.2	229.7	527.1
#利息收入	176.8	11.6		81.0
红利收入	291.1	490.0	38.2	13.2
出租房屋财产性净收入	62.0	203.9	191.5	57.8
房屋虚拟租金				
四、转移性收入	1796.3	1505.7	2051.8	1366.3
#养老金或离退休金	356.6	813.9	484.6	583.2
报销医疗费	414.1	18.7	111.8	100.4
五、非收入所得	2445.7	648.7	553.6	862.5
#出售资产所得	987.3	345.9		
非经常性转移所得	1457.0	302.3	553.6	862.5
六、借贷性所得	2259.4	462.0		
#借入款	2067.7	196.9		
总支出	**19406.3**	**12976.3**	**16334.6**	**12971.2**
一、消费支出	10905.2	7377.2	10937.4	9306.0
二、生产经营费用支出	4021.4	3563.6	3797.4	1495.8
(一)第一产业经营费用支出	2374.9	3462.9	166.0	189.8
(二)第二产业经营费用支出	1077.1	950.4	47.3	58.3
#制造业	1278.0	2512.4	88.8	131.5
建筑业	77.7		47.8	
(三)第三产业经营费用支出	1568.8	100.7	3583.5	1306.0
#批发和零售业	389.1	19.6	1881.9	111.8
交通运输、仓储和邮政业	487.3	80.2	68.3	1083.9
三、财产性支出	374.9	3.6		142.9
(一)生活贷款利息支出	124.6	3.5		142.9
1、住房贷款利息支出	1.1			
2、其他生活贷款利息支出	123.5	3.5		142.9
(二)其他财产性支出	250.2	0.1		
四、转移性支出	208.8	187.1	361.1	295.5
(一)个人所得税	0.1	5.2	0.7	1.1
(二)社会保障支出	191.9	179.4	309.4	274.9
五、部分商业保险支出	11.6	0.1	14.4	6.1
六、购置资产及非经常性转移支出	1926.6	1624.4	1046.9	1437.0
七、借贷性支出	1957.9	220.2	177.5	287.9

总收入与总支出情况(2016 年)

横山	靖边	定边	绥德	米脂	佳县	吴堡	清涧	子洲
13131.1	**18083.6**	**16850.2**	**10771.3**	**11457.8**	**9410.9**	**9411.2**	**12340.8**	**10076.4**
2934.9	3530.1	2128.2	4289.3	3621.0	4613.7	6300.4	3775.7	2791.6
7703.2	12726.6	12840.6	4088.7	5089.9	3347.3	1472.9	5409.3	4187.0
7188.7	11149.7	10859.7	1594.3	4763.6	1757.2	796.1	1883.3	2648.6
4416.1	5789.9	8366.2	1050.2	2445.1	1442.6	705.2	1069.8	1854.5
2546.4	5044.9	2447.2	375.0	2037.3	309.8	30.0	775.8	425.9
25.9		64.4			40.8	0.2	667.0	
488.6	1576.9	1916.5	2494.4	326.3	1549.3	676.6	2859.0	1538.4
326.1	194.6	678.4	1324.0	133.3	963.0	398.6	2604.0	514.5
	1200.7	802.5	571.5		0.4	275.9	2.4	154.6
862.7	594.6	968.8	43.8	177.4	224.5	25.6	2.2	217.7
54.7	494.3	15.4			25.3	2.2		110.3
676.9		617.5						32.2
	31.8	101.6	43.8	14.6	99.4	23.4	2.2	
1630.3	1232.3	912.6	2349.5	2569.5	1225.4	1612.3	3153.7	2880.1
214.7	222.9	213.4	428.4	533.9	375.8	334.8	976.1	1249.6
245.3	237.0	104.6	423.1	239.0	66.7	35.5	98.8	200.1
96.4	3210.6	2973.4	478.9	1619.5	371.5	540.9	810.0	1037.5
	856.6	1550.8	11.0	0.3	1.4	340.9	389.9	12.4
96.0	2354.0	1422.5	467.9	1619.1	315.7	200.0	420.2	1025.1
510.2	957.6	1215.4	157.7	86.2	642.3	752.9	1014.9	210.8
227.0	633.5	675.3	68.0	86.1	453.8	233.8	773.7	55.0
12680.1	**23564.3**	**16359.5**	**10274.3**	**12248.2**	**7726.8**	**7205.0**	**12028.6**	**12708.5**
8087.1	13384.8	7515.7	7177.6	7320.9	6509.0	5685.4	7623.3	8994.0
2097.7	5166.0	4554.3	1631.6	1384.9	263.0	248.4	2734.4	587.2
1946.3	4624.8	4083.0	272.4	1353.2	235.6	110.1	901.0	385.2
1168.7	2208.0	3219.6	191.6	434.0	120.7	76.4	139.5	276.1
744.1	2370.0	845.7	78.7	917.3	111.2	31.9	760.4	106.4
2.7		32.0			1.9	1.6	456.6	
148.7	541.3	439.4	1359.1	31.7	25.5	136.6	1376.8	202.1
117.6		92.1	507.3	3.3	7.9	53.8	1264.9	44.9
	292.8	183.6	730.4		0.2	46.0	0.2	55.9
36.0	204.9	134.3		90.4	22.3	0.8	142.1	184.2
36.0	202.7	134.3		90.4	22.3	0.8	116.4	184.2
19.7					11.3			
16.3	202.7	134.3		90.4	11.0	0.8	116.4	184.2
	2.2						25.8	
123.2	249.3	104.0	125.3	159.0	51.6	152.3	154.6	229.4
0.9		0.3		0.1	1.3	1.7	0.4	
121.2	201.7	100.4	117.1	154.4	49.6	146.4	151.4	227.7
	10.8	0.8	10.0	6.8		0.5	1.9	6.3
1982.8	3325.9	1926.0	1264.9	1750.5	802.2	889.0	1089.8	2619.5
353.4	1222.7	2124.2	64.9	1535.7	78.7	228.7	282.5	88.0

10－20　农村常住居民

项　目	全市	榆阳	神木	府谷
主要农产品产量				
（一）谷物产量	747.2	1460.7	52.4	59.1
#玉米产量	614.9	1453.2	52.4	59.1
谷子产量	30.5	5.0		
其他谷物产量	99.0	2.5		
（二）薯类产量	111.5	11.4	12.7	14.8
#马铃薯产量	110.2	10.7	12.7	14.8
（三）豆类产量	50.3	2.7		0.8
（四）油料产量	16.8			
年末粮食结存	721.6	1076.9	88.9	178.8
1、面粉	5.9	10.7	5.0	5.2
2、稻谷	1.0			
3、大米	3.8	4.4	5.0	6.9
4、玉米	498.5	1013.6	66.5	124.5
5、玉米面	1.5	0.1	0.1	
6、其他原粮	205.2	47.8	11.2	36.4
7、其他加工粮	5.6	0.3	1.1	5.7
主要农产品出售量				
1、谷物	280.6	562.0		2.7
#玉米	245.5	562.0		2.7
谷子	19.2			
2、薯类	42.5	9.1	0.1	
3、豆类	19.5	1.8		
4、蔬菜及食用菌	271.4	264.4	36.8	
5、出售水果	13.8		2.4	
6、出售果用瓜	118.0		0.7	
7、出售干制水果及水果籽	47.4	2.8		
8、肉猪	32.9	154.7		
9、菜羊	23.7	90.7	1.8	

家庭实物基本情况(2016 年)

横山	靖边	定边	绥德	米脂	佳县	吴堡	清涧	子洲
785.5	2267.3	2198.8	251.0	494.1	160.6	35.9	103.5	332.6
659.0	2182.9	1414.3	205.1	403.8	103.0	29.9	91.4	301.0
126.5		15.3	16.6	90.4	57.1	6.0	7.1	25.8
	84.4	769.2					3.1	5.7
186.4	112.0	493.5	29.5	55.3	63.0	11.1	21.4	116.7
179.3	112.0	493.5	28.4	52.9	63.0	10.3	21.4	113.7
238.7	15.4	43.2	30.9	66.3	93.7	8.4	4.4	53.9
6.6	47.8	103.0	0.2	0.5	0.5	0.1		
510.3	1896.1	2327.5	277.6	1059.5	160.0	6.1	103.2	164.4
4.9	3.2	3.8	7.1	4.0	10.5	2.9	9.2	4.9
					9.6		2.4	
5.3	1.0	3.7	3.7	2.3	6.1	1.0	3.5	1.4
311.4	1786.1	1219.5	171.8	738.0	61.4	2.3	58.3	81.7
2.2			0.3	15.6	0.2		0.9	
142.1	105.8	1099.8	94.4	299.3	70.8		21.8	76.4
44.0		0.8	0.3	0.4	1.0		7.0	
342.9	999.1	563.8	179.4	331.0	60.9	28.1	12.7	111.6
238.6	978.6	479.5	133.7	274.0	25.9	19.9	11.2	93.5
85.5		13.9	16.2	56.4	25.4	2.6	0.4	15.3
69.3	29.2	229.8	8.5	17.9	27.0	1.8	1.6	10.8
106.1	6.1	6.8	11.2	14.7	30.9	9.7	1.3	31.6
15.7	615.0	1374.9	32.9	361.2	11.0	1.7	4.2	34.2
2.6	1.3	2.9	40.9	24.4	5.4	4.2	3.9	91.4
0.7	610.8	424.3	14.6	230.1				5.7
1.5	2.0			3.9	124.6	408.8	52.3	25.4
4.5	0.8	18.5		88.2	0.5		153.2	0.5
24.8	66.3	62.6	2.3	2.5	7.6	0.3	3.6	0.2

10－21 农村常住居民家庭实物消费

项　目		全市	榆阳	神木	府谷
食品消费情况(含自产自用)	(公斤/人)				
一、粮食消费量		153.8	146.9	133.8	148.9
(一)谷物消费量		136.9	120.5	117.6	127.9
(二)薯类消费量		9.8	14.1	7.2	13.8
(三)豆类消费量		7.1	12.4	9.0	7.2
二、油脂类消费量		8.3	6.2	6.6	6.3
三、蔬菜及菜制品消费量		59.2	71.2	65.1	86.2
四、肉类		17.7	30.4	19.2	20.9
五、禽类		3.6	2.4	2.7	2.3
六、水产品		0.8	0.7	2.0	0.7
七、蛋类及蛋制品		6.6	5.5	6.0	3.9
八、奶和奶制品		7.9	11.8	9.2	5.5
九、干鲜瓜果类		24.2	23.1	33.4	33.9
十、糖果糕点类		1.8	1.7	1.9	2.2
十一、饮料					
十二、烟叶消费量		31.7	35.9	33.7	24.7
十三、酒		4.8	4.7	2.8	5.7
耐用消费品百户拥有情况					
1. 家用汽车	(辆/百户)	22.7	42.6	57.3	50.0
2. 摩托车	(辆/百户)	59.9	75.4	22.8	34.8
3. 助力车	(台/百户)	10.6	16.4	23.2	4.5
4. 洗衣机	(台/百户)	83.9	98.4	91.9	75.8
5. 电冰箱(柜)	(台/百户)	74.3	98.4	91.9	68.2
6. 微波炉	(台/百户)	5.6	14.8	16.3	10.6
7. 彩色电视机	(台/百户)	104.2	104.9	104.9	104.5
8. 其中:接入有线电视	(台/百户)	17.2	67.2	27.6	24.2
9. 空调	(台/百户)	3.7	9.8	10.2	13.6
10. 热水器	(台/百户)	21.2	41.0	35.8	24.2
11. 其中:太阳能热水器	(台/百户)	15.0	26.2	17.9	15.2
12. 消毒碗柜	(台/百户)	0.7	3.3	1.6	
13. 洗碗机	(台/百户)	1.1		3.3	
14. 排油烟机	(台/百户)	4.5	8.2	4.9	7.6
15. 固定电话	(线/百户)	15.3		3.3	16.7
16. 移动电话	(部/百户)	242.7	239.3	235.8	259.1
17. 其中:接入互联网	(部/百户)	77.0	177.0	118.7	98.5
18. 计算机	(台/百户)	21.6	34.4	37.8	30.3
19. 其中:接入互联网	(台/百户)	9.6	18.0	26.0	18.2
20. 摄像机	(台/百户)	0.2	1.6		1.5
21. 照相机	(台/百户)	4.0	13.1	4.9	4.5
22. 中高档乐器	(架/百户)	0.1	1.6		
23. 健身器材	(台/百户)	0.5			3.0
24. 组合音响	(套/百户)	2.1	4.9	3.3	6.1

和耐用消费品拥有情况(2016年)

横山	靖边	定边	绥德	米脂	佳县	吴堡	清涧	子洲
131.4	170.4	117.3	162.0	196.8	184.4	142.6	158.5	175.7
127.3	157.4	109.0	144.6	157.9	166.3	122.2	146.5	162.3
1.4	6.9	7.1	10.4	24.3	7.4	14.6	5.6	7.7
2.8	6.1	1.2	6.9	14.6	10.7	5.8	6.4	5.7
6.8	3.4	6.4	12.0	9.1	10.1	7.0	13.2	14.3
39.1	49.2	55.5	61.2	103.9	49.6	48.5	36.8	44.6
12.2	37.7	21.5	9.9	13.8	12.9	8.5	11.8	11.9
2.4	21.8	3.3	1.1	1.8	1.1	1.2	0.6	3.8
1.5	1.9	0.5	0.5	0.5	0.4	0.3	0.4	0.7
6.0	13.0	7.3	6.4	7.3	6.1	8.9	4.2	4.7
5.2	4.9	5.5	12.1	11.8	6.4	2.0	13.3	9.5
20.6	18.5	26.2	22.8	22.7	24.6	12.9	26.3	24.3
0.3	2.6	0.9	1.8	4.8	1.4	0.8	1.8	1.9
22.8	42.5	36.2	17.1	34.4	31.6	35.3	40.0	29.8
4.5	13.6	7.2	1.6	3.3	3.7	2.9	3.4	3.1
10.0	38.3	35.4	7.5	4.5	12.5	4.5	14.7	5.9
101.4	80.0	89.5	43.8	59.5	71.3	41.8	45.6	48.5
24.3		10.5	17.5	13.8			10.3	7.4
95.7	98.3	105.2	80.0	80.7	68.8	56.7	73.5	85.3
71.4	101.7	90.8	65.0	77.7	52.5	37.3	67.6	79.4
8.6		2.6	3.8	5.9	3.8	1.5	1.5	
101.4	118.3	109.2	96.3	106.3	107.5	95.5	100.0	102.9
48.6	8.3	1.3	1.3		3.8		32.4	2.9
2.9	6.7		1.3			1.5	1.5	
18.6	35.0	22.3	17.5	19.3	22.5	1.5	13.2	8.8
5.7	31.7	19.7	13.8	17.8	21.3		8.8	4.4
1.4	1.7				1.3			
7.1					2.5			
12.9	3.3	2.6	3.8	7.4	2.5	1.5		
10.0		11.8	8.8	28.3	43.8	11.9	8.8	32.4
208.6	288.3	309.5	202.5	235.7	248.8	189.6	236.8	261.8
22.9	288.3	30.2	117.5	28.3	5.0	10.4	64.7	13.2
17.1	23.3	18.4	18.8	22.3	13.8	6.0	26.5	16.2
	1.7	6.6	5.0	11.9	3.8	1.5	17.6	8.8
1.4	3.3	3.9	3.8	3.0	6.3	1.5	2.9	
				1.5			1.5	
2.9	1.7	2.6		1.5	2.5			

主要统计指标解释

就业者负担人数 指家庭人口与就业人口之比。

住户 指居住在一个住宅内,共同分享生活开支或收入的一群人。居住在同一房间内、不共同分享生活开支的人群,每个人都视为一个住户。住家保姆、住家家庭帮工视为单独的住户。

可支配收入 指调查户在调查期内获得的、可用于最终消费支出和储蓄的总和,即调查户可以用来自由支配的收入。可支配收入既包括现金,也包括实物收入。按照收入的来源,可支配收入包含四项,分别为:工资性收入、经营净收入、财产净收入和转移净收入。计算公式为:

可支配收入 = 工资性收入 + 经营净收入 + 财产净收入 + 转移净收入

工资性收入 指就业人员通过各种途径得到的全部劳动报酬和各种福利,包括受雇于单位或个人、从事各种自由职业、兼职和零星劳动得到的全部劳动报酬和福利。

经营净收入 指住户或住户成员从事生产经营活动所获得的净收入,是全部经营收入中扣除经营费用、生产性固定资产折旧和生产税之后得到的净收入。计算公式具体为:

经营净收入 = 经营收入 - 经营费用 - 生产性固定资产折旧 - 生产税

财产净收入 指住户或住户成员将其所拥有的金融资产、住房等非金融资产和自然资源交由其他机构单位、住户或个人支配而获得的回报并扣除相关的费用之后得到的净收入。财产净收入包括利息净收入、红利收入、储蓄性保险净收益、转让承包土地经营权租金净收入、出租房屋净收入、出租其他资产净收入和自有住房折算净租金等。

自有住房折算净租金 指现住房产权为自有住房(含自建住房、自购商品房、自购房改住房、自购保障性住房、拆迁安置房、继承或获赠住房)的住户为自身消费提供住房服务的折算价值扣除折旧后得到的净租金。自有住房折算净租金的计算方法为:

自有住房年度折算净租金 = 自有住房年度折算租金 - 购建房年度分摊成本

转移性收入 指国家、单位、社会团体对住户的各种经常性转移支付和住户之间的经常性收入转移。包括政府、非行政事业单位、社会团体对居民转移的养老金或退休金、社会救济和补助、惠农补贴、政策性生活补贴、救灾款、经常性捐赠和赔偿以及报销医疗费等;住户之间的赡养收入、经常性捐赠和赔偿以及农村地区(村委会)在外(含国外)工作的本住户非常住成员寄回带回的收入等。

消费支出 指住户用于满足家庭日常生活消费需要的全部支出,包括用于消费品的支出和用于服务性消费的支出。根据用途不同,消费支出可划分为食品烟酒、衣着、居住、生活用品及服务、交通通信、教育文化娱乐、医疗保健、其他用品及服务八大类。根据来源不同,消费支出可划分为现金消费支出、实物消费支出(含自产自用、来自单位、来自政府和其他社会组织)。

11

农　业

资料整理：艾　瑜　刘亦峰

11. 农　　业

2016 年全市

年末常用耕地面积	685.47	千公顷	占全市耕地总资源 64.21%
农林牧渔业总产值	282.31	亿元	比上年增长 4.8%
农作物播种面积	609.47	千公顷	比上年增长 1.37%
粮食产量	160.08	万吨	比上年增长 12.02%
水果产量	78.23	万吨	比上年增长 17.64%

农林牧渔业总产值(亿元)

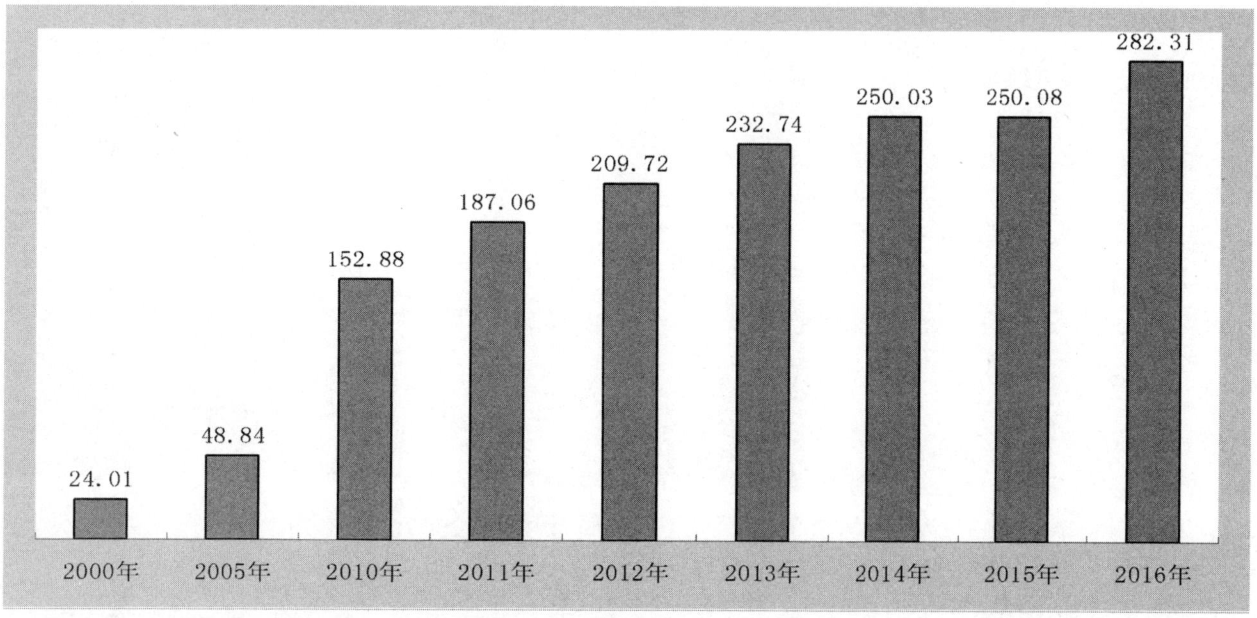

11-1 主要年份农林牧渔业总产值

单位:万元

年份	农林牧渔业总产值	农业总产值	林业总产值	牧业总产值	渔业总产值	农林牧渔服务业
1949	5909	5192	52	596		69
1952	8034	6544	214	1173		103
1957	10179	7300	1278	1435		166
1962	10063	7129	617	1850	4	463
1965	13107	8938	1394	2255	8	512
1970	17569	12950	1300	2899	8	412
1975	25475	18790	2403	3588	15	679
1978	34015	21763	3835	6355	22	2040
1980	35361	23356	2649	7233	28	2095
1985	55713	32402	7867	11753	80	3611
1990	111210	64498	9884	30491	285	6052
1995	271506	153359	11715	96029	897	9506
2000	240103	122619	14564	101541	1379	
2001	233016	109924	14478	107137	1477	
2002	320316	180259	21470	116668	1919	
2003	339039	162268	23986	150083	2702	
2004	439536	233665	20210	183029	2632	
2005	488403	235270	16560	217547	4156	14870
2006	602814	303933	18212	246167	1512	32984
2007	820356	442398	18075	314809	1965	43109
2008	1102399	572667	20907	454505	2748	51572
2009	1200073	662966	24480	458155	2851	51621
2010	1528780	947520	27882	489054	4556	59768
2011	1870555	927822	42655	823397	7451	69230
2012	2097172	1094828	59426	855971	8354	78593
2016	2327387	1250286	62347	922999	9173	82582
2014	2500345	1347836	78748	974504	10242	89015
2015	2500835	1287680	89555	1015151	15130	93319
2016	2823141	1525563	95402	1082656	17134	102386

注:

1. 2002 年以及以前农林牧渔业总产值含农民家庭兼营工业产值,按当年市场价格计算。
2. 2003 年及以后不含农民家庭兼营工业产值,按生产者价格计算,2004 年及以后含农林牧渔业服务业产值。
3. 2006 年和 2007 年数据根据农业普查结果进行了衔接。

11-2 各县区主要年份农林牧渔业总产值

单位:万元

年份	合计	榆阳	神木	府谷	横山	靖边	定边	绥德	米脂	佳县	吴堡	清涧	子洲
1978	34015	3291	3720	3103	3295	3107	3309	2662	2030	3000	677	1432	2300
1980	35361	5061	3615	1822	4304	2852	3499	2759	2562	2861	673	1546	2877
1985	55713	6575	6626	3000	5930	5046	5782	6026	3819	4228	1278	2846	4397
1990	111210	13643	10146	6269	13167	9501	11335	9772	7788	9280	3381	9182	7746
1995	271506	44978	26333	13607	31939	20819	33403	24070	16507	17069	6939	19905	15937
2000	240103	46344	32685	10469	22431	27359	26797	15596	13135	13899	2356	16476	12556
2001	233016	49473	19067	5889	32056	34951	35296	12398	11046	10998	1604	9633	10605
2002	320316	54160	31125	11387	37864	38629	46015	22605	16473	18668	3657	18960	20773
2003	339039	60643	42283	18395	46259	42775	47668	13122	12085	17361	2789	15036	20623
2004	439536	76356	57199	17510	49544	52135	49656	25266	19874	26864	7812	25990	31330
2005	488403	82623	64528	18378	55265	63380	67088	26198	18014	29848	6058	27416	29607
2006	602814	88692	80519	19655	60153	77364	66527	49536	24391	48874	10915	40852	35336
2007	820356	134424	90182	24129	90064	106316	109911	59873	35148	63212	13852	44841	48404
2008	1102399	190005	109770	36000	117004	149003	127532	72384	47195	86852	19006	81643	66005
2009	1200073	200504	115920	40900	124991	159226	142871	82481	53404	94649	21631	91486	72010
2010	1528780	232872	136925	61760	157063	199310	220498	99970	64919	115940	22574	118619	98330
2011	1870555	330869	164526	75455	184325	251958	233905	136345	77104	120924	31629	146992	116523
2012	2097172	359612	180649	86360	205689	284670	249735	146772	86083	141701	34621	180483	140797
2013	2327387	395612	205324	92635	232421	317568	293266	158733	93653	147758	36487	198024	155906
2014	2500345	430033	214584	101206	246554	350910	323520	171872	100865	155538	39133	197172	168958
2015	2500835	444494	215555	100327	248690	355569	323223	167692	97077	151820	38156	191669	166563
2016	2823141	503933	238197	111732	280183	399931	354825	183963	118896	176965	50695	207813	196008

注:1. 2002 年以及以前农林牧渔业总产值含农民家庭兼营工业产值,按当年市场价格计算。

2. 2003 年及以后不含农民家庭兼营工业产值,按生产者价格计算,2004 年及以后含农林牧渔业服务业产值。

3. 2006 年和 2007 年数据根据农业普查结果进行了衔接。

11-3 各县区主要年份农林牧渔业增加值

（当年价格）　　单位:万元

年份	合计	榆阳	神木	府谷	横山	靖边	定边	绥德	米脂	佳县	吴堡	清涧	子洲
1991	71803	10667	8067	3531	7901	6958	4393	7091	4303	6826	1923	5455	4688
1995	157986	24139	15532	7181	15545	13916	20413	14108	10332	10434	5014	11816	9526
2000	136573	26647	18055	6012	12114	15935	15307	8667	7582	8485	1466	9071	7232
2001	130280	26903	10714	2138	17090	21903	20796	5744	7278	6545	986	4012	6171
2002	184589	29690	16702	5779	22764	22867	26919	14755	9753	11827	2333	9476	11724
2003	190675	31474	23698	9847	27957	24849	27101	5884	8339	11497	1367	7419	11243
2004	253769	38484	30395	9622	31408	26602	33465	17823	10939	17326	5474	14901	17430
2005	286051	49225	37426	10092	35105	35571	38050	17414	10440	17172	3635	15322	16599
2006	354454	50850	46272	10166	37933	38603	36938	32518	15541	29782	7056	28837	19958
2007	474289	76601	51714	12357	53248	52347	60311	39322	21370	40284	8902	31033	26800
2008	661139	110103	63667	20700	70085	85826	73331	45964	29969	55210	12109	52262	41913
2009	700864	111983	65168	23744	71975	89329	81237	50680	32603	58580	13684	57316	44565
2010	921610	138199	81000	37492	93340	116752	126611	61895	40164	73730	14245	75017	63165
2011	1119128	194396	96677	45366	108494	146946	132860	84331	47349	76902	19933	92538	73336
2012	1258843	211683	106316	52134	121595	166549	143396	90860	52844	89116	22083	114101	88166
2013	1397515	232127	121330	55890	137589	185930	169129	98385	57552	92835	23944	125251	97553
2014	1502183	251728	126737	61134	145934	206999	187424	106634	62066	97950	25422	124299	105856
2015	1493672	259636	127435	60090	147102	209190	185946	102978	59352	94644	24516	119476	103307
2016	1686457	295014	140601	66885	165585	234023	204042	112633	72871	110454	32624	129501	122223

注:2006 年和 2007 年数据根据农业普查结果进行了衔接。

11-4　主要年份常用耕地面积

年份	年末常用耕地面积（公顷）	水田	旱地	#水浇地	每一乡村人口占有常用耕地（公顷）
1949	757127	993	756134	4373	0.65
1952	748567	1540	747027	11473	0.59
1957	787513	3373	784140	26133	0.55
1962	724047	2707	721340	18007	0.44
1965	767060	3507	763553	31320	0.42
1970	709900	2360	707540	46387	0.36
1975	692553	2173	690380	81480	0.33
1978	685807	1687	684120	78533	0.32
1980	681480	2300	679180	78400	0.32
1985	644200	2467	641733	64267	0.28
1990	644584	4301	640282	74117	0.24
1995	646101	6197	639904	86167	0.24
2000	596418	11914	584504	83080	0.21
2001	523408	6202	517206	79253	0.18
2002	504598	5508	499090	92959	0.18
2003	500406	5686	494720	87148	0.17
2004	501217	8384	492833	85337	0.17
2005	500715	7743	492972	90870	0.17
2006	542425	6291	536134	86750	0.18
2007	559937	6284	553653	85414	0.19
2008	566080	6265	559815	86918	0.19
2009	573458	5675	567783	90340	0.19
2010	574327	5231	569096	103535	0.19
2011	574999	5374	569625	111726	0.19
2012	580627	5360	575267	114140	0.20
2016	685465	3228	682237	151310	0.25
2014	602617	4611	598007	137022	0.21
2015	653680	4065	649615	130581	0.23
2016	685465	3228	682237	151310	0.25

11-5 各县区主要年份年末常用耕地面积

单位:公顷

年份	合计	榆阳	神木	府谷	横山	靖边	定边	绥德	米脂	佳县	吴堡	清涧	子洲
1978	685807	57573	71867	61100	66940	62460	109533	57367	37380	44593	13767	52473	50760
1980	681480	57313	72287	59573	65420	64067	109867	57107	36280	44267	13000	52140	50153
1985	644200	54400	68467	56533	64733	56600	105467	54400	24467	43133	12400	46333	47267
1990	644584	61647	68216	54746	63886	58126	106183	53909	33081	42678	12018	44456	45634
1995	646101	66548	67681	50013	61124	59741	112614	52972	33421	41928	11307	42881	45871
1996	646082	67007	67681	48628	61308	59441	113334	52824	33311	42387	11397	42461	46303
1997	641906	65817	67768	49047	60943	59043	112798	52575	33231	42133	11381	42077	46093
1998	640560	66631	67584	48702	60867	58648	111178	52402	33170	42018	11352	41967	46041
1999	625326	60839	63178	47708	59980	56726	112564	52011	33230	41524	10765	41685	45116
2000	596418	57549	56566	47372	59221	56946	102178	50689	32410	40199	9924	41477	41887
2001	523408	54786	48366	47234	57189	52614	61860	47472	30796	37695	8706	34816	41874
2002	504598	54324	45606	42993	57189	52597	83553	41420	29966	31333	8690	27553	29374
2003	500406	53581	45006	42800	57230	52746	83497	41220	29589	31333	8080	25950	29374
2004	501217	52716	45010	43296	57293	53748	83843	41220	29589	31333	8683	25112	29374
2005	500715	52455	45310	44562	57303	53803	87075	41070	29448	31333	8685	25265	29398
2006	542425	52455	45425	44505	58368	57731	118173	41251	29448	31333	8080	26258	29398
2007	559937	50977	45220	42538	58433	73427	128279	40723	25316	31334	8080	26212	29398
2008	566080	51436	45080	42599	58498	75579	129620	41066	26909	31333	8060	26212	29689
2009	573458	51522	45080	43077	59370	77751	132220	41408	27715	31333	8076	26217	29689
2010	574327	51598	45107	43149	59457	77866	132533	41469	27762	31333	8102	26218	29733
2011	574999	51689	45154	43203	59540	77966	132692	41517	27794	31346	8120	26243	29735
2012	580627	53167	45155	43260	59573	80154	134162	41557	27859	31225	8120	26647	29748
2013	594867	63415	45155	43263	60855	80154	136878	41727	27859	30838	8113	26820	29789
2014	602617	65069	48474	43263	60619	80154	138925	41741	27865	30844	8101	27078	30484
2015	653681	63710	81855	43263	60623	85194	152968	41741	27865	30844	8098	27079	30440
2016	685465	77227	81990	43263	65408	85751	161502	43083	27866	33590	8092	27099	30594

11-6 主要年份农作物

年份	总播种面积	粮食作物		夏粮		秋粮		
		播种面积	占总播种面积%		#小麦		#稻谷	玉米
1978	766144	638697	83.4	136193	86500	502507	1627	33687
1980	774551	614976	79.4	114407	73134	500567	2027	38847
1985	706677	556609	78.8	81227	55040	475380	2273	31660
1990	712720	580693	81.5	72187	40807	508507	4093	38207
1991	716834	569347	79.4	72685	40189	496660	4267	43715
1992	697360	557713	80.0	61713	35801	495999	4667	42211
1993	680500	555240	81.6	58210	34070	497030	4720	43540
1994	685845	561439	81.9	59805	35101	501634	4837	45479
1995	615806	503297	81.7	43370	28167	459927	5149	45977
1996	683397	555429	81.3	58806	33142	496623	5583	68225
1997	660090	540730	81.9	62625	36872	478117	6583	66477
1998	692924	566465	81.7	63138	34609	503327	6754	72235
1999	643900	526760	81.8	50131	31670	476632	6127	71027
2000	590069	493763	83.7	44404	28218	449359	6152	65959
2001	525710	430760	81.9	33494	16159	397269	5763	68375
2002	542550	430710	79.4	37365	19073	373346	5037	68157
2003	530605	407682	76.8	34360	14633	373322	4261	68717
2004	545201	437098	80.2	26116	10998	410982	4401	87794
2005	570335	471357	82.6	22141	9618	452720	3944	94925
2006	523559	430842	82.3	17794	2158	413048	3563	112593
2007	549189	458965	83.6	18395	3282	440570	3146	120764
2008	563714	469643	83.3	17291	3623	452352	3433	108784
2009	584481	488777	83.6	16145	3665	472632	3090	113149
2010	594986	498749	83.8	18289	4686	480460	3000	118509
2011	563705	466285	82.7	18069	4036	448216	1717	115986
2012	577315	471158	81.6	17281	3296	453878	1459	114752
2013	588792	473998	80.5	14690	2825	459307	1321	147590
2014	602176	476366	79.1	15010	2661	461356	1164	148572
2015	601211	482370	80.2	14749	2622	467621	1182	150785
2016	609472	487476	80.0	14633	2481	472843	1202	153858

注:2006 年和 2007 年数据根据农业普查结果进行了衔接。

播种面积

单位:公顷

		油料			麻类	蔬菜	瓜类
大豆	薯类		#向日葵	花生			
46054	128301	28333				5247	
49834	99107	32400				4447	
63114	90794	58080				6147	
82573	90627	62560				8393	
84151	89106	76766				9219	
112954	89239	78807				8028	
126560	89640	73690				9530	
133542	94257	72838				8818	
67487	86952	63579				10663	
72749	119858	73024				9520	
66843	108593	70312				9392	
78836	119589	78020				9370	
63083	119946	73106				9957	
50120	126399	47536				11237	
63379	100286	48867				12040	
68178	106996	46910				10445	
59974	112382	55544				11069	
69371	123965	50700				11710	
70285	145518	43413	24183	3553	472	14140	6506
65920	124852	38449	23781	3506	353	16089	7906
69681	149613	38913	22103	3302	67	15893	8226
64080	151375	46905	20958	5486	55	18182	5865
67036	181816	47758	28363	4643	64	18463	6980
60645	60645	46187	26574	4647	87	21685	8183
58233	175650	45504	23545	5978	87	22072	10975
45862	172909	49947	22172	6626	93	23766	11606
51370	176115	44610		6931	93	25485	10105
51060	177373	47283		7044	91	26775	12396
52559	178558	46097	14814	6855	89	29914	12436
51415	182834	49213	13901	6723	145	31575	13350

11-7 主要年份农作物

年份	粮食	夏粮	#小麦	秋粮	#稻谷	玉米	大豆
1978	614710	58560	32930	556150	2780	102250	31035
1980	616625	52765	32855	563860	5970	117720	30325
1985	578339	64860	46303	513479	11288	86286	34995
1990	676459	61849	46043	614610	23965	131383	55686
1991	488570	80999	61273	407571	24295	136404	31354
1992	624486	57386	46813	567100	24658	135495	44954
1993	1009243	67606	50817	941637	26249	203912	121224
1994	1023435	54581	41797	968850	29457	229180	141040
1995	616600	38488	31337	578135	26389	172697	28428
1996	1255879	67805	47612	1188074	33237	406275	74770
1997	531210		40021		35973	234717	22985
1998	935207	77650	55087	857557	34537	344086	49356
1999	402805	35818	26476	366987	34769	203094	11269
2000	708964	23651	16368	685313	35422	265117	25963
2001	550184	24055	16354	526129	36388	242733	21038
2002	1043392	36576	23861	1006816	33390	400231	69723
2003	1005331	36231	17581	969100	32979	411384	58880
2004	1317141	28837	11077	1288304	32321	562664	80340
2005	1062281	24306	8281	1037975	28056	494879	63488
2006	1064818	28326	5345	1036492	26303	455995	72226
2007	1031590	24956	1574	1006634	17753	526448	70832
2008	1327146	29508	2287	1297638	23661	647805	77359
2009	1527781	38989	2619	1488792	20470	706611	90144
2010	1651300	48945	4347	1602355	20226	758467	14578
2011	1420305	48525	7796	1371780	11646	649737	86834
2012	1539877	52576	5873	1487301	10242	666510	83206
2013	1547742	43106	4998	1504636	8134	755132	85559
2014	1580959	45070	5094	1535889	7266	784633	84707
2015	1429014	47885	5345	1381129	6353	704680	77369
2016	1600849	48596	5073	1552253	6723	770503	88954

注:2006 年和 2007 年数据根据农业普查结果进行了衔接。

产品产量

单位:吨

薯类	油料	#向日葵	花生	麻类	蔬菜	瓜类
161540	3942			204		
132630	6997			78		
129656	29848			193		
137355	47880			223	178711	
72112	39795				157488	
157373	45508				145337	
228252	59632				156722	
226834	67321				175760	
146035	42317				190676	
336729	80305			44	198531	
97706	40146					
204804	62334				203978	
65461	25309				110549	
216036	27841				160403	
143076	26515				184139	
316751	56642				187906	
308652	38848				221347	
398579	60084				234078	
310286	47405	28471	7708	313	331810	104294
336889	46400	25159	7328	662	342140	129418
296692	32243	16502	9028	71	404934	249883
385846	59257	29367	11127	91	407216	97071
509293	64921	37920	15094	125	470082	123947
553473	71415	39480	15710	92	566039	154622
496526	69821	36361	17866	190	588314	240947
554131	84884	36562	21896	222	636375	224973
527416	79469		22819	236	706794	254871
526590	83182		23361	188	756590	280678
485541	73885	24761	20901	184	797786	260877
549991	86324	25107	21989	286	873688	281834

11-8 主要年份农作物

年份	粮食	夏粮		秋粮			
			#小麦		#稻谷	玉米	大豆
1978	962	430	381	1107	1709	3035	674
1980	1003	461	449	1126	2946	3030	609
1985	1039	799	841	1080	4965	2725	554
1990	1165	857	1128	1209	5855	3439	674
1991	858	1114	1525	821	5694	3120	373
1992	1120	930	1308	1143	5283	3210	398
1993	1818	1161	1492	1895	5561	4683	958
1994	1823	913	1191	1931	6090	5039	1056
1995	1225	887	1113	1257	5125	3756	421
1996	2261	1153	1437	2392	5953	5955	1028
1997	982		1085		5465	3531	344
1998	1651	1230	1592	1704	5114	4763	626
1999	765	714	836	770	5675	2859	179
2000	1436	533	580	1525	5758	4020	518
2001	1277	718	1012	1324	6314	3550	332
2002	2422	979	1251	2560	6629	5872	1023
2003	1895	1055	1201	2596	7740	5987	982
2004	3013	1104	1007	3135	7344	6409	1158
2005	2254	1098	861	2293	7114	5213	903
2006	2471	1587	2477	2509	7382	4050	1096
2007	2248	1357	480	2285	5643	4359	1017
2008	2826	1707	631	2869	6892	5956	1207
2009	3126	2412	987	3150	6625	6245	1277
2010	3311	2676	928	3335	6742	6403	1503
2011	3046	2686	1932	3061	6783	5602	1491
2012	3268	3042	1782	3277	7019	5808	1814
2013	3265	2934	1769	3276	6157	5116	1666
2014	3319	3003	1914	3329	6242	5281	1659
2015	2962	3247	2039	2954	5376	4673	1472
2016	3284	3321	2045	3283	5593	5008	1730

注:2006 年和 2007 年数据根据农业普查结果进行了衔接。

单位面积产量

单位:公斤/公顷

薯类	油料	#向日葵	花生	麻类	蔬菜	瓜类
1259	139					
1338	216					
1428	514				17738	
1516	765				21292	
809	518				17083	
1764	577				18104	
2546	809				16445	
2407	924				19932	
1679	666				17882	
2809	1100				20854	
900	571					
1713	799				21769	
546	346				11103	
1709	586				14275	
1427	543				15294	
2960	1207				17990	
2747	699				19997	
3215	1185				19990	
2132	1092	1177	2169	663	23466	16030
2698	1207	1058	2090	887	21265	16370
1983	829	747	2734	1060	25479	30377
2549	1263	1401	2028	1655	22397	16551
2934	1318	1337	3251	1963	24153	17759
3038	1546	1486	3155	1053	26102	18896
2827	1534	1544	2989	2184	26654	21954
3205	1699	1649	3304	2379	26776	19384
2995	1781		3292	2244	27733	25222
2969	1759		3316	2060	28258	22643
2719	1603	1671	3049	2067	26669	20978
3008	1754	1806	3271	1968	27670	21111

11-9 主要年份畜牧业生产情况

年份	大牲畜出栏(头)	出栏猪(头)	出栏羊(只)	肉产量(吨)	#猪牛羊肉	奶产量(吨)	大牲畜存栏(头)	猪存栏(头)	羊存栏(只)
1949							118200	41600	444000
1952							201400	102800	928200
1957							254900	112900	1468900
1962							235700	121100	1511700
1965							269500	114300	1639500
1970							296100	310100	1814300
1975							284800	435200	2145300
1978				13048	13048		270800	606000	2076200
1980				16221	16221	1185	300700	555800	2181400
1985				25642	25642	3594	347100	630700	1411900
1990	16089	400252	611373	41034	39586	7671	373648	619443	2631121
1995		597326	991484	75092	67889	15837	366042	711886	2455968
1996	47722	663540	1041293	77181	70464	16349	323599	663878	2759029
1997	65607	721622	1293802	88180	76607	150960	346323	675891	2699808
1998	60007	784792	1225064	91076	81677	16828	358065	745942	2761374
1999	54270	750226	1346443	91207	83583	15758	333115	709550	2395657
2000	48029	777383	1432202	96171	88621	16069	331157	741132	2458028
2001	56974	823659	1528067	102440	94473	16574	319216	803881	2524229
2002	52915	869056	1695578	106951	99014	19219	323558	828189	2673134
2003	55126	961098	1599120	119743	111183	28906	335724	842855	3252790
2004	59056	1022493	2234216	132041	115982	34997	341050	876712	3822993
2005	57669	1149963	2401129	142343	127504	46852	342342	967049	4050568
2006	50104	966649	2068914	109892	102857	53791	272224	688315	3157194
2007	47307	842392	2245487	100291	93099	59364	256830	686250	3494399
2008	51596	987167	2563586	121461	113884	66393	284665	805866	3948359
2009	50810	1104610	3016401	139280	126031	99115	300066	871435	4937870
2010	52918	1231963	3382366	154682	144219	82014	279818	965129	5637809
2011	57785	1309900	3390494	164523	154532	83232	276157	965917	5881690
2012	58829	1381471	3462633	171509	161141	85405	264534	1003764	5986898
2013	59013	1459871	3628499	178961	168172	90203	252678	1002988	6279539
2014	59801	1502302	3740991	184294	173543	92029	257115	983965	6491824
2015	53503	1459542	3788816	183924	172584	82291	254622	945408	6690657
2016	54409	1446659	3885977	183951	172785	84288	247990	927920	6665163

注;2006 年和 2007 年数据根据农业普查结果进行了衔接。

11-10　主要年份水果生产情况

年份	果园（公顷）	#红枣	水果产量（吨）	#苹果	红枣
1978	27093		15364	2203	8722
1980	31467	14410	17237	3405	8975
1985	31000		29149	10101	13479
1990	74924	20053	53113	22284	21818
1991	79847	22855	51553	21871	21541
1992	83023	27212	45397	21050	16428
1993	94206	28678	57245	29130	18577
1994	107720	34634	63412	27417	23822
1995	117961	39919	72119	34161	27214
1996	112223	38611	82181	45720	24085
1997	114179	41721	66813	28416	28535
1998	113300	44454	81387	39692	30707
1999	118305	52336	66642	33462	23276
2000	121026	56967	84554	34385	41128
2001	123544	60629	70912	42823	19372
2002	129364	65277	114871	53775	48841
2003	138362	70158	64532	34036	16901
2004	132853	74922	148134	68968	56506
2005	137209	80627	144098	36538	88668
2006	147254	86547	343104	114673	196061
2007	144554	90709	190665	95734	37530
2008	151758	96512	496232	107414	324247
2009	162502	106087	631541	123048	433878
2010	178877	122376	509604	140053	310787
2011	186612	129703	701276	149227	488429
2012	194577	136820	716014	162871	485082
2013	196314	138175	616671	163751	388618
2014	203783	139101	606125	200161	319305
2015	206056	139161	664978	190077	374507
2016	209531	141299	782310	210070	449332

11-11 乡村

指标	2005年	2006年	2007年	2008年	2009年	2010年
乡村从业人员	136.29	137.15	135.47	140.18	145.52	148.04
1.按性别分	136.29	137.15	135.47	140.18	145.52	148.04
男	75.07	76.04	74.02	76.15	79.25	82.70
女	61.23	61.11	61.45	64.03	66.27	65.34
2、按行业分	136.29	137.15	135.47	140.18	145.52	148.04
第一产业	90.36	90.25	88.29	86.56	87.45	87.57
第二产业	17.81	19.09	19.33	21.32	24.83	28.02
第三产业	28.12	27.80	27.85	32.30	33.23	32.45

从业人员

单位:万人

2011 年	2012 年	2013 年	2014 年	2015 年	2016 年
148.13	144.15	143.83	147.02	147.74	146.35
148.13	144.15	143.83	147.02	147.74	146.35
83.17	81.27	81.20	82.89	83.57	81.93
64.95	62.74	62.63	64.12	64.17	64.42
148.13	144.15	143.83	147.02	147.74	146.35
84.96	79.62	78.62	95.79	95.95	98.08
29.90	64.53	65.21	51.23	51.79	48.27
33.27					

11-12 各县区

指标	榆林市	榆阳	神木	府谷
一、年初耕地总资源	957537	69540	109449	68235
二、年内增加耕地	113250	16196	275	
#新开荒地面积	17384	16196	44	
园地改为耕地	93			
三、年内减少耕地	3332	422	9	
#耕地改为园地	285	6		
退耕还林还草占地	921	416		
国家基建占地	174			
四、年末耕地总资源	1067454	85314	109716	68235
(一)、常用耕地面积	685465	77227	81990	43263
1、水田	3228	501		
2、旱地	682237	76726	81990	43263
其中:水浇地	151310	49119	20825	2340
(二)、临时性耕地	381990	8087	27726	24972
其中:25度以上的陡坡	124440	3173	27545	3385
五、农业用地情况				
1、耕地	1086618	81707	107029	81302
2、园地	200687	6573	8205	7723
3、林地	1239217	310980	300803	51141
4、草地	1344749	187620	276659	151669
5、设施农业用地	3973	749	805	139
每一乡村人口占有常用耕地(公顷)	0.25	0.29	0.23	0.27

耕地面积情况(2016年)

单位:公顷

横山	靖边	定边	绥德	米脂	佳县	吴堡	清涧	子洲
120784	109763	199743	44914	36087	54248	15172	40523	89078
	656	45164	20997	21	29677	149	20	94
	656	351	3	21		25	20	66
		71				20		2
52	92	662	1510		12	163		409
								279
		219				163		122
52	92	20			4			5
120732	110327	244245	64400	36108	83913	15157	40543	88763
65408	85751	161502	43083	27866	33590	8092	27099	30594
2727								
62681	85751	161502	43083	27866	33590	8092	27099	30594
11197	33756	26891	2861	1564	75		607	2075
55324	24576	82743	21318	8242	50322	7065	13445	58170
39324	8324	13117	747	8242		2553	13171	4860
120732	110327	252894	77272	46469	83913	14732	42540	67701
5001	20894	2977	22094	14321	55268	8251	39765	9616
117236	213700	102525	34198	12801	48357	5532	8497	33445
154840	111250	210584	32720	33405	73061	8194	83363	21385
292	256	1174	169	13	58	20	268	29
0.21	0.34	0.58	0.16	0.17	0.20	0.12	0.15	0.12

11-13 主要年份农林牧渔业增加值

单位:万元

指 标	2005 年	2010 年	2011 年	2012 年	2013 年	2014 年	2015 年	2016 年
农林牧渔业增加值	286051	921610	1119128	1258843	1397515	1502183	1493672	1686456
农业	143800	595481	585158	690578	787861	849319	801321	946136
林业	10732	17033	26086	36152	37970	47898	52391	55656
牧业	119648	272174	463276	481539	518280	547184	574441	612723
渔业	2907	2670	4382	4887	5364	5990	8715	9886
农林牧渔服务业	8964	34252	40226	45687	48040	51792	56804	62055

11-14 各县区农林牧渔业增加值(2016 年)

单位:万元

县 区	农林牧渔业	农业	林业	牧业	渔业	农林牧渔服务业	农林牧渔业增加值比上年增长%
全市	1686457	946136	55656	612723	9886	62055	4.8
榆阳	295014	91234	12200	178125	3715	9740	3.8
神木	140601	57984	1544	72140	718	8215	3.0
府谷	66885	39831	5743	19365	71	1874	4.4
横山	165585	73511	4078	81078	1925	4994	3.9
靖边	234023	110157	8677	99401	3068	12720	3.7
定边	204042	122375	7202	66798	43	7624	6.0
绥德	112633	89527	3289	16997	14	2806	5.2
米脂	72871	52326	1043	16551	24	2926	6.4
佳县	110454	86935	3526	15498	72	4423	6.6
吴堡	32624	26567	1447	4044	11	554	6.3
清涧	129501	108346	3252	14552	94	3257	5.8
子洲	122223	87342	3655	28173	130	2923	5.7

注:本表按当年几个计算,增长速度按可比价计算。

2006 年和 2007 年数据根据农业普查结果进行了衔接。

11-15 各县区农林牧渔业总产值(2016 年)

单位:万元、%

县 区	农林牧渔业总产值	农总产值业	林业总产值	牧业总产值	渔业总产值	农林牧渔服务业	农林牧渔业总产值比上年增长%
全市	2823141	1525563	95402	1082656	17134	102386	4.8
榆阳	503933	148688	20652	312561	6320	15712	3.7
神木	238197	94620	2670	126563	1263	13081	3.2
府谷	111732	64215	10059	34221	125	3112	4.7
横山	280183	119802	7020	141920	3241	8200	4.1
靖边	399931	183896	14620	175063	5500	20852	4.3
定边	354825	207032	12415	121516	77	13785	6.0
绥德	183963	143586	5721	30063	23	4570	5.5
米脂	118896	82850	1860	29326	40	4820	6.4
佳县	176965	135264	6286	27725	130	7560	6.7
吴堡	50695	40251	2446	7092	20	886	3.0
清涧	207813	170303	5503	26653	169	5185	5.7
子洲	196008	135056	6150	49953	226	4623	5.4

11-16 农林牧渔业分项产值

单位:万元

指　标	2005 年	2010 年	2011 年	2012 年	2013 年	2014 年	2015 年	2016 年
农林牧业渔总产值	488403	1528780	1870555	2097172	2327387	2500345	2500835	2823141
一、农业产值	235270	947520	927822	1094828	1250286	1347836	1287680	1525563
#粮食作物	166547	633428	427553	533483	627311	671264		
(一)谷物及其他农作物	182791	672626	509034	597347	691357	745550	630733	761554
1. 谷 物	79265	179060	169420	173350	202962	228253	194432	223252
2. 豆 类	29732	97605	77911	77433	74554	77343	76340	77352
3. 薯 类	57550	357307	180222	282700	349795	365668	304682	372508
4. 油 料	12885	34362	49979	54846	53167	58069	45381	80664
5. 棉 花	88	108	72	192	348	360	414	261
6. 麻 类	94	33	118	76	78	76	75	97
7. 糖 类	3			6	1	101	112	419
8. 烟 业	152	3	3	2	3	2	340	48
9. 其他农作物	3022	4148	31309	8742	10449	15678	8957	6953
(二)蔬菜园艺作物	20823	81358	108296	135495	178711	201316	205606	244266
#蔬菜	20821	81304	108127	135312	176500	200251	203680	243590
花卉	2	54	30	32	20	20	128	4
(三)水果、坚果、茶叶和香料作物	31061	187171	294752	342537	354036	374839	425168	482388
# 1. 水果(含瓜用果)	31061	187166	294525	342257	353730	374443	423039	477194
#园林水果	25743	168010	256071	302876	296462	305844	363846	400869
#苹果	3713	15847	57422	56099	54443	67218	85251	87156
红枣	19526	141738		219797	225419	212125		
#果用瓜类	4945	19045	38454	39381	57268	68599	59193	76325
2. 茶叶								
(四)中药材	595	6365	15740	19449	26182	26131	26173	37355
二、林业产值	16560	27882	42655	59426	62347	78748	89555	95402
(一)林木的培育和种植	15769	27057	42061	58082	60504	76498	86029	92802
(二)竹木采伐	366	723	444	529	951	906	1991	1040
(三)林产品	425	102	150	815	892	1344	1535	1560
三、牧业产值	217547	489054	823397	855971	922999	974504	1015151	1082656
(一)牲畜的饲养	95637	302422	496234	513742	564385	607520	624106	615808
1. 牛的饲养	6020	19331	24970	26991	29178	34899	42681	45809
2. 羊的饲养	51849	184311	359602	366661	405439	429032	447822	476218
3. 其他牲畜饲养	5255	8903	6971	6343	7049	8193	42051	7116
4. 奶产品	11635	46107	47399	50976	54203	54882	41815	47765
5. 毛绒产品	20878	43770	57292	62771	68516	80514	49737	38900
(二)猪的饲养	101662	138252	274184	282670	296011	299373	324352	349838
(三)家禽	19826	45505	51112	57264	60067	64810	64428	63361
#禽蛋	14783	34154	39636	44887	47401	51967	46583	45413
(四)狩猎和捕捉动物	2	9						
(五)其它畜牧业	420	2866	1867	2295	2536	2801	2265	53649
四、渔业产值	4156	4556	7451	8354	9173	10242	15130	17134
五、农林牧渔服务业产值	14870	59768	69230	78593	82582	89015	93319	102386

注:1. 本表按当年市场价格计算。

2. 2006 年和 2007 年数据根据农业普查结果进行了衔接。

11-17 各县区主要

县 区	农作物总播种面积	粮食	夏粮	#小麦	秋粮	#稻谷	#玉米
全市	609472	487476	14633	2481	472843	1202	153858
榆阳	52558	44773	1155		43619		24757
神木	42456	32789			32789		12400
府谷	35311	29961			29961		8948
横山	71981	64289	2037		62252	1191	8807
靖边	66578	49440	4399		45041		29684
定边	141738	110652			110652		39801
绥德	41092	28050	386		27664		3393
米脂	34725	29832	113		29719	11	5496
佳县	27986	25685			25685		8250
吴堡	8957	6891			6891		1722
清涧	40064	31328	3320	2481	28008		3965
子洲	46026	33785	3223		30561		6636

11-18 各县区主要

县 区	粮食	夏粮	#小麦	秋粮	#稻谷	#玉米	#大豆
全市	1600849	48596	5073	1552253	6723	770503	88954
榆阳	239738	5901		233837		172683	5150
神木	125266			125266		36431	7343
府谷	58391			58391		25875	3441
横山	167004	3356		163648	6723	52875	12675
靖边	235818	22114		213704		175432	163
定边	298428			298428		163582	927
绥德	90981	1031		89950		23409	7901
米脂	100218	454		99764		23400	15615
佳县	81633			81633		31787	11464
吴堡	22925			22925		9222	2525
清涧	79135	6500	5073	72635		17516	12580
子洲	101312	9240		92072		38291	9170

农作物播种面积(2016 年)

单位:公顷

		油料		麻类	蔬菜	瓜类
#大豆	#薯类		#花生			
51415	182834	49213	6723	145	31575	13350
2506	11795	418	63		3692	1670
2467	9625	2310	335		1744	1166
3664	6768	1394	431		1002	630
8714	22350	1009	673		1664	825
75	16155	4078	3	65	8927	2020
461	62925	17507			6196	4231
5486	10400	10167	2394		2051	758
4874	10688	1462	733		1046	142
6322	6106	1419	578		493	388
1120	1987	521	149		658	253
8471	10189	4535	601		2202	591
7254	13846	4394	764	81	1901	676

农作物产品产量(2016 年)

单位:吨

	油料		麻类	蔬菜	瓜类
#薯类		#花生			
549991	86324	21989	286	873688	281834
48353	1761	190		158782	50210
61484	6513	1457		24963	12737
17348	1982	903		32492	12894
62421	1798	1045		57290	5126
54031	7745	5	93	244773	34595
124592	17960			150630	95262
37185	21965	12209		54919	19875
33947	4909	1869		14420	1148
26858	2293	1079		20173	17930
6600	497	225		12638	5027
34567	10242	1171		63259	11869
42605	8659	1836	193	39349	15161

11-19 各县区主要农作物

县 区	粮食	夏粮	#小麦	秋粮	#稻谷	玉米	大豆
全市	3284	3321	2045	3283	5593	5008	1730
榆阳	5354	5111		5361		6975	2055
神木	3820			3820		2938	2976
府谷	1949			1949		2892	939
横山	2598	1648		2629	5646	6004	1455
靖边	4770	5027		4745		5910	2171
定边	2697			2697		4110	2009
绥德	3244	2670		3252		6900	1440
米脂	3359	4011		3357		4258	3204
佳县	3178			3178		3853	1813
吴堡	3327			3327		5356	2255
清涧	2526	1958	2045	2593		4418	1485
子洲	2999	2867		3013		5771	1264

11-20 水果

品种	2005年		2009年		2010年		2011年	
	面积（公顷）	产量（吨）	面积（公顷）	产量（吨）	面积（公顷）	产量（吨）	面积（公顷）	产量（吨）
水果合计	137209	144098	162502	631541	178877	509604	186612	701276
1. 苹果	27703	36538	26739	123048	25929	140053	25741	149227
2. 梨	5792	7279	3267	13565	3230	17284	3194	18689
3. 桃	1637	3541	1385	8182	1362	8595	1309	8986
4. 葡萄	1213	1947	1058	6478	1079	6759	1113	7180
5. 红枣	80627	88668	106087	433878	122376	310787	129703	488429
6. 杏	19361	5104	20993	34092	20993	11892	21631	13627
7. 其他水果	876	1021	2973	12298	3909	14234	3922	15138

单位面积产量(2016 年)

单位:公斤/公顷

薯类	油料	#花生	麻类	蔬菜	瓜类
3008	1754	3271	1968	27670	21111
4099	4211	3019		43005	30066
6388	2819	4354		14316	10919
2563	1422	2094		32416	20475
2793	1782	1554		34429	6217
3345	1899		1438	27421	17123
1980	1026			24313	22517
3575	2161	5099		26782	26225
3176	3358	2551		13788	8111
4399	1616	1868		40902	46164
3322	954	1509		19197	19885
3393	2259	1950		28727	20083
3077	1971	2404	2393	20701	22412

生产情况

2012 年		2013 年		2014 年		2015 年		2016 年	
面积(公顷)	产量(吨)	面积(公顷)	产量(吨)	面积(公顷)	产量(吨)	面积(公顷)	产量(吨)	面积(公顷)	产量(吨)
194577	716014	196314	616671	203783	606125	206056	664978	209531	782310
25822	162871	26042	163751	33925	200161	36137	190077	36962	210070
3200	19690	3218	18857	3151	20693	3151	20314	3081	22319
1319	9343	1325	9436	1463	10180	1456	10394	1460	8769
1127	7595	972	6534	1104	8129	1115	14299	1237	15019
136820	485082	138175	388618	139101	319305	139161	374507	141299	449332
22266	14673	22307	12158	20459	13658	20412	27895	20616	34653
4022	16710	4273	17254	4533	33995	4529	27355	4534	41933

11-21 各县区茶、桑、果面积及产量(2016年)

县 区	桑园(公顷)	果园(公顷)	水果产量(吨)	苹果(吨)	梨(吨)	桃(吨)	葡萄(吨)	红枣(吨)	杏(吨)	其他水果(吨)
全市	16842	209531	782310	210070	22319	8769	15019	449332	34653	41933
榆阳		8441	30836	2143	440	104	7644	1495	18680	120
神木		21005	4967	201	102	200	100	3458	264	642
府谷		12479	37528	762	638	75	172	2700	1050	32131
横山		5845	18577	9986	1553	931	1425	71	4246	365
靖边		8113	15942	8825	255	1421	1180	870	3210	176
定边		2286	3920	1260	510	410			1720	20
绥德	13466	17281	137081	83194	4337	2908	2550	33917	2254	7921
米脂		7692	44413	27860	5034	127	432	10916	44	
佳县		36716	174994	2264	839	167	899	170730	95	
吴堡	1633	12043	29814	815	66	66	16	28408	435	8
清涧		64550	250867	46546	4823	1868	533	194499	2135	463
子洲	1743	13079	33371	26214	3722	492	68	2268	520	87

11-22　畜牧业生产情况

指标		2005 年	2010 年	2011 年	2012 年	2013 年	2014 年	2015 年	2016 年
一、牲畜年末存栏数									
（一）大牲畜存栏数		342342	279818	276157	264534	252678	257115	254622	247990
1. 牛	（头）	139053	141219	144240	141842	141164	147033	143648	145408
#奶　牛		21051	26741	25257	26038	27685	27784	27023	27055
2. 马	（匹）	4508	2188	2890	2535	2552	3523	3693	3792
3. 驴	（头）	144003	102782	96468	90200	86177	85225	87401	80489
4. 骡	（头）	54778	33629	32559	29957	22785	21334	19880	18301
（二）年末猪存栏数	（头）	967049	965129	965917	1003764	1002988	983965	945408	927920
#能繁殖的母猪		87273	108502	125843	126843	126895	121907	123576	122853
（三）年末羊存栏	（只）	4050568	5637809	5881690	5986898	6279539	6491824	6690657	6665163
1. 山　羊		2419880	4460794	4638102	4710774	4954829	5162415	5399667	5495021
#奶山羊		33414	17970	19933	43932	49735	33754	30962	30944
2. 绵　羊		1630688	1177015	1243588	1276124	1324710	1329409	1290990	1170142
（四）家禽年末存栏数	（万只）	495.01	486.45	535.18	560.71	556.92	552.62	566.15	555.59
（五）家兔年末存栏数	（万只）	22.01	20.74	23.33	30.78	32.06	26.55	26.7	25.14
（六）年末养蜂箱数	（箱）	13376	19535	19083	27165	28004	36835	36166	35982
二、牲畜年末出栏数									
（一）大牲畜出栏数	（头）	57669	52918	57785	58829	59013	59801	53503	54409
1. 牛	（头）	26462	34490	38402	39961	40219	40988	41120	41598
2. 马	（匹）	910	1158	1139	1143	404	573	411	382
3. 驴	（头）	23845	11981	12953	13180	13576	14211	9571	9993
4. 骡	（头）	6452	5289	5291	4545	4814	4029	2401	2436
（二）年末猪出栏数	（头）	1149963	1231963	1309900	1381471	1459871	1502302	1459542	1446659
（三）年末羊出栏数	（只）	2401129	3382366	3390494	3462633	3628499	3740991	3788816	3885977
（四）年末家禽出栏数	（万只）	337.61	400.33	469.50	504.11	522.90	524.11	530.41	529.23
（五）年末兔出栏数	（万只）	18.84	24.76	24.29	22.72	25.34	23.33	19.93	20.69
三、畜产品产量									
肉类总产量	（吨）	142343	154682	164523	171509	178961	184294	183924	183951
#猪肉产量		91386	88364	94696	99722	103947	107322	105860	104696
牛肉产量		3206	4654	5211	5446	5511	5612	5655	5772
羊肉产量		32912	51201	54625	55973	58714	60609	61069	62317
奶类产量	（吨）	46852	82014	83232	85405	90203	92029	82291	84288
#牛　奶		42201	79078	77927	82339	87583	89286	78387	77584
山羊毛产量	（吨）	827	1760	1942	2541	2382.64	4545.03	4006.3	3881
绵羊毛产量	（吨）	4674	5954	5355	5919	6066	6383.73	5558.7	4736
羊绒产量	（吨）	533	1363	1447	1738	1954.14	2019.94	1832.6	1800
禽蛋产量	（吨）	29392	41983	48101	49862	52331	52260	50067	50971
蜂蜜产量	（吨）	244	390	398	552	570728	671341	656704	694460
蚕茧产量	（吨）	27	38	42	86	95	97	101	102

11-23 各县区年末牲畜

县区	大牲畜存栏数(头)	牛(头)	#奶牛	马(匹)	驴(头)	骡(头)	兔(万只)
全市	247990	145408	27055	3792	80489	18301	25.14
榆阳	37299	36080	8000	120	711	388	0.54
神木	54244	39200	4780	3018	6409	5617	8.00
府谷	8974	6729	203	10	1530	705	1.00
横山	27796	8200	400	220	16636	2740	4.32
靖边	14550	9000	3000	30	4800	720	
定边	15756	6784	3995	29	3402	5541	
绥德	10245	5718	1765	167	3576	784	2.05
米脂	11121	8890	880		2231		
佳县	12543	8803	410	10	3695	35	2.43
吴堡	903	818	107		72	13	
清涧	18855	10366	935		6927	1562	3.00
子洲	35704	4820	2580	188	30500	196	3.80

11-24 各县区年末牲畜

县区	大牲畜出栏数(头)	牛(头)	马(匹)	驴(头)	骡(头)
全市	54409	41598	382	9993	2436
榆阳	14176	13933	42	160	41
神木	10568	9203	223	514	628
府谷	3057	2134	3	530	390
横山	3129	1401	33	1494	201
靖边	4425	3020	7	1100	298
定边	2591	1072	14	951	554
绥德	2811	1819		711	281
米脂	6960	4377		2583	
佳县	1989	1248	14	700	27
吴堡	512	512			
清涧	2031	1311		720	
子洲	2160	1568	46	530	16

存栏情况(2016年)

猪年末头数(头)	#母猪	羊(只)	#山羊	#奶山羊	家禽(万只)	#蛋禽
927920	122853	6665163	5495021	30944	555.59	489.55
384764	45076	1403584	1280261	12320	123.30	120.50
70045	9927	900243	629500	572	41.90	40.20
30725	3435	171763	149039		26.90	26.46
55939	6823	985385	933159		53.84	51.23
152500	25293	1330000	1200200	860	74.02	42.00
96016	14963	902961	608672	5790	51.00	41.00
20230	2520	150355	80888	2749	45.94	33.20
19621	2651	194740	138720	470	52.33	49.10
21110	2406	160938	119673	322	25.32	25.32
4990	419	32860	19753	1521	8.20	7.84
34960	4090	124214	103956	3450	22.00	22.00
37020	5250	308120	231200	2890	30.84	30.70

出栏情况(2016年)

猪(头)	羊(只)	家禽(万只)	兔(万只)	养蜂箱数(箱)
1446659	3885977	529.23	20.69	35982
640555	869775	79.06	0.10	457
104817	504001	69.72	5.00	
39800	88210	41.10	0.60	390
90674	712800	63.52	3.16	6322
226300	690000	66.40	1.41	8050
143624	506390	57.24	0.91	
32596	76737	30.06	2.31	2329
37721	93829	44.43		1764
29587	87484	17.59	2.60	453
6528	16321	14.13		2850
47947	80403	28.28	2.00	6887
46510	160027	17.70	2.60	6480

11-25 各县区主要畜

县区	肉类总产量(吨)	#猪肉	#牛肉	#羊肉	#禽肉	奶类产量(吨)	牛奶
全市	183951	104696	5772	62317	8122	84288	77584
榆阳	60949	44679	1874	12901	1299	23541	22532
神木	18697	7467	1329	8475	1034	10669	9266
府谷	5402	2838	307	1398	638	629	580
横山	20850	7675	208	11717	1019	2673	1909
靖边	28849	16159	423	10993	977	12210	11460
定边	19846	10668	150	7875	889	11522	10292
绥德	4577	2292	249	1336	473	6163	5895
米脂	6209	3235	573	1469	524	2526	2371
佳县	4262	2097	161	1501	322	1192	1134
吴堡	1273	503	78	274	205	402	347
清涧	5825	3585	187	1427	436	3345	2968
子洲	7212	3498	233	2951	306	9416	8830

11-26 各县区水利

县区	水库(座)	库容(万立方米)	抽水站(个)	机电井(眼)	提防长度(公里)	水平梯田(千公顷)	坝地(千公顷)
全市	107	142365	100	161258	459.12	216.193	33.751
榆阳	22	22737	49	40629	15.73	14.81	2.10
神木	7	3162	4	18476	222.36	16.16	4.81
府谷	10	2016	14	2733	56.20	11.47	3.13
横山	17	8179	4	3916	60.73	20.30	2.56
靖边	35	87030	24	7003	8.88	19.14	3.74
定边	3	12851		16382		9.47	4.94
绥德	1	89	2	15218	40.24	31.05	3.33
米脂	7	1928		16264	14.42	23.57	2.27
佳县	2	2440	1	14235	1.57	23.07	2.07
吴堡				395	7.64	7.97	0.80
清涧	1	1130		1812	5.81	14.43	1.64
子洲	2	802	2	24195	25.54	24.76	2.36

备注:水保治理面积、水保林、封育面积为本年新增,其他为累计达到数据

产品产量(2016 年)

山羊毛(吨)	绵羊毛(吨)	羊绒（吨)	禽蛋（吨)	蜂蜜(公斤)	蚕茧（吨)
3881	4736	1800	50971	694460	102
707	340	307	10244	9000	
264	65	233	4932		
134	146	28	4639	7700	
354	34	169	5225	121359	
790	244	445	5300	105020	
572	1244	300	4761		
117	286	32	4377	46799	
249	100	130	3071	24624	
205	193	28	2939	6234	
37	62	8	1466	54500	102
39	143	12	1767	135024	
413	1879	108	2250	184200	

水保和渔业(2016 年)

水保治理面积（千公顷)			有效灌溉面积(公顷)	旱涝保收面积(公顷)	水产养殖面积(公顷)	水产品产量(吨)
	#水土保持林面积	#封山育林面积				
1734.31	43.6	23.68	131148	76348	6502	7299
277.53	5.36	2.03	33430	24600	1487	2500
278.47	5.35	2.03	20196	12785	219	512
132.09	5.35	2.03	2100	1520	36	80
159.14	4.03	2.03	11927	5473	1078	1630
215.76	4.03	2.03	34210	19830	3333	2102
210.64	3.35	2.03	18571	5227		
91.35	3.35	2.03	3654	3272	67	10
61.69	3.35	2.03	2200	800	66	80
91.85	2.03	2.03	1300	1000	14	155
24.99	2.02	1.35	160			
106.78	2.03	2.03	600	270	28	90
84.02	3.35	2.03	2801	1571	174	140

指标	单位	2005年	2006年	2007年	2008年
农用化肥施用量(折纯量)	(万吨)	9.16	8.17	10.16	12.05
#氮肥		7.01	5.88	6.53	6.51
磷肥		0.52	0.46	0.60	0.88
钾肥		0.20	0.31	0.46	0.62
复合肥		1.14	0.83	1.65	2.33
农用塑料薄膜使用量	(吨)	2729.43	3100.89	3575.29	3996.53
#地膜使用量		2223.20	2672.04	3353.23	3583.02
地膜覆盖面积	(千公顷)	53.22	83.33	75.82	91.88
农用柴油使用量	(万吨)	2.77	3.22	4.05	3.14
农药使用量	(吨)	277.13	259.84	364.89	341.00
农村用电量	(万千瓦时)				28498

现代化情况

2009 年	2010 年	2011 年	2012 年	2013 年	2014 年	2015 年	2016 年
15.56	12.88	13.44	14.68	13.35	13.31	13.11	13.59
10.12	8.38	8.65	9.63	8.50	8.53	8.42	8.42
0.79	0.66	0.76	1.08	0.81	0.81	0.81	0.95
0.8	1.35	1.47	1.56	1.26	1.18	1.20	1.48
2.36	2.23	2.30	2.42	2.78	2.78	2.69	2.74
4419.90	4037.00	3950.51	4380.04	4315.78	4390.59	4964.84	4689.33
4199.51	3144.56	3307.61	3699.43	3755.91	3559.32	3999.52	3707.24
93.13	78.12	77.92	79.18	77.74	74.17	79.78	71.21
2.81	2.73	2.98	8.33	8.18	6.89	8.75	8.87
376.4	390.18	408.14	490.00	471.82	476.52	486.92	565.11
27817	34782	29625	39474	44066	54345	51903	55216

11-28　各县区乡村户数、人口、农业现代化情况(2016年)

县　区	乡村户数(万户)	乡村人口(万人)	化肥施用折纯量(吨)	农用塑料薄膜使用量(吨)	农村用电量(万千瓦时)
全市	71.66	275.03	135910	4689.33	55216
榆阳	8.58	26.91	22908	395	8382
神木	9.89	36.37	7830	245	352
府谷	4.10	16.05	7300	52	5619
横山	6.44	31.88	12026	201	4031
靖边	5.94	25.00	12049	1310	13010
定边	6.23	28.05	29344	826	7280
绥德	7.60	27.09	14959	155.05	4019
米脂	4.56	16.51	5244	196	1943
佳县	5.22	16.94	3495	246	2444
吴堡	1.90	6.81	931	19.28	335
清涧	5.00	18.07	5327	626	4500
子洲	6.22	25.36	14497	418	3301

主要统计指标解释

农林牧渔业总产值 指以货币表现的农、林、牧、渔业全部产品和对农林牧渔业生产活动进行的各种支持性服务活动的价值总量,它反映一定时期内农林牧渔业生产总规模和总成果。1957 年以前的农林牧渔业总产值中包括了厩肥和农民自给性手工业(如农民自制衣服、鞋、袜,自己从事粮食初步加工等)。1958 年及以后,林业中增加了村及村以下竹木采伐产值;牧业中取消了厩肥产值;副业中取消了农民自给性手工业产值,增加了村及村以下办的工业产值;渔业中增加了海洋捕捞水产品产值。1980 年及以后,在副业中增加了农民家庭兼营工业商品部分的产值。从 1984 年起村及村以下工业产值划归工业。从 1993 年起取消副业,将野生动物的捕猎划入牧业,野生植物采集和农民家庭兼营商品性工业划归农业。从 2003 年起,执行新的国民经济行业分类标准,农林牧渔业总产值中包括了农林牧渔服务业产值。林业中增加了森林采运业产值。农业中取消了家庭兼营商品性工业产值,将野生林产品的采集划归林业。第一次农业普查以后,由于畜牧业产品年报数据与普查数据之间存在一定的差距,国家统计局农调总队对畜牧业年报数据与普查数据进行衔接,对畜牧业产值进行相应调整。

农林牧渔业总产值的计算方法通常是按农、林、牧、渔业产品及其副产品的产量分别乘以各自单位产品价格求得;少数生产周期较长,当年没有产品或产品产量不易统计的,则采用间接方法匡算其产值;然后将四业产品产值及农林牧渔服务业产值相加即为农林牧渔业总产值。

粮食产量 指全社会的产量。包括国有经济经营的、集体统一经营的和农民家庭经营的粮食产量,还包括工矿企业办的农场和其他生产单位的产量。粮食除包括稻谷、小麦、玉米、高粱、谷子及其他杂粮外,还包括薯类和豆类。其产量计算方法,豆类按去豆荚后的干豆计算;薯类(包括甘薯和马铃薯,不包括芋头和木薯)1963 年以前按每 4 公斤鲜薯折 1 公斤粮食计算,从 1964 年开始改为按 5 公斤鲜薯折 1 公斤粮食计算。城市郊区作为蔬菜的薯类(如马铃薯等)按鲜品计算,并且不作粮食统计。其他粮食一律按脱粒后的原粮计算。1989 年以前全国粮食产量数据主要靠全面报表取得,1989 年开始使用抽样调查数据。

棉花产量 指全社会的产量。包括春播棉和夏播棉。产量按皮棉计算。不包括木棉。

油料产量 指全部油料作物的生产量。包括花生、油菜籽、芝麻、向日葵籽、胡麻籽(亚麻籽)和其他油料。不包括大豆、木本油料和野生油料。花生以带壳干花生计算。

水产品产量 指人工养殖的水产品和天然生长的水产品的捕捞量。包括海水的鱼类、虾蟹类、贝类和藻类以及内陆水域的鱼类、虾蟹类和贝类,不包括淡水生植物。水产品产量是通过各级水产和统计部门逐级上报取得数据。1995 年及以前,贝类中牡蛎按鲜肉计算;蚶、蛤、蛏按 5 斤鲜品折 1 斤计算。1996 年以后则统一按鲜品计算。

猪、牛、羊肉产量 指当年出栏并已屠宰、除去头蹄下水后带骨肉(即胴体重)的重量。包括全社会范围内的产量。1996 年前为各级逐级上报数据。1996 年第一次农业普查以后,由于畜牧业产品年报数据与普查数据之间存在一定的差距,国家统计局农调总队对畜牧业年报数据与普查数据进行衔接。1999 年以后,国家统计局在部分地区开展了猪、牛、羊、禽等主要畜禽品种的抽样调查,并用抽样数据作为国家定案数据使用。未开展抽样调查的地区和品种,仍使用各级统计部门逐级上报数据。

期初(末)畜禽存栏头(只)数 指报告期初(末)农村各

种合作经济组织和国营农场、农民个人、机关、团体、学校、工矿企业、部队等单位以及城镇居民饲养的大牲畜、猪、羊、家禽等畜禽的存栏数。数据上报方式及数据调整情况同猪、牛、羊肉产量。

常用耕地 是指耕地总资源中专门种植农作物并经常进行耕种、能够正常收获的土地。包括当年实际耕种的熟地；弃耕、休闲不满三年，随时可以复耕的地；开荒利用三年以上的地。不包括临时种植农作物的坡度在25度以上的陡坡地；在河套、湖畔、库区临时开发的成片或零星土地；也不包括已列为国家和省(区、市)退耕计划但临时耕种的土地。

农作物播种面积 指实际播种或移植有农作物的面积。凡是实际种植有农作物的面积，不论种植在耕地上还是种植在非耕地上，均包括在农作物播种面积中。在播种季节基本结束后，因遭灾而重新改种和补种的农作物面积，也包括在内。它是反映我国耕地面积利用情况的一个重要指标。目前，农作物播种面积主要包括粮食、棉花、油料、糖料、麻类、烟叶、蔬菜和瓜类、药材和其他农作物九大类。

有效灌溉面积 指具有一定的水源，地块比较平整，灌溉工程或设备已经配套，在一般年景下，当年能够进行正常灌溉的耕地面积。在一般情况下，有效灌溉面积应等于灌溉工程或设备已经配备，能够进行正常灌溉的水田和水浇地面积之和。它是反映我国耕地抗旱能力的一个重要指标。

农用化肥施用量 指本年内实际用于农业生产的化肥数量，包括氮肥、磷肥、钾肥和复合肥。化肥施用量要求按折纯量计算数量。折纯量是指把氮肥、磷肥、钾肥分别按含氮、含五氧化二磷、含氧化钾的百分之百成份进行折算后的数量。复合肥按其所含主要成分折算。公式为：

折纯量=实物量×某种化肥有效成份含量的百分比

农业机械总动力 指主要用于农、林、牧、渔业的各种动力机械的动力总和。包括耕作机械、排灌机械、收获机械、农用运输机械、植物保护机械、牧业机械、林业机械、渔业机械和其他农业机械〔内燃机按引擎马力折成瓦(特)计算、电动机按功率折成瓦(特)计算〕。不包括专门用于乡、镇、村、组办工业、基本建设、非农业运输、科学试验和教学等非农业生产方面用的动力机械与作业机械。

12

工　业

资料整理：苏晓洁　李婷婷　叶轩源

12. 工　　业

2016 年全市

规模以上工业企业单位数	767	个
#大中型企业	134	个
规模以上工业总产值	3272.50	亿元

规模以上工业总产值(亿元)

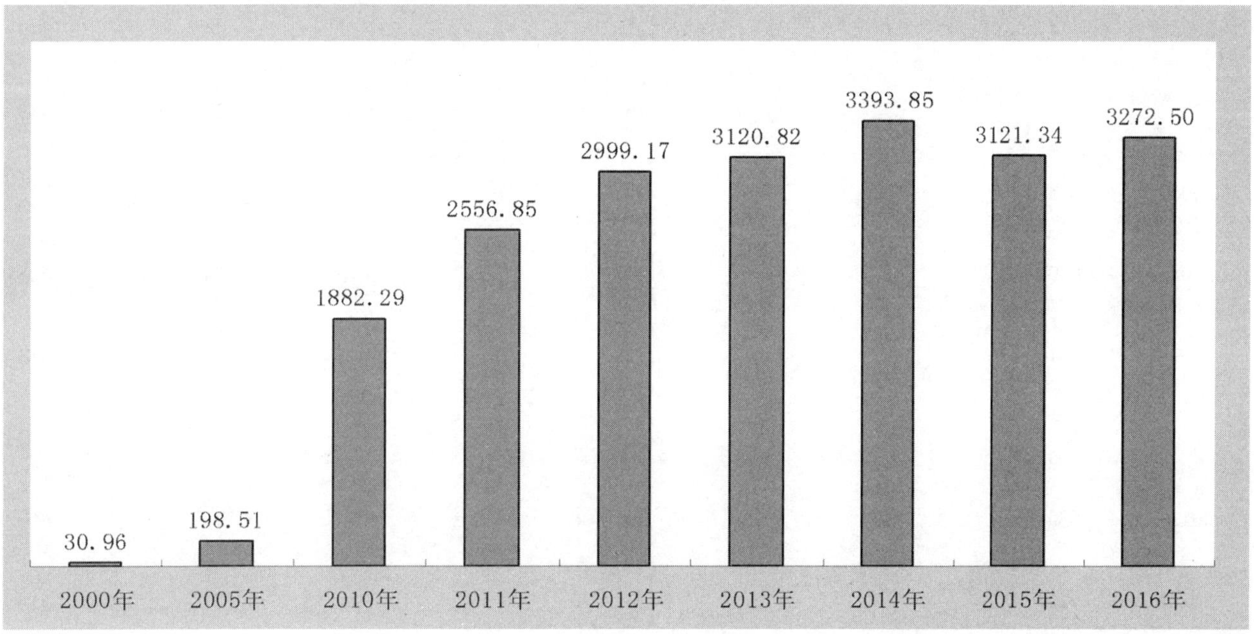

12－1 主要年份规模以上工业

年份	总计	按生产性质分		按隶属关系分			按大中小分	
		轻工业	重工业	中省企业	市属企业	县及县以下企业	大中型企业	小微型企业
1990	741	456	285	6	60	675	1	740
1995	814	377	437	29	56	729	14	800
2000	140	66	74	9	14	117	18	122
2001	126	48	78	8	13	105	21	105
2002	127	50	77	10	14	103	22	105
2003	134	43	91	9	18	107	17	117
2004	134	42	92	11	24	99	17	117
2005	364	31	333	21	12	331	24	340
2006	611	32	579	16	20	575	26	585
2007	616	33	583	23	21	572	34	582
2008	639	42	597	19	25	595	34	605
2009	661	62	599	32	30	599	48	613
2010	663	87	576	33	30	600	61	602
2011	535	55	480	35	24	476	75	460
2012	615	56	559	34	24	557	101	514
2013	700	72	628	47	21	632	144	556
2014	635	86	542	48	19	568	136	499
2015	688	117	571	24	26	638	153	535
2016	767	150	617	59	21	687	134	633

企业单位数

单位:个

按经济类型分									
国有	集体	股份合作企业	联营企业	有限责任公司	股份有限公司	私营企业	其他企业	港澳台商投资	外商投资企业
190	551								
248	472		59		20			10	4
105	8	1	1		17	5		2	1
79	10	3	3		20	8		3	
79	12	2	3		18	10		3	
77	8	3	3	14	2	19	9		
76	8	3	3	14	8	19		1	2
53	94	20	4	42	22	116	10	1	2
43	148	30	9	112	34	221	10		4
30	143	29	8	119	34	236	12	2	3
32	142	27	10	132	36	245	10	2	3
42	124	26	4	144	50	262	4	2	3
41	94	24	4	161	46	287	2	1	3
32	10	14	2	183	39	248	3	1	3
34	15	21	5	245	36	227	27	2	3
45	19	21	3	305	34	238	31	1	3
45	6	6	1	306	29	226	12	1	3
47	6	6		349	32	237	7	1	3
21	7	7		435	34	248	7	3	5

12－2 各县区主要年份规模以上工业企业单位数

单位:个

年份	合计	榆阳	神木	府谷	横山	靖边	定边	绥德	米脂	佳县	吴堡	清涧	子洲
1990	741	109	91	97	54	31	57	76	36	55	31	26	59
1995	814	210	183	86	32	55	69	49	17	25	39	31	18
2000	140	29	16	19	14	11	10	6	9	10	2	8	6
2001	126	28	17	25	11	6	9	5	6	5	2	6	6
2002	127	31	16	24	11	6	9	5	6	4	3	6	6
2003	134	31	20	26	13	5	9	3	6	4	3	7	7
2004	134	31	20	26	13	5	9	3	6	4	3	7	7
2005	364	37	170	108	13	5	5	4	6	1	2	6	7
2006	611	44	322	193	15	3	4	4	7	2	3	8	6
2007	616	45	322	199	19	3	5	3	3	2	2	7	6
2008	639	52	305	220	19	3	5	3	3	8	2	13	6
2009	661	55	261	197	35	30	22	7	12	10	5	14	8
2010	658	61	211	228	26	30	20	17	15	13	11	18	8
2011	530	52	192	197	17	16	4	7	5	19	4	12	5
2012	615	56	221	236	20	21	6	7	7	15	6	15	5
2013	693	64	240	263	22	21	8	10	12	16	9	22	6
2014	628	84	186	204	28	36	10	11	12	14	11	25	7
2015	682	96	189	218	34	47	11	11	14	15	11	29	7
2016	761	117	203	226	38	54	19	16	12	19	12	33	12

注:不包含6户省级直报企业。

12－3　1990年以来分行业规模以上工业企业单位数

单位：个

	1990年	1991年	1992年	1993年	1994年	1995年
总　计	**741**	**692**	**676**	**714**	**739**	**814**
按工业部门分						
煤炭采选业	103	105	112	113	119	142
石油和天然气开采业			2	13	18	53
黑色金属采选业				1	1	1
非金属矿采选业	12	16	17	17	17	15
食品加工业	68	60	60	62	63	60
食品制造业	67	58	57	61	60	42
饮料制造业	13	12	11	13	12	15
烟草制造业	1	1	1		1	1
纺织业	17	17	17	20	22	22
服装及其它纤维制造业	31	34	30	24	22	43
皮革毛皮及其制品业	12	9	9	9	14	11
木材加工及竹藤棕草制品业	3	3	2	2	3	4
家具制造业	26	24	22	19	21	14
造纸及纸制品业	5	5	6	9	9	15
印刷业	18	18	17	18	20	27
文教体育用品制造业	2	2	2	4	2	6
石油加工业及炼焦业	7	9	11	9	16	20
化学原料及化学制品制造业工业	12	15	14	16	19	27
医药制造业	4	4	3	5	4	6
橡胶制品业	2	1	1	1	1	1
塑料制品业	6	5	3	6	5	14
非金属矿物制品业	94	84	81	97	96	92
黑色金属冶炼及压延	6	6	6	9	9	12
金属制品业	65	45	43	40	39	30
机械工业	47	46	48	44	42	37
交通运输设备制造业	7	7	8	4	4	14
电气机械及器材制造业	3	1		2	2	2
仪表仪器及其他计量器具造业				1	2	1
其他制造业	92	78	69	67	59	46
电力、蒸汽、热水生产	17	17	14	15	26	26
自来水生产和供应业	11	10	10	11	11	13

指 标	1996年	1997年	1998年	1999年	2000年	2001年	2002年	2003年	2004年
总 计	**823**	**686**	**524**	**149**	**140**	**126**	**127**	**134**	**134**
按行业分									
煤炭开采和洗选业	159	131	119	20	19	18	19	19	19
石油和天然气开采业	50	7	16	5	5	5	5	5	5
有色金属矿采选业									
非金属矿采选业	10	11	8	3	3	1	1	1	1
开采辅助活动									
农副食品加工业	61	58	47	14	11	5	6	5	4
食品制造业	39	38	30	7	6	5	5	6	7
酒、饮料和精制茶制造业	12	12	8	7	6	4	4	4	4
烟草制品业	1	1	1	1	1	1	1		
纺织业	33	29	15	7	6	5	5	5	5
纺织服装、服饰业	57	38	18	5	4	3	3	2	2
皮革制品制造	11	10	8	3	2	2	2	2	2
木材加工及竹藤棕草制品业	5	4	1						
家具制造业	16	15	8						
造纸及纸制品业	13	13	11	3	2	1	1	1	1
印刷和记录媒介复制业	27	29	15	2	3	2	2	3	3
文教、工美、体育和娱乐用品制造业	5	4	3			1	1		
石油加工、炼焦及核燃料加工业	15	15	12	5	4	2	2	3	3
化学原料及化学制品制造业	22	14	14	12	11	19	19	26	25
医药制造业	7	6	5	3	3	1	2	2	2
橡胶制品业	1	1							
塑料制品业	10	12	10	3	2	2	1	1	1
非金属矿物制品业	90	89	61	10	10	9	9	13	13
黑色金属冶炼及压延加工业	9	4	6	3	4	4	4		1
有色金属冶炼及压延加工业									
金属制品业	23	22	26		1				
通用设备制造业	11	10	5	4	3	3	3	3	3
专用设备制造业	27	28	14	5	3	3	1	2	2
汽车制造业	15	11	7	2	1	1			
其他制造业									
电气机械及器材制造业	1	1	1						
废弃资源综合利用业									
金属制品、机械和设备修理业	39	35	22	3	3	2	3		
电力、热力的生产和供应业	38	24	18	13	15	15	16	18	18
燃气生产和供应业		1							
水的生产和供应业	15	13	13	12	12	12	12	12	12

注：服装及其它纤维制品业更改为纺织服装、服饰业；文教体育用品制造业更改为文教、工美、体育和娱乐用品制造业；交通

表

单位:个

2005 年	2006 年	2007 年	2008 年	2009 年	2010 年	2011 年	2012 年	2013	2014	2015	2016
364	**611**	**616**	**639**	**661**	**663**	**535**	**615**	**700**	**635**	**688**	**767**
201	320	305	309	304	275	237	279	316	261	278	301
5	1	1	1	36	38	16	3	5	4	4	4
1							1	1	1		0
2	2	3	4	4	6	4	3	3	2	3	2
							11	11	12	12	9
5	5	8	13	15	21	9	12	16	30	41	53
4	5	6	10	19	29	26	22	30	33	34	39
4	4	5	5	7	8	4	7	8	12	14	14
							0	0	0		0
1	1	1	1		1	1	0	1	1	2	3
	4	4	4	6	7	5	5	6	7	10	18
				1	1		0	0	1	1	1
				2	1	1	0	1	3	3	4
			1		1		0	0	0		1
1	1	1	1	2	1	1	1	2	2	2	3
1							0	0	0		
							1	1	1	1	1
48	138	145	132	57	54	65	72	77	75	73	70
24	45	49	51	56	51	49	55	63	55	56	49
2	2	4	4	4	4	3	3	3	4	4	5
				1	1	1	1	1	1	3	5
1				1	1						
12	13	17	18	27	28	25	36	45	25	33	36
7	15	16	28	45	45	16	22	22	15	13	15
11	17	19	21	21	29	27	29	29	23	25	23
				2	3	4	1	1	2	2	5
				2	2		2	2	2	2	2
					1		5	4	3	4	4
			1	2	2	1	1	2	2	2	2
											2
							0	0	0		0
											1
				2	5	1	1	0	0		0
21	27	27	30	34	34	30	33	36	41	46	71
1	1	1	1	5	5	4	4	9	13	14	17
12	10	4	4	6	9	5	5	5	3	6	7

运输设备制造业更改为汽车制造业;工艺品及其他制造业更改为金属制品、机械和设备修理业。

12－4　主要年份工业

年份	总计	规模以上	按生产性质分		按隶属关系分			按大中小分	
			轻工业	重工业	中省企业	市属企业	县及县以下企业	大中型企业	小微型企业
1990	83779	62910	38392	24518	5139	24442	33329	7183	55727
1995	218700	145309	60345	84964	20072	33226	92011	31946	113363
2000	769505	309567	35939	273628	18955	108390	182222	56464	253103
2005	3970128	1985128	32086	1953042	1175044	90800	719284	1331953	653175
2006	5696998	2369525	39160	2330365	848967	139147	1381411	1076216	1293309
2007	7996552	3735425	48582	3686843	1687659	201208	1846557	2157576	1577849
2008	12802405	7585307	109361	7475946	2983211	314623	4287473	3468392	4116914
2009	14388593	14155900	197913	13957987	8246764	567125	5342009	8265441	5890459
2010	19599630	18822930	323959	18498971	10978440	580596	7263894	11887853	6935077
2011	26615522	25568517	280688	25287829	14754342	667449	10146727	16557203	9011314
2012	31056532	29991667	397966	29593701	16548341	752124	12691202	21026086	8965581
2013	32581866	31208173	541039	30667133	19421223	6570227	5216723	24462364	6745809
2014	35344139	33938514	667496	33271018	19896944	697689	13343881	26182894	7755620
2015	32157345	31213445	752521	30460923	17532434	630976	13050035	23578317	7635127
2016		32724963	891497	31833466	18644257	760320	13320385.8	24582722	8142241

注:1、1999 年及以后总计与规模以上加规模以下之差为省返馈中省单位总产值;2、1997 年按工业普查结果调整数据(后表

总产值

单位：万元

按经济类型分										规模以下
国有	集体	股份合作企业	联营企业	有限责任公司	股份有限公司	私营企业	其他企业	港澳台商投资	外商投资企业	
43388	19522									20869
93468	35089		9686		4144			2791	131	73391
207336	13086	608	1211		67972	9646		7197	2511	213663
780048	187839	63888	3896	180193	515114	177967	20777	30135	25271	365000
337388	324303	87195	15118	412043	594045	516668	14536		68230	420000
394224	366048	120629	21082	592462	1380558	748803	35428	14669	61523	445000
987734	781412	250764	59378	1004950	2210422	2146766	37317	28484	78079	508998
5851640	886910	274321	81012	1698844	2745804	2414173	49141	29055	125000	232693
7880318	936009	365833	114017	2103858	3588028	3648803	5457	22799	157809	776700
3072372	161014	192140	116888	7285288	8410631	5375524	698668	27517	228475	1047031
12361724	186208	821392	74945	5837003	4382887	4388673	1665634	44642	228590	54595
5201994	128205	680321	3031836	6567386	10642166	3805720	836175	36021	278351	1373693
9123145	134507	213688	5362	8474445	11266520	4323438	145578	34982	216850	1405625
7766067	93873	160999		9428721	9042651	4430238	73498	30274	187122	943900
2147391	73706	52617		18146639	8196230	3806705	54872	67258	179546	

同）。3、2016 年为规模以上工业总产值。

12－5　各县区主要年份

年份	合计	榆阳	神木	府谷	横山	靖边	定边
1978	13827	3235	1422	1150	742	526	1852
1980	12518	2515	1059	877	628	719	1564
1985	21859	3694	1515	2119	818	678	1664
1990	83779	10493	9715	11982	3273	2739	5525
1995	218700	62507	47107	46105	11383	14773	13088
2000	769505	93995	194240	75352	30029	275148	65098
2001	964360	101287	280598	79267	32034	363047	62660
2002	1123964	98163	362476	102974	27290	431390	60835
2003	1588728	125841	467809	190000	36843	634407	95084
2004	2354573	174626	520336	205327	40135	1270373	106130
2005	3970128	435079	1086275	370474	149892	1530146	343624
2006	5696998	523297	1742319	531662	204146	2099289	479764
2007	7996552	706879	2832219	712417	245964	2590713	738740
2008	12802405	1060965	4536379	2022643	515305	3191762	1232381
2009	14388593	1507192	5353637	2354650	516076	2908659	1257485
2010	19599630	2335820	6798544	3711673	692175	3195878	2123279
2011	26615548	3121602	9014445	5898538	729706	4037608	2903794
2012	31056532	3029898	12291288	6075576	889403	4266154	3450443
2013	32581866	3916290	11789310	6278462	980053	4365460	3929179
2014	35344125	4762648	12285050	6523258	1190712	4993047	4152415
2015	32157345	5497445	11692337	5617560	1431243	3978946	2539898
2016	32724963	6072544	13426330	5432554	1250320	3418515	1894232

注:1、1997—1998 年因地县分别调查,故各县合计与全区数据略有出入。2、2015 年及以前为全部工业总产值,2016 年为规模

工业总产值

单位:万元

绥德	米脂	佳县	吴堡	清涧	子洲
672	1164	284	163	419	611
727	530	395	207	473	469
1660	973	754	437	429	945
4890	2884	2228	2175	2333	2747
6838	5090	1979	4532	3345	1953
7624	8202	2799	4648	9256	3115
9194	11162	3694	8601	10083	2732
8096	14433	3024	3630	9011	2637
6752	8565	3265	5206	11714	3242
7860	3499	2749	5073	14415	4051
10723	8296	3098	4950	16406	10775
11993	56464	4243	6760	21466	15604
13635	90874	4560	12268	21779	26505
16584	96293	29638	17801	38714	43939
30673	130394	52420	28269	64102	185036
76429	136719	155111	68420	112553	193031
115250	199304	162398	71091	144588	217225
139196	208709	195560	81548	161548	267480
164236	243021	231318	103919	226792	353826
174541	277496	252484	131584	264354	336552
126484	354485	208662	116672	248388	345467
73567	320855	169206	90938	230344	345521

以上工业总产值。

12-6 省反馈中省单位主要年份工业总产值

单位:万元

年份	省反馈中省单位总产值	规模以上工业	重工业	中省企业	大中型企业	备注
1999	127408	127408	127408	127408	127408	1999—2002 年为反馈的长庆油田和神府公司产值;2003—2004 年为反馈的长庆油田产值;2005 年为反馈的长庆油田和榆林供电局产值;2006—2011 年为反馈的长庆油田、长庆勘探局、榆林供电局、延长股份公司和延长集团公司在榆林实现的产值;2012—2015 年为反馈的长庆油田、长庆勘探局、榆林供电局、延长股份公司和延长集团公司在榆林、陕西省电力公司榆林供电公司、陕西西京电子科技有限公司榆林分公司实现的产值;2015 年以后为反馈的长庆油田、长庆勘探局、榆林供电局、延长股份公司和延长集团公司在榆林、陕西省电力公司榆林供电公司的产值。
2000	246275	246275	246275	246275	246275	
2001	202876	202876	202876	202876	202876	
2002	259062	259062	259062	259062	259062	
2003	377493	377493	377493	377493	377493	
2004	950410	950410	950410	950410	950410	
2005	1620000	1620000	1620000	1620000	1620000	
2006	2907473	2907473	2907473	2907473	2907473	
2007	3816127	3816127	3816127	3816127	3816127	
2008	489364	489364	489364	489364	489364	
2009	4008535	4008535	4008535	4008535	4008535	
2010	5613539	5613539	5613539	5613539	5613539	
2011	7918711	7918711	7918711	7918711	7918711	
2012	8888460	8888460	8888460	8888460	8888460	
2013	9586861	9586861	9586861	9586861	9586861	
2014	10119167	10119167	10119167	10119167	10119167	
2015	7212796	7212796	7212796	7212796	7212796	
2016	5913017	5913017	5913017	5913017	5913017	

12-7 1990年以来分行业规模以上工业企业总产值

单位:万元

	1990年	1991年	1992年	1993年	1994年	1995年
总　计	**62910**	**62902**	**73379**	**96900**	**138056**	**145309**
按工业部门分						
煤炭采选业	3861	4220	7142	9500	14991	22239
石油和天然气开采业			236	3100	8727	9832
黑色金属采选业				100	140	
非金属矿采选业	2011	2032	2246	2500	2832	2614
食品加工业	5496	7000	8000	4900	6197	6788
食品制造业	1084	1581	2057	3600	5419	4100
饮料制造业	903	855	925	1500	1730	4064
烟草制造业	3365	2640	2461	2500	2627	1661
纺织业	13879	12218	13500	17500	22362	20090
服装及其它纤维制造业	2026	2261	2101	2400	4335	6223
皮革毛皮及其制品业	1993	2167	3249	4400	7416	3287
木材加工及竹藤棕草制品业	78	75	64		81	91
家具制造业	360	381	331	300	444	483
造纸及纸制品业	340	316	337	500	543	1963
印刷业	616	718	803	800	954	750
文教体育用品制造业	36	43	43	100	111	226
石油加工业及炼焦业	389	917	1120	800	1724	3491
化学原料及化学制品制造业工业	4304	5517	6052	8100	9770	17088
医药制造业	1036	1818	1340	2600	2612	2951
橡胶制品业	54	35	40	100	64	59
塑料制品业	835	987	1094	1100	786	2133
非金属矿物制品业	4413	5669	6198	11200	13211	11165
黑色金属冶炼及压延	1316	1704	2156	5300	6923	5829
金属制品业	1461	1543	1589	2200	2795	1322
机械工业	1234	1272	1814	1900	2672	3560
交通运输设备制造业	220	187	131	100	86	689
电气机械及器材制造业	23	34			10	30
仪表仪器及其他计量器具造业					34	43
其他工业	2108	2280	2461	3700	3421	1977
电力、蒸汽、热水生产	3424	4264	4653	5600	14639	9684
自来水生产和供应业	141	164	238	400	398	522

指　标	1996 年	2000 年	2001 年	2002 年	2003 年	2004 年	2005 年
总　计	**201036**	**309567**	**539942**	**641528**	**898962**	**1054163**	**1985128**
按行业分							
煤炭开采和洗选业	40359	4743	166298	226426	284667	313127	879301
石油和天然气开采业	24622	83510	95005	88301	128904	167033	190385
有色金属矿采选业							2472
非金属矿采选业	2376	7432	2495	3855	2722	2901	8356
开采辅助活动							
农副食品加工业	9139	3293	906	1679	1341	708	3552
食品制造业	4632	2117	4306	5945	7986	10571	10579
酒、饮料和精制茶制造业	4140	5492	6889	7485	6603	7238	6679
烟草制品业	1412	786	2140	1355			
纺织业	22294	3764	3250	1972	1285	935	825
纺织服装、服饰业	4740	2217	3908	4451	5824	43	
皮革、毛皮、羽毛及其制品和制鞋业	3289	2196	1320	1315	1226	129	
木材加工及竹藤棕草制品业							
家具制造业	897						
造纸及纸制品业	1776	1075	761	851	750	703	1561
印刷业和记录媒介的复制	1411	269	257	249	507	378	360
文教、工美、体育和娱乐用品制造业	83		16	24			
石油加工、炼焦业	3355	91214	109808	123131	206923	240947	373147
化学原料及化学制品制造业	18276	36490	53056	63313	107358	130680	145302
医药制造业	2620	1437	1688	1710	1970	3125	3880
橡胶制品业							
塑料制品业	2098	1283	1053	561	614	10	18481
非金属矿物制品业	14338	9470	15073	19138	27196	35186	21026
黑色金属冶炼及压延加工业	4787	4809	5475	5130		4170	25306
有色金属冶炼及压延加工业							29468
金属制品业	2238	1125					
通用设备制造业	2507	603	599	486	441	94	
专用设备制造业	1440	84	2609	3164	3565	1561	
汽车制造业	537	94	39				
电气机械及器材制造业							
其他制造业							
金属制品、机械和设备修理业	2653	633	570	734			
电力、热力的生产和供应业	20775	43979	60588	77809	105243	130117	259729
燃气生产和供应业							754
水的生产和供应业	805	1454	1832	2445	3153	4030	3966

变更:服装及其它纤维制品业更改为纺织服装、服饰业;文教体育用品制造业更改为文教、工美、体育和娱乐用品制造业;交通

表

单位:万元

2006 年	2007 年	2008 年	2009 年	2010 年	2011 年	2012 年	2013 年	2014 年	2015 年	2016 年
5276998	**7551551**	**12293407**	**14155900**	**18822930**	**25568517**	**29991667**	**31208173**	**33938514**	**31213445**	**32724963**
1293579	2258131	4956743	6584273	8884575	12078299	13979456	13369976	13053734	12914930	13581037
2211615	2936876	3883474	3520096	4567821	5780367	6093754	6572556	6884458	4791767	3844023
8751	10264	14896	15834	20385	18620	35860	42191	55378	53370	49913
						380480	346362	444456	346488	76928
3702	8398	36845	59067	98646	71320	109407	173877	229747	279457	304356
14290	14001	27071	65149	118748	105161	115766	138058	170320	178409	243214
4883	6859	20577	28738	34772	40503	95788	118024	128604	118478	116850
1240	1268	3089		4762	7098				2055	20815
5295	3866	7999	12212	24364	21876	36741	42705	43750	41596	62024
			789			8678	22736	36695	29450	3819
			9771	30284	14415		23433	26273	29259	41422
		9069		574				3972	3270	4132
958	966	679	1183	3273		2568	6459	7720	6984	15988
						5869	4996	4962	5670	5615
675438	772203	1069871	1188431	1797311	3522486	4357547	4613712	4836624	3688493	4164433
379659	476176	634728	516807	620037	1048936	1308785	1489630	2449655	3215995	3921781
4498	6063	8939	12038	12198	12018	13404	15226	21138	18464	42721
			2265	4081	3037	4584	5129	5373	9198	12893
			684	1114						
26610	50325	67283	83613	92370	169079	182981	212909	163697	176566	224646
36213	33999	73775	63337	73688	185375	177322	224868	266489	243323	84303
63139	125815	359047	387489	544633	476993	528266	831471	1470036	1510215	1701827
			453	5324	10740	59	7312	7305	4089	13676
			1767	2230		4647	4795	4507	4281	4333
				586		2190	2837	798	894	154941
		6683	5841	11333	12216	32822	46049	94231	66827	52205
							10777	7141		
						1070	35680	1029	4777	3379
			9863	8295	4444	188250	154284	170635	161450	
541512	785460	1104601	1422571	1827150	1942109	2255267	2528197	3046392	2969602	3546557
1322	1950	3877	11640	16051	24458	51687	144964	282834	278885	364242
4294	3468	4162	8874	17353	18267	18423	18960	20562	59206	62894

运输设备制造业更改为汽车制造业;工艺品及其他制造业更改为金属制品、机械和设备修理业。

12－8　规模以上工业企业单位数及工业总产值(2016年)

单位:个、万元

指　标	单位数	工业总产值
规模以上企业	767	32724963
中省企业	59	18644257
地方企业	708	14080706
市属企业	21	760320
县级县以下	687	13320386
国有企业	21	2147391
集体企业	7	73706
股份合作企业	7	52617
联营企业		
有限责任公司	435	18146639
股份有限公司	34	8196230
私营企业	248	3806705
其他企业	7	54872
港澳台商投资企业	3	67258
外商投资企业	5	179546
轻工业	150	891497
重工业	617	31833466
大型企业	31	17205078
中型企业	103	7377644
小型企业	633	8142241
微型企业	91	406917
分行业看		
煤炭开采和洗选业	301	13581037
石油和天然气开采业	4	3844023
有色金属矿采选业		
非金属矿采选业	2	49913
开采辅助活动	9	76928
农副食品加工业	53	304356

12－8 续表

单位:个、万元

指 标	单位数	工业总产值
食品制造业	39	243214
酒、饮料和精制茶制造业	14	116850
烟草制品业		
纺织业	3	20815
纺织服装、服饰业	18	62024
皮革、毛皮、羽毛及其制品和制鞋业	1	3819
木材加工和木、竹、藤、棕、草制品业	4	41422
家具制造业	1	4132
造纸和纸制品业	3	15988
印刷和记录媒介复制业		
文教、工美、体育和娱乐用品制造业	1	5615
石油加工、炼焦和核燃料加工业	70	4164433
化学原料和化学制品制造业	49	3921781
医药制造业	5	42721
橡胶和塑料制品业	5	12893
非金属矿物制品业	36	224646
黑色金属冶炼和压延加工业	15	84303
有色金属冶炼和压延加工业	23	1701827
金属制品业	5	13676
通用设备制造业	2	4333
专用设备制造业	4	154941
汽车制造业	2	52205
电气机械和器材制造业		
其他制造业	2	3379
金属制品、机械和设备修理业	1	
电力、热力生产和供应业	71	3546557
燃气生产和供应业	17	364242
水的生产和供应业	7	62894

12－9 各县区规模以上

县区	总计	按生产性质分		按隶属关系分			按大中小分	
		轻工业	重工业	中省企业	市属企业	县及县以下企业	大中型企业	小微型企业
总计	**767**	**150**	**617**	**59**	**21**	**687**	**134**	**633**
榆阳	117	37	80	10	14	93	18	99
神木	203	6	197	16	3	184	49	154
府谷	226	1	225	7	1	218	48	178
横山	38	5	33	5	3	30	7	31
靖边	54	20	35	8		46	2	52
定边	19		19	5		14		19
绥德	16	14	2	1		15		16
米脂	12	7	5	1		11		
佳县	19	16	3			19	1	18
吴堡	12	8	4			12		12
清涧	33	27	6			33		
子洲	12	7	5			12		

注:分县区企业单位数不含6户中省反馈企业。

12－10 各县区规模以上

县区	乡及乡以上(规模以上)	按生产性质分		按隶属关系分			按大中小分	
		轻工业	重工业	中省企业	市属企业	县及县以下企业	大中型企业	小微型企业
总计	**32724963**	**891497**	**31833466**	**18644257**	**760320**	**13320386**	**24582722**	**8142241**
榆阳	6072544	144195	5928349	3707912	426600	1938032	4084892	1987652
神木	13426330	29225	13397104	7461388	196170	5768772	11093316	2333013
府谷	5432554	11037	5421517	1162020	79205	4191329	3099118	2333436
横山	1250320	46891	1203429	1066712	58345	125263	1098891	151428
靖边	3418515	63271	3355244	3204289		214226	947367	282412
定边	1894232	7901	1886332	1677953		216280	1644398	249834
绥德	73567	58267	15300	11156		62411	6306	67261
米脂	320855	14896	305959	260045		60810	260045	60811
佳县	169206	128516	40689			169206	31720	137485
吴堡	90938	37809	53129	1434		89504	1434	89504
清涧	230344	198697	31647	1080		229264	36939	193405
子洲	345521	150792	194730	89523		255999	89523	255998

工业企业单位数(2016 年)

单位:个

按经济类型分									
国有	集体	股份合作企业	联营企业	有限责任公司	股份有限公司	私营企业	其他企业	港澳台商投资	外商投资企业
21	**7**	**7**		**435**	**34**	**248**	**7**	**3**	**5**
5		1		52	5	49	1	1	3
3	4	4		105	13	73			1
5	1	1		167	5	44	1	1	1
2	2	1		18	3	10	2		
3				38		11	1	1	
1				9	5	4			
				9		7			
				6	1	5			
				7		12			
				7		5			
				7		24	2		
				8		4			

工业总产值(2016 年)

单位:万元

按经济类型分									
国有	集体	股份合作企业	联营企业	有限责任公司	股份有限公司	私营企业	其他企业	港澳台商投资	外商投资企业
2147391	**73706**	**52617**		**18146639**	**8196230**	**3806705**	**54872**	**67258**	**179546**
114072		14011		4246325	721348	871592		28594	76602
531356	67895	36029		6700925	4417392	1648995			
440243	2833			4009717	76813	755701	32742	35299	79205
15647	2978	2578		905839	294192	25806	3281		23739
1028043				1468379	836517	78814	3397	3364	
13233				149518	1705062	26420			
3862				40459	1930	27317			
341				256655	57486	6373			
				36598	708	132608			
				69427		21512			
6				33223	966	180698	15451		
549				229577	84525	30871			

12-11 主要年份

年份	原煤（万吨）	#地方	原油（万吨）	#地方	原盐（万吨）	精甲醇（万吨）	#地方
1978	108.00				7.73		
1980	108.00				5.50		
1985	160.00				4.39		
1990	394.00				12.50		
1995	1290.00		6.00		8.46		
2000	1640.00		89.00		7.50	15.81	
2001	2583.00		82.00		6.50	12.20	
2002	3227.00		76.00		9.50	22.11	
2003	4088.00		86.00		10.00	21.83	
2004	4405.00		410.00		10.00	32.86	
2005	6560.00		476.00		26.25	46.88	
2006	10588.00		536.00		28.72	64.87	
2007	11992.00		654.00		33.00	71.79	
2008	15533.00		749.00		41.30	82.27	
2009	20929.00		852.00		39.47	129.89	
2010	25732.00	25732.00	983.00		40.98	119.38	42.56
2011	28355.00	12892.25	1082.60		41.90	132.10	41.40
2012	32004.79	17037.75	1161.27		104.80	132.28	0.00
2013	33854.89	16696.39	1229.58		111.88	157.83	45.35
2014	36263.31	18910.32	1231.60		142.97	196.63	46.20
2015	36103.50	19540.63	1186.94		134.85	222.07	22.93
2016	36216.21	17243.61	1092.31		134.69	225.98	18.03

年份	电石（万吨）	水泥（万吨）	白酒（千升）	玻璃（万重量箱）	发电量（亿千瓦时）	#火电	风电
1978		3.24	278.30	3.78	0.59		
1980		2.74	840.30	1.77	0.60		
1985		3.81	813.00	1.73	0.28		
1990	2.14	13.97	1141.00	27.04	1.82		
1995	3.64	29.44	1408.00	43.70	4.91		
2000	12.37	24.00	2870.00	52.26	15.00		
2001	11.72	22.00	2877.00	28.96	25.66		
2002	28.82	22.70	3871.00	10.70	30.41		
2003	27.79	27.80	2803.00	76.10	32.69		
2004	25.00	41.40	2398.00	324.50	39.52		
2005	48.00	29.30	2211.00	198.70	68.46		
2006	90.18	60.13	1298.00	277.44	86.61		
2007	111.00	65.00	1658.00	742.00	166.51		
2008	106.34	97.50	1393.00	711.40	238.05		
2009	78.27	110.13	950.00	733.79	293.51		
2010	92.91	109.31	1398.68	683.38	356.27	355.84	0.43
2011	108.90	301.20	2290.30	839.60	396.80	396.07	0.00
2012	145.43	390.49	1907.00	793.02	438.30	437.42	2.60
2013	167.32	477.51	2187.60	648.58	475.72	472.43	3.29
2014	207.58	459.72	2534.48	667.78	592.16	581.56	10.60
2015	258.32	391.74	1949.80	570.45	629.34	612.33	15.01
2016	241.64	367.79	1697.90	564.90	693.02	659.80	24.80

工业产品产量

天然气（亿立方米）	合成氨（万吨）	原油加工量（万吨）				兰炭（万吨）	洗煤（万吨）
			#汽油	柴油	燃料油		
	7.50					7.50	
	4.52					4.52	
	1.82					1.82	
	22.59					22.59	
	12.19					12.19	
	4.16	45.36				4.16	
	4.52	66.31				4.52	
37.90	6.90	73.95				6.90	
49.50	5.10	88.61				5.10	
59.50	5.60	69.83				5.60	
60.50	35.80	79.51				35.80	
65.23	391.70	119.75				391.70	
80.00	617.00	165.28				617.00	
87.00	786.41	193.15				786.00	
100.73	798.96	226.64				798.96	110.69
109.83	1.75	260.96	64.13	105.11		959.56	232.30
120.80	2.35	305.00	105.07	131.00	3.10	1470.80	1648.30
128.16	1.96	338.44	142.31	150.19	5.20	1960.95	2463.14
149.62	1.77	386.29	160.62	170.38	5.95	2237.11	3360.87
163.36	5.64	430.59	163.69	184.57	5.67	2629.69	3529.38
151.13	6.25	432.34	155.69	177.32	8.01	2499.11	7053.05
159.70	31.47	403.50	123.90	139.72	2.01	2888.70	7220.46

金属镁（万吨）	氮肥（万吨）	铁合金（万吨）	氢氧化钠（万吨）	中成药（吨）	醋酸（万吨）	食用植物油（万吨）	聚氯乙烯（万吨）
0.80							
5.80							
5.90							
8.00							
14.07							
18.93	1.35	14.08	14.45	156.00	1.12	4.64	16.41
24.20	1.81	25.38	37.83	155.00	2.35	4.60	45.60
30.56	1.53	25.16	50.71	101.00	4.46	4.62	52.68
33.28	4.20	36.12	67.77	104.29	8.04	6.69	91.48
39.63	57.57	45.59	92.41	258.20	19.45	5.38	121.68
37.64	57.95	51.27	94.17	142.10	28.06	8.38	131.36
45.59	21.18	59.81	105.06	198.80	26.59	9.24	143.41

12－12 规模以上工业

指标	企业单位数(个)	#亏损企业	工业总产值(当年价格)	工业销售产值(当年价格)	资产总计	流动资产合计
总　计	**767**	**224**	**32724963**	**31520654**	**72968584**	**18767382**
一、按登记注册类型分组:						
内资企业	759	223	32478160	31274626	72380257	18592322
国有企业	21	3	2147391	2097445	5317551	701733
中央企业	6	1	534111	526793	963729	71542
地方企业	15	2	1613280	1570652	4353823	630192
集体企业	7	4	73706	73706	187812	80188
股份合作企业	7	3	52617	51420	197112	42893
联营企业						
有限责任公司	435	142	18146639	17331070	40609044	11182216
国有独资公司	21	8	4954514	4861732	16173818	4153185
其他有限责任公司	414	134	13192125	12469337	24435227	7029031
股份有限公司	34	10	8196230	8042387	20436062	4623836
私营企业	248	58	3806705	3629720	5532667	1924520
私营独资企业	15	3	205399	198914	503334	143967
私营合伙企业	29	6	540901	543876	900579	300451
私营有限责任公司	188	45	2743740	2581690	3785513	1283638
私营股份有限公司	16	4	316666	305240	343241	196464
其他企业	7	3	54872	48879	100009	36935
港、澳、台商投资企业	3		67258	67020	78041	38449
合资经营企业(港或澳、台资)	1		28594	28356	49175	35315
其他港澳台商投资企业	2		38664	38664	28867	3134
外商投资企业	5	1	179546	179009	510286	136612
中外合资经营企业	2		96371	95834	212053	101744
中外合作经营企业	1	1	23739	23739	53683	8630
外资企业	1		59436	59436	184599	15451
外商投资股份有限公司						
其他外商投资企业	1				59951	10787
二、按经济组织类型分组						
独资企业	44	10	2485931	2429500	6193297	941339
国有企业	21	3	2147391	2097445	5317551	701733
集体企业	7	4	73706	73706	187812	80188
私营独资企业	15	3	205399	198914	503334	143967
港澳台商独资经营企业						
外资企业	1		59436	59436	184599	15451
合作、合伙企业	47	13	710792	706577	1340200	402830
股份合作企业	7	3	52617	51420	197112	42893
私营合伙企业	29	6	540901	543876	900579	300451
中外合作经营企业	1	1	23739	23739	53683	8630
其他企业(内资)	7	3	54872	48879	100009	36935
其他港澳台商投资企业	2		38664	38664	28867	3134
其他外商投资企业	1				59951	10787
股份有限公司	50	14	8512896	8347627	20779303	4820300
股份有限公司(内资)	34	10	8196230	8042387	20436062	4623836
私营股份有限公司	16	4	316666	305240	343241	196464
有限责任公司	626	187	21015344	20036950	44655784	12602913
国有独资公司	21	8	4954514	4861732	16173818	4153185
私营有限责任公司	188	45	2743740	2581690	3785513	1283638
合资经营企业(港或澳、台资)	1		28594	28356	49175	35315
中外合资经营企业	2		96371	95834	212053	101744
其他有限责任公司	414	134	13192125	12469337	24435227	7029031
三、在总计中:亏损企业	224	224	3920442	3660111	11985583	2648534
在总计中:国有控股企业	114	36	21864881	21160329	57159700	13012077
在总计中:农村工业	7	2	231376	229603	125081	71056
在总计中:轻工业	150	7	891497	859470	1399184	559395
重工业	617	217	31833466	30661184	71569400	18207988
在总计中:大型企业	31	5	17205078	16858707	44701196	10230098
中型企业	103	25	7377644	6909991	14078911	3648468
小型企业	633	194	8142241	7751957	14188478	4888817
纯小型企业	542	159	7735324	7352228	12078365	4313376
微型企业	91	35	406917	399729	2110113	575441

企业主要经济指标(2016 年)

单位:万元

本年折旧	负债合计	主营业务收入	主营业务成本	主营业务税金及附加	销售费用	管理费用
3431602	**41364252**	**30345086**	**21764088**	**1512174**	**595037**	**1660304**
3395628	41134957	30114420	21591515	1502705	591726	1649140
258738	3337909	2082659	1476109	141389	38021	90480
67654	515829	607820	555392	5244	123	6974
191085	2822080	1474840	920717	136146	37897	83507
5528	92335	64008	39830	5484	1033	4323
3910	38587	41240	21269	3682	696	8784
1513193	24917180	17775216	13092386	880972	401395	885015
589335	9677139	5664672	4144427	578323	67644	225470
923858	15240041	12110544	8947960	302649	333752	659544
1438388	9085195	6645446	4352585	391962	25546	461189
168400	3609418	3455695	2575816	76550	122882	195132
7559	316254	181249	125165	6954	7208	12083
28398	451465	505213	304030	24624	28418	50208
114008	2651734	2460498	1893074	39847	78390	120048
18435	189966	308735	253548	5126	8866	12793
7471	54332	50155	33520	2665	2153	4218
2387	20168	53437	34391	3733	812	2449
708	3834	30588	21503	2225	194	1036
1680	16334	22849	12888	1509	619	1413
33586	209127	177230	138182	5736	2499	8715
10465	39702	75839	51955	4948	1682	4142
5677	21155	23402	21133	776		2529
16017	111452	59436	50001	2	641	1349
1427	36819	18553	15093	10	176	696
287842	3857950	2387352	1691105	153829	46902	108235
258738	3337909	2082659	1476109	141389	38021	90480
5528	92335	64008	39830	5484	1033	4323
7559	316254	181249	125165	6954	7208	12083
16017	111452	59436	50001	2	641	1349
48563	618691	661412	407933	33266	32062	67847
3910	38587	41240	21269	3682	696	8784
28398	451465	505213	304030	24624	28418	50208
5677	21155	23402	21133	776		2529
7471	54332	50155	33520	2665	2153	4218
1680	16334	22849	12888	1509	619	1413
1427	36819	18553	15093	10	176	696
1456823	9275161	6954181	4606132	397087	34412	473982
1438388	9085195	6645446	4352585	391962	25546	461189
18435	189966	308735	253548	5126	8866	12793
1638374	27612450	20342142	15058918	927991	481661	1010240
589335	9677139	5664672	4144427	578323	67644	225470
114008	2651734	2460498	1893074	39847	78390	120048
708	3834	30588	21503	2225	194	1036
10465	39702	75839	51955	4948	1682	4142
923858	15240041	12110544	8947960	302649	333752	659544
475801	9300482	3389553	3134041	64873	90318	293044
2842680	31343868	20539462	14174710	1305670	283291	1155566
2773	63954	226703	181502	2498	11068	12597
21012	651292	875074	678660	9388	35048	43739
3410590	40712960	29470012	21085428	1502786	559989	1616564
2252953	23854584	16454439	11722953	1116945	198351	805080
722210	8455165	6416522	4326803	230900	167084	459566
456439	9054503	7474126	5714332	164329	229603	395658
423986	7338145	7094155	5421598	161242	221302	383012
32453	1716358	379971	292734	3087	8301	12646

指　标	财务费用	#利息支出	利润总额	亏损企业亏损总额	本年应付职工薪酬
总　计	**1019026**	**922625**	**3923845**	**323901**	**2352631**
一、按登记注册类型分组:					
内资企业	1012450	920795	3891223	322404	2345621
国有企业	119141	113881	226414	2029	157654
中央企业	13489	12964	27961	1366	67535
地方企业	105652	100916	198454	663	90120
集体企业	1404	1369	11887	2122	7820
股份合作企业	69	189	6527	478	3685
联营企业					
有限责任公司	659732	583659	2100383	184490	1091634
国有独资公司	281939	281004	510474	53192	273222
其他有限责任公司	377792	302655	1589909	131298	818412
股份有限公司	159216	167295	1119257	85630	913970
私营企业	71580	54017	420498	46697	168741
私营独资企业	2726	1076	26634	1301	7546
私营合伙企业	7181	4019	88681	8221	41895
私营有限责任公司	56971	45407	277201	36112	111892
私营股份有限公司	4702	3515	27982	1063	7409
其他企业	1309	387	6258	958	2116
港、澳、台商投资企业	414		11813		2408
合资经营企业(港或澳、台资)	－526		6358		1917
其他港澳台商投资企业	940		5455		491
外商投资企业	6163	1830	20809	1497	4603
中外合资经营企业	487	410	17585		2397
中外合作经营企业	419	419	－1497	1497	492
外资企业	4242		3167		434
外商投资股份有限公司					
其他外商投资企业	1015	1001	1554		1281
二、按经济组织类型分组					
独资企业	127513	116326	268102	5452	173453
国有企业	119141	113881	226414	2029	157654
集体企业	1404	1369	11887	2122	7820
私营独资企业	2726	1076	26634	1301	7546
港澳台商独资经营企业					
外资企业	4242		3167		434
合作、合伙企业	10932	6014	106978	11154	49959
股份合作企业	69	189	6527	478	3685
私营合伙企业	7181	4019	88681	8221	41895
中外合作经营企业	419	419	－1497	1497	492
其他企业(内资)	1309	387	6258	958	2116
其他港澳台商投资企业	940		5455		491
其他外商投资企业	1015	1001	1554		1281
股份有限公司	163918	170809	1147239	86693	921379
股份有限公司(内资)	159216	167295	1119257	85630	913970
私营股份有限公司	4702	3515	27982	1063	7409
有限责任公司	716664	629476	2401526	220602	1207840
国有独资公司	281939	281004	510474	53192	273222
私营有限责任公司	56971	45407	277201	36112	111892
合资经营企业(港或澳、台资)	－526		6358		1917
中外合资经营企业	487	410	17585		2397
其他有限责任公司	377792	302655	1589909	131298	818412
三、在总计中:亏损企业	166904	124298	－323901	323901	426945
在总计中:国有控股企业	775107	765432	2938128	184814	1855927
在总计中:农村工业	2458	2197	16531	3052	2387
在总计中:轻工业	21298	20351	87696	9196	54885
重工业	997729	902274	3836149	314706	2297746
在总计中:大型企业	560877	552794	2129339	107180	1535674
中型企业	235906	207853	1037231	71831	513427
小型企业	222243	161978	757275	144890	303531
纯小型企业	196775	151082	723281	127517	291548
微型企业	25468	10896	33994	17373	11983

表

单位:万元

总资产贡献率（%）	资产负债率（%）	流动资产周转率（次/年）	成本费用利润率（%）	产品销售率（%）	从业人员平均人数
11.06	**56.69**	**1.63**	**15.53**	**96.32**	**21.68**
11.07	56.83	1.63	15.52	96.29	21.54
9.59	62.77	2.97	13.12	97.67	1.54
7.00	53.52	8.53	4.84	98.63	0.63
10.17	64.82	2.34	17.29	97.36	0.91
14.25	49.16	0.80	25.51	100.00	0.07
7.43	19.58	0.96	21.18	97.73	0.07
10.86	61.36	1.61	13.89	95.51	10.43
9.60	59.83	1.37	10.77	98.13	2.01
11.70	62.37	1.75	15.31	94.52	8.42
11.32	44.46	1.45	21.81	98.12	6.10
13.06	65.24	1.80	14.12	95.35	3.24
9.98	62.83	1.26	18.10	96.84	0.19
19.22	50.13	1.68	22.75	100.55	0.50
12.04	70.05	1.92	12.83	94.09	2.36
12.72	55.34	1.58	9.98	96.39	0.19
13.50	54.33	1.36	15.19	89.08	0.09
26.51	25.84	1.39	30.90	99.65	0.03
22.81	7.80	0.87	28.42	99.17	0.02
32.80	56.58	7.29	34.39	100.00	0.01
7.83	40.98	1.34	13.38	99.70	0.11
14.98	18.72	0.80	30.18	99.44	0.06
4.52	39.41	2.78	-6.22	100.00	0.02
1.72	60.38	3.85	5.63	100.00	
4.29	61.41	1.72	9.15		0.02
9.53	62.29	2.54	13.57	97.73	1.81
9.59	62.77	2.97	13.12	97.67	1.54
14.25	49.16	0.80	25.51	100.00	0.07
9.98	62.83	1.26	18.10	96.84	0.19
1.72	60.38	3.85	5.63	100.00	
16.10	46.16	1.64	20.62	99.41	0.71
7.43	19.58	0.96	21.18	97.73	0.07
19.22	50.13	1.68	22.75	100.55	0.50
4.52	39.41	2.78	-6.22	100.00	0.02
13.50	54.33	1.36	15.19	89.08	0.09
32.80	56.58	7.29	34.39	100.00	0.01
4.29	61.41	1.72	9.15		0.02
11.34	44.64	1.46	21.20	98.06	6.28
11.32	44.46	1.45	21.81	98.12	6.10
12.72	55.34	1.58	9.98	96.39	0.19
10.99	61.83	1.63	13.83	95.34	12.87
9.60	59.83	1.37	10.77	98.13	2.01
12.04	70.05	1.92	12.83	94.09	2.36
22.81	7.80	0.87	28.42	99.17	0.02
14.98	18.72	0.80	30.18	99.44	0.06
11.70	62.37	1.75	15.31	94.52	8.42
0.13	77.60	1.31	-8.69	93.36	5.42
11.00	54.84	1.60	17.71	96.78	12.84
21.06	51.13	3.19	7.96	99.23	0.08
9.59	46.55	1.57	11.19	96.41	1.32
11.09	56.89	1.63	15.67	96.32	20.36
10.67	53.36	1.63	15.82	97.99	10.80
13.90	60.06	1.77	19.86	93.66	5.30
9.49	63.82	1.54	11.49	95.21	5.57
10.74	60.75	1.65	11.57	95.05	5.19
2.31	81.34	0.66	9.93	98.23	0.38

12－13　规模以上工业企业

指　标	企业单位数(个)	#亏损企业	工业总产值（当年价格）	工业销售产值（当年价格）	资产总计	#流动资产合计
总　计	**767**	**224**	**32724963**	**31520654**	**72968584**	**18767382**
煤炭开采和洗选业	301	87	13581037	13323500	20788082	8120332
石油和天然气开采业	4	2	3844023	3847053	14811774	1395206
黑色金属矿采选业						
有色金属矿采选业						
非金属矿采选业	2	1	49913	48649	84977	31036
开采辅助活动	9	1	76928	76617	181537	56254
其他采矿业						
农副食品加工业	53		304356	292286	170631	72173
食品制造业	39		243214	236136	110587	62985
酒、饮料和精制茶制造业	14		116850	107448	133451	85581
烟草制品业						
纺织业	3		20815	19999	35645	18881
纺织服装、服饰业	18	1	62024	64861	83815	58258
皮革、毛皮、羽毛及其制品和制鞋业	1		3819	3819	3154	2518
木材加工和木、竹、藤、棕、草制品业	4		41422	37283	11750	7300
家具制造业	1		4132	4670	4262	2091
造纸和纸制品业	3		15988	15755	5520	2152
印刷和记录媒介复制业						
文教、工美、体育和娱乐用品制造业	1		5615	5432	6440	4397
石油加工、炼焦和核燃料加工业	70	40	4164433	3881610	11450789	3663557
化学原料和化学制品制造业	49	28	3921781	3852375	10396452	1771254
医药制造业	5	2	42721	37043	26124	13676
化学纤维制造业						
橡胶和塑料制品业	5		12893	12778	13394	7278
非金属矿物制品业	36	12	224646	216308	414411	127150
黑色金属冶炼和压延加工业	15	13	84303	79459	74805	36090
有色金属冶炼和压延加工业	23	7	1701827	1625202	2326001	814802
金属制品业	5		13676	14410	17004	5878
通用设备制造业	2		4333	4295	10363	3771
专用设备制造业	4	1	154941	153370	439683	199265
汽车制造业	2	1	52205	52672	66325	14061
铁路、船舶、航空航天和其他运输设备制造业						
电气机械和器材制造业						
计算机、通信和其他电子设备制造业						
仪器仪表制造业						
其他制造业	2	2	3379	3379	4135	1760
废弃资源综合利用业	1				1560	1206
金属制品、机械和设备修理业						
电力、热力生产和供应业	71	20	3546557	3147172	9909229	1723893
燃气生产和供应业	17	4	364242	294192	576962	232497
水的生产和供应业	7	2	62894	62883	809725	232082

分行业主要经济指标(2016 年)

单位:万元

本年折旧	负债合计	主营业务收入	主营业务成本	主营业务税金及附加	销售费用	管理费用
3431602	**41364252**	**30345086**	**21764088**	**1512174**	**595037**	**1660304**
826224	9543582	11758321	7219030	571191	264220	810382
1260836	7547945	3619875	2685646	197476	3620	224089
4468	37941	49496	16928	1730	15763	8368
20275	77658	122416	100107	1234	6304	3092
5605	52023	306097	246347	1887	11642	14641
1820	34899	233984	175671	1265	9645	12540
1530	44059	109665	80245	5294	4268	4533
967	23652	19999	16526	21	307	1198
640	43312	67556	52063	174	5056	3580
48	1792	3819	3032	7	192	99
572	3495	37283	30443	631	1036	937
12	353	2609	1685	22	440	270
202	1056	15755	13329	83	474	523
148	3206	9115	7902	8	16	19
177426	7386608	4548767	3657295	527851	129353	151312
434214	7375167	3771522	2855167	140927	96885	179381
298	9880	27737	21890	125	1607	1044
181	5885	14967	12993	57	342	329
19840	275295	227218	182829	2141	7790	19109
1190	53680	78783	76958	226	384	3090
105390	1685938	1562559	1405845	3484	20663	34375
95	3905	14410	11135	120	230	364
609	2959	4295	3388	84	250	625
14211	285038	151063	130004	1761	648	11552
1266	59800	52674	39852	163	2253	3297
120	2105	6712	6750	2	10	42
	789	506	320		80	69
522699	6052305	3155460	2410490	52129	6091	145942
21093	317608	308291	253866	1627	4350	20395
9623	432318	64135	46355	456	1121	5109

指　标	财务费用	#利息支出	利润总额	亏损企业亏损总额	本年应付职工薪酬
总　计	**1019026**	**922625**	**3923845**	**323901**	**2352631**
煤炭开采和洗选业	218180	181002	2635263	51595	817688
石油和天然气开采业	152827	165938	234157	73667	543202
黑色金属矿采选业					
有色金属矿采选业					
非金属矿采选业	1240	1171	5912	76	6136
开采辅助活动	771	799	10952	202	11252
其他采矿业					
农副食品加工业	3568	3298	25539		11975
食品制造业	2720	2204	32297		18217
酒、饮料和精制茶制造业	367	195	15315		5021
烟草制品业					
纺织业	802	805	2372		1053
纺织服装、服饰业	531	456	6357	512	6815
皮革、毛皮、羽毛及其制品和制鞋业	1	1	488		529
木材加工和木、竹、藤、棕、草制品业	195	195	4040		4494
家具制造业	16	24	177		326
造纸和纸制品业	171	168	1132		455
印刷和记录媒介复制业					
文教、工美、体育和娱乐用品制造业	163	163	1042		913
石油加工、炼焦和核燃料加工业	132679	122761	146863	37997	203573
化学原料和化学制品制造业	266236	252315	254546	81719	191428
医药制造业	190	107	2848	195	2550
化学纤维制造业					
橡胶和塑料制品业	198	142	1117		529
非金属矿物制品业	5333	3261	6485	11441	17307
黑色金属冶炼和压延加工业	265	349	－1804	1860	4833
有色金属冶炼和压延加工业	63811	51717	38647	1335	103078
金属制品业	174	24	2382		1384
通用设备制造业	49	58	115		419
专用设备制造业	6882	6984	193	320	21085
汽车制造业	345	346	6918	1326	1186
铁路、船舶、航空航天和其他运输设备制造业					
电气机械和器材制造业					
计算机、通信和其他电子设备制造业					
仪器仪表制造业					
其他制造业	4	4	－95	95	211
废弃资源综合利用业	35		4		
金属制品、机械和设备修理业					
电力、热力生产和供应业	140685	109488	468005	42101	359326
燃气生产和供应业	7943	5788	22876	11067	11066
水的生产和供应业	12645	12863	－295	8394	6581

表

单位:万元、万人

总资产贡献率（%）	资产负债率（%）	流动资产周转率（次/年）	成本费用利润率（%）	产品销售率（%）	从业人员平均人数
11.06	**56.69**	**1.63**	**15.53**	**96.32**	**21.68**
21.59	45.91	1.45	30.94	98.10	7.28
5.75	50.96	2.64	7.32	100.08	3.56
15.63	44.65	1.68	13.11	97.47	0.10
9.02	42.78	2.18	9.90	99.60	0.35
19.95	30.49	4.25	9.14	96.03	0.28
35.51	31.56	3.72	16.08	97.09	0.43
18.39	33.02	1.28	17.10	91.95	0.12
9.82	66.35	1.06	12.60	96.08	0.02
9.52	51.68	1.16	10.38	104.58	0.25
17.50	56.83	1.52	14.69	100.00	0.01
50.08	29.74	5.11	12.39	90.01	0.07
5.09	8.28	1.25	7.33	113.02	0.01
34.86	19.12	7.32	7.81	98.54	0.01
19.76	49.78	2.07	12.87	96.74	0.01
8.16	64.51	1.28	3.57	93.21	2.40
6.71	70.94	2.16	7.42	98.23	2.04
13.93	37.82	2.04	11.47	86.71	0.06
11.33	43.94	2.06	8.06	99.11	0.02
4.28	66.43	1.79	3.01	96.29	0.31
0.02	71.76	2.18	-2.24	94.25	0.14
5.75	72.48	1.92	2.53	95.50	1.35
15.11	22.96	2.45	20.01	105.37	0.04
3.59	28.55	1.14	2.66	99.13	0.01
3.50	64.83	0.77	0.13	98.99	0.16
13.53	90.16	3.94	14.27	100.89	0.02
-2.16	50.91	3.81	-1.39	100.00	
0.22	50.57	0.42	0.70		0.01
7.20	61.08	1.84	17.26	88.74	2.34
6.31	55.05	1.34	7.95	80.77	0.16
2.06	53.39	0.28	-0.44	99.98	0.10

12－14 各县区规模以上直报工业

县区	企业单位数(个)	#亏损企业	工业总产值(当年价格)	工业销售产值(当年价格)	资产总计	#流动资产合计	本年折旧	负债合计	主营业务收入	主营业务成本
总　计	**761**	**223**	**26811909**	**25622559**	**52074082**	**15034536**	**2140365**	**30253454**	**23452250**	**16336539**
榆阳	117	23	5305250	5127212	10470038	2381152	472477	6163128	5195639	3557240
神木	203	93	12834529	12262696	20058125	7662503	812996	9871789	10101024	6552180
府谷	226	72	5206886	4953070	10279008	3073780	478744	6778966	4866666	3821411
横山	38	23	948193	923047	5222794	825448	168305	3406473	924877	712151
靖边	54	5	1214400	1170706	3835552	543444	151737	2593402	1177696	777124
定边	19	3	249834	181189	1395270	242394	34413	1014579	180952	111957
绥德	16	1	67261	61555	49570	24455	588	18982	67634	47854
米脂	12	1	242292	239122	359009	72275	9753	236926	250470	210136
佳县	19		168498	154805	83819	45277	1500	36650	153137	126179
吴堡	12		89504	87525	65130	28597	1617	14508	82323	65877
清涧	33		229264	225148	84319	44608	1829	35129	225144	155195
子洲	12	2	255998	236484	171449	90604	6406	82922	226688	199235
国有企业										
总　计	**19**	**3**	**1696574**	**1646939**	**4735631**	**670537**	**214751**	**2931829**	**1556978**	**974810**
榆阳	5	1	59486	59822	115907	54832	942	43085	59822	32483
神木	3		276860	264978	318996	135856	15082	80992	238663	124867
府谷	5		394736	388738	1525228	175494	90960	933988	318147	202186
横山	2	1	13012	11953	6365	4150	389	6498	11953	7712
靖边	3		947367	916335	2761620	299994	107379	1858627	923293	603348
定边	1	1	5112	5112	7516	212		8640	5099	4215
绥德										
米脂										
佳县										
吴堡										
清涧										
子洲										
私营企业										
总　计	**248**	**58**	**3806705**	**3629720**	**5532667**	**1924520**	**168400**	**3609418**	**3455695**	**2575816**
榆阳	49	5	871592	872127	974801	356766	24335	617088	884523	638637
神木	73	35	1648995	1507447	2763217	878693	84732	1912842	1326398	1036129
府谷	44	9	755701	737070	1095075	431751	44745	607636	712334	487683
横山	10	7	25806	25688	180626	35639	1291	149107	26182	26299
靖边	11	1	78814	78437	235961	100286	9361	170118	77277	62148
定边	4	1	26420	26355	95472	18709	1103	87541	28112	20176
绥德	7		27317	24855	15752	8203	182	6067	31184	22394
米脂	5		6373	7723	14827	6226	366	3698	14500	12085
佳县	12		132608	120208	58865	34585	859	23691	120136	99505
吴堡	5		21512	21316	13125	9397	73	2172	21218	17376
清涧	24		180698	177976	64026	33545	1250	26538	177972	122654
子洲	4		30871	30518	20920	10721	103	2922	35859	30731

企业主要经济指标(2016 年)

单位:万元

主营业务税金及附加	销售费用	管理费用	财务费用	#利息支出	利润总额	亏损企业亏损总额	本年应付职工薪酬	全部从业人员年平均人数(万人)
843319	**536305**	**1401203**	**821744**	**717251**	**3612201**	**251600**	**1590431**	**16.58**
173603	121439	272851	199464	187507	942156	27016	249645	2.47
408002	192235	760825	236828	196054	1969030	78386	879812	7.05
123054	156986	236236	131732	84701	402627	57318	282307	4.57
20862	7465	43181	99885	102670	50343	73364	55271	0.74
106511	19985	32589	118731	117135	125696	10193	59714	0.53
2970	1262	7331	18427	16400	39786	1890	9276	0.13
436	6168	4651	664	650	5236	18	4432	0.11
1788	9738	8491	7947	6782	11188	217	14732	0.21
2835	5001	5210	1357	418	12494		8107	0.18
499	1428	4444	383	337	6239		2626	0.08
1842	10693	10607	3584	2965	42997		20203	0.43
919	3906	14789	2744	1632	4410	3197	4306	0.09
138860	**37897**	**89092**	**114323**	**109216**	**209525**	**2029**	**95401**	**0.95**
4325	3199	15978	-39		3777	586	5063	0.08
15300	4264	17743	221	18	85302		11908	0.21
12685	20564	31956	20335	15496	29558		27640	0.30
779	160	2770	7		-24	77	4825	0.08
103879	9711	20578	93438	93701	92276		45965	0.27
1893		67	362		-1366	1366		0.01
76550	**122882**	**195132**	**71580**	**54017**	**420498**	**46697**	**168741**	**3.24**
12868	13622	31164	5405	2976	181704	2439	23880	0.47
33651	44906	91230	46816	33947	84471	26606	64896	1.20
24385	43045	46884	10793	9735	98090	2991	47564	0.86
389	1186	2775	146	146	-5603	6574	4191	0.06
509	1878	4223	4092	4070	7017	7639	3203	0.05
80	194	3895	85	84	4367	448	186	0.02
183	3798	964	-12	28	1198		1337	0.04
68	76	361	58		1853		460	0.03
2776	3634	3058	846	327	10310		6623	0.13
48	402	712	106	82	2511		684	0.02
1319	9232	9155	3119	2554	32267		14876	0.33
275	909	712	127	68	2316		842	0.02

主要统计指标解释

工业　指从事自然资源的开采,对采掘品和农产品进行加工和再加工的物质生产部门。具体包括:(1)对自然资源的开采,如采矿、晒盐等(但不包括禽兽捕猎和水产捕捞);(2)对农副产品的加工、再加工,如粮油加工、食品加工、缫丝、纺织、制革等;(3)对采掘品的加工、再加工,如炼铁、炼钢、化工生产、石油加工、机器制造、木材加工等,以及电力、自来水、煤气的生产和供应等;(4)对工业品的修理、翻新,如机器设备的修理、交通运输工具(如汽车)的修理等。

工业统计调查单位为独立核算法人工业企业。

独立核算法人工业企业指从事工业生产经营活动的单位。独立核算法人工业企业应同时具备以下条件:①依法成立,有自己的名称、组织机构和场所,能够承担民事责任;②独立拥有和使用资产,承担负债,有权与其他单位签订合同;③独立核算盈亏,并能够编制资产负债表。

国有及国有控股企业　指国有企业加上国有控股企业。国有企业(即原全民所有制工业或国营工业)指企业全部资产归国家所有,并按《中华人民共和国企业法人登记管理条例》规定登记注册的非公司制的经济组织。包括国有企业、国有独资公司和国有联营企业。1957年以前的公私合营和私营工业,后均改造为国营工业,1992年改为国有工业,这部分工业的资料不单独分列时,均包括在国有企业内。国有控股企业是对混合所有制经济的企业进行的“国有控股”分类。它是指这些企业的全部资产中国有资产(股份)相对其他所有者中的任何一个所有者占资(股)最多的企业。该分组反映了国有经济控股情况。

集体企业　指企业资产归集体所有,并按《中华人民共和国企业法人登记管理条例》规定登记注册的经济组织。是社会主义公有制经济的组成部分。包括城乡所有使用集体投资举办的企业,以及部分个人通过集资自愿放弃所有权并依法经工商行政管理机关认定为集体所有制的企业。

股份合作企业　指以合作制为基础,由企业职工共同出资入股,吸收一定比例的社会资产投资组建,实行自主经营,自负盈亏,共同劳动,民主管理,按劳分配与按股分红相结合的一种集体经济组织。

联营企业　指两个及两个以上相同或不同所有制性质的企业法人或事业单位法人,按自愿、平等、互利的原则,共同投资组成的经济组织。联营企业包括:国有联营企业指国有企业与国有企业间的联营;集体联营企业指集体企业与集体企业间的联营;国有与集体联营企业指国有企业与集体企业间的联营。

有限责任公司　指根据《中华人民共和国公司登记管理条例》规定登记注册,由两个以上,五十个以下的股东共同出资,每个股东以其所认缴的出资额对公司承担有限责任,公司以其全部资产对其债务承担责任的经济组织。有限责任公司包括国有独资公司以及其他有限责任公司。

股份有限公司　指根据《中华人民共和国企业法人登记管理条例》规定登记注册,其全部注册资本由等额股份构成并通过发行股票筹集资本,股东以其认购的股份对公司承担有限责任,公司以其全部资产对其债务承担责任的经济组织。

私营企业 指由自然人投资设立或由自然人控股，以雇佣劳动为基础的营利性经济组织。包括按照《公司法》、《合伙企业法》、《私营企业暂行条例》规定登记注册的私营有限责任公司、私营股份有限公司、私营合伙企业和私营独资企业。

港、澳、台商投资企业 指企业注册登记类型中的港、澳、台资合资、合作、独资经营企业和股份有限公司之和。

外商投资企业 指企业注册登记类型中的中外合资、合作经营企业、外资企业和外商投资股份有限公司之和。

轻工业 指主要提供生活消费品和制作手工工具的工业。按其所使用的原料不同，可分为两大类：(1)以农产品为原料的轻工业，是指直接或间接以农产品为基本原料的轻工业。主要包括食品制造、饮料制造、烟草加工、纺织、缝纫、皮革和毛皮制作、造纸以及印刷等工业；(2)以非农产品为原料的轻工业，是指以工业品为原料的轻工业。主要包括文教体育用品、化学药品制造、合成纤维制造、日用化学制品、日用玻璃制品、日用金属制品、手工工具制造、医疗器械制造、文化和办公用机械制造等工业。

重工业 指为国民经济各部门提供物质技术基础的主要生产资料的工业。按其生产性质和产品用途，可以分为下列三类：(1)采掘(伐)工业，是指对自然资源的开采，包括石油开采、煤炭开采、金属矿开采、非金属矿开采等工业；(2)原材料工业，指向国民经济各部门提供基本材料、动力和燃料的工业。包括金属冶炼及加工、炼焦及焦炭、化学、化工原料、水泥、人造板以及电力、石油和煤炭加工等工业；(3)加工工业，是指对工业原材料进行再加工制造的工业。包括装备国民经济各部门的机械设备制造工业、金属结构、水泥制品等工业，以及为农业提供的生产资料如化肥、农药等工业。根据上述划分原则，修理业中以重工业产品为修理作业对象的划为重工业，反之划为轻工业。

工业总产值

(1)定义：

工业总产值是以货币形式表现的，工业企业在一定时期内生产的工业最终产品或提供工业性劳务活动的总价值量。它反映一定时间内工业生产的总规模和总水平。

(2)计算原则：

工业生产的原则，即凡是企业在报告期生产的经检验合格的产品，不管是否在报告期销售，均包括在内。

最终产品的原则，即凡是计入工业总产值的产品，必须是本企业生产的经检验合格的，不需要再进行任何加工的最终产品。如果企业有中间产品(半成品)对外销售，则对外销售的中间产品应视为企业的最终产品。

工厂法原则，即工业总产值是以工业企业作为基本计算(核算)单位，即按企业的最终产品计算工业总产值。按这种方法计算的工业总产值，不允许同一产品价值在企业内部重复计算，不能把企业内部各个车间(分厂)生产的成果相加，但允许企业间的重复计算。

(3)内容及计算方法：

1995 年全国工业普查对工业总产值(原规定)的内容及计算原则和方法做了某些修订，修订后的工业总产值(新规定)包括三项内容：即本期生产成品价值、对外加工费收入、在制品半成品期末期初差额价值三部分。

本期生产成品价值：指企业本期生产，并在报告期内不再进行加工，经检验、包装入库的全部工业成品(半成品)价值合计，包括企业生产的自制设备及提供给本企业在建工程、其他非工业部门和福利部门等单位使用的成品价值。本期生产成品价值为按自备原材料生产的产品的数量乘以本期不含增值税(销项税额)的产品实际销售平均单价计算；会计核算中按成本价格转帐的自制设备和自产自用的成品，按成本价格计算生产成品价值。生产成品价值中不包括用定货者来料加工的成品(半成品)价值。

对外加工费收入：指企业在报告期内完成的对外承接的

工业品加工(包括用定货者来料加工产品)的加工费收入和对外工业修理作业所取得的加工费收入。对外加工费收入按不含增值税(销项税额)的价格计算,可根据会计"产品销售收入"科目的有关资料取得。

对于本企业对内非工业部门提供的加工修理、设备安装的劳务收入,如果企业会计核算基础较好,能取得这部分资料,而且这部分价值所占比重较大,应包括在对外加工费收入中。

自制半成品在制品期末期初差额价值:指企业报告期在制品期末减期初的差额价值,本指标一般可以从会计核算资料中取得。如果会计产品成本核算中不计算半成品、在制品的成本,则总产值中也不包括这部分价值,反之则包括。

(4)工业总产值统计范围变化和计算方法修订情况:

1984年以前工业总产值不包括村办工业,村办工业总产值划归农业。1984年以后工业总产值包括村办工业。

1995年工业普查对工业总产值计算方法做了修订,即从1995年始按新修订(新规定)方法计算工业总产值。新规定与原规定的区别如下:

全价与加工费的计算原则不同:新规定为凡自备原材料,不论其生产繁简程度如何,一律按全价计算工业总产值;凡来料加工,允许按加工费计算工业总产值。原规定则视生产加工的繁简程度不同,规定哪些行业按全价,哪些行业按加工费计算工业总产值。

自制半成品、在产品期末期初差额价值的计算原则不同:新规定要求,凡会计产品成本核算时计算了成本的差额价值,总产值中就应包括,否则可不包括;原规定则按生产周期六个月的界限区分,凡生产周期六个月以上的企业,总产值计算中应包括这部分差额价值,否则可不包括。

计算价格不同:新规定按不含增值税(销项税额)的价格计算;原规定则按含增值税(销项税额)的价格计算。

工业增加值　指工业企业在报告期内以货币表现的工业生产活动的最终成果。

工业增加值有两种计算方法:一是生产法,即工业总产出减去工业中间投入加上应交增值税;二是收入法,即从收入的角度出发,根据生产要素在生产过程中应得到的收入份额计算,具体构成项目有固定资产折旧、劳动者报酬、生产税净额、营业盈余,这种方法也称要素分配法。本年鉴中的工业增加值是以生产法计算的。

生产法工业增加值的计算方法为:

工业增加值 = 工业总产出 - 工业中间投入 + 应交增值税

(1)工业总产出:指工业企业在一定时期内工业生产活动的总成果。工业总产出包括:成品生产价值,对外加工费收入,自制半成品、在产品期末期初差额价值。1995年后用新规定计算的工业总产值代替。

(2)工业中间投入:指工业企业在工业生产活动中消耗的外购物质产品和对外支付的服务费用。服务费用包括支付给物质生产部门(工业、农业、批发零售贸易业、建筑业、运输邮电业)的服务费用和支付给非物质生产部门(如保险、金融、文化教育、科学研究、医疗卫生、行政管理等)的服务费用。工业中间投入的确定须遵循以下原则:必须从外部购入的,并已计入工业总产出的产品和服务价值;必须是本期投入生产,并一次性消耗掉(包括本期摊销的低值易耗品等)的产品和服务价值。

工业中间投入包括直接材料费用、制造费用中的工业中间投入、管理费用中的工业中间投入、销售费用中的工业中间投入和利息支出五部分。

资产总计　指企业拥有或控制的能以货币计量的经济资源,包括各种财产、债权和其他权利。资产按流动性分为流动资产、长期投资、固定资产、无形资产、递延资产和其他资产。该指标根据企业会计"资产负债表"中"资产总计"项目的期末数增列。

流动资产　指企业可以在一年内或者超过一年的一个

生产周期内变现或者耗用的资产，包括现金及各种存款、短期投资，应收及预付款项、存货等。流动资产平均余额　指企业在报告期内全部流动资产的平均余额。

固定资产原价　指企业在建造、购置、安装、改建、扩建、技术改造某项固定资产时所支出的全部货币总额。它一般包括买价、包装费、运杂费和安装费等。

固定资产净值年平均余额　指固定资产净值在报告期内余额的平均数。计算公式为：

$$\text{固定资产净值年平均余额}=\frac{\text{1 至 12 月各月月初、月末固定资产净值之和}}{24}$$

该指标根据“资产负债表”中“固定资产原价”、“累计折旧”指标的期初、期末数计算填列。

固定资产净值指固定资产原价减去历年已提折旧额后的净额。计算公式为：

固定资产净值 = 固定资产原价 − 累计折旧

负债合计　指企业所承担的能以货币计量，将以资产或劳务偿付的债务，偿还形式包括货币、资产或提供劳务。负债一般按偿还期长短分为流动负债和长期负债。根据会计“资产负债表”中“负债合计”的年末数填列。

所有者权益　指企业投资人对企业净资产的所有权。企业净资产等于企业全部资产减去全部负债后的余额，包括企业投资人对企业的最初投入的实际到位的资产及资本公积金、盈余公积金和未分配利润。所有者权益合计数小于零，表示企业资不抵债。

主营业务收入　指会计“利润表”中对应指标的本年累计数。未执行 2001 年《企业会计制度》的企业，用“产品销售收入”的本期累计数代替。

主营业务成本　指会计“利润表”中对应指标的本年累计数。未执行 2001 年《企业会计制度》的企业，用“产品销售成本”的本期累计数代替。

主营业务税金及附加　指会计“利润表”中对应指标的本年累计数。未执行 2001 年《企业会计制度》的企业，用“产品销售税金及附加”的本期累计数代替。

利润总额　指企业生产经营活动的最终成果，是企业在一定时期内实现的盈亏相抵后的利润总额（亏损以“－”号表示），它等于营业利润加上补贴收入加上投资收益加上营业外净收入再加上以前年度损益调整。

本年应交增值税　指企业在报告期内应交纳的增值税额。它等于本年销项税额加上出口退税加上进项税额转出数减去本年进项税额。小规模纳税企业直接按全年计税销售额乘以征收率计算取得。

从业人员平均人数　是指报告期内每天拥有的从业人员人数。其计算公式为：

$$\text{月平均人数}=\frac{\text{报告月内每天实有人数之和}}{\text{报告月日历日数}}$$

$$\text{季平均人数}=\frac{\text{季内各月平均人数之和}}{3}$$

$$\text{年平均人数}=\frac{\text{年内各月平均人数之和}}{12}$$

总资产贡献率　反映企业全部资产的获利能力，是企业经营业绩和管理水平的集中体现，是评价和考核企业盈利能力的核心指标。计算公式为：

$$\text{总资产贡献率(\%)}=\frac{\text{利润总额}+\text{税金总额}+\text{利息支出}}{\text{平均资金总额}}\times 100\%$$

公式中：税金总额为产品销售税金及附加与应交增值税之和；平均资产总额为期初期末资产之和的算术平均值。

资产负债率　该指标既反映企业经营风险的大小，也反映企业利用债权人提供的资金从事经营活动的能力。计算公式为：

$$\text{资产负债率(\%)}=\frac{\text{负债总额}}{\text{资产总额}}\times 100\%$$

资产与负债均为报告期期末数。

流动资产周转次数　指一定时期内流动资产完成的周转次数，反映投入工业企业流动资金的周转速度。计算公式为：

$$\text{流动资产周转次数}=\frac{\text{产品销售收入}}{\text{全部流动资产平均余额}}$$

公式中：全部流动资产平均余额为期初和期末的流动资产之和的算术平均值。

成本费用利润率　反映企业投入的生产成本及费用的经济效益，同时也反映企业降低成本所取得的经济效益。计算公式为：

$$\text{成本费用利润率}(\%)=\frac{\text{利润总额}}{\text{成本费用总额}}\times 100\%$$

公式中：成本费用总额为产品销售成本、销售费用、管理费用、财务费用之和。

产品销售率　该指标反映工业产品已实现销售的程度，是分析工业产销衔接情况，研究工业产品满足社会需求的指标。计算公式为：

$$\text{产品销售率}(\%)=\frac{\text{工业销售产值}}{\text{工业总产值(现价)}}\times 100\%$$

13

建筑业

资料整理：苏晓洁

13. 建筑业

2016 年全市具有资质等级的建筑施工企业

企业个数	419	个
#国有及国有控股企业	4	个
总产值	181.06	亿元
#国有及国有控股企业	56.75	亿元
房屋建筑竣工面积	237.0	万平方米
房屋建筑竣工率	24.8%	

建筑业总产值(亿元)

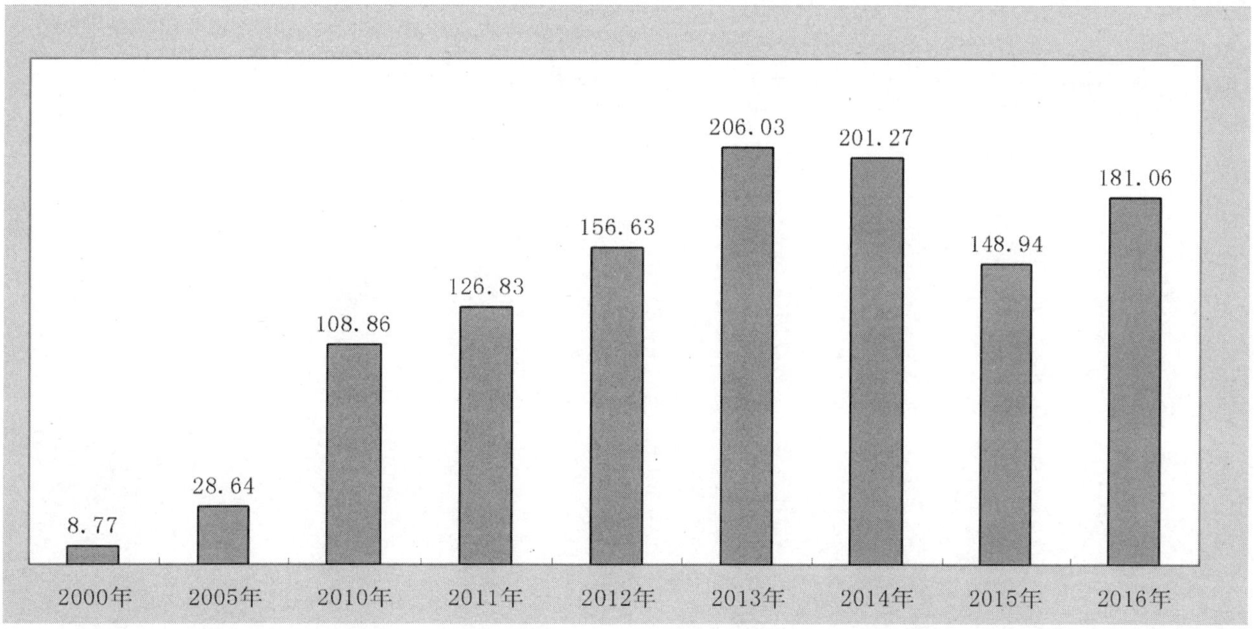

13-1 2000年以来建筑业总产值

单位:万元

年份	合计	国有企业	集体企业	股份有限公司	私营企业	其他
2000	87698	40143	34835	3561	5645	3514
2001	132075	33991	61798	5341	26055	4890
2002	130586	42297	37149	4211	35430	11499
2003	209782	46160	45772	4006	80053	33791
2004	241075	29323	45672	19291	104856	41933
2005	286439	50744	50363	28360	95778	61194
2006	350694	37349	63203	21134	161609	67399
2007	500979	30464	68599	75239	208798	117879
2008	670860	34108	51617	26750	392994	165391
2009	895853	48698	122823	31341	411492	281500
2010	1088575	25727	188578	25442	506328	342500
2011	1268323	23538	198249	40270	542935	463331
2012	1566314	21384	199344	83633	731478	530475
2013	2060335	24986	196956	72769	860448	905176
2014	2012710	25296	167587	107055	810961	901811
2015	1489351	17359	81028	72512	531827	786625
2016	1810555	19113	77431	29942	589376	1094693

13-2 建筑业企业

指 标	企业个数（个）	建筑业总产值（万元）	建筑工程产值	安装工程产值	其他产值	从事主营业务活动的从业人员平均人数(人)
总 计	**419**	**1810555**	**1670676**	**82949**	**56931**	**71320**
国有及国有控股企业	4	567532	541842	967	24723	25191
一、按登记注册类型分组						
内资企业	419	1810555	1670676	82949	56931	71320
国有企业	2	19113		967	18146	255
集体企业	9	77431	75966	1102	362	2996
联营企业						
有限责任公司	214	1094694	1036105	28064	30526	52116
股份有限公司	21	29942	28951	91	900	1585
私营企业	173	589376	529654	52725	6996	14368
其他企业						
二、按国民经济行业分组						
房屋建筑业	258	1241686	1182748	44698	14241	54313
土木工程建筑业	145	560443	486236	32721	41486	16342
建筑安装业	5	3942	115	3827		175
建筑装饰和其他建筑业	11	4484	1577	1703	1204	490
三、按隶属关系分组						
中央						
省(自治区、直辖市)						
地区(州、盟、省辖市)	24	127178	93439	2204	31535	4148
县(区、市、旗)	32	657086	645926	5256	5904	29817
镇	2	790	790			160
居委会	1	6220	6220			173
村委会	1					
其他	359	1019282	924301	75489	19492	37022
四、按企业资质等级分组						
施工总承包	394	1780217	1667631	76023	36563	70493
一级	19	764560	751363	4818	8378	28224
二级	300	834451	787386	22802	24263	27960
三级及以下	75	181207	128881	48403	3923	14309
专业承包	25	30339	3045	6926	20368	827
一级	1	210	210			12
二级	13	6190	1282	3705	1204	316
三级及以下	11	23938	1554	3221	19164	499
五、按营业状态分						
营业	410	1810555	1670676	82949	56931	71315
停业(歇业)	9					5
六、按控股情况分						
国有控股	4	567532	541842	967	24723	25191
集体控股	13	118029	106816	9051	2163	4692
私人控股	388	1093457	990481	72932	30045	40060
其他	14	31537	31537			1377

主要指标(2016年)

竣工产值（万元）	房屋建筑施工面积（万平方米）	#本年新开工面积	#实行投标承包面积	房屋建筑竣工面积（万平方米）	#住宅	竣工房屋价值（万元）	#住宅
860195	953.21	361.91	662.48	236.97	161.73	437285	285174
136292	446.80	161.36	446.80	45.37	23.41	117179	54532
860195	953.21	361.91	662.48	236.97	161.73	437285	285174
19113							
63015	69.88	14.71	21.50	24.35	19.59	37835	29675
440265	654.17	232.14	538.45	137.35	83.54	260304	148653
26695	42.61	13.70	22.22	7.22	6.03	7583	6386
311107	186.55	101.36	80.32	68.05	52.57	131562	100459
581476	886.71	319.95	627.03	219.33	146.83	404616	256398
274981	66.14	41.84	35.38	17.44	14.70	32288	28395
2663							
1074	0.36	0.12	0.07	0.20	0.20	380	380
56713	20.98	1.35	12.70	3.98	3.04	6310	4653
227179	561.26	207.32	490.86	88.97	50.66	175928	89971
	3.97	0.30	3.67				
2560							
573743	367.00	152.94	155.24	144.02	108.03	255047	190550
835703	953.18	361.91	662.48	236.97	161.73	437285	285174
278397	568.93	196.50	511.15	106.30	70.36	228450	134566
471267	346.54	138.34	126.22	111.79	78.04	182008	132059
86039	37.71	27.07	25.11	18.87	13.33	26827	18549
24492	0.03						
2285	0.03						
22206							
860195	953.21	361.91	662.48	236.97	161.73	437285	285174
136292	446.80	161.36	446.80	45.37	23.41	117179	54532
82804	84.94	29.77	36.55	31.75	22.34	55301	33200
614910	417.91	169.74	178.06	158.56	115.98	262363	197442
26189	3.56	1.04	1.07	1.29		2441	

13-2 续

指　标	流动资产合计	#应收工程款	#存货	固定资产合计	固定资产原价
总　计	**2247133**	**494881**	**227434**	**444097**	**525963**
国有及国有控股企业	268500	63201	68733	4935	7303
一、按登记注册类型分组					
内资企业	2247133	494881	227434	444097	525963
国有企业	16538	2077	12532	565	2161
集体企业	51534	28579	8500	18523	20558
联营企业					
有限责任公司	1265011	294628	151950	211149	245904
股份有限公司	45719	17459	2820	16175	14376
私营企业	868330	152137	51633	197685	242964
其他企业					
二、按国民经济行业分组					
房屋建筑业	1226320	326909	149526	292182	325303
土木工程建筑业	995995	164002	77064	140018	189819
建筑安装业	4599	2052	352	4586	5656
建筑装饰和其他建筑业	20219	1918	492	7311	5185
三、按隶属关系分组					
中央					
省(自治区、直辖市)					
地区(州、盟、省辖市)	343032	33080	39612	34556	41494
县(区、市、旗)	263407	128657	72526	49774	50864
镇	1850			2500	
居委会	720	321		2280	2280
村委会	424	60	211	1080	1134
其他	1637700	332762	115086	353907	430191
四、按企业资质等级分组					
施工总承包	2196219	484545	213344	431668	508127
一级	691869	126152	69331	29143	44773
二级	1333849	309039	112560	349664	391456
三级以下	170501	49354	31453	52862	71898
专业承包	50915	10335	14090	12429	17836
一级	2850		5	523	652
二级	25628	5254	1207	4459	7941
三级以下	22437	5081	12878	7446	9243
五、按营业状态分					
营业	2229944	494762	226155	439308	518698
停业(歇业)	17189	119	1279	4789	7264
六、按控股情况分					
国有控股	268500	63201	68733	4935	7303
集体控股	90847	52390	17394	26249	24849
私人控股	1833958	361700	136131	403405	479853
其他	53829	17590	5176	9508	13958

表　二

单位:万元

累计折旧	#本年折旧	在建工程	资产合计	流动负债合计	非流动负债合计	负债合计
158420	**34258**	**21236**	**3076313**	**1144173**	**17396**	**1292236**
3733	1492	24	276888	221713		221713
158420	34258	21236	3076313	1144173	17396	1292236
1596	1470		17469	12588		12588
5306	864	2135	74246	8823	210	14825
66301	12386	6702	1637210	685169	3375	754793
1024	331	2454	65622	13266		16728
84194	19207	9945	1281766	424327	13811	493302
80427	13473	13975	1739372	698508	12167	789967
74667	20298	5203	1295489	433342	4615	489173
1095	160		10461	2633		2633
2231	327	2058	30991	9690	614	10462
16048	4110	4194	417493	245841		249581
11425	2382	2309	330370	158698	2120	181129
			4385	605		605
			3000			1600
54	12		1505	405		405
130894	27754	14732	2319560	738625	15276	858916
151028	32226	20548	2992678	1119339	17394	1266257
19890	2464	2918	791847	506582	1729	513341
104834	27780	16130	1937372	553761	15093	685960
26305	1982	1500	263458	58996	573	66955
7392	2032	688	83635	24834	2	25979
129	26		3373	1152		1152
3800	359	318	48308	7642		8032
3463	1647	370	31954	16040	2	16795
155945	34174	21236	3050098	1138301	17396	1285258
2476	84		26215	5873		6977
3733	1492	24	276888	221713		221713
6979	1715	2488	125632	41477	210	48737
143157	29787	18674	2597343	859008	17186	999581
4552	1264	50	76450	21975		22205

指　标	所有者权益合计	#实收资本	营业收入	#主营业务收入	营业成本	#主营业务成本
总　计	**1784077**	**1388173**	**1950638**	**1915767**	**1710436**	**1643131**
国有及国有控股企业	55175	15608	536404	536404	511216	511216
一、按登记注册类型分组						
内资企业	1784077	1388173	1950638	1915767	1710436	1643131
国有企业	4881	2408	19113	19113	15013	15013
集体企业	59421	37243	91989	80646	72269	59095
联营企业						
有限责任公司	882417	674829	1192187	1177857	1067944	1041067
股份有限公司	48895	37312	72533	64341	61767	58075
私营企业	788464	636381	574817	573810	493443	469881
其他企业						
二、按国民经济行业分组						
房屋建筑业	949405	785292	1390263	1356692	1232803	1170849
土木工程建筑业	806316	578565	551242	549950	471794	467244
建筑安装业	7828	5777	3952	3952	2629	2629
建筑装饰和其他建筑业	20529	18538	5181	5172	3210	2409
三、按隶属关系分组						
中央						
省(自治区、直辖市)						
地区(州、盟、省辖市)	167911	97163	113670	106799	84365	69670
县(区、市、旗)	149242	109915	719882	695251	663649	638300
镇	3780	3780	3498	2498	1000	400
居委会	1400	1400	8927	8927	8762	8762
村委会	1100	1000				
其他	1460644	1174914	1104661	1102292	952660	925999
四、按企业资质等级分组						
施工总承包	1726421	1356798	1919596	1884790	1687550	1620245
一级	278506	205059	794157	794125	735085	723512
二级	1251412	999512	959104	924762	818852	775501
三级以下	196503	152227	166336	165903	133614	121233
专业承包	57657	31375	31042	30976	22886	22886
一级	2221	2080	15	15	8	8
二级	40277	19909	7013	6947	4431	4431
三级以下	15159	9386	24014	24014	18446	18446
五、按营业状态分						
营业	1764840	1371308	1950638	1915767	1710436	1643131
停业(歇业)	19238	16865				
六、按控股情况分						
国有控股	55175	15608	536404	536404	511216	511216
集体控股	76895	46547	155109	143767	128813	115639
私人控股	1597762	1276008	1233523	1210177	1048437	994316
其他	54245	50010	25603	25420	21970	21960

表 三

单位:万元

营业税金及附加	#主营业务税金及附加	销售费用	管理费用	#税金	财务费用	营业利润	利润总额	应付职工薪酬（本年贷方累计发生额）
47893	**45457**	**14813**	**71625**	**4074**	**17984**	**87847**	**91230**	**171307**
2242	2242	493	10485	129	3592	8314	8320	10312
47893	45457	14813	71625	4074	17984	87847	91230	171307
362	362	221	3049	21	-3	597	603	2896
3716	3060	2165	4689	197	430	8682	8681	7370
23475	22630	5035	35392	2106	9268	50900	55319	73612
2336	1973	543	1747	333	535	5591	5594	13204
18004	17433	6849	26748	1416	7754	22078	21033	74225
31858	29674	8727	38309	2968	13023	65349	64357	100213
15825	15586	4791	31858	1085	4840	22286	26689	69088
74	74	632	502	3	17	99	100	770
136	124	663	957	18	103	112	84	1237
3663	3316	1786	8770	263	6156	9041	9053	16234
9486	8629	3040	14489	865	2197	26795	26837	21984
9	9		411	95		2078	2078	1071
261	261	124	57	2	18	-295	-295	740
								51
34474	33242	9862	47898	2849	9613	50228	53557	131228
47277	44841	13232	66613	4005	17850	86907	90311	165976
8930	8315	1080	13992	309	7564	27317	27309	31407
32940	31257	9470	43142	2826	8902	45818	44972	111461
5407	5269	2682	9480	870	1384	13772	18030	23108
616	616	1580	5012	69	134	940	919	5331
0	0		3	1	1	4	4	5
201	201	1009	1089	39	134	149	188	1577
415	415	571	3920	30	-1	787	727	3749
47893	45457	14813	71428	4074	17984	88044	91427	171133
			197			-197	-197	175
2242	2242	493	10485	129	3592	8314	8320	10312
5547	4276	2390	7420	328	458	10452	10491	9568
38893	37736	11876	52702	3416	13818	67847	71138	147589
1210	1203	55	1018	202	117	1233	1281	3838

13-3 各县区建筑施工

县区	企业户数(个)	建筑业总产值	竣工产值	房屋施工面积	流动资产合计
全市	419	1810555	860195	953.21	2247133
榆阳	228	1267582	544230	709.51	1520979
神木	89	206143	102724	82.31	442321
府谷	28	42739	17135	12.64	41888
横山	12	43068	48483	37.93	89597
靖边	24	58920	45805	8.96	41656
定边	11	19537	2756	3.27	23003
绥德	6	59905	29063	44.58	22821
米脂	4	20651	17217	4.70	14978
佳县	4	9507	3774	3.77	4768
吴堡	1	23002	21618	11.01	26627
清涧	5	56866	27180	27.76	9878
子洲	7	2636	210	6.78	8618

13-3 续

县区	所有者权益	营业收入	营业成本	营业税金及附加
全市	1784077	1950638	1710436	47893
榆阳	1133106	1254055	1116226	23370
神木	316352	294078	264099	8676
府谷	53916	62065	52854	2675
横山	49282	61490	50463	1810
靖边	97123	71331	59400	4145
定边	21471	17370	15309	222
绥德	24349	39797	32597	2025
米脂	15899	24508	21003	1512
佳县	8604	9491	8839	266
吴堡	32419	37285	25003	1305
清涧	17313	63660	53612	1579
子洲	14241	15508	11032	309

企业主要指标(2016 年)

单位:万元、万平方米

固定资产合计	固定资产原价	累计折旧	本年折旧	资产	负债
444097	525963	158420	34258	3076313	1292236
228163	306855	104410	25028	1974477	841371
85404	78135	10938	4174	615205	298853
30934	48281	19469	1301	78843	24926
17577	15981	2875	835	112477	63195
28094	20604	4765	1032	114872	17749
5227	9097	4711	567	30500	9028
15001	14866	2652	47	42732	18383
8982	7627	2397	312	27485	11585
4316	5751	1465	71	9350	746
5993	6622	1945	666	33392	973
6655	6139	1222	164	20303	2990
7751	6004	1571	62	16678	2437

表

单位:万元

销售费用	管理费用	管理费用中的税金	财务费用	营业利润	利润总额	应交增值税
14813	71625	4074	17984	87847	91230	79795
6650	45045	1643	11972	50726	54099	72775
799	8722	650	133	11657	11655	3127
1080	3165	126	659	1633	1633	1118
25	2408	429	3313	3458	3459	990
1972	2496	215	554	2826	2838	1271
33	1332	62	106	368	368	176
763	2018	33	309	2048	2048	
366	592	172	342	699	699	180
10	560	54	2	-185	-185	71
1864	2983	128	157	5974	5974	
1201	1482	181	399	5387	5387	
50	824	382	38	3256	3255	87

主要统计指标解释

建筑业统计单位 指从事房屋、构筑物建造和设备安装活动的法人企业。建筑业法人企业应具有建筑业资质并能够独立核算,同时其应具备以下条件:①依法成立,有自己的名称、组织机构和场所,能够承担民事责任;②独立拥有和使用资产,承担负债,有权与其他单位签订合同;③独立核算盈亏,能够编制资产负债表。建筑业总产值 是以货币形式表现的建筑业企业在一定时期内生产的建筑业产品和提供的服务的总和。建筑业总产值包括:

(1)建筑工程产值:指列入建筑工程预算内的各种工程价值。

(2)安装工程产值:指设备安装工程价值,不包括被安装设备本身的价值。

(3)其他产值:建筑业总产值中除建筑工程、安装工程以外的产值。包括房屋构筑物修理产值、非标准设备制造产值、总包企业向分包企业收取的管理费以及不能明确划分的施工活动所完成的产值。

建筑业增加值 指建筑业企业在报告期内以货币形式表现的建筑业生产经营活动的最终成果。

房屋建筑施工面积 指在报告期内施过工的全部房屋建筑面积,包括本期新开工的房屋面积、上期施工跨入本期继续施工的房屋面积、上期停缓建在本期恢复施工的房屋面积、本期竣工的房屋面积及本期施工后又停缓建的房屋面积。

房屋建筑竣工面积 指在报告期内房屋建筑按照设计要求全部完工,达到了使用条件,经验收鉴定合格,正式移交使用单位的房屋建筑面积。

14

运输和邮电

资料整理：马　轮

14. 运输和邮电

2016 年全市

机动车辆拥有量	68.63	万辆
公路运输客运量	2870	万人次
公路运输旅客周转量	350305	万人公里
公路运输货运量	24698	万吨
公路运输货物周转量	6060351	万吨公里
固定电话用户	47.37	万户
移动电话用户数	395.86	万户

机动车拥有量（万辆）

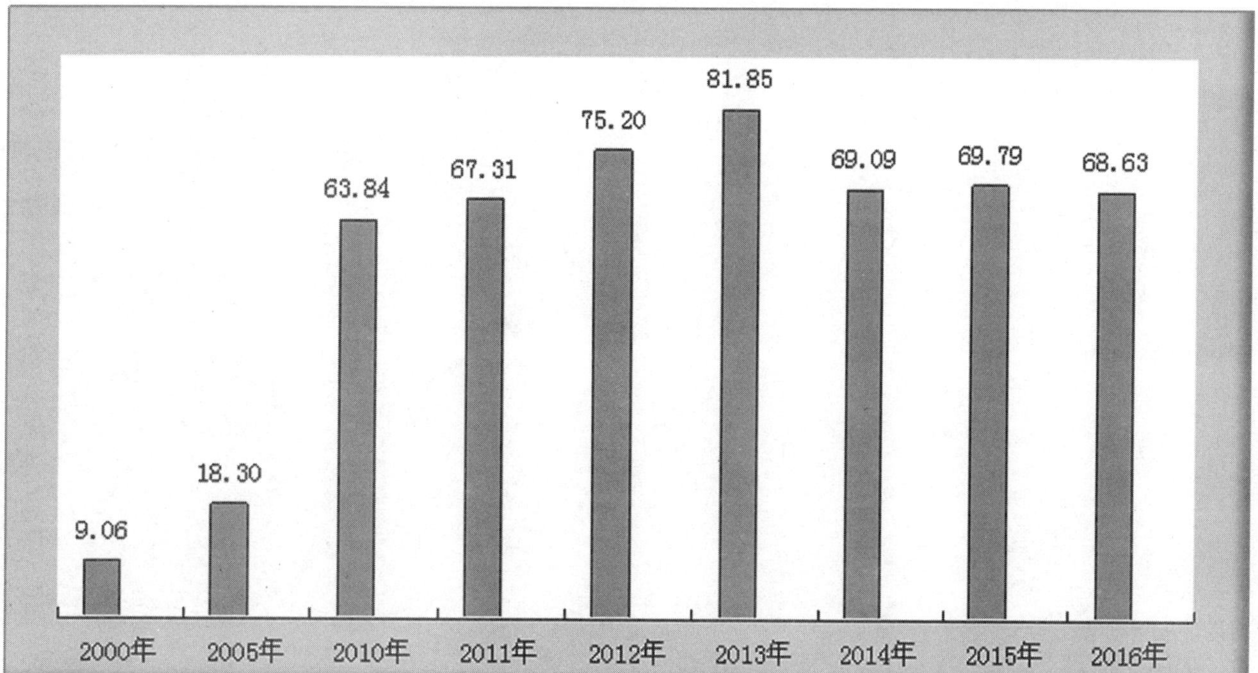

14－1 主要年份机动车辆拥有量

单位:辆

年份	总计	大中型汽车	#客车	货车	小型汽车	#客车	货车	其他机动车
1957	9	7		7	2	2		
1962	197	188		181	9	6		
1965	222	218	8	199	4	4		
1970	655	462	30	417	9	9	46	
1975	4679	990	93	790	77	75	2	217
1978	7741	1403	123	1105	128		157	
1980	9010	2139	142	1779	184	178	1	262
1985	14619	2723	257	2239	807	531	230	828
1990	29916	5242	497	4415	2139	1250	792	7930
1995	49689	5846	672	5066	5110	3568	1281	23823
2000	90644	7294	838	6436	12632	10594	1848	70718
2001	155663	8101	881	6941	14841	12367	2095	132721
2002	125387	9507	1076	8431	12638	10432	2206	103242
2003	146474	10230	1146	9084	22649	18759	3890	113595
2004	156249	12764	1188	11576	24751	20595	4156	118734
2005	183013	14769	2187	12582	33103	28781	4322	122993
2006	236581	20267	2614	17653	67421	32180	4476	142081
2007	293124	13859	2584	11275	69287	62608	6679	157033
2008	308506	16457	3005	13452	97446	87800	9646	172165
2009	398624	30634	3565	27069	150106	135314	14792	217884
2010	638381	38994	4041	34953	209651	188142	21509	389736
2011	673122	41105	4353	36752	277414	249682	27732	354603
2012	752000	43594	4784	38810	352506	318548	33958	355900
2013	818500	40400	4704	35696	407656	368010	39646	370444
2014	690855	37872	3743	34129	433247	393601	39646	219736
2015	697883	42634	3994	38640	474138	431177	42961	181111
2016	686282	43205	3706	39499	493391	450730	42661	149686

14－2　主要年份公路里程长度

单位:公里

年份	公路总里程	干线公路	县公路	乡村公路	专用路	总里程中			
						有路面的	高级次高级	等级里程	晴雨通车
1990	11096	1296	2108	7611	90	2098	975		1707
1995	13453	1306	2276	9759	113	2547	1262		1871
2000	19821	1334	2322	15996	169	3898	2402	5580	2754
2001	19983	1334	2400	16066	183	4310	2690	4918	3021
2002	20168	1351	2472	16131	213	4470	2914	6077	3418
2003	20813	1428	2473	16503	213	4934	3076	6542	3696
2004	21855	1675	2483	14510	261	4009	3758	7824	4276
2005	22153	1726	2468	14600	261	9973	4030	8209	9826
2006	22862	1842	2523	3463	265	11230	4126	6770	6841
2007	25481	1353	2636	3483	259	15543	4055	9938	10370
2008	24917	1929	2639	3487	261	17377	10229	16651	17398
2009	26070	2016	2640	3479	261	21761	12752	21736	21325
2010	27266	2043	2640	3479	261	23124	4942	24489	22210
2011	28258	2099	2640	3479	261	22313	5028	24739	23887
2012	29048	2170	2640	3479	261	24217	5296	25487	24477
2013	29686	2248	2640	3479	261	15697	5434	26368	24254
2014	29777	2292	2640	3479	261	17956	5497	26493	24759
2015	30684	2359	2640	3479	261	20012	5578	26936	26259
2016	31004	2357	2462	3468	262	22602	5802	27508	25332

14－3 主要年份公路客货运量及周转量

年份	旅客运输				货物运输	
	运量总计（万人）	#交通部门	周转量总计（万人公里）	#交通部门	运量总计（万吨）	周转量总计（万吨公里）
1980	193		17095		36	5363
1985	431		42302		126	13441
1990	581	464	68529	56728	335	44345
1995	614	364	60552	39967	386	52480
2000	1009	393	266292	47231	1740	307337
2001	1888	601	376226	116819	2419	358173
2002	2521	616	316706	73559	2516	246751
2003	1779	690	276130	102298	2259	302576
2004	1898	1817	236945	212875	1942	249153
2005	1893	1816	234670	211743	1993	259265
2006	1982	1924	283238	241603	1999	355460
2007	2010		283872		2034	382426
2008	4906		305423		5066	666088
2009	5279		339573		5893	3069720
2010	6220		387790		6532	3500659
2011	7251		458942		7924	4168489
2012	7533		487736		9613	4936122
2013	7901		506441		10740	5541126
2014	3284		382066		15108	5220045
2015	2952		371500		23479	5789157
2016	2870		350300		24698	6060351

14－4　机动车辆拥有量(2016 年)

单位:辆

指标名称	总计	总计中		总计中			报废
		* 营运	非营运	进口	个人	新注册	
合　计	**686282**	**88552**	**552314**	**33205**	**568379**	**59857**	**25961**
一、汽车	570586	65851	504676	33174	519815	53528	3078
1. 载客汽车	465877	7553	458265	33008	440270	43666	1156
#大型	2554	1806	695	33	45	313	210
中型	1152	681	465	35	150	136	246
小型	450730	5066	445664	32802	428780	42915	690
微型	11441		1141	138	11295	302	10
#轿车	339429	5044	334385	5708	326035	28316	617
2. 载货汽车	82214	44336	37878	158	59578	9007	328
#重型	37489	36831	658	40	20847	4608	67
中型	2010	1567	443	1	1564	57	45
轻型	42661	5926	36735	117	37122	4342	216
微型	54	12	42		45		
3. 其它汽车	22495	13962	8533	8	19967	855	1594
#三轮汽车	16068	10574	5494		16029	399	1514
低速货车	2005	1424	581		1941	242	14
二、摩托车	47697	112	47585	25	47440	1871	22882
三、拖拉机	45357						
四、挂车	22642	22589	53	6	1124	4458	1
五、其他类型车							

14－5　公路基本情况(2016 年)

单位:公里

名称	合计	高速公路	国道	省道	农村公路					
						县道	乡道	专用路	村道	简易村道
公路总里程	31004	1005	1098	254	28647	2462	3468	262	19939	2148
#等级里程	27508	1005	1098	254	25151	2462	3460	262	18600	
高速	1002	1002								
一级	350	3	116	5	225	2	16		107	
二级	1392		611	56	725	206	77	60	215	
三级	3058		371	193	2494	1166	635	111	581	
四级	21707				21707	1089	2732	91	17697	
等外路里程	3496				3496		8		1340	2148
有铺装路面	16833	1002	1045	254	14532	909	1522	145	11595	
简易铺装路面	5769		54		5715	1459	1585	107	2565	
未铺装路面	8400				8400	95	361	10	5780	2148
晴雨通里程	25332	1002	1098	254	22977	2461	3387	262	16537	
绿化里程	6175	1002	1034	252	3887	1212	755	105	1694	
养护里程	28350	1002	1098	254	25995	2462	3466	262	19437	

14－6 主要年份邮电业务基本情况

年份	邮电局所总计（个）	自办	代办	市内电话用户（户）	农村电话用户（户）	电话交换机（门）容量	实占	已通话的乡镇（个）	已通话的村（个）
1949	22	17	5						
1952	49	27	22						
1957	123	87	36	239	43	770	413	73	
1962	173	146	27	1164	4013	7130	3874	293	2793
1965	190	123	67	1286	1660	5575	3257	272	2575
1970	202	166	34	1402	1348	9520	6269	255	2896
1975	219	207	12	1876	1709	12413	7604	256	2720
1978	225	177	48	2224	1673	13015	7318	256	2610
1980	229	180	49	2434	1752	9570	5966	256	2255
1985	236	180	56	2929	1684	14160	8601	247	1296
1990	235	179	56	5294	1791	17940	10339	250	1791
1995	236	182	53	28533	4103	55140	33846	262	4103
2000	225	135	90	111613	41455	204567	153068	262	2144
2001	219	136	83	183706	115386	299092	200005	257	2689
2002	229	135	94	174069	93591	327884	267691	222	2810
2003	216	127	89	173000	115000	476008	360881	222	2788
2004	212	131	81	175700	136000	476010	360891	222	3075
2005	185	126	31	161000	187000	690000	564752	222	3172
2006	195	126	32	223600	270000	901848	781653	222	5628
2007	195	126	32	311882	364831	913452	719225	222	5628
2008	178	95	69	326981	228700	929537	667106	222	5474
2009	174	93	81	290776	195903	916482	594722	222	5474
2010	176	81	95	247650	192600	905418	604621	222	5774
2011	178	93	85	254119	187219	824345	618435	222	5474
2012	179	93	85	336000	177000	843200	645000	220	5430
2013	5464	203	5261	374279	149366	876400	657100	220	5430
2014	3035	182	2853	410050	143045	824595	644679	220	5430
2015	3919	216	3703	407271	106373			172	2974
2016	3720	161	3442	370177	99410			172	2974

14－7　2000年以来邮政业务

年份	邮政局所总计(个)	自办			代办	邮路长度（公里）
			邮政局	邮政局及邮政所		
2000	225	135	12	123	90	4827
2001	219	136	12	124	60	4924
2002	219	135	12	123	51	4786
2003	216	127	12	115	63	4447
2004	212	131	12	119	53	4447
2005	185	126	12	114	31	4736
2006	186	126	12	114	32	4447
2007	187	110	12	98	49	2847
2008	178	95	12	83	69	2847
2009	174	93	12	81	81	3800
2010	176	81	12	69	95	4913
2011	178	93	12	81	85	4824
2012	178	93	12	81	85	5407
2013	178	93	12	81	85	5392
2014	165	62	12	50	103	3985
2015	193	67	22	45	126	5797
2016	206	67	22	45	139	5529

基本情况

农村投递线路长度(公里)	邮政业务总量(万元)	函件(万件)	订销报纸累计数(万份)	订销杂志累计数(万份)	报刊期发数(万份)
23809	2403	738	2213	107	2320
24016	5083	727	2794	133	2927
24016	5553	732	3108	122	3230
24141	6844	1050	2739	132	2871
24141	7458	423	3217	110	3327
24198	7907	286	3320	138	3458
24198	9330	268	3349	95	3444
15901	11831	158	3598	118	3716
15901	13358	143	4243	121	4364
23139	59081	308	4402	122	4100
26787	95174	202	5302	132	5434
29705	81810	180	5782	147	5532
29705	88138	161	3838	163	5326
19043	89453	182	4348	149	5428
16780	17714	77	4206	186	4392
4113	23212	73	4318	200	4159
3915	21725	51	4379	187	4595

年份	电信局所总数（个）	自办营业网点	代办营业网点	电信业务总量（万元）	本地交换机（门）容量	实占	国内长途电话（万次）	国际长途电话（次）
2000	178	99	79	17710	204562	153068	2020	5117
2001	203	91	112	16625	299092	200005	2138	5788
2002	208	142	66	20049	327884	267691	2220	5556
2003	208	142	66	25572	476008	360881	2385	6689
2004	208	142	66	24205	476010	360891	2447	6820
2005	208	142	66	27217	690000	564752	3334	10887
2006	319	33	286	36117	901848	781653	3950	18769
2007	208	142	66	44360	913452	719225	4161	22759
2008	229	16	213	41203	929537	667106	3570	20086
2009	229	16	213	43149	916482	594722	3004	12939
2010	229	16	213	40126	905418	604621	3208	14729
2011	229	18	211	56000	824345	618435	3240	14621
2012	229	20	209	73406	843200	645000	3350	15643
2013	5286	110	5176	449621	876400	657100	3420	12000
2014	2570	120	2750	564039	824595	644679	3675	18141
2015	3726	149	3577	722108	6088871	3337929	111110	1680290
2016	3514	94	3420	1058085	5670000	961390	116257	273904

备注：国内/际长途电话（万次），次数暂无移动公司数据，移动省公司给的答复是北京公司才可以查询。

业务基本情况

固定电话用户总数（户）				移动电话用户（户）	已通电话的乡镇（个）	已通电话的行政村（个）
	城市电话用户	农村电话用户	公用电话			
57600	11613	41455	4532		262	2144
303101	183706	115386	4009		257	2689
275799	174069	93591	8139		222	2810
360881	237618	110191	13072		222	2788
428891	271517	130815	26559		222	3172
525108	316103	180471	28534		222	5628
668671	367951	266309	34411		222	5628
681471	361049	284627	35795		222	2628
588920	326981	228700	33239	2348500	222	5545
518770	290776	195903	32091	3250900	222	5474
458000	240000	190000	28000	3295000	222	5474
464156	254119	187219	22818	3122900	176	5474
544400	336000	177000	31400	3997200	176	5380
574976	374279	149366	12039	3275262	176	5430
537452	410050	143045	3000	3380433	176	5430
512452	407271	106373		3494149	172	2974
469587	370177	99410		3958594	172	2974

主要统计指标解释

公路里程 指在一定时期内实际达到《公路工程[WT-BZ]技术标准 JTJ01－88》规定的等级公路，并经公路主管部门正式验收交付使用的公路里程数。包括大中城市的郊区公路以及通过小城镇街道部分的公路里程和桥梁、渡口的长度，不包括大中城市的街道、厂矿、林区生产用道和农业生产用道的里程。两条或多条公路共同经由同一路段，只计算一次，不得重复计算里程长度。该指标可以反映公路建设的发展规模，也是计算运输网密度等指标的基础资料。

货(客)运量 指在一定时期内，各种运输工具实际运送的货物(旅客)数量。该指标是反映运输业为国民经济和人民生活服务的数量指标，也是制定和检查运输生产计划、研究运输发展规模和速度的重要指标。货运按吨计算，客运按人计算。货物不论运输距离长短、货物类别，均按实际重量统计。旅客不论行程远近或票价多少，均按一人一次客运量统计；半价票、小孩票也按一人统计。

货物(旅客)周转量 指在一定时期内，由各种运输工具运送的货物(旅客)数量与其相应运输距离的乘积之总和。该指标可以反映运输业生产的总成果，也是编制和检查运输生产计划，计算运输效率、劳动生产率以及核算运输单位成本的主要基础资料。计算货物周转量通常按发出站与到达站之间的最短距离，也就是计费距离计算。计算公式为：

货物(旅客)周转量＝∑(货物(旅客)运输量×运输距离)

民用汽车拥有量 指报告期末，在公安交通管理部门按照《机动车注册登记工作规范》，已注册登记领有民用车辆牌照的全部汽车数量。汽车拥有量统计的主要分类：根据汽车结构分为载客汽车、载货汽车及其他汽车；根据汽车所有者不同分为个人(私人)汽车、单位汽车；根据汽车的使用性质分为营运汽车、非营运汽车；根据汽车大小规格不同载客汽车分为大型、中型、小型和微型，载货汽车分为重型、中型、轻型和微型。

邮电业务总量 指以货币形式表示的邮电企业为社会提供各类邮电服务的总数量，是用于观察邮电业务发展变化总趋势的综合性总量指标。分别按邮政业务总量和电信业务总量统计。邮电业务总量是以各类业务的实物量分别乘以相应的不变单价，得出各类业务的货币量再加总求得。

移动电话用户 指在电信运营企业营业网点办理开户登记手续，通过移动电话交换机进入移动电话网，占用移动电话号码的各类电话用户。包括 GSM 数字移动电话用户、CDMA 数字移动电话用户和电信运营企业发行的报告期末已激活充值的能异地漫游的各种智能卡用户。

固定电话用户 指在电信运营企业营业网点办理开户登记手续并已接入固定电话网上的全部电话用户。包括普通电话用户、公用电话用户、窄带综合业务数字网(N—ISDN)用户、智能网专用接入终端用户等。按行政区划分为城市电话用户和农村电话用户。

城市电话用户 指直辖市、省辖市、地级市、县级市的市区、市郊区及县城范围内接入局用交换机的电话用户。包括分布在农村地区县团级以上建制的独立工矿区、林区、驻军等电话用户。

农村电话用户 指县城关区以下的集镇和农村接入局用交换机的电话用户。

住宅电话用户 指安装在居民住宅或农民家里并按照住宅电话用户登记注册和收费的各类电话用户。包括私人付费、单位付费和按规定免费安装的住宅电话用户。

15

国内贸易

资料整理：朱晓媛　刘　琳　张　露

15. 国内贸易

2016 年全市

社会消费品零售总额	422.05 亿元	比上年增长 6.5%
#商品零售	379.67 亿元	比上年增长 6.0%
餐费收入	42.38 亿元	比上年增长 10.6%

社会消费品零售总额(亿元)

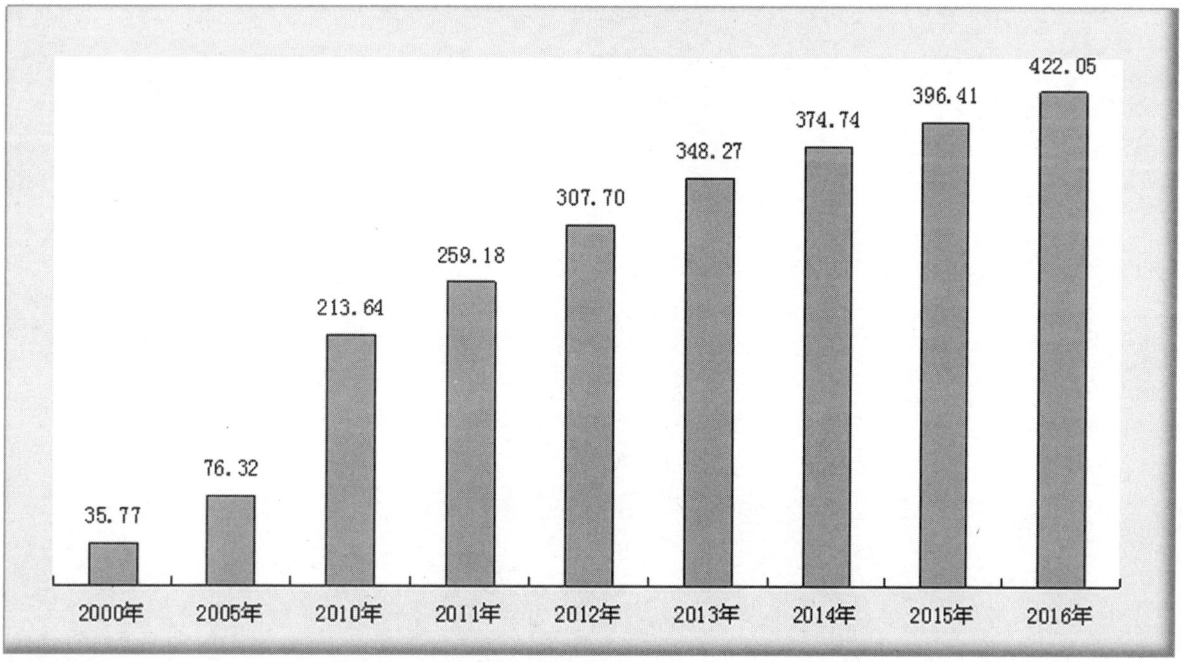

15－1 限额以上批发和零售业、住宿和餐饮业法人企业数和从业人员数(2016年)

指标名称	法人企业数（个）	批发业	零售业	住宿业	餐饮业
全市	557	129	297	71	60
榆阳	140	33	57	34	16
神木	108	20	63	9	16
府谷	143	49	70	9	15
横山	42	8	32	2	
靖边	49	12	28	5	4
定边	14	1	8	3	2
绥德	16	3	10		3
米脂	19	1	12	3	3
佳县	5	2	1	2	
吴堡	6		5	1	
清涧	10		8	1	1
子洲	5		3	2	

15－1 续 表

指标名称	从业人员期末人数（人）	批发业	零售业	住宿业	餐饮业
全市	30919	7167	13417	6230	4105
榆阳	12575	3040	4603	3771	1161
神木	6485	1254	2708	962	1561
府谷	3894	1736	1290	559	309
横山	1656	238	1326	92	
靖边	2221	644	1046	243	288
定边	1373	10	890	64	409
绥德	1009	122	692		195
米脂	691	67	335	136	153
佳县	182	56	15	111	
吴堡	177		139	38	
清涧	385		253	103	29
子洲	271		120	151	

15－2　主要年份各县区社会消费品零售总额

单位:万元

年份	合计	榆阳	神木	府谷	横山	靖边	定边	绥德	米脂	佳县	吴堡	清涧	子洲
1949	2350	272	246	156	77	210	175	493	160	79	66	201	215
1952	3546	554	306	166	156	234	331	671	245	241	137	245	260
1957	6465	1331	508	342	397	449	565	930	493	467	201	300	483
1962	7024	1518	525	476	510	446	670	815	530	410	213	400	514
1965	7583	1392	694	434	520	522	780	808	559	519	206	400	517
1970	9442	1536	914	707	680	557	945	1304	853	275	223	832	616
1975	19374	2753	1625	1691	1315	1526	2600	1723	1889	1187	585	1324	1156
1978	26014	5666	2218	1803	1651	1703	2952	2487	1649	1648	742	1385	1628
1980	27033	4756	3399	1960	2023	1927	2435	2774	2001	1853	811	1450	1594
1985	44565	10377	4254	3300	3493	2686	4040	5399	2920	2406	1053	2327	2310
1990	79867	13894	9863	5677	5627	4186	6547	11997	4717	5149	3309	4668	4233
1995	161665	36145	23450	19455	9889	11122	11231	19862	6438	7021	4828	6482	5742
2000	357734	77628	53672	40416	20560	37109	23605	49699	12959	10214	7638	11581	12653
2001	404017	86841	62681	44291	22553	46518	27095	53818	14563	11162	7956	12157	14383
2002	460207	95331	70590	48855	25475	58245	30539	62149	16789	11730	9227	13041	18236
2003	555534	107639	88470	57664	28206	73069	44267	73322	19411	12949	11022	18066	21448
2004	650797	122785	106056	67833	33036	88394	50247	89648	22444	14160	10781	19484	25929
2005	763221	131947	120857	80101	38500	112435	58415	112134	25798	15506	14273	21470	31785
2006	919601	159273	141053	97306	49791	131793	68786	136465	32525	19027	18831	25670	39081
2007	1159898	206060	168814	126238	67284	159814	83797	174977	46621	24041	24580	30322	47350
2008	1541064	275600	227600	168700	92700	211164	107000	220900	69600	30400	32900	39500	65000
2009	1767243	342628	266836	203106	118832	238871	124564	213619	77500	35884	39409	43474	62520
2010	2136443	434916	298868	244991	183616	312500	151860	228635	96424	32770	40931	46783	64149
2011	2591783	545471	371276	313225	279849	374174	182825	247503	101550	28801	40877	47552	58678
2012	3077043	705370	415989	385810	382095	449924	214616	269008	77646	25766	41748	51170	57902
2013	3482679	1127829	436268	400128	437790	496624	242480	94727	81672	21833	38793	53399	51136
2014	3747362	1177959	460490	440059	486403	534294	271418	102557	91219	24017	42828	59734	56385
2015	3964087	1185171	472693	469953	509750	597341	301731	115684	101158	26850	48310	67880	68188
2016	4220516	1250501	510277	474508	539063	641528	328398	125236	110044	29601	53140	82213	76007

15－3　各县区社会消费品零售总额(2016 年)

单位:万元

	社会消费品零售总额	按销售地区分		按消费形态分	
		城镇	乡村	商品零售额	餐饮收入额
全市	4220516	2889250	1331266	3796696	423820
榆阳	1250501	846853	403648	1102826	147675
神木	510277	321295	188982	434629	75648
府谷	474508	383916	90592	428393	46115
横山	539063	347818	191245	518181	20882
靖边	641528	419675	221853	602979	38550
定边	328398	233316	95082	287078	41320
绥德	125236	84333	40903	111323	13913
米脂	110044	77116	32928	100678	9366
佳县	29601	19831	9769	25297	4238
吴堡	53140	37586	15554	48430	4711
清涧	82213	59682	22531	67724	14489
子洲	76007	57828	18178	69093	6914

15－4　限额以上批发业法人企业基本情况（2016年）

指标名称	法人企业数（个）	从业人员期末人数（人）	#女性	法人所属产业活动单位数（个）	批发和零售业	其他
批发业	129	7167	2208	145	27	118
1. 按批发行业小类分						
农、林、牧产品批发	4	142	52	4		4
谷物、豆及薯类批发	3	74	35	3		3
种子批发	1	68	17	1		1
食品、饮料及烟草制品批发	8	924	341	21	14	7
果品、蔬菜批发	4	182	87	4		4
盐及调味品批发	1	50	17	1		1
酒、饮料及茶叶批发	2	37	22	2		2
烟草制品批发	1	655	215	14	14	
纺织、服装及家庭用品批发	4	181	106	4		4
服装批发	1	77	65	1		1
化妆品及卫生用品批发	2	29	11	2		2
厨房、卫生间用具及日用杂货批发	1	75	30	1		1
医药及医疗器材批发	3	232	153	3		3
西药批发	1	66	35	1		1
中药批发	1	135	105	1		1
医疗用品及器材批发	1	31	13	1		1
矿产品、建材及化工产品批发	93	5037	1323	97	13	84
煤炭及制品批发	76	3413	818	70		70
石油及制品批发	3	1226	382	13	11	2
金属及金属矿批发	1	29	8	1		1
建材批发	6	38	8	5		5
化肥批发	2	15	3	2		2
其他化工产品批发	5	316	104	6	2	4
机械设备、五金产品及电子产品批发	13	323	75	12		12
农业机械批发	2	41	11	2		2
汽车批发	7	188	40	6		6
汽车零配件批发	1	10	1	1		1
五金产品批发	2	71	20	2		2
计算机、软件及辅助设备批发	1	13	3	1		1
其他批发业	4	328	158	4		4
再生物资回收与批发	2	240	115	2		2

15-4 续 表

指标名称	法人企业数(个)	从业人员期末人数(人)	#女性	法人所属产业活动单位数(个)	批发和零售业	其他
其他未列明批发业	2	88	43	2		2
2. 按登记注册类型分						
内资企业	128	7157	2204	144	27	117
国有企业	11	1772	586	25	16	9
集体企业	1	10	1	1		1
股份合作企业	1	84	31	1		1
有限责任公司	89	3546	970	82		82
国有独资公司	5	268	90	5		5
其他有限责任公司	84	3278	880	77		77
股份有限公司	5	1227	389	14	11	3
私营企业	18	366	149	18		18
私营合伙企业	1	13	3	1		1
私营有限责任公司	15	289	128	15		15
私营股份有限公司	2	64	18	2		2
其他企业	3	152	78	3		3
外商投资企业	1	10	4	1		1
外资企业	1	10	4	1		1
3. 按控股情况分						
国有控股	28	4399	1299	52	27	25
集体控股	2	15	3	2		2
私人控股	79	2154	736	73		73
外商控股	1	10	4	1		1
其他	19	589	166	17		17
4. 按经营形式分						
独立门店	101	5799	1676	119	27	92
连锁门店	1	10	4	1		1
其他	27	1358	528	25		25
5. 按单位规模分						
大型	4	2571	779	27	25	2
中型	41	3366	1009	42	2	40
小型	44	917	345	44		44
微型	40	313	75	32		32

15－5　限额以上零售业法人企业基本情况(2016年)

指标名称	法人企业数(个)	从业人员期末人数(人)	#女性	法人所属产业活动单位数(个)	批发和零售业	其他
零售业	297	13417	7070	405	139	266
1. 按零售行业小类分						
综合零售	39	4290	2596	45	10	35
百货零售	22	2342	1607	25	5	20
超级市场零售	15	1725	784	18	5	13
其他综合零售	2	223	205	2		2
食品、饮料及烟草制品专门零售	29	948	457	25	2	23
粮油零售	8	248	162	7		7
糕点、面包零售	1	58	36	2	2	
果品、蔬菜零售	2	163	66	2		2
肉、禽、蛋、奶及水产品零售	3	75	29	3		3
酒、饮料及茶叶零售	11	349	145	8		8
烟草制品零售	3	37	9	2		2
其他食品零售	1	18	10	1		1
纺织、服装及日用品专门零售	12	576	520	16	5	11
服装零售	9	399	357	7		7
鞋帽零售	2	74	64	2		2
化妆品及卫生用品零售	1	103	99	7	5	2
文化、体育用品及器材专门零售	12	403	222	12		12
图书、报刊零售	8	290	138	8		8
珠宝首饰零售	4	113	84	4		4
医药及医疗器材专门零售	9	1493	1174	67	62	5
药品零售	9	1493	1174	67	62	5
汽车、摩托车、燃料及零配件专门零售	145	4551	1578	188	55	133
汽车零售	86	2923	895	76	2	74
汽车零配件零售	1	22	10	1		1
摩托车及零配件零售	2	10	3	2		2
机动车燃料零售	56	1596	670	109	53	56
家用电器及电子产品专门零售	22	443	185	23	5	18
日用家电设备零售	16	335	126	17	5	12
计算机、软件及辅助设备零售	3	44	11	3		3
通信设备零售	1	12	10	1		1
其他电子产品零售	2	52	38	2		2
五金、家具及室内装饰材料专门零售	23	607	278	23		23
五金零售	14	238	57	14		14
家具零售	5	298	192	5		5
卫生洁具零售	1	37	18	1		1
木质装饰材料零售	1	8	1	1		1
陶瓷、石材装饰材料零售	2	26	10	2		2
货摊、无店铺及其他零售业	6	106	60	6		6
互联网零售	5	100	58	5		5
生活用燃料零售	1	6	2	1		1
2. 按登记注册类型分						
内资企业	295	13352	7058	403	139	264
国有企业	4	821	343	57	53	4

15－5 续 表

指标名称	法人企业数(个)	从业人员期末人数(人)	#女性	法人所属产业活动单位数(个)	批发和零售业	其他
集体企业	1	10	8	1		1
有限责任公司	176	8736	4738	232	80	152
国有独资公司	6	201	109	6		6
其他有限责任公司	170	8535	4629	226	80	146
股份有限公司	4	303	184	4		4
私营企业	106	3431	1761	105	6	99
私营独资企业	18	228	62	18		18
私营合伙企业	9	92	39	9		9
私营有限责任公司	69	2587	1270	70	4	66
私营股份有限公司	10	524	390	8	2	6
其他企业	4	51	24	4		4
港、澳、台商投资企业	2	65	12	2		2
港澳台商独资企业	1	31	10	1		1
其他港澳台投资企业	1	34	2	1		1
3. 按控股情况分						
国有控股	16	1259	514	69	53	16
集体控股	5	169	50	5		5
私人控股	248	11354	6259	308	81	227
港澳台商控股	1	31	10	1		1
其他	27	604	237	22	5	17
4. 按经营形式分						
独立门店	269	10368	5385	255	10	245
连锁总店	5	532	240	13	11	2
连锁门店	5	1772	1008	115	113	2
其他	18	745	437	22	5	17
5. 按单位规模分						
大型	2	1603	965	109	108	1
中型	69	7578	4219	87	23	64
小型	160	3869	1706	163	6	157
微型	66	367	180	46	2	44
6. 按零售业态分						
有店铺零售	286	13197	6981	394	139	255
食杂店	3	67	39	3	2	1
便利店	2	173	138	2		2
超市	22	2271	1276	26	9	17
大型超市	4	792	409	6	3	3
百货店	21	1656	1210	21	3	18
专业店	118	4685	2451	223	115	108
专卖店	104	3139	1201	102	7	95
家居建材商店	5	313	194	5		5
购物中心	4	58	54	3		3
厂家直销中心	3	43	9	3		3
无店铺零售	11	220	89	11		11
网上商店	5	100	58	5		5

15－6 限额以上住宿和餐饮业法人企业基本情况(2016年)

指标名称	法人企业数(个)	从业人员期末人数(人)	#女性	法人所属产业活动单位数(个)	批发和零售业	其他
合计	131	10335	6079	4	4	
一、住宿业	71	6230	3747	2	2	
1. 按住宿业行业小类分						
旅游饭店	43	4451	2678	2	2	
一般旅馆	23	1276	773			
其他住宿业	5	503	296			
内资企业	71	6230	3747	2	2	
国有企业	1	31	15			
有限责任公司	39	3799	2312			
国有独资公司	2	808	520			
其他有限责任公司	37	2991	1792			
股份有限公司	2	72	43			
私营企业	28	2283	1347	2	2	
私营独资企业	3	211	135			
私营合伙企业	2	116	71			
私营有限责任公司	21	1693	1003	2	2	
私营股份有限公司	2	263	138			
其他企业	1	45	30			
2. 按控股情况分						
国有控股	3	839	535			
私人控股	64	5138	3054	2	2	
其他	4	253	158			
3. 按经营形式分						
独立门店	55	4739	2769			
其他	11	1491	978	2	2	
4. 按单位规模分						
中型	11	2822	1683	2	2	
小型	48	3300	1990			
微型	12	108	74			
5. 按星级分						
五星	1	431	228			
四星	9	631	310			
三星	10	866	570	2	2	

15-6 续 表

指标名称	法人企业数(个)	从业人员期末人数(人)	#女性	法人所属产业活动单位数(个)	批发和零售业	其他
二星	2	90	47			
其他	49	4212	2592			
二、餐饮业	60	4105	2332	2	2	
1. 按餐饮业行业小类分						
正餐服务	59	4105	2332	2	2	
其他餐饮业	1					
餐饮配送服务	1					
2. 按登记注册类型分						
内资企业	59	4005	2257	2	2	
国有企业	2	186	89			
有限责任公司	25	1844	1077			
其他有限责任公司	25	1844	1077			
股份有限公司	2	189	82			
私营企业	28	1651	991	2	2	
私营独资企业	4	130	90			
私营有限责任公司	21	1343	791	2	2	
私营股份有限公司	3	178	110			
其他企业	2	135	18			
外商投资企业	1	100	75			
外资企业	1	100	75			
3. 按控股情况分						
国有控股	2	186	89			
私人控股	50	3317	1920	2	2	
外商控股	1	100	75			
其他	7	502	248			
4. 按经营形式分						
独立门店	43	3146	1784	2	2	
连锁门店	3	182	125			
其他	7	777	423			
5. 按单位规模分						
中型	5	1106	612			
小型	45	2867	1622	2	2	
微型	10	132	98			

15－7 限额以上批发业企业商品

指标名称	法人企业数(个)	商品购进额	#进口	商品销售额	#通过公共网络实现的销售额
批发业	129	6470334		8300771	418979
1.按批发行业小类分					
农、林、牧产品批发	4	21337		22437	
谷物、豆及薯类批发	3	16486		16467	
种子批发	1	4851		5970	
食品、饮料及烟草制品批发	8	347203		469163	405653
果品、蔬菜批发	4	56601		59388	2693
盐及调味品批发	1	3468		4195	
酒、饮料及茶叶批发	2	2409		2619	
烟草制品批发	1	284725		402960	402960
纺织、服装及家庭用品批发	4	55807		56868	
服装批发	1	1485		2242	
化妆品及卫生用品批发	2	2144		2426	
厨房、卫生间用具及日用杂货批发	1	52178		52200	
医药及医疗器材批发	3	27207		27941	
西药批发	1	11427		11769	
中药批发	1	12813		12806	
医疗用品及器材批发	1	2968		3366	
矿产品、建材及化工产品批发	93	5892386		7593264	13186
煤炭及制品批发	76	5473494		7113828	12515
石油及制品批发	3	274859		301976	
金属及金属矿批发	1	4429		3879	
建材批发	6	3823		6204	670
化肥批发	2	26338		27000	
其他化工产品批发	5	109442		140378	
机械设备、五金产品及电子产品批发	13	59811		60718	141
农业机械批发	2	15810		15901	
汽车批发	7	28520		29250	
汽车零配件批发	1	9553		9556	
五金产品批发	2	4196		4185	
计算机、软件及辅助设备批发	1	1732		1826	141
其他批发业	4	66582		70381	
再生物资回收与批发	2	61603		64199	

购进、销售和库存总额(2016 年)

单位:万元

#使用银行卡支付的商品销售额	批发额	#出口	零售额	#通过公共网络实现的零售额	期末商品库存额
648231	7932894	119577	367877	1639	375448
1565	18732	8194	3706		9537
	12762	8194	3706		8569
1565	5970				968
403510	440805		28358	1305	16340
	31154		28234	1305	1057
	4195				4
550	2495		124		157
402960	402960				15122
	28866		28002		816
	1233		1009		596
	1436		990		146
	26196		26003		74
62	20283		7658		1344
	11769				1176
	6414		6392		55
62	2100		1266		113
243013	7345001	111383	248263	334	342084
240825	7002076	111383	111752		327998
	166063		135913		8535
	3879				664
2188	5606		598	334	2003
	27000				600
	140378				2285
80	37351		23367		5145
	9174		6728		144
	18259		10992		4104
	5734		3822		349
	4185				491
80			1826		57
	41857		28524		183
	38727		25472		110

指标名称	法人企业数(个)	商品购进额	#进口	商品销售额	#通过公共网络实现的销售额
其他未列明批发业	2	4979		6182	
2. 按登记注册类型分					
内资企业	128	6469699		8299961	418979
国有企业	11	923797		1138274	402960
集体企业	1	20400		21000	
股份合作企业	1	27238		29779	
有限责任公司	89	5026172		6601487	670
国有独资公司	5	3233175		4681264	
其他有限责任公司	84	1792997		1920224	670
股份有限公司	5	361843		392244	
私营企业	18	72718		76853	12656
私营合伙企业	1	1732		1826	141
私营有限责任公司	15	63908		68251	12515
私营股份有限公司	2	7078		6776	
其他企业	3	37531		40323	2693
外商投资企业	1	634		811	
外资企业	1	634		811	
3. 按控股情况分					
国有控股	28	5357780		7084255	402960
集体控股	2	26338		27000	
私人控股	79	842064		897545	16019
外商控股	1	634		811	
其他	19	243518		291161	
4. 按经营形式分					
独立门店	101	2977836		3313097	418979
连锁门店	1	634		811	
其他	27	3491863		4986864	
5. 按单位规模分					
大型	4	805177		936855	402960
中型	41	4948473		6615356	2693
小型	44	704243		734966	12656
微型	40	12440		13595	670

表

单位:万元

#使用银行卡支付的商品销售额	批发额	#出口	零售额	#通过公共网络实现的零售额	期末商品库存额
	3130		3052		73
648231	7932894	119577	367067	1639	375408
402960	1092617	67	45658		24196
	21000				600
	29779				190
244641	6459789	119510	141698	334	334256
	4631840	111316	49423		218367
244641	1827949	8194	92275	334	115889
	248917		143328		9350
630	59724		17129		5798
80			1826		57
550	54294		13958		4984
	5430		1346		758
	21069		19254	1305	1017
			811		41
			811		41
630536	6851774	111383	232481		336256
	27000				600
17695	764437	8194	133108	1639	33452
			811		41
	289683		1478		5099
644478	3004711	8194	308386	1639	152572
			811		41
3753	4928183	111383	58681		222835
402960	806329		130526		40746
242391	6422262	119577	193094	1305	318371
2880	693155		41811		8643
	11148		2447	334	7688

15－8 限额以上零售业企业商品

指标名称	法人企业数(个)	商品购进额	#进口	商品销售额	#通过公共网络实现的销售额
零售业	297	1365253	44218	1479302	59447
1.按零售行业小类分					
综合零售	39	151532		166342	3694
百货零售	22	115564		121790	3029
超级市场零售	15	34067		41888	665
其他综合零售	2	1901		2664	
食品、饮料及烟草制品专门零售	29	98107		110577	36169
粮油零售	8	37990		39254	34388
糕点、面包零售	1	884		735	
果品、蔬菜零售	2	940		3467	250
肉、禽、蛋、奶及水产品零售	3	21928		27776	1530
酒、饮料及茶叶零售	11	14392		16470	
烟草制品零售	3	21222		21652	
其他食品零售	1	751		1224	
纺织、服装及日用品专门零售	12	12274		14611	
服装零售	9	8131		9612	
鞋帽零售	2	2820		2823	
化妆品及卫生用品零售	1	1322		2175	
文化、体育用品及器材专门零售	12	29980		29584	
图书、报刊零售	8	21999		20145	
珠宝首饰零售	4	7981		9439	
医药及医疗器材专门零售	9	85526		95304	325
药品零售	9	85526		95304	325
汽车、摩托车、燃料及零配件专门零售	145	896170	43698	960167	13921
汽车零售	86	531917	42421	566101	13571
汽车零配件零售	1	444		814	
摩托车及零配件零售	2	970		779	
机动车燃料零售	56	362839	1277	392474	350
家用电器及电子产品专门零售	22	60329	520	65786	3
日用家电设备零售	16	39027		41293	
计算机、软件及辅助设备零售	3	15981	520	16103	3
通信设备零售	1	400		460	
其他电子产品零售	2	4922		7929	
五金、家具及室内装饰材料专门零售	23	24153		29154	
五金零售	14	11077		14218	
家具零售	5	4197		5098	
卫生洁具零售	1	700		768	
木质装饰材料零售	1	1829		1834	
陶瓷、石材装饰材料零售	2	6350		7236	
货摊、无店铺及其他零售业	6	7183		7777	5336
互联网零售	5	5853		6457	5336
生活用燃料零售	1	1330		1320	
2.按登记注册类型分					
内资企业	295	1364853	44218	1478222	59447
国有企业	4	252507		271237	
集体企业	1	2278		2549	
有限责任公司	176	740285	11380	805768	43591

购进、销售和库存总额(2016 年)

单位:万元

#使用银行卡支付的商品销售额	批发额	#出口	零售额	#通过公共网络实现的零售额	期末商品库存额
236999	121765		1357537	11048	126629
9480	3917		162425	665	21167
7324	2547		119244		15492
1204	1370		40518	665	5326
952			2664		349
9906	4645		105931	4925	9815
413	960		38294	4248	657
			735		150
3	200		3267	200	1327
1892			27776	476	3390
	3485		12984		3708
7598			21652		498
			1224		85
331			14611		1738
56			9612		1354
275			2823		232
			2175		152
2483	752		28832		10010
	554		19592		8098
2483	199		9240		1912
10628	13032		82273		11016
10628	13032		82273		11016
198854	94174		865993	1677	66813
187701	1627		564474	1327	58689
814			814		359
			779		207
10339	92547		299927	350	7559
544	102		65684	3	4762
339			41293		3431
205	102		16001	3	374
			460		334
			7929		623
4772	2470		26684		1032
	2470		11748		380
2938			5098		202
			768		300
1834			1834		3
			7236		147
	2673		5104	3779	276
	2673		3784	3779	246
			1320		31
236999	120892		1357330	11048	126524
9900	88048		183190		1737
			2549		29
165622	25565		780203	7487	77702

指标名称	法人企业数(个)	商品购进额	#进口	商品销售额	#通过公共网络实现的销售额
国有独资公司	6	15402		14755	
其他有限责任公司	170	724883	11380	791014	43591
股份有限公司	4	53158		59326	
私营企业	106	310714	32838	333641	15855
私营独资企业	18	18827		19652	
私营合伙企业	9	9496		9919	
私营有限责任公司	69	248444	12584	271737	15855
私营股份有限公司	10	33947	20254	32333	
其他企业	4	5912		5701	
港、澳、台商投资企业	2	400		1080	
港澳台商独资企业	1	122		207	
其他港澳台投资企业	1	279		873	
3. 按控股情况分					
国有控股	16	336348		358877	
集体控股	5	23333		24558	
私人控股	248	934585	44218	1015502	28982
港澳台商控股	1	122		207	
其他	27	70866		80158	30465
4. 按经营形式分					
独立门店	269	1005673	44218	1084440	55428
连锁总店	5	56638		57899	
连锁门店	5	276423		305091	
其他	18	26520		31871	4019
5. 按单位规模分					
大型	2	265297		292748	
中型	69	605852	30182	645958	44904
小型	160	466309	13516	511059	14540
微型	66	27795	520	29537	3
6. 按零售业态分					
有店铺零售	286	1354699	44218	1467227	54111
食杂店	3	2094		2332	
便利店	2	2961		3537	
超市	22	55354		61593	4019
大型超市	4	11567		14829	
百货店	21	107705		113332	
专业店	118	749646	20774	814250	3968
专卖店	104	412445	23444	443492	46124
家居建材商店	5	4307		5245	
购物中心	4	885		820	
厂家直销中心	3	7735		7797	
无店铺零售	11	10554		12075	5336
网上商店	5	5853		6457	5336

表

单位:万元

#使用银行卡支付的商品销售额	批发额	#出口	零售额	#通过公共网络实现的零售额	期末商品库存额
	554		14201		5934
165622	25012		766002	7487	71768
30			59326		1610
61447	7280		326361	3561	44992
315			19652		1305
112	100		9819		1036
61020	7180		264557	3561	34978
			32333		7673
			5701		455
	873		207		105
			207		105
	873				0
9900	88601		270275		11231
			24558		523
227099	31528		983975	11048	106852
			207		105
	1637		78522		7918
215447	19268		1065172	8636	113632
	116		57783		3479
20523	99508		205583		6299
1028	2873		28998	2412	3219
20523	99508		193240		6120
151362	4492		641466	6	71592
62670	13844		497215	11039	42494
2443	3922		25615	3	6423
235165	118219		1349008	7269	126055
	1597		735		160
			3537		165
3766	2157		59436	665	15793
1066			14829		411
4654	3331		110001		9475
133740	106524		707726	2350	46482
89002	4610		438882	4254	52245
2938			5245		466
			820		649
			7797		210
1834	3546		8529	3779	574
	2673		3784	3779	246

15－9 各县区限额以上批发零售法人企业

指标名称	法人企业数(个)	商品购进额	#进口	商品销售额	#通过公共网络实现的销售额
一、批发业					
全市	129	6470334		8300771	418979
榆阳	33	1966889		2257332	402960
神木	20	3652649		5146616	
府谷	49	519462		547182	670
横山	8	41394		43072	12656
靖边	12	204454		207469	2693
定边	1	9553		9556	
绥德	3	52731		67873	
米脂	1	16648		14930	
佳县	2	6553		6743	
吴堡					
清涧					
子洲					
二、零售业					
全市	297	1365253	44218	1479302	59447
榆阳	57	637994	399	698037	14758
神木	63	93722		108770	2195
府谷	70	64414		70169	325
横山	32	220167	42022	234278	6
靖边	28	184310	520	192316	5958
定边	8	90425		94399	34273
绥德	10	21388		24864	
米脂	12	17086		17679	1000
佳县	1	501		500	250
吴堡	5	2326		3597	115
清涧	8	28726	1277	29469	567
子洲	3	4196		5223	

商品购进、销售和库存总额(2016 年)

单位:万元

#使用银行卡支付的商品销售额	批发额	#出口	零售额	#通过公共网络实现的零售额	期末商品库存额
648231	7932894	119577	367877	1639	375448
417838	2071732		185600		90016
229763	5097317	111383	49298		239254
	546414		768	334	31090
80	24056	8194	19016		9382
	108964		98506	1305	1426
	5734		3822		349
	66527		1346		1946
	5407		9522		1809
550	6743				176
236999	121765		1357537	11048	126629
176161	102974		595063		51794
8425	4150		104620	1141	22030
1423	5826		64343		10456
46051	100		234178	6	27827
2045	4654		187662	3886	4506
	438		93962	4133	4639
2466	960		23904		1517
13	2348		15331	1000	1644
3	200		300	200	2
413			3597	115	288
			29469	567	1501
	116		5107		427

15－10 限额以上住宿餐饮

指标名称	法人企业数（个）	营业额	#使用银行卡支付的营业额	客房收入	#通过公共网络实现的客房收入
总计	131	120255	12924	41149	1455
一、住宿业	71	76663	9962	31409	1436
1. 按住宿业行业小类分					
旅游饭店	43	52791	8760	22525	1340
一般旅馆	23	17092	1171	7007	95
其他住宿业	5	6781	31	1877	
内资企业	71	76663	9962	31409	1436
国有企业	1	803	625	275	
有限责任公司	39	44264	8660	20772	1379
国有独资公司	2	9669	4217	3745	115
其他有限责任公司	37	34594	4444	17027	1264
股份有限公司	2	1083		243	
私营企业	28	30037	676	9960	57
私营独资企业	3	2912	8	1060	
私营合伙企业	2	1210		452	
私营有限责任公司	21	21099	668	7338	57
私营股份有限公司	2	4815		1110	
其他企业	1	478		160	
2. 按控股情况分					
国有控股	3	10472	4842	4020	115
私人控股	64	62393	4885	25380	1317
其他	4	3798	235	2010	4
3. 按经营形式分					
独立门店	55	60637	5439	25837	786
其他	11	16026	4522	5572	650
4. 按单位规模分					
中型	11	41587	7197	12958	260
小型	48	34142	2765	17561	1176
微型	12	934		891	
5. 按星级分					
五星	1	7256	2829	1987	138
四星	9	5224	522	3442	439
三星	10	11404		5695	

法人企业经营情况表(2016 年)

单位:万元

餐费收入	#通过公共网络实现的餐费收入	商品销售额收入	其他收入	客房数(间)	床位数(个)	餐位数(位)	年末餐饮营业面积(平方米)
72214	574	3536	3357	12379	22067	53097	343034
39938	565	2177	3140	9152	16151	25212	179821
26824	543	1572	1870	6580	11850	18908	137753
9579	21	297	208	2040	3461	5075	32664
3535		308	1062	532	840	1229	9404
39938	565	2177	3140	9152	16151	25212	179821
528				36	70	106	1400
20300	537	1349	1843	4930	8578	12730	108743
5153	6	410	361	701	1224	2040	11621
15147	531	939	1482	4229	7354	10690	97122
840				159	240	155	2000
17953	27	828	1297	3989	7201	12021	66678
1634		162	57	293	523	1250	6500
648		110		79	143	660	2289
13201	27	382	179	3319	6021	9211	49589
2470		174	1062	298	514	900	8300
317				38	62	200	1000
5681	6	410	361	737	1294	2146	13021
33026	558	1371	2617	8055	14195	21716	148400
1231		396	161	360	662	1350	18400
31433	111	1483	1885	7668	13762	22187	153470
8505	454	694	1255	1484	2389	3025	19141
25328	6	1236	2067	2444	4119	8164	57712
14590	558	921	1070	6274	11306	16928	109611
20		20	3	434	726	120	12498
4994			275	341	527	1310	2341
1727	6	55	1	2319	4435	3560	23150
4970		544	195	1121	2078	3594	33614

指标名称	法人企业数（个）	营业额	#使用银行卡支付的营业额	客房收入	#通过公共网络实现的客房收入
二星	2	683	164	427	12
其他	49	52097	6446	19858	847
二、餐饮业	60	43592	2963	9740	19
1. 按餐饮业行业小类分					
正餐服务	59	43592	2963	9740	19
其他餐饮业	1				
餐饮配送服务	1				
2. 按登记注册类型分					
内资企业	59	40470	1036	9740	19
国有企业	2	1063	22	502	
有限责任公司	25	20607	728	4301	19
其他有限责任公司	25	20607	728	4301	19
股份有限公司	2	1512		441	
私营企业	28	16699	286	4496	1
私营独资企业	4	1169	60	296	1
私营有限责任公司	21	14020	111	3060	
私营股份有限公司	3	1511	115	1141	
其他企业	2	588			
外商投资企业	1	3123			
外资企业	1	3123			
3. 按控股情况分					
国有控股	2	1063	22	502	
私人控股	50	35503	1014	7900	1
外商控股	1	3123			
其他	7	3904		1338	19
4. 按经营形式分					
独立门店	43	32964	1036	7335	19
连锁门店	3	3791			
其他	7	6837		2405	
5. 按单位规模分					
中型	5	15168		1871	
小型	45	25140	1035	7803	19
微型	10	3284	1	66	

表

单位:万元

餐费收入	#通过公共网络实现的餐费收入	商品销售额收入	其他收入	客房数(间)	床位数(个)	餐位数(位)	年末餐饮营业面积(平方米)
217	5	15	23	206	362	160	1241
28030	553	1563	2646	5165	8749	16588	119475
32276	9	1359	217	3227	5916	27885	163213
32276	9	1359	217	3227	5916	27885	154213
							9000
							9000
29154	9	1359	217	3227	5916	27385	162163
561				128	231	340	4756
15630	9	473	203	1349	2435	12056	85281
15630	9	473	203	1349	2435	12056	85281
1071				137	262	1160	3800
11306		883	14	1613	2988	13359	65625
835		38		75	140	830	4108
10123		823	14	1272	2334	11695	57317
348		22		266	514	834	4200
586		3				470	2701
3123						500	1050
3123						500	1050
561				128	231	340	4756
26073		1313	217	2659	4921	23374	131706
3123						500	1050
2519	9	46		440	764	3671	25701
24103	9	1333	193	2686	4932	23753	121852
3772		11	8			1055	2750
4401		15	17	541	984	3077	14211
12417		846	34	476	868	7020	24735
16641	9	513	183	2692	4935	20170	110685
3218				59	113	695	27793

15－11　各县区限额以上

指标名称	法人企业数（个）	营业额	#使用银行卡支付的营业额	客房收入	#通过公共网络实现的客房收入
一、住宿业					
全市	71	76663	9962	31409	1436
榆阳	34	42004	8562	17532	877
神木	9	10749	153	3448	49
府谷	9	7051	354	3125	505
横山	2	1549		193	
靖边	5	2008	260	1316	4
定边	3	2621		1261	
绥德					
米脂	3	1608		777	
佳县	2	2003	625	1075	
吴堡	1	388	8	320	
清涧	1	4216		1111	
子洲	2	2468		1252	
二、餐饮业					
全市	60	43592	2963	9740	19
榆阳	16	15145	28	3349	
神木	16	12736	567	3575	19
府谷	15	4090		703	
横山					
靖边	4	2282		496	
定边	2	5654	2362	310	
绥德	3	2193	6	731	1
米脂	3	1276		556	
佳县					
吴堡					
清涧	1	217		21	
子洲					

住宿餐饮表(2016 年)

单位:万元

				客房数(间)	床位数(个)	餐位数(位)	年末餐饮营业面积(平方米)
餐费收入	#通过公共网络实现的餐费收入	商品销售额收入	其他收入				
39938	565	2177	3140	9152	16151	25212	179821
21613	90	1188	1671	4429	7832	10902	83829
5852	27	213	1236	2642	4713	4249	20080
3245	448	463	218	725	1190	3120	35810
1356				101	175	255	3325
534		143	15	428	747	1350	7400
1331		29		209	378	350	2200
831				126	198	3200	9788
928				142	270	606	11000
68				68	130	50	500
3105				83	120	200	2600
1076		140.9		199	398	930	3289
32276	9	1359	217	3227	5916	27885	163213
11648		130	19	897	1735	5594	26115
9025	9	26	109	1409	2417	8618	39110
3116		190	80.9	263	524	4595	50480
1630		147.2	8.1	202	369	2078	8980
4503		840.9		50	100	4170	19600
1438		24		182	343	1390	9608
720				216	412	1240	7420
196				8	16	200	1900

15－12 限额以上批发零售法人

指标名称	法人企业数（个）	资产总计	负债合计	所有者权益合计	营业收入
总计	426	4471535	2692538	1778997	9471119
一、批发业	129	3613888	2126005	1487883	8094801
1. 按批发行业小类分					
农、林、牧产品批发	4	67287	47770	19517	22451
谷物、豆及薯类批发	3	53255	42875	10380	16481
种子批发	1	14033	4895	9138	5970
食品、饮料及烟草制品批发	8	151704	48680	103024	411077
果品、蔬菜批发	4	7881	2553	5328	59388
盐及调味品批发	1	3310	2805	505	4195
酒、饮料及茶叶批发	2	2045	534	1511	2619
烟草制品批发	1	138467	42788	95680	344874
纺织、服装及家庭用品批发	4	18842	3863	14979	56555
服装批发	1	3012	501	2511	2242
化妆品及卫生用品批发	2	945	1007	－62	2113
厨房、卫生间用具及日用杂货批发	1	14885	2356	12530	52200
医药及医疗器材批发	3	10256	7855	2401	28314
西药批发	1	7416	6227	1189	11769
中药批发	1	796	125	671	12806
医疗用品及器材批发	1	2045	1503	542	3739
矿产品、建材及化工产品批发	93	3268840	1949396	1319444	7446584
煤炭及制品批发	76	3090755	1859141	1231615	7009087
石油及制品批发	3	53488	29671	23818	259831
金属及金属矿批发	1	3279	393	2886	4364
建材批发	6	32438	16466	15972	5924
化肥批发	2	7784	7535	249	27000
其他化工产品批发	5	81096	36192	44904	140378
机械设备、五金产品及电子产品批发	13	86031	64202	21829	60482
农业机械批发	2	2154	1058	1096	15901
汽车批发	7	72915	55522	17393	29047
汽车零配件批发	1	2402	1299	1103	9556
五金产品批发	2	8413	6304	2109	4152

企业财务状况表(2016 年)

单位:万元

销售费用	管理费用	财务费用	营业利润	利润总额	应交 所得税	应付职工薪酬 (本年贷方累计发生额)	应交 增值税
188317	127354	25701	234116	251222	33792	92902	314712
118051	79466	16104	202045	223489	30833	45601	291079
529	1198	589	1008	3233	60	503	143
457	421	571	331	331	60	252	143
72	777	18	676	2902	251		
5084	22132	201	35587	35625	9350	3293	20143
531	2051	479	3525	3525	296	527	1037
104	865	-2	8	37	26	329	193
150	137	61	87	88	20	235	348
4298	19079	-337	31968	31975	9009	2202	18566
940	802	309	10396	10406	849	696	1001
116	103	38	284	284	71	290	228
439	8	20	-273	-263	23	174	37
386	691	251	10385	10385	755	232	736
870	1159	498	572	590	43	692	351
278	341	2	48	65	16	189	107
593	573	496	418	418	385	59	
245	0	107	107	27	118	185	
108793	51567	13352	149459	168609	20405	37658	267665
89414	43702	12680	139944	159538	17403	24151	221003
15310	46	276	-1327	-2132	10005	42455	
62	62	1	-40	-111	68	10	
269	108	60	150	132	13	102	37
344	386	25	-101	-101	62		
3394	7262	309	10832	11283	2989	3271	4161
832	1618	925	2136	2137	55	1323	150
227	306	158	528	528	1	96	35
505	816	663	-251	-250	43	865	66
69	169	3	1914	1914	38	12	
27	265	99	-27	-27	11	273	38

指标名称	法人企业数（个）	资产总计	负债合计	所有者权益合计	营业收入
计算机、软件及辅助设备批发	1	146	20	127	1826
其他批发业	4	10929	4240	6689	69338
再生物资回收与批发	2	6683	2250	4433	63156
其他未列明批发业	2	4245	1990	2256	6182
2. 按登记注册类型分					
内资企业	128	3613768	2125935	1487833	8094090
国有企业	11	552075	203746	348329	1027684
集体企业	1	6530	6302	228	21000
股份合作企业	1	12320	11295	1025	29779
有限责任公司	89	2820793	1753024	1067769	6560250
国有独资公司	5	695406	646776	48630	4660749
其他有限责任公司	84	2125387	1106248	1019139	1899501
股份有限公司	5	74859	44398	30461	339410
私营企业	18	140820	104735	36085	75645
私营合伙企业	1	146	20	127	1826
私营有限责任公司	15	136405	103586	32819	66771
私营股份有限公司	2	4269	1130	3139	7049
其他企业	3	6370	2435	3935	40323
外商投资企业	1	120	70	50	711
外资企业	1	120	70	50	711
3. 按控股情况分					
国有控股	28	2589627	1438171	1151456	6909127
集体控股	2	7784	7535	249	27000
私人控股	79	816646	550536	266109	878588
外商控股	1	120	70	50	711
其他	19	199711	129693	70018	279375
4. 按经营形式分					
独立门店	101	2595483	1308749	1286733	3131785
连锁门店	1	120	70	50	711
其他	27	1018286	817186	201100	4962305
5. 按单位规模分					

表一

单位:万元

销售费用	管理费用	财务费用	营业利润	利润总额	应交所得税	应付职工薪酬（本年贷方累计发生额）	应交增值税
4	62	2	-29	-29		50	
1003	991	230	2888	2890	71	1436	1626
351	541	238	2695	2687	11	1138	1463
652	451	-9	193	203	60	297	164
117793	79461	16097	202158	223603	30810	45512	291050
23979	29800	115	43478	43667	10323	8901	23935
344	330	28	-102	-102		48	
	1031	507	606	947		475	532
75712	43903	12342	154200	175157	19443	25488	222403
13379	7539	1645	21244	21331	2170	3003	76462
62334	36364	10697	132955	153826	17274	22485	145941
16205	616	402	3322	3268	808	8573	42468
1094	1887	2257	-1401	-1389	235	1607	960
4	62	2	-29	-29		50	
949	1667	2253	-1499	-1422	192	1273	928
141	158	1	128	62	43	283	32
459	1895	448	2054	2054		422	752
258	5	6	-113	-114	23	89	29
258	5	6	-113	-114	23	89	29
100438	54190	3575	163315	166692	22256	28752	272381
344	386	25	-101	-101		62	
9828	13572	12114	26396	44151	5210	10453	11491
258	5	6	-113	-114	23	89	29
7183	11313	383	12548	12861	3344	6245	7178
95439	65198	14112	171789	186449	26229	36195	211289
258	5	6	-113	-114	23	89	29
22355	14263	1985	30370	37153	4582	9317	79761

指标名称	法人企业数（个）	资产总计	负债合计	所有者权益合计	营业收入
大型	4	365865	101020	264844	826666
中型	41	2596104	1596110	999994	6547132
小型	44	437839	308995	128844	710964
微型	40	214081	119880	94201	10038
二、零售业	297	857647	566533	291114	1376319
1. 按零售行业小类分					
综合零售	39	96491	58664	37827	163624
百货零售	22	64729	41461	23268	120761
超级市场零售	15	30793	16268	14526	40199
其他综合零售	2	969	936	33	2664
食品、饮料及烟草制品专门零售	29	53297	15987	37310	110399
粮油零售	8	9079	864	8215	39162
糕点、面包零售	1	1378	447	930	735
果品、蔬菜零售	2	9915	875	9041	3467
肉、禽、蛋、奶及水产品零售	3	8037	227	7810	27776
酒、饮料及茶叶零售	11	19239	12358	6881	16095
烟草制品零售	3	3514	190	3324	21941
其他食品零售	1	2134	1025	1109	1224
纺织、服装及日用品专门零售	12	28460	4890	23570	14809
服装零售	9	25910	4757	21153	9843
鞋帽零售	2	927	85	843	2790
化妆品及卫生用品零售	1	1622	48	1574	2175
文化、体育用品及器材专门零售	12	41684	16456	25228	29928
图书、报刊零售	8	28640	15785	12855	20489
珠宝首饰零售	4	13045	671	12373	9439
医药及医疗器材专门零售	9	48745	41174	7571	94292
药品零售	9	48745	41174	7571	94292
汽车、摩托车、燃料及零配件专门零售	145	521773	400946	120827	863188
汽车零售	86	326909	239426	87484	563739
汽车零配件零售	1	1098	489	608	814
摩托车及零配件零售	2	1178	562	616	779

表二

单位:万元

销售费用	管理费用	财务费用	营业利润	利润总额	应交所得税	应付职工薪酬（本年贷方累计发生额）	应交增值税
60454	27477	1092	38405	37906	9167	13067	63414
47156	42372	10303	144305	165885	19582	27164	221982
9787	8631	3693	20827	21681	2032	4392	5360
654	986	1016	-1491	-1984	52	978	323
70266	47888	9598	32070	27733	2959	47301	23633
13220	13221	1450	6862	3837	620	12023	2105
7978	9835	1205	6282	3300	444	6189	1665
4884	3216	238	690	646	177	5491	406
359	169	7	-109	-109	342	33	
3936	3686	684	9492	6999	204	2934	1087
309	938	28	4602	4464	103	846	58
12	237		-3	-3	40	14	
194	126	55	488	493	527	1	
1086	682	260	2999	745	32	334	12
1318	1295	300	1000	894	30	909	301
795	323	42	259	259	1	146	416
222	86	-2	148	148	40	132	285
794	1211	129	1632	1762	326	1625	391
448	849	106	1023	1153	204	1123	225
181	332	23	35	35	7	232	36
165	30	574	574	115	270	129	
3061	2927	480	2274	2128	8	2770	40
2519	1841	1	2072	2094	2316	22	
542	1086	478	202	35	8	455	18
7116	2342	548	3012	2780	41	4249	1067
7116	2342	548	3012	2780	41	4249	1067
37094	19716	5768	2552	3467	435	19923	14862
14341	14431	5390	-2669	-1177	199	13555	11202
6	139	-100	-99	73	10		
25	82	51	51		39	24	

指标名称	法人企业数（个）	资产总计	负债合计	所有者权益合计	营业收入
机动车燃料零售	56	192588	160469	32120	297857
家用电器及电子产品专门零售	22	21348	11647	9701	63088
日用家电设备零售	16	13577	8540	5036	38595
计算机、软件及辅助设备零售	3	3336	169	3167	16103
通信设备零售	1	1069	5	1064	460
其他电子产品零售	2	3367	2933	434	7929
五金、家具及室内装饰材料专门零售	23	41852	15503	26349	29607
五金零售	14	33647	14433	19214	14239
家具零售	5	5391	247	5144	5098
卫生洁具零售	1	434	244	190	1000
木质装饰材料零售	1	270	－33	303	1834
陶瓷、石材装饰材料零售	2	2110	612	1498	7436
货摊、无店铺及其他零售业	6	3997	1266	2732	7385
互联网零售	5	3519	866	2653	6065
生活用燃料零售	1	478	400	79	1320
2. 按登记注册类型分					
内资企业	295	851988	561666	290322	1375099
国有企业	4	138924	134603	4321	176620
集体企业	1	788	162	626	2549
有限责任公司	176	427405	268046	159359	794233
国有独资公司	6	22471	11963	10508	15164
其他有限责任公司	170	404934	256083	148851	779068
股份有限公司	4	14616	5877	8739	59326
私营企业	106	267722	152226	115496	336646
私营独资企业	18	14322	9058	5264	19611
私营合伙企业	9	3960	2153	1807	10403
私营有限责任公司	69	221618	121771	99847	274221
私营股份有限公司	10	27822	19243	8579	32410
其他企业	4	2534	753	1781	5726
港、澳、台商投资企业	2	5659	4866	793	1220
港、澳、台商独资经营企业	1	4978	4705	273	207

表三

单位:万元

销售费用	管理费用	财务费用	营业利润	利润总额	应交所得税	应付职工薪酬（本年贷方累计发生额）	应交增值税
22722	5063	378	5270	4692	236	6257	3626
3644	1567	281	4280	3907	1198	1378	2254
3176	892	212	893	498	554	1137	1890
176	567	62	3187	3208	631	136	343
35	11		16	16	4	26	15
257	97	8	184	184	9	79	6
910	2789	171	2329	2791	125	1924	1814
220	1371	112	318	254	100	805	1489
312	701	35	563	564	24	844	61
200	17	1	281	169		160	1
28		-24	-24	1	2	1	
178	672	23	1190	1829		113	262
491	431	88	-363	61	2	475	14
470	413	88	-369	55		453	13
21	18	6	6	2	22	1	
70158	47433	9609	32442	27668	2959	47031	23574
16153	615	313	2845	394		3617	2028
124	119	6	187	187	47	27	165
37877	32761	5274	24523	22809	2546	29931	14349
1977	1352	9	1798	1809	40	1569	284
35900	31410	5265	22725	21000	2506	28362	14065
4032	1384	-3	2905	3023	17	660	880
11807	12367	4018	1918	1199	347	12692	6147
464	902	43	549	437	59	739	187
211	302	11	350	157	38	275	86
8758	9518	3743	1728	1244	239	9477	5614
2374	1646	221	-708	-640	10	2202	261
164	187	65	57	2	104	4	
108	455	-11	-372	64		270	60
108	389	-13	-434			104	

指标名称	法人企业数（个）	资产总计	负债合计	所有者权益合计	营业收入
其他港澳台投资企业	1	681	162	519	1013
3.按控股情况分					
国有控股	16	184381	157698	26683	264604
集体控股	5	12864	8061	4802	24344
私人控股	248	600118	364834	235284	1010447
港澳台商控股	1	4978	4705	273	207
其他	27	55306	31234	24072	76717
4.按经营形式分					
独立门店	269	649012	387595	261417	1075966
连锁总店	5	21281	15489	5792	57984
连锁门店	5	163931	156976	6955	210497
其他	18	23423	6473	16950	31871
5.按单位规模分					
大型	2	160249	153819	6431	198154
中型	69	369352	246998	122353	643921
小型	160	291283	148662	142621	505835
微型	66	36763	17054	19709	28408
6.按零售业态分					
有店铺零售	286	849000	564103	284898	1364496
食杂店	3	4187	1547	2640	2332
便利店	2	1175	925	250	3537
超市	22	55861	33615	22246	61128
大型超市	4	12997	15207	－2210	14852
百货店	21	52745	26709	26036	111323
专业店	118	426997	278998	147999	718965
专卖店	104	284264	205856	78407	438200
家居建材商店	5	5291	470	4822	5477
购物中心	4	1404	279	1125	880
厂家直销中心	3	4080	498	3582	7802
无店铺零售	11	8646	2430	6217	11823
网上商店	5	3519	866	2653	6065

表四

单位:万元

销售费用	管理费用	财务费用	营业利润	利润总额	应交所得税	应付职工薪酬（本年贷方累计发生额）	应交增值税
	66	2	61	64		166	60
23146	3122	311	7905	5475	58	6631	3242
574	1871	112	1402	1403	47	502	456
44249	40304	8028	20400	17379	2844	37478	19302
108	389	-13	-434			104	
2189	2202	1160	2797	3476	10	2587	633
42125	43141	8465	26822	24854	2624	36553	20119
1977	1347	369	266	268	149	1953	368
24444	2091	584	1159	1182	36	6633	2628
1721	1310	179	3824	1429	150	2162	518
21682	1650	512	2884	2916	36	6051	2412
23669	20808	6183	11693	11812	825	25277	12718
24224	24320	2687	16096	11490	2037	15084	8181
692	1110	216	1398	1516	61	889	323
69513	47270	9496	32440	27677	2958	46492	23539
119	313	64	137	121	42	76	164
1303	19	9	-262	-262		709	41
6866	3242	547	359	434	185	6758	572
2855	5896	61	-4782	-4816	43	2101	141
4933	5489	1139	12687	9618	546	4514	1758
42076	16799	2402	22688	20226	1564	17571	9836
10713	14553	5232	760	537	553	13520	10961
451	675	32	831	719	23	935	43
111	74	10	27	22	4	146	15
86	211		-6	1078		164	9
753	618	101	-370	56	1	809	94
470	413	88	-369	55		453	13

15－13　各县区限额以上批发零售

	法人企业数（个）	资产总计	负债合计	所有者权益合计	营业收入
一、批发业					
全市	129	3613888	2126005	1487883	8094801
榆阳	33	1511860	625823	886037	2053240
神木	20	1157673	935675	221998	5129978
府谷	49	792349	490385	301964	561874
横山	8	60226	45377	14848	43352
靖边	12	34179	7347	26832	207469
定边	1	2402	1299	1103	9556
绥德	3	45956	16380	29576	67660
米脂	1	5896	2216	3680	14930
佳县	2	3347	1503	1844	6743
吴堡					
清涧					
子洲					
二、零售业					
全市	297	857647	566533	291114	1376319
榆阳	57	408349	342024	66325	598539
神木	63	161608	78490	83118	106875
府谷	70	46636	19595	27041	68367
横山	32	115615	81822	33793	237522
靖边	28	47427	15968	31459	192319
定边	8	41020	17312	23708	94279
绥德	10	16008	6906	9103	24738
米脂	12	10252	2060	8192	14981
佳县	1	28	14	14	500
吴堡	5	1708	239	1470	3632
清涧	8	4822	659	4163	29260
子洲	3	4173	1445	2729	5308

法人企业财务状况表(2016 年)

单位:万元

销售费用	管理费用	财务费用	营业利润	利润总额	应交所得税	应付职工薪酬(本年贷方累计发生额)	应交增值税
118051	79466	16104	202045	223489	30833	45601	291079
32417	36470	3098	102350	103219	14744	20788	184853
19708	15739	171	64275	63775	9881	8950	91014
59353	16480	10599	8051	29043	2723	8613	8624
863	1384	590	342	433	237	1016	441
2084	4040	1662	17501	17552	1056	3460	3137
69	169	3	1914	1914	38	12	
3044	4906	-139	7312	7253	2144	2177	2635
302	153	66	10	10	283		
211	125	54	291	291	49	276	363
70266	47888	9598	32070	27733	2959	47301	23633
38128	17315	4334	-8957	-8151	210	17541	11958
5663	7869	744	5570	4013	720	7809	3293
3155	3615	355	4098	3238	245	4674	899
6169	6667	1952	796	533	13	5612	2279
7077	4158	1128	16042	15636	1513	4318	4115
5896	1703	458	7756	7699	37	3368	277
1515	2846	362	960	568	5	1923	51
750	904	94	334	1435	1	871	48
100	20	2	58	12	1		
110	124	5	458	452	65	246	41
1176	2321	108	4332	1686	12	566	562
530	345	55	624	624	136	362	111

15－14 限额以上住宿和餐饮业

指标名称	法人企业数（个）	资产总计	负债合计	所有者权益合计	营业收入
总计	131	732006	177128	554878	127516
一、住宿业	71	651710	137545	514165	81073
1. 按住宿业行业小类分					
旅游饭店	43	558370	76016	482354	55965
一般旅馆	23	45571	48327	－2756	15560
其他住宿业	5	47770	13202	34568	9548
2. 按登记注册类型分					
内资企业	71	651710	137545	514165	81073
国有企业	1	264	97	167	750
有限责任公司	39	165733	79386	86347	44629
国有独资公司	2	77347	6672	70676	10978
其他有限责任公司	37	88386	72715	15672	33651
股份有限公司	2	253	401	－148	100
私营企业	28	484960	57411	427549	32803
私营独资企业	3	6086	1139	4947	3617
私营合伙企业	2	1194	608	586	1030
私营有限责任公司	21	454132	45031	409102	23463
私营股份有限公司	2	23549	10634	12915	4692
其他企业	1	500	250	250	2790
3. 按控股情况分					
国有控股	3	77611	6769	70842	11728
私人控股	64	567299	128654	438645	64148
其他	4	6800	2122	4678	5197
4. 按经营形式分					
独立门店	55	586635	116135	470500	76934
其他	11	65075	21410	43665	4139
5. 按单位规模分					
中型	11	185605	102038	83567	45088
小型	48	462789	34422	428367	35767
微型	12	3315	1085	2230	218
6. 按星级分					
五星	1	39622	43583	－3961	5043
四星	9	16205	5919	10286	5621
三星	10	20208	8031	12177	12848

法人财务指标(2016 年)

单位:万元

销售费用	管理费用	财务费用	营业利润	利润总额	应交所得税	应付职工薪酬（本年贷方累计发生额）	应交增值税
32286	41271	738	-14858	-14305	80	33561	2347
22982	31472	330	-13370	-12828	54	21269	1853
16113	18003	112	-4284	-3355	53	15221	1283
5257	11395	89	-8355	-8788	1	4149	400
1612	2073	128	-731	-684	1899	171	
22982	31472	330	-13370	-12828	54	21269	1853
15	16	9	196	196	95	3	
14968	16779	100	-4561	-3659	18	12955	1208
3820	5879	25	-2928	-2930	3234	178	
11147	10900	75	-1633	-728	18	9721	1030
47	119	32	32	202	14		
7952	14555	218	-9124	-9418	36	7940	629
57	778	7	31	17	14	790	27
289	54	398	16	298	8		
7684	11728	156	-9504	-9400	23	5627	474
211	1760	0	-49	-50	1225	121	
3	3	87	21	76			
3836	5895	34	-2731	-2734	3330	181	
18375	24658	281	-10678	-10132	51	17135	1670
771	919	15	40	38	3	804	2
18460	26551	253	-12838	-11946	52	16375	1539
4523	4920	77	-532	-881	3	4894	314
12342	22698	64	-12050	-11995	15	10961	794
10548	8574	264	-1293	-792	39	9914	1055
93	199	2	-27	-41	0	394	4
1750	3161	14	-189	-190	1813	131	
2352	1367	12	-109	-220	1	1951	129
2754	2673	137	-282	-312	15	2552	189

指标名称	法人企业数（个）	资产总计	负债合计	所有者权益合计	营业收入
二星	2	1547	189	1358	744
其他	49	574128	79824	494304	56818
二、餐饮业	60	80296	39583	40713	46443
1. 按餐饮业行业小类分					
正餐服务	59	80296	39583	40713	46194
其他餐饮业	1				249
餐饮配送服务	1				249
2. 按登记注册类型分					
内资企业	59	80296	39583	40713	46443
国有企业	2	332	216	117	1061
有限责任公司	25	36900	21502	15398	22713
其他有限责任公司	25	36900	21502	15398	22713
股份有限公司	2	2227	198	2029	1934
私营企业	28	40787	17638	23149	17906
私营独资企业	4	1352	824	528	1903
私营有限责任公司	21	34815	15418	19396	14808
私营股份有限公司	3	4620	1396	3224	1195
其他企业	2	50	30	20	2829
外商投资企业	1				
外资企业	1				
3. 按控股情况分					
国有控股	2	332	216	117	1061
私人控股	50	78058	37488	40570	39782
外商控股	1				
其他	7	1906	1880	26	5599
4. 按经营形式分					
独立门店	43	69742	32521	37221	44081
连锁门店	3	673	228	445	
其他	7	9881	6835	3046	2362
5. 按单位规模分					
中型	5	17212	9165	8048	10855
小型	45	63015	30404	32611	35416
微型	10	68	14	54	172

表

单位:万元

销售费用	管理费用	财务费用	营业利润	利润总额	应交所得税	应付职工薪酬（本年贷方累计发生额）	应交增值税
183	279	2	7	6	2	263	17
15943	23992	164	-12798	-12112	35	14690	1388
9304	9800	408	-1488	-1478	26	12292	494
9304	9800	408	-1488	-1478	26	12292	494
9304	9800	408	-1488	-1478	26	12292	494
231	171	2	-51	-44	511	20	
5150	5665	82	-897	-408	15	5807	304
5150	5665	82	-897	-408	15	5807	304
624	0	-310	-312	710	2		
3907	3256	322	-446	-715	10	4911	167
232	163	5	175	175	422	17	
3248	2756	315	-498	-767	10	3978	121
427	337	3	-123	-123	511	29	
17	84	2	216	2		352	
231	171	2	-51	-44	511	20	
8171	8965	402	-1690	-1537	25	10387	423
902	665	4	253	104		1394	50
7773	8131	360	-1375	-1058	24	9851	409
222	26	35	7	7	2	179	26
1310	1643	14	-121	-427	2263	59	
3878	4517	21	-576	-519	5	3331	141
5381	5278	388	-895	-942	21	8889	348
45	6	-17	-17	73	5		

15－15　各县区限额以上住宿和餐饮业

	法人企业数（个）	资产总计	负债合计	所有者权益合计	营业收入
一、住宿业					
全市	71	651710	137545	514165	76672
榆阳	34	546218	81149	465069	42163
神木	9	80348	50202	30146	10694
府谷	9	10553	1933	8619	7306
横山	2	752	144	609	1549
靖边	5	2694	1395	1299	2140
定边	3	1799	388	1411	2621
绥德					
米脂	3	4343	607	3736	1125
佳县	2	2963	763	2200	2003
吴堡	1	203	4	199	388
清涧	1	530	398	132	4216
子洲	2	1308	562	746	2468
二、餐饮业					
全市	60	80296	39583	40713	40158
榆阳	16	14501	4598	9903	11957
神木	16	41801	25689	16112	12547
府谷	15	14911	5559	9352	4036
横山					
靖边	4	2632	717	1915	2278
定边	2	2692	1127	1566	5654
绥德	3	1929	1103	826	2193
米脂	3	1031	592	439	1276
佳县					
吴堡					
清涧	1	800	200	600	217
子洲					

法人财务指标(2016 年)

单位:万元

销售费用	管理费用	财务费用	营业利润	利润总额	应交所得税	应付职工薪酬(本年贷方累计发生额)	应交增值税
22982	31472	330	-13370	-12828	54	21269	1853
14744	16497	211	-4962	-4051	32	13320	1213
3345	11257	13	-9243	-9303	3511	196	
1661	1324	25	25	112	17	1683	45
305	117	0	73	73	325	29	
1114	626	4	-126	-103	0	799	46
264	380	4	188	188	6	183	29
1	85	3	47	21	330		
254	189	11	264	264	119	27	
	288	1	14	15	96	7	
932	558	5	-44	-44	395	253	
363	152	54	394	507	8		
9304	9800	408	-1488	-1478	26	12292	494
2416	2629	7	98	-55	5	2840	164
3792	3604	172	-1878	-1569	5169	162	
386	1175	57	-169	-134	15	1316	46
647	332	160	-155	-89	2	904	47
1472	1561	9	11	11	5	1021	27
487	145	3	408	408	552	37	
87	282	218	-28	419			
18	72	-22	-22	72	11		

15－16　限额以上批发业法人企业信息化和电子商务应用情况(2016年)

单位:万元

指标名称	法人企业数(个)	截止年底企业使用的计算机数(台)	截止年底拥有的网站数(个)	全年电子商务采购金额	全年电子商务销售金额
一、批发业	121	2504	37	2457660	3481410
1.按批发行业小类分					
农、林、牧产品批发	4	73	2		
谷物、豆及薯类批发	3	23	1		
种子批发	1	50	1		
食品、饮料及烟草制品批发	8	668	3	2457460	3481410
果品、蔬菜批发	4	32	2	23920	37300
盐及调味品批发	1	25			
酒、饮料及茶叶批发	2	13			
烟草制品批发	1	598	1	2433540	3444110
纺织、服装及家庭用品批发	4	41	2		
服装批发	1	5	1		
化妆品及卫生用品批发	2	11	1		
厨房、卫生间用具及日用杂货批发	1	25			
医药及医疗器材批发	3	59	2		
西药批发	1	16	1		
中药批发	1	25	1		
医疗用品及器材批发	1	18			
矿产品、建材及化工产品批发	86	1427	22	200	
煤炭及制品批发	70	1126	18	200	
石油及制品批发	3	195	1		
金属及金属矿批发	1	6			
建材批发	5	14	2		
化肥批发	2	13			
其他化工产品批发	5	73	1		
机械设备、五金产品及电子产品批发	12	140	6		
农业机械批发	2	8			
汽车批发	6	108	5		
汽车零配件批发	1	1			
五金产品批发	2	14	1		

15－16 续 表

单位:万元

指标名称	法人企业数（个）	截止年底企业使用的计算机数（台）	截止年底拥有的网站数（个）	全年电子商务采购金额	全年电子商务销售金额
计算机、软件及辅助设备批发	1	9			
其他批发业	4	96			
再生物资回收与批发	2	89			
其他未列明批发业	2	7			
2. 按登记注册类型分					
内资企业	120	2496	36	2457660	3481410
国有企业	11	854	4	2433540	3444110
集体企业	1	10			
股份合作企业	1	5			
有限责任公司	82	1279	24	200	
国有独资公司	5	140	2		
其他有限责任公司	77	1139	22	200	
股份有限公司	4	215	2		10500
私营企业	18	116	5		
私营合伙企业	1	9			
私营有限责任公司	15	87	4		
私营股份有限公司	2	20	1		
其他企业	3	17	1	23920	26800
外商投资企业	1	8	1		
外资企业	1	8	1		
3. 按控股情况分					
国有控股	28	1645	9	2433740	3444110
集体控股	2	13			
私人控股	73	707	24	23920	37300
外商控股	1	8	1		
其他	17	131	3		
4. 按经营形式分					
独立门店	95	2099	28	2457660	3481410
连锁门店	1	8	1		
其他	25	397	8		

15－17　限额以上零售业法人企业信息化和电子商务应用情况(2016 年)

单位:万元

指标名称	法人企业数(个)	截止年底企业使用的计算机数(台)	截止年底拥有的网站数(个)	全年电子商务采购金额	全年电子商务销售金额
二、零售业	277	4195	120	757560	855450
1. 按零售行业小类分					
综合零售	39	757	20	1500	6850
百货零售	22	546	12		
超级市场零售	15	188	8	1500	6850
其他综合零售	2	23			
食品、饮料及烟草制品专门零售	24	315	13	1570	333850
粮油零售	7	194	3	570	309940
糕点、面包零售	1	20	1		
果品、蔬菜零售	2	19	3	1000	5010
肉、禽、蛋、奶及水产品零售	3	19	3		18900
酒、饮料及茶叶零售	8	47	2		
烟草制品零售	2	11			
其他食品零售	1	5	1		
纺织、服装及日用品专门零售	10	32	6		
服装零售	7	19	5		
鞋帽零售	2	11			
化妆品及卫生用品零售	1	2	1		
文化、体育用品及器材专门零售	12	130	6	1000	
图书、报刊零售	8	113	4	1000	
珠宝首饰零售	4	17	2		
医药及医疗器材专门零售	8	305	4	10000	32500
药品零售	8	305	4	10000	32500
汽车、摩托车、燃料及零配件专门零售	135	2198	46	483360	20500
汽车零售	76	1622	31	483340	20500
汽车零配件零售	1	15			
摩托车及零配件零售	2	3	1		
机动车燃料零售	56	558	14	20	
家用电器及电子产品专门零售	20	255	8		1030
日用家电设备零售	14	204	6		1000
计算机、软件及辅助设备零售	3	29	1		30
通信设备零售	1	1			
其他电子产品零售	2	21	1		
五金、家具及室内装饰材料专门零售	23	124	12	10	
五金零售	14	71	8	10	
家具零售	5	30	2		
卫生洁具零售	1	10			
木质装饰材料零售	1	4	1		

15－17 续 表

单位:万元

指标名称	法人企业数(个)	截止年底企业使用的计算机数(台)	截止年底拥有的网站数(个)	全年电子商务采购金额	全年电子商务销售金额
陶瓷、石材装饰材料零售	2	9	1		
货摊、无店铺及其他零售业	6	79	5	260120	460720
互联网零售	5	76	5	260120	460720
生活用燃料零售	1	3			
2. 按登记注册类型分					
内资企业	275	4173	119	757560	855450
国有企业	4	336	1		
集体企业	1	2			
有限责任公司	159	2666	79	719740	831160
国有独资公司	6	94	4	1000	
其他有限责任公司	153	2572	75	718740	831160
股份有限公司	4	24	1		
私营企业	103	1135	38	37820	24290
私营独资企业	18	53	2		
私营合伙企业	9	21	2		
私营有限责任公司	68	953	31	37820	24290
私营股份有限公司	8	108	3		
其他企业	4	10			
港、澳、台商投资企业	2	22	1		
港、澳、台商独资经营企业	1	20	1		
其他港澳台投资企业	1	2			
3. 按零售业态分					
有店铺零售	266	4093	113	497440	394730
食杂店	2	30	2		
便利店	2	7	2		
超市	21	250	5	11500	39350
大型超市	4	189	4		
百货店	19	475	13		
专业店	112	1466	46	448460	33520
专卖店	95	1619	37	37480	321860
家居建材商店	5	37	2		
购物中心	3	5	2		
厂家直销中心	3	15			
无店铺零售	11	102	7	260120	460720
网上商店	5	76	5	260120	460720
其他	6	26	2		

15－18　各县区限额以上批发和零售业法人企业信息化和电子商务应用情况(2016年)

单位:万元

指标名称	法人企业数(个)	截止年底企业使用的计算机数(台)	截止年底拥有的网站数(个)	全年电子商务采购金额	全年电子商务销售金额
一、批发业					
全市	121	2504	37	2457660	3481410
榆阳	33	1372	12	2433540	3444110
神木	20	285	8		
府谷	41	545	8	200	
横山	8	39	2		
靖边	12	194	4	23920	37300
定边	1	1			
绥德	3	40	1		
米脂	1	20	2		
佳县	2	8			
吴堡					
清涧					
子洲					
二、零售业					
全市	277	4195	120	757560	855450
榆阳	57	1979	29	447410	2000
神木	63	454	31	1510	25550
府谷	50	218	6	10000	32500
横山	32	730	10	36910	19470
靖边	28	307	12	260160	450130
定边	8	267	9	570	310150
绥德	10	89	6		
米脂	12	85	5		5980
佳县	1	4	2	1000	5000
吴堡	5	16	1		
清涧	8	27	7		4670
子洲	3	19	2		

15－19 限额以上住宿和餐饮业法人信息化和电子商务应用情况

单位:万元

指标名称	法人企业数(个)	截止年底企业使用的计算机数(台)	截止年底拥有的网站数(个)	全年电子商务采购金额	全年电子商务销售金额
总计	119	3068	66	520	11870
一、住宿业	66	2247	34	520	11090
1. 按住宿业行业小类分					
旅游饭店	41	1451	19	60	9650
一般旅馆	21	661	13	460	1440
其他住宿业	4	135	2		
2. 按登记注册类型分					
内资企业	66	2247	34	520	11090
国有企业	1	1	1		
有限责任公司	35	1285	19	510	10390
国有独资公司	2	222	2		8650
其他有限责任公司	33	1063	17	510	1740
股份有限公司	2	11			
私营企业	27	915	13	10	700
私营独资企业	3	178		10	
私营合伙企业	2	18	1		20
私营有限责任公司	20	592	11		680
私营股份有限公司	2	127	1		
其他企业	1	35	1		
3. 按控股情况分					
国有控股	3	223	3		8650
私人控股	59	1986	27	480	2390
其他	4	38	4	40	50
4. 按单位规模分					
中型	11	826	7		8660
小型	48	1399	23	520	2430
微型	7	22	4		
5. 按星级分					

15－19 续 表

单位:万元

指标名称	法人企业数(个)	截止年底企业使用的计算机数(台)	截止年底拥有的网站数(个)	全年电子商务采购金额	全年电子商务销售金额
五星	1	127	1		
四星	9	431	4		270
三星	10	177	4		10
二星	2	11	2		160
其他	44	1501	23	520	10650
二、餐饮业	53	821	32		780
1. 按餐饮业行业小类分					
正餐服务	53	821	32		780
其他餐饮业					
餐饮配送服务					
2. 按登记注册类型分					
内资企业	52	816	32		780
国有企业	2	25	2		
有限责任公司	21	412	14		280
其他有限责任公司	21	412	14		280
股份有限公司	2	19	3		
私营企业	25	352	12		500
私营独资企业	3	24	2		
私营有限责任公司	19	296	9		500
私营股份有限公司	3	32	1		
其他企业	2	8	1		
外商投资企业	1	5			
外资企业	1	5			
外商控股	1	5			
3. 按单位规模分					
中型	5	67	6		
小型	45	675	25		780
微型	3	79	1		

15－20　各县区限额以上住宿和餐饮业法人信息化和电子商务应用情况(2016年)

单位:万元

	法人企业数(个)	截止年底企业使用的计算机数(台)	截止年底拥有的网站数(个)	全年电子商务采购金额	全年电子商务销售金额
一、住宿业					
全市	66	2247	34	520	11090
榆阳	33	1108	21	80	10080
神木	9	445	4		680
府谷	5	138	3	40	50
横山	2	40			
靖边	5	251	2	400	280
定边	3	90			
绥德					
米脂	3	49	2		
佳县	2	11	1		
吴堡	1	65			
清涧	1	30	1		
子洲	2	20			
二、餐饮业					
全市	53	821	32		780
榆阳	16	252	6		
神木	16	260	14		280
府谷	8	40	3		
横山					
靖边	4	123	2		
定边	2	9	1		
绥德	3	93	3		
米脂	3	42	3		500
佳县					
吴堡					
清涧	1	2			
子洲					

主要统计指标解释

批发业 指批发商向批发、零售单位及其他企事业、机关单位批量行使、销售生活用品和生产资料的活动，以及从事进出口贸易和贸易经纪与代理的活动。批发商可以对所批发的货物拥有所有权，并以本单位、公司的名义进行交易活动，也可以不拥有货物的所有权，而以中介身份做代理销售商。还包括各类商品批发市场中固定摊位的批发活动。

零售业 指百货商店、超级市场、专门零售商店、品牌专卖店、售货摊等主要面向最终消费者（如居民）的销售活动。包括以互联网、邮政、电话、售货机等方式的销售活动。还包括在同一地点，后面加工生产，前面销售的店铺（如前店后厂的面包房）住宿和餐饮业 住宿业指有偿为顾客提供临时住宿的服务活动，餐饮业指在一定场所，对食物进行现场烹饪、调制并出售给顾客主要供现场消费的服务活动。

限额以上批发零售贸易、住宿餐饮企业 限额标准为：批发业年主营业务收入2000万元以上；零售业年主营业务收入500万元以上；住宿餐饮业年主营业务收入200万元及以上。

社会消费品零售总额 指批发和零售业、餐饮业、新闻出版业、邮政业和其他服务业等，售予城乡居民用于生活消费的商品和社会集团用于公共消费的商品之总量。社会消费品零售总额包括：

一、批发和零售业企业（单位）售予城乡居民用于生活消费和社会集团用于公共消费的商品。包括：

1. 售予城乡居民的各种生活消费品；

2. 售予入境旅游的外国人、华侨、港澳台同胞的各类商品；

3. 售予行政事业单位、社会团体、军队和武警等机构的商品，以及以零售方式售予各类企业的商品。具体包括：用于非生产和社会交往的办公用品，如通讯设备、计算器具和设备、电讯网络设备、文印设备、音像视听器材和设备、纸张、本册、文具及装订文印材料、家具、日用电器、针纺织品、清洁卫生用品、文体用品、奖品、纪念品、礼品等；供内部人员乘坐的交通工具和燃料；用于办公设施修缮的各类配件、材料、工具等；用于取暖和防暑降温的设备、燃料、材料及食品等；专用于教学的用品和设备；非营利医疗机构的中、西药品、中药材和医疗设备器材；非专用的劳动保护用品；不对外营业的内部食堂用的餐具、炊具、设备、清洁卫生工具和食品、燃料等；军队、武警用于其人员生活的衣着品和个人用品；其他各类非生产性设备和用品。

二、餐饮业出售的主食、菜肴、烟酒饮料和其他商品。

三、新闻出版业、邮政业售予城乡居民、企事业单位、军队和武警等机构的书报杂志、音像制品、邮品等。

四、其他服务业出售的食品、烟酒饮料、服装鞋帽、日常生活用品、医药保健用品、艺术品、工艺美术品、玩具、殡葬用品以及其他消费品。

批发和零售业商品购进、销售、库存总额 指各种登记注册类型的批发和零售业企业（单位）以本企业（单位）为总体的，从国内、国外市场购进的商品总量，销售和出口的商品总量、库存的商品总量等情况。该指标可以反映商品流转过程中商品的购进、销售、库存之间的比例关系和存在的问题。

购进总额 指从本企业（单位）以外的单位和个人购进（包括从境外直接进口）作为转卖或加工后转卖的商品总额。它反映批发和零售业从国内、国外市场上购进商品的总量。商品购进包括：(1)从工农业生产者购进的商品；(2)从出版社、报社的出版发行部门购进的图书、杂志和报纸；(3)从各种登记注册类型的批发和零售业企业（单位）购进的商品；

(4)从其他单位购进的商品,如从机关、团体、企业等单位购进的剩余物资,从住宿和餐饮业、其他服务业购进的商品,从海关、市场管理部门购进的缉私和没收的商品,从居民手中收购的废旧商品等;(5)从国(境)外直接进口的商品。不包括企业(单位)为自身经营用和未通过买卖行为而收入的商品以及销售退回、商品升溢等。

销售总额 指对本企业(单位)以外的单位和个人出售(包括对境外直接出口)的商品总额。它反映批发和零售业在国内市场上销售商品以及出口商品的总量。商品销售包括:(1)售给城乡居民和社会集团消费用的商品;(2)售给工业、农业、建筑业、运输邮电业、批发和零售业、住宿和餐饮业、其他服务业等作为生产、经营使用的商品;(3)售给批发和零售业作为转卖或加工后转卖的商品;(4)对国(境)外直接出口的商品。不包括出售本企业(单位)自用的废旧包装用品,未通过买卖行为付出的商品,经本单位介绍、由买卖双方直接结算、本单位只收取手续费的业务,购货退出的商品以及商品损耗和损失等。

库存总额 指报告期末各种登记注册类型的批发和零售业企业(单位)已取得所有权的商品。它反映批发和零售业企业(单位)的商品库存情况和对市场商品供应的保证程度。商品库存包括:(1)存放在批发和零售业经营单位(如门市部、批发站、经营处)仓库、货场、货柜和货架中的商品;(2)挑选、整理、包装中的商品;(3)已记入购进而尚未运到本单位的商品,即发货单或银行承兑凭证已到而货未到的商品;(4)寄放他处的商品,如因购货方拒绝承付而暂时存放在购货方的商品和已办完加工成品收回手续而未提回的商品;(5)委托其他单位代销(未作销售或调出)尚未售出的商品;(6)代其他单位购进尚未交付的商品。不包括所有权不属于本单位的商品、委托外单位加工生产尚未收回成品的商品、外贸企业代理其他单位从国外进口尚未付给订货单位的商品、代国家物资储备部门保管的商品等。

住宿和餐饮业营业额 指住宿和餐饮业法人企业(单位)在经营活动中因提供服务或销售商品等取得的收入。包括:客房收入、餐费收入、商品销售额和其他收入。客房收入指住宿和餐饮业法人企业(单位)在经营活动中因提供住宿服务取得的收入。餐费收入指住宿和餐饮业法人企业、(单位)因为顾客提供就餐服务取得的收入,包括经烹饪、调制加工后出售的各种食品,如主食、炒菜、凉拌菜等的收入。商品销售额指住宿和餐饮业法人企业(单位)伴随服务而出售商品所取得的收入(含增值税)。其他收入指营业收入中除客房收入、餐费收入、商品销售额以外的其他收入,包括娱乐、健身和商务服务等。

16

金　融

资料整理：任菲凡

16. 金　　融

2016 年全市

金融机构人民币各项存款余额	3026.38 亿元	比上年增长 8.3%
金融机构人民币各项贷款余额	1979.33 亿元	比上年下降 2.6%

金融机构人民币存贷款余额(亿元)

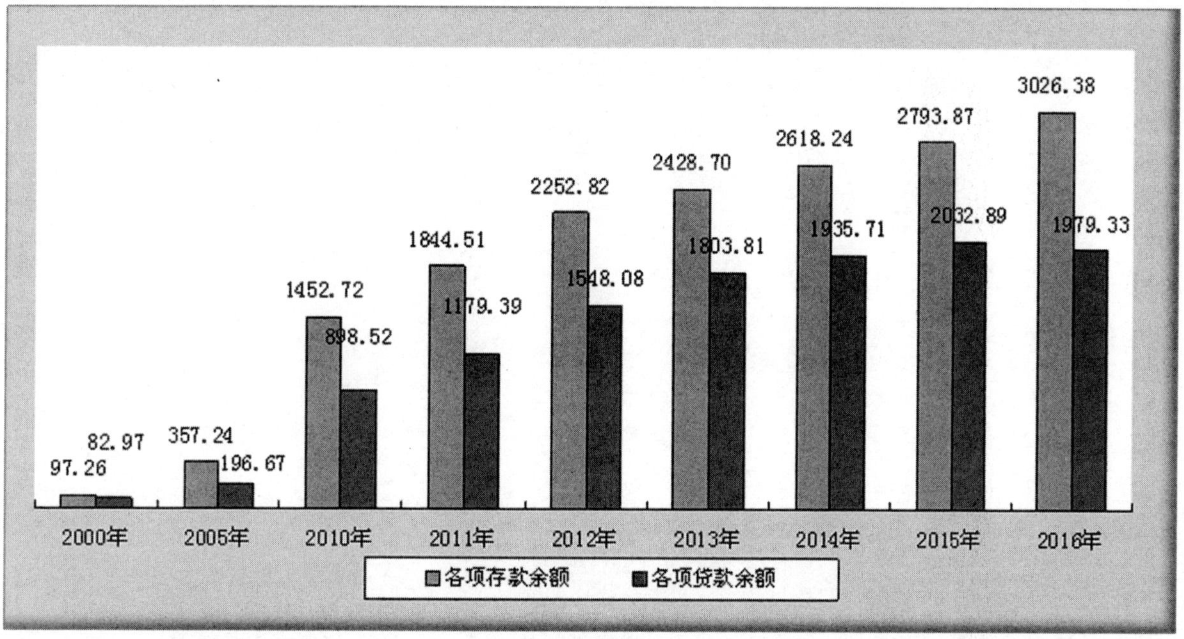

16－1　主要年份金融机构基本情况

年份	机构数（个）	人员数（人）	各项存款余额（万元）	#居民储蓄存款余额	各项贷款余额（万元）
1949			22		3
1952	32	208	353	43	173
1957	75	458	879	360	4272
1962	87	519	2757	718	5528
1965	80	885	2848	844	7297
1970	99	773	4249	579	10149
1975	107	736	6117	1321	16107
1978	121	841	7539	2079	21645
1980	417	2201	11679	4746	25819
1985	358	2740	31806	18041	49137
1990	564	3970	120721	82740	161070
1995	608	4644	348706	254387	371401
2000	581	4227	972573	597480	829653
2001	633	4805	1121409	681030	925966
2002	633	4805	1249809	796339	1093197
2003	579	4805	1709478	997432	1541607
2004	458	4777	2292820	1205374	1847986
2005	553	4553	3572395	1752412	1966695
2006	556	5883	4834435	2391204	2934041
2007	559	6546	5946543	2896254	4061437
2008	551	5844	8869289	4844909	4679261
2009	554	6241	11686694	5930127	6770442
2010	566	6561	14527152	7005716	8985237
2011	644	7671	18445077	7963689	11793871
2012	659	8584	22528188	9546308	15480813
2013	671	9464	24286967	10887603	18038077
2014	690	9836	26182412	12336538	19357121
2015	708	9957	27938705	13875658	20328921
2016	718	10057	30263822	15272598	19793301

16－2　金融系统机构、人员数(2016年)

机构名称	机构数(个)	人员数(人)
合计	718	10057
人民银行	8	317
工商银行	32	718
农业银行	60	1472
中国银行	16	354
建设银行	31	603
交通银行	4	116
邮政储蓄	92	569
西安银行	7	127
中信	3	63
招商银行	3	104
浦东发展银行	4	100
农业发展银行	9	170
兴业银行	5	97
长安银行	30	466
农村商业银行	343	4107
小贷公司	65	484
村镇	2	48
光大银行	4	45

16－3　金融系统资金来源与运用及现金收支情况(2016 年)

单位:万元

项目名称	合　计	项目名称	合　计
一、各项存款	30263822	一、各项贷款	19795510
(一)境内存款	30263160	(一)境内贷款	19795405
1. 住户存款	17076810	1. 住户贷款	5984209
(1)活期存款	9176463	(1)短期贷款	2943081
(2)定期及其他存款	7900347	消费贷款	168606
2. 非金融企业存款	7221167	经营贷款	2774475
(1)活期存款	5715992	(2)中长期贷款	3041128
(2)定期及其他存款	1505175	消费贷款	2110286
3. 广义政府存款	5881000	经营贷款	930843
(1)财政性存款	611957	2. 非金融企业及机关团体贷款	13811196
(2)机关团体存款	5269043	(1)短期贷款	3256071
4. 非银行业金融机构存款	84183	(2)中长期贷款	9007636
(二)境外存款	661	(3)票据融资	1506139
二、金融债券		(4)融资租赁	
其中:境外发行		(5)各项垫款	41350
三、卖出回购资产	68800	3. 非银行业金融机构贷款	
四、借款及非银行业金融机构拆入	1329	(二)境外贷款	105
五、联行往来(净)		二、债券投资	126531
六、应付及暂收款	453650	其中:境外债券	
七、各项准备	2104135	三、股权及其他投资	418493
八、所有者权益	832717	四、买入返售资产	
其中:实收资本	308429	五、存放非银行业金融机构款项	
九、其他	－4496075	六、联行往来(净)	8478160
		其中:境内存放二级准备金	1413138
		七、金银占款	
		八、外汇买卖	－38
		九、应收及预付款	82092
		十、投资性房地产	
		十一、固定资产	359572
资金来源总计	29228377	资金运用总计	27209334

16－4　金融机构分行、

栏目 来源项目名称	工商银行	农业银行	中国银行	建设银行	农业发展银行
一、各项存款	3523711	4375798	2522537	3679234	214628
（一）境内存款	3523332	4375784	2522490	3679177	214628
1. 个人存款	2184756	2829723	1437056	2395960	
#活期储蓄存款	1172681	1776532	587251	1050059	
定期储蓄存款	531066	747700	525821	588532	
结构性存款	146516			102533	
2. 单位存款	1336290	1544943	1085434	1282396	214628
#活期存款	1185182	1322989	920777	856681	212928
定期存款	5000	138074	54615	74047	1120
保证金存款	24279	28365	18718	80442	581
结构性存款	11327			5000	
3. 国库定期存款					
4. 非存款类金融机构存款	2286	1118	0	821	
（二）境外存款	379	13	47	56	
二、代理财政性存款	5055	26697		12	38660
三、金融债券					
#境外发行					
四、卖出回购资产					
五、向中央银行借款	27588				
六、银行业存款类金融机构往来	6108	2775	5	2524	
七、借款及非存款类金融机构拆入					
八、联行往来（净）					
九、外汇买卖（净）		47413	34101	54673	159
十、应付及暂收款	36034	34173	31887	36336	14
#应付利息	22816	4881	3853	1055	1816
十一、其他负债	2584	－391978	－8331	18685	3668
十二、所有者权益	－27960				
#实收资本					
资金来源总计	3573119	4065586	2552165	3765677	258932

社信贷收支情况(2016 年)

单位:万元

邮政银行	交通银行	招商银行	浦东发展银行	中信银行	兴业银行	光大银行	西安银行	长安银行	农村商业银行	村镇银行
1720065	821911	348804	346053	313746	975518	118977	104687	1935181	8543718	108715
1720064	821909	348648	346053	313740	975518	118977	104687	1935181	8543718	108715
1361196	204844	97414	20175	64211	84348	88063	40572	463017	5785283	20192
712678	92715	85058	613	31292	61176	17521	23544	319752	3241292	4300
70052	24938	9437	18667	2560	10996	4499	6136	125072	2449982	14803
52043	19565	4444	60554							
358868	587058	251230	325877	249469	891170	30914	64115	1420860	2758435	88523
295901	491434	175348	259695	125605	516484	17150	41281	1154441	2518633	78379
54421	1603	69164	16001	47090	6192	11388	149175	197563	9144	
8547	200	5414	35224	34843	2955	3136	6446	46368	41709	
92750	12750	10131								
30007	4	1	60	51304						
1	2	156	6							
68800										
46000	6000									
50000	11	20000	94	55000	1699	2970				
1329										
371793	217752	1								
17221	4519	583	3624	3631	2566	458	2098	14192	231582	797
10910	3401	410	1426	3541	1316	236	966	10310	79993	360
173297	13020	1004	417	5000	9832	4000	65			
4912	16491	16942	8412	22618	-1841	199	-32310	1244224	7575	
-24869	303429	5000								
1915495	905941	324529	759416	326300	1060703	127426	328736	1918763	10138688	123088

栏目 来源项目名称	工商银行	农业银行	中国银行	建设银行	农业发展银行
一、各项贷款	3073234	2732174	1509653	2339224	249693
（一）境内贷款	3073137	2732174	1509645	2339224	249693
1. 短期贷款	513729	893385	119222	357203	88043
（1）个人贷款及透支	9837	102824	24429	291	
#个人消费贷款	7560	45634	24301	124	
（2）单位贷款及透支	503892	790560	94793	356912	88043
经营贷款及透支	491815	790560	94793	356912	88043
固定资产贷款					
并购贷款					
贸易融资	12077				
（3）非存款类金融机构贷款					
2. 中长期贷款	2419687	1831216	1363222	1930807	161650
（1）个人贷款	591066	593338	130991	473152	
#个人消费贷款	548997	552870	130484	456423	
（2）单位贷款	1828621	1237878	1232230	1457655	161650
经营贷款	199609	176631	52840	193374	
固定资产贷款	1629012	1061247	1179391	1264281	161650
并购贷款					
贸易融资					
（3）非存款类金融机构贷款					
3. 票据融资	139720		25203	42942	
4. 融资租赁					
5. 各项垫款		7573	1999	8272	
（二）境外贷款	97		8		
二、债券投资	252				
三、股权及其他投资					
四、买入返售资产					
五、存放中央银行存款		162	9096	186	135
六、缴存中央银行财政性存款	26257	44966		293	
七、银行业存款类金融机构往来			1445	2	
八、存放非存款类金融机构款项					
九、联行往来	559779	1809105	1093927	1356930	5545
#境内存放二级准备金				608572	
十、库存现金	17253	21150	10596	20782	
十一、应收及预付款	8829	8135	3003	12530	45
#应收利息	6109	3922	2231	11146	27
十二、投资性房地产					
十三、固定资产	21523	52901	14323	32305	3514
十四、其他资产	31701	204744	2113	3464	
十五、减：各项准备	165707	807751	91991	40	
#贷款损失准备	165707	806658	91802		
资金运用总计	3573119	4065586	2552165	3765677	258932

表

单位:万元

邮政银行	交通银行	招商银行	浦东发展银行	中信银行	兴业银行	光大银行	西安银行	长安银行	农村商业银行	村镇银行
151652	426664	142687	779005	299107	732308	66509	361181	1183579	5706449	40183
151652	426664	142687	779005	299107	732308	66509	361181	1183579	5706449	40183
11207	38272	11533	415197	128473	217389	54227	84759	344638	2891300	30533
7772	652	4582	2330	12078	1280	4099	109332	2635865	27667	
1921	569	98	1850	1778	429	54446	20158	9695		
3434	37620	6951	412867	116394	216109	54227	80660	235306	255435	2866
3434	27620	6951	412867	116394	216109	44227	80660	235306	252395	2866
3040										
10000	10000									
140446	383862	128177	356383	121964	513946	12282	276322	819519	1577467	9650
136605	2594	64270	49712	10939	41022	7282	23921	178253	728416	9567
74616	2594	49816	49391	8601	34236	4938	22617	64213	107329	3160
3841	381268	63907	306671	111025	472924	5000	252401	641266	849051	83
3598	40700	102025	19550	5000	236176	522646	604129	83		
243	381268	63907	265971	9000	453374	16225	118620	244922		
4530	2977	6099	48670	6086	1229912					
1326	973	100	1336	7770						
5	126274									
366493	52000									
12	3495	796	2187	9335	1366531	7404				
6	1	21699								
55	1170	702	1110	1016	40	2338	5317	987544	24462	
644271	479701	197819	21581	321985	58778	769454	1719626			
191718	612709									
11924	1615	1205	1797	941	865	548	944	7874	52338	320
2577	1074	301	1871	2792	1606	77	1678	6474	30166	367
1522	900	300	1589	2532	1147	77	1134	2271	21060	217
3421	3307	197	716	335	541	337	465	26022	189813	97
1126734	676	207	808	434	2377	1137	2998	3510	391208	507
25151	10590	19057	26285	43055	92803	819453	2252			
25151	10590	19057	26285	43055	92803	813222	2252			
1915495	905941	324529	759416	326300	1060703	127426	328736	1918763	10138688	123088

16－5　各县区金融机构各项存款余额(2016 年)

单位:万元

	各项存款	单位存款	#活期存款	个人存款	各项贷款	境内短期贷款	境内中长期贷款	票据融资
全市合计	8543718	2758435	2518633	5785283	5706449	2891300	1577467	1229912
榆 阳	1651133	419115	375229	1232018	1317606	498929	403206	408686
神 木	2561020	1186695	1077221	1374325	1765826	518897	678003	568926
府 谷	1116826	185728	164295	931098	645456	241586	202621	200264
横 山	519542	130772	115469	388770	285746	189845	43865	52036
靖 边	426814	115174	101941	311640	263018	143767	119251	
定 边	721792	292660	287309	429132	435654	386139	49515	
绥 德	439975	125182	114627	314793	222398	184987	37411	
米 脂	285593	58481	53481	227112	188928	174888	14040	
佳 县	178528	64387	62920	114141	111600	98302	13298	
吴 堡	137012	36474	33374	100538	101286	100717	569	
清 涧	260570	84985	84985	175585	186180	177441	8739	
子 洲	244913	58782	47782	186131	182751	175802	6949	
市本部	108715	88523	78379	20192	40183	30533	9650	

主要统计指标解释

信贷资金　指金融机构以信用方式积聚和分配的货币资金。金融机构信贷资金的来源有各项存款、金融债券、对国际金融机构负债、流通中现金、其他项目等;信贷资金的运用有各项贷款、有价证券及投资、金银占款、外汇占款、财政借款及在国际金融机构中的资产等。

存款　指企业、机关、团体或居民根据资金必须收回的原则,把货币资金存入银行或其他信贷机构保管并取得一定利息的一种信用活动形式。根据存款对象或性质的不同可划分为企业存款、财政存款、机关团体存款、城乡储蓄存款、农业存款、信托及委托类存款、其他存款等科目。它是银行信贷资金的主要来源。

贷款　指银行或其他信贷机构根据资金必须归还的原则,按一定利率,为企业、个人等提供资金的一种信用活动形式。我国银行贷款分为短期贷款、委托及信托类贷款、其他类贷款等。

保险公司　在中国境内的、经过保险监督管理部门批准设立,并依法登记注册的各类商业保险公司。

保险金额　指保险人承担赔偿或者给付保险金责任的最高限额。

保费　指投保人为取得保险人在约定范围内所承担赔偿责任而支付给保险人的费用。

赔款　指保险人根据保险合同的规定,向被保险人支付的赔偿保险责任损失的金额。

给付　包括死伤医疗给付和满期给付。死伤医疗给付是指保险人根据人寿保险及长期健康保险合同的规定,因被保险人在保险期内发生保险责任范围内的保险事故支付给被保险人(或受益人)的金额。满期给付是指被保险人生存期满,保险人按人寿保险合同规定支付给被保险人的满期保险金额。

17

教育、文化、卫生、体育和科技

资料整理：崔会斌　艾云云　白新富

17. 教育、文化、卫生、体育和科技

2015 年全市		
各类学校在校学生	651685	人
#高等学校在校学生	17379	人
普通中学在校学生	165505	人
小学在校学生	265420	人

各类学校在校学生数(万人)

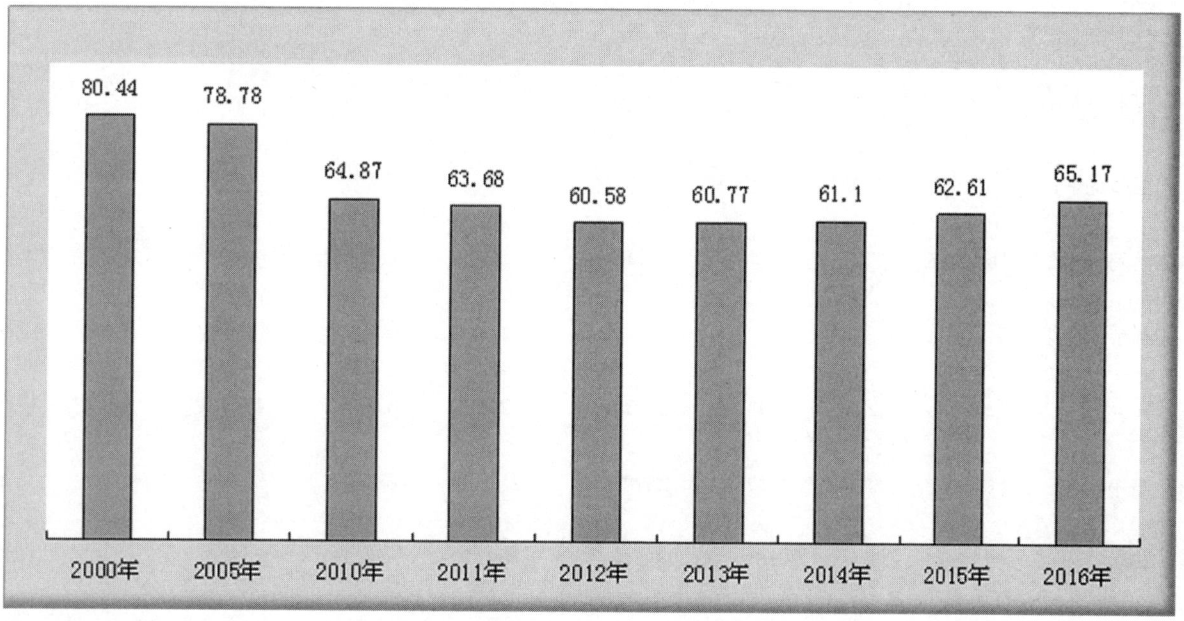

17－1 各级各类教育基本情况(2016年)

指标	学校数(所)	毕业生数(人)	招生人数(人)	在校学生数(人)	教职工数(人)	#专任教师
总计	1553	172312	209078	651685	57889	47365
一、高等学校	2	4910	5120	17379	1281	928
榆林学院	1	4313	3513	13104	973	739
榆林职业技术学院	1	597	1607	4275	308	189
二、中等专业学校	6	1016	374	1865	686	483
榆林师范学校						
榆林体育学校	1	104	91	231	56	50
榆林市卫生学校	1	294	120	509	141	90
榆林市财贸学校	1	92		237	129	89
榆林市农业学校	1	202	8	277	157	117
榆林市林业学校	1	68	23	80	174	108
绥德师范学校	1		132	235	29	29
榆林学院(附设中职班)		256		296		
榆林市工业学校						
三、普通中学	198	58029	56296	165505	19672	17293
高中	37	25782	22599	68244	7796	6769
初中	161	32247	33697	97261	11876	10524
四、职业中学	19	4665	6109	14807	2222	1651
五、小学	364	33853	54728	265420	17130	15379
六、幼儿园(含学前班)	956	69815	86382	186207	16754	11506
七、特殊教育学校	8	24	69	502	144	125

注:学前班在统计年报中是不计学校数。

17－2　主要年份各类学校基本情况

年份	学校数（所）	招生人数（人）	在校学生数（人）	毕业生数（人）	教职工数（人）	#专任教师
1978	6857	188541	562451	114907	29289	27034
1980	6730	123687	506743	65635	31385	28257
1985	6143	92562	373914	61743	26781	23568
1990	6097	97062	433068	57413	28940	25572
1995	6112	152272	628330	81539	31374	27432
2000	5859	177674	804379	140618	25262	31166
2001	5126	181721	778134	147559	35787	31677
2002	4633	232300	861938	207980	39401	35017
2003	4226	233669	846822	228245	42089	37482
2004	3876	222178	835554	229985	43318	38397
2005	3085	221206	787765	230972	44352	39034
2006	2571	217628	776287	233054	44267	39218
2007	2086	221876	749603	240803	45159	39936
2008	1703	215035	720399	225652	47795	41496
2009	1307	194696	677185	210564	48054	42031
2010	1295	195812	648683	195469	49088	42359
2011	1339	203173	636829	187560	48993	41952
2012	1348	185639	605825	194180	49653	42035
2013	1416	198544	607729	180140	51444	44080
2014	1624	190972	611024	172635	55850	46862
2015	1659	200807	626138	178641	57635	47721
2016	1553	209078	651685	172312	57889	47365

17－3　主要年份普通高等学校基本情况

年份	学校数（所）	招生人数（人）	在校学生数（人）	毕业生数（人）	教职工数（人）	#专任教师
1978	1	318	318		84	42
1980	1	202	362	311	147	57
1985	1	202	609		218	116
1990	2	278	885	314	406	201
1995	1	405	1092	372	395	216
2000	1	1332	2699	322	380	221
2001	1	1560	3246	607	417	238
2002	2	5592	12711	2220	446	253
2003	2	7018	16144	2813	547	353
2004	2	6412	20208	4758	597	425
2005	2	5978	18897	5957	691	508
2006	2	4336	14508	6471	749	550
2007	2	5013	14237	5290	784	592
2008	2	6190	15837	5869	829	635
2009	2	5824	13262	4243	1043	850
2010	2	5362	14691	3584	1186	887
2011	2	4556	13511	3599	1136	834
2012	2	5072	15703	3437	953	742
2013	2	4819	16172	4331	1040	801
2014	2	5042	16644	4479	1127	860
2015	2	5304	17253	4473	1267	913
2016	2	5120	17379	4910	1281	928

17－4　主要年份中等专业学校基本情况

年份	学校数（所）	招生人数（人）	在校学生数（人）	毕业生数（人）	教职工数（人）	#专任教师
1978	4	831	1609	939	263	137
1980	6	1340	2929	776	590	380
1985	5	893	2564	1034	386	254
1990	8	1098	3436	1024	883	851
1995	9	1900	5355	1383	1044	453
2000	8	3481	9578	2958	1061	531
2001	8	2815	9262	3212	1209	648
2002	9	4030	10775	2522	1177	635
2003	9	3016	10902	3576	1233	690
2004	9	4201	11371	2636	1153	656
2005	8	3891	11026	3756	1178	688
2006	8	4635	12415	2874	1033	655
2007	8	7891	18193	6206	1094	689
2008	8	4747	15259	4130	1020	645
2009	8	4019	13017	4455	1034	671
2010	8	4035	11498	5411	1033	674
2011	8	7375	10204	4409	1035	711
2012	8	3717	13417	3240	1045	722
2013	8	3720	13004	4331	957	657
2014	8	917	6923	5015	877	607
2015	7	1265	4943	3873	847	596
2016	6	374	1865	1016	686	483

17－5　主要年份普通中学基本情况

年份	学校数（所）	招生人数（人）	在校学生数（人）	毕业生数（人）	教职工数（人）	#专任教师
1978	971	77893	161594	56873	9526	7793
1980	602	37960	133202	18183	9679	7426
1985	193	29385	88725	21923	6696	4941
1990	205	28355	82625	30177	7240	5474
1995	220	45839	107556	24503	7978	6226
2000	255	90572	224066	51487	11795	10011
2001	269	97905	242661	54400	13093	11210
2002	272	109790	275540	64110	14719	12689
2003	273	116602	305397	73760	16000	13892
2004	274	121822	324445	85147	17084	14757
2005	273	120829	339071	93751	18214	15635
2006	263	109987	339592	99253	18427	15979
2007	261	103080	321051	112530	18889	16363
2008	252	100178	306314	110395	19722	17001
2009	241	85846	283057	101341	19802	17186
2010	238	75572	253431	98866	19956	17363
2011	231	69814	225322	93791	21733	16833
2012	217	63603	194983	81570	20852	18044
2013	213	59021	181979	67367	20830	18444
2014	215	55720	174664	61187	20725	18421
2015	212	54669	168623	60602	20199	17904
2016	198	56296	165505	58029	19672	17293

17－6 主要年份职业中学基本情况

年份	学校数（所）	招生人数（人）	在校学生数（人）	毕业生数（人）	教职工数（人）	#专任教师
1965		1771	2386	45	145	97
1985	14	891	2110	126	260	138
1990	17	2444	3689	669	532	288
1995	17	3813	6548	2258	769	453
2000	16	6038	15093	3716	1186	762
2001	16	4771	10886	3415	1310	903
2002	16	5360	13209	2651	1303	933
2003	16	8274	18300	3514	1533	1095
2004	16	8627	22785	5035	1616	1160
2005	15	10316	23921	7492	1573	1114
2006	15	12300	26068	8414	1591	1093
2007	18	15281	33495	7615	1730	1272
2008	23	16969	40368	8612	2106	1541
2009	23	13888	38950	12007	2257	1705
2010	22	15877	38353	12760	2283	1712
2011	22	13693	36677	14163	2417	1782
2012	21	13370	35718	15893	2397	1805
2013	20	9484	28874	14329	2244	1704
2014	20	6649	20105	11093	2290	1767
2015	20	4369	13250	7179	2285	1677
2016	19	6109	14807	4665	2222	1651

17－7 主要年份普通小学基本情况

年份	学校数（所）	招生人数（人）	在校学生数（人）	毕业生数（人）	教职工数（人）	#专任教师
1978	5881	109499	398930	57095	19416	19064
1980	6121	84185	370250	46365	20964	20394
1985	5926	60990	279546	38500	19189	18111
1990	5864	64261	341042	25025	19821	18744
1995	5859	99939	507080	52679	21089	20038
2000	5574	76010	552240	81947	20725	19584
2001	4827	75092	530677	86108	19677	18627
2002	4250	66917	503432	90876	20771	19818
2003	3842	54730	455677	95303	21800	20759
2004	3425	48311	407785	93711	21783	20628
2005	2630	42999	359415	86422	21505	20262
2006	2086	45713	329333	77584	20970	19815
2007	1590	45658	303618	72096	21020	19775
2008	1163	46110	282314	67123	21441	19702
2009	739	42613	263567	57795	20804	19248
2010	653	41725	250240	48028	20467	18886
2011	593	42783	243914	42766	17690	18439
2012	549	42577	218110	39469	17884	16488
2013	490	41791	217077	35119	17731	16721
2014	438	45629	228562	32677	17030	15781
2015	384	51008	245876	31998	17192	15761
2016	364	54728	265420	33853	17130	15379

17－8 各县区主要年份普通中学基本情况

单位:所、人

年份	合计	榆阳	神木	府谷	横山	靖边	定边	绥德	米脂	佳县	吴堡	清涧	子洲
学校数													
1978	971	142	102	26	99	35	62	166	13	148	51	94	33
1980	602	63	55	26	31	34	36	75	44	108	41	77	12
1985	193	31	22	22	9	13	13	25	14	13	6	16	9
1990	205	34	22	25	10	14	14	23	14	18	5	12	14
1995	220	33	25	26	14	14	14	24	14	14	5	17	20
2000	255	35	27	31	19	21	14	24	15	20	5	21	23
2005	273	46	32	29	26	28	17	23	15	12	3	18	24
2010	238	44	25	21	25	26	16	22	12	9	3	12	23
2011	231	44	24	21	23	26	15	22	12	9	2	11	22
2012	217	42	24	21	21	23	15	21	12	9	2	10	17
2013	213	43	22	21	19	22	16	21	12	9	2	10	16
2014	215	45	23	21	19	22	16	21	12	9	2	9	16
2015	212	45	24	22	20	23	16	20	12	7	2	9	12
2016	198	44	21	22	20	23	16	15	12	7	2	9	7
在校学生数													
1978	161594	17389	13637	8528	14705	10677	12870	20374	13477	14833	5524	14676	14904
1980	133202	14912	13181	6857	10217	8706	10107	17011	10849	11777	5326	11890	12369
1985	88725	11428	8567	6213	5931	4888	8110	12241	6150	8277	3529	5874	7517
1990	82625	12782	8724	5953	5907	5143	7343	9638	5478	7584	2466	4851	6756
1995	107556	17429	12411	8509	8113	7306	8014	11318	7218	8823	2770	6256	9389
2000	224065	37138	30056	16534	20054	19232	15891	24153	13656	14745	4998	12136	15472
2005	339071	59178	47405	22503	33588	33143	25243	34756	18301	20887	7459	15842	20766
2010	253431	58664	31385	17366	23012	26344	21510	23319	11092	11026	4470	8365	16878
2011	225322	53695	26530	15255	20496	24544	20738	20346	10246	9351	3874	7000	13247
2012	194983	48119	23147	14234	16703	22567	20703	17834	9251	6514	3565	4496	7850
2013	181979	47164	21129	13146	14571	21686	18830	17176	8565	5785	3075	3190	7662
2014	174664	46998	20012	12695	13397	21288	18536	16053	7696	5650	2975	2813	6551
2015	168623	47824	18717	12576	12587	21195	17127	15108	7279	4754	2975	2562	5919
2016	165505	48716	18854	12322	12048	21167	16034	14264	7012	4150	2904	2629	5405
教职工数													
1978	9506	881	731	466	863	550	786	1342	898	767	319	1002	901
1980	9679	972	732	604	748	594	781	1182	784	946	362	1117	857
1985	6696	942	684	546	452	428	484	870	469	567	226	467	561
1990	7240	1061	788	557	489	416	699	841	506	586	233	435	639
1995	7978	1215	865	607	547	500	753	918	554	619	255	469	676
2000	11795	2034	1379	959	915	1027	878	1340	765	806	262	758	672
2005	18214	2718	2369	1489	1805	1908	1538	2066	962	1044	446	813	1056
2010	19956	3865	2258	1385	1799	2057	1873	2223	981	1072	427	729	1287
2011	21733	4071	2525	1828	1892	2201	1917	2374	1061	1122	386	775	1581
2012	20852	4001	2227	1876	1832	2076	1914	2322	962	1164	359	744	1375
2013	20830	4100	2237	1777	1765	2031	2070	2257	1075	1139	372	748	1259
2014	20725	4383	2295	1849	1704	1906	2065	2140	1077	1148	368	574	1216
2015	20199	4667	2225	1892	1624	1973	2076	1748	1050	983	368	558	1035
2016	19672	4832	2140	1871	1599	1960	1980	1714	1065	945	283	527	756

17－9　各县区主要年份职业中学基本情况

单位:所、人

年份	合计	榆阳	神木	府谷	横山	靖边	定边	绥德	米脂	佳县	吴堡	清涧	子洲
学校数													
1985	15	2	1	1	1	1	2	2	1	1	1	1	1
1990	17	3	2	1	1	1	2	2	1	1	1	1	1
1995	17	2	2	1	1	1	2	2	1	2	1	1	1
2000	16	2	1	1	1	1	2	2	1	2	1	1	1
2005	15	1	1	1	1	2	2	2	1	1	1	1	1
2010	22	9	1	2	1	1	1	2	1	1	1	1	1
2011	22	9	1	2	1	1	1	2	1	1	1	1	1
2012	21	9	1	1	1	1	1	2	1	1	1	1	1
2013	20	9	1	1	1	1	1	1	1	1	1	1	1
2014	20	9	1	1	1	1	1	1	1	1	1	1	1
2015	20	9	1	1	1	1	1	1	1	1	1	1	1
2016	19	9	1	1	1	1	1	1	1	1		1	1
在校学生数													
1985	2110	290	82	265	200	224	110	297	63	226	109	82	165
1990	3689	984	288	307	93	562	382	572	240	30		98	133
1995	6548	1516	1034	603	468	606	422	539	611	260	124	150	215
2000	15093	2962	2066	882	1155	823	1057	2159	831	1881	300	544	433
2005	23921	2797	4968	1907	3306	2343	2301	1069	936	1225	183	1804	1082
2010	38353	8745	9189	2905	2766	3336	2209	2052	1805	438	151	1367	3390
2011	36677	10842	8822	3687	2613	1964	1437	1206	1546	111	100	1341	3008
2012	35718	11096	8604	3633	2252	2232	834	1132	1450	241	251	1244	2749
2013	28874	9684	7098	3302	1289	2258	643	794	627	152	100	892	2035
2014	20105	6299	5579	1998	897	1988	1052	495	496			104	1197
2015	13250	4079	4504	749	234	996	810	419	481				978
2016	14807	4923	4150	902	264	1455	1132	506	754				721
教职工数													
1985	260	26	12	34	13	32	19	23	13	18	27	23	20
1990	532	113	56	39	22	47	71	70	23	19	27	20	25
1995	769	137	103	54	79	67	80	85	30	41	28	22	43
2000	1186	139	224	97	167	58	98	108	41	141	30	44	39
2005	1573	283	252	81	212	146	200	92	95	91	14	68	39
2010	2283	474	463	176	204	169	195	119	89	126	14	63	191
2011	2417	571	463	176	210	187	189	126	95	132	14	63	191
2012	2397	586	449	148	207	187	204	131	85	132	18	63	187
2013	2244	599	451	152	207	195	42	110	88	132	18	63	187
2014	2290	602	457	164	207	198	51	122	89	132	18	63	187
2015	2285	593	455	167	201	193	49	128	99	132	18	63	187
2016	2222	572	452	167	201	188	50	128	100	118	0	63	183

17－10 各县区主要年份普通小学基本情况

单位:所、人

年份	合计	榆阳	神木	府谷	横山	靖边	定边	绥德	米脂	佳县	吴堡	清涧	子洲
学校数													
1978	5881	548	921	480	586	366	677	376	333	508	162	426	498
1980	6121	571	973	486	592	423	640	449	308	561	176	429	513
1985	5926	586	907	439	554	430	541	439	299	614	189	436	492
1990	5884	609	913	436	557	407	525	439	290	624	192	427	465
1995	5859	568	941	411	587	410	505	442	282	632	194	416	471
2000	5574	551	877	399	580	393	495	420	265	625	168	334	467
2005	2630	275	190	187	355	264	294	241	140	302	85	103	194
2010	653	102	29	42	80	66	61	41	36	64	47	36	49
2011	593	93	29	35	70	63	51	39	30	64	37	35	47
2012	549	94	29	33	53	59	44	40	29	61	26	32	49
2013	490	88	25	29	48	50	40	33	29	57	22	30	39
2014	438	63	25	30	48	49	41	32	23	56	22	14	35
2015													
2016	364	73	28	31	35	48	24	31	19	25	12	14	24
在校学生数													
1978	398930	44494	34537	22907	36495	29510	37436	45720	27672	40762	13020	28043	38334
1980	370250	42245	38364	21351	32821	28295	33640	41590	24497	34984	11564	26691	34208
1985	262446	37396	26387	18327	27441	21272	27296	29306	17687	21994	6656	1841	26843
1990	341042	45615	37344	23544	28577	27448	31485	34757	21752	26690	7707	22937	33206
1995	507080	62486	59892	30717	51185	49239	33152	55198	32735	37755	11862	35173	47686
2000	552240	69268	60710	34113	58843	53288	51256	55946	32827	43405	13588	30440	48556
2005	339015	58649	40473	2230	37846	38364	40966	31055	15671	26498	7325	15992	23946
2010	250240	53155	27216	17268	24862	28982	21848	18516	8539	17909	4726	9420	17799
2011	243914	53971	27337	16975	22996	29761	20474	17319	8800	15581	4746	9670	16284
2012	218110	51944	30132	16985	18350	28952	18986	16258	8124	7719	4553	6753	9354
2013	217077	53971	32017	17074	17473	30371	18807	15784	8015	6852	4243	4169	8301
2014	228562	59148	34447	17707	18313	32353	19324	16305	8236	6409	3911	4012	8397
2015													
2016	265420	72077	40848	19624	21107	38606	22283	18088	9158	6446	4132	4538	8513
教职工数													
1978	19116	1858	1715	1195	1962	1314	1543	2392	1413	1458	602	1774	1890
1980	20969	2117	1910	1233	1944	1522	1818	2465	1468	1897	626	1971	1998
1985	19189	2271	1719	1194	1728	1482	1809	1990	1386	1880	561	1390	1779
1990	19921	2368	1933	1356	1768	1450	1829	2288	1236	1955	596	1408	1734
1995	22089	3748	1984	1457	1866	1754	1987	2410	1458	2026	672	1301	1426
2000	21025	3094	2496	1566	1329	1469	1614	2367	1646	1664	809	1223	1748
2005	21505	2775	2104	1823	1975	1763	1896	2532	1554	1784	576	1055	1668
2010	20467	2998	1924	1503	1934	2064	2242	2081	1113	1577	619	958	1454
2011	17690	3011	1586	1040	1626	1699	2026	1823	951	1347	605	913	1063
2012	18261	3129	1919	1210	1643	1795	1407	1998	886	1472	633	889	1280
2013	17731	3151	1842	954	1461	1811	1836	1740	1132	1432	605	720	1047
2014	17030	3381	1684	986	1455	1826	1671	1604	1036	1246	504	623	1014
2015													
2016	17130	4107	1944	1053	1400	1777	1626	1357	906	1081	509	399	971

17－11　普通中学和小学基本情况(2016年)

单位:所、人

	总计	按主办单位分			按行政区划分		
		教育部门和集体办	民办	其他	城区	镇区	乡村
普通中学							
学校数	198	189	9		22	154	22
初级中学	80	79	1		10	61	9
高级中学	22	19	3		4	18	
完全中学	15	12	3		6	9	
九年一贯制学校	81	79	2		2	66	13
毕业生数	58029	54001	3756	272	14258	42611	1160
初中	32247	31258	919	70	6964	24123	1160
高中	25782	22743	2837	202	7294	18488	
招生数	56296	51792	4126	378	15229	39933	1134
初中	33697	32720	924	53	7709	24854	1134
高中	22599	19072	3202	325	7520	15079	
在校学生数	165505	153332	11309	864	43379	118714	3412
初中	97261	94425	2617	219	21974	71875	3412
高中	68244	58907	8692	645	21405	46839	
教职工数	19672	18733	939		4076	14730	866
专任教师	17293	16560	733		3647	12906	740
行政人员	583	520	63		139	416	28
教辅人员	959	927	32		106	821	32
工勤人员	837	726	111		184	587	66
校办企业职工							
代课教师	294	294			1	266	27
兼任教师	22	22				22	
小学							
学校数	364	349	12	3	42	221	101
毕业生数	33853	32329	1025	499	6811	24122	2920
招生数	54728	53118	806	804	12192	38499	4037
在校学生数	265420	256481	4782	4157	58336	186761	20323
教职工数	17130	16653	280	197	3132	11229	2769
专任教师	15379	14963	231	185	2894	10166	2319
行政人员	664	643	15	6	62	403	199
教辅人员	529	523	4	2	44	333	152
工勤人员	558	524	30	4	132	327	99
校办企业职工							
代课教师	628	626		2	89	310	229
兼任教师	56	56			5	37	14

17－12　各类学校情况

指标名称	2015 年	2016 年	指标名称	2015 年	2016 年
各类学校合计(个)	1659	1553	高等学校	17253	17379
高等学校	2	2	中等专业学校	4943	1865
中等专业学校	7	6	普通中学	168623	165505
普通中学	212	198	#高中	72023	68244
职业中学	20	19	初中	96600	97261
小学	384	364	职业中学	13250	14807
聋哑学校	8	8	小学	245876	265420
幼儿园	1026	956	聋哑学校	417	502
毕业生数(人)	178622	172288	幼儿园	175776	186207
高等学校	4473	4910	教职工数(人)	57635	57889
中等专业学校	3873	1016	高等学校	1267	1281
普通中学	60602	58029	中等专业学校	847	686
#高中	28956	25782	普通中学	20199	19672
初中	31646	32247	职业中学	2285	2222
职业中学	7179	4665	小学	17192	17130
小学	31998	33853	聋哑学校	117	144
幼儿园	70497	69815	幼儿园	15728	16754
招生数(人)	200736	209009	专业教师数(人)	47721	47365
高等学校	5304	5120	高等学校	913	928
中等专业学校	1265	374	中等专业学校	596	483
普通中学	54669	56296	普通中学	17904	17293
#高中	22846	22599	#高中	6865	6769
初中	31823	33697	初中	11039	10524
职业中学	4369	6109	职业中学	1677	1651
小学	51008	54728	特殊教育学校	106	125
幼儿园	84121	86382	小学	15761	15379
在校学生数(人)	626138	651685	幼儿园	10764	11506

17－13　各县区各类学校基本情况

县 区	学校数(所)	在校学生(人)	#高中	初中	教职工数(人)
合 计	198	165505	68244	97261	19672
榆 阳	44	48716	22513	26203	4832
神 木	21	18854	6660	12194	2140
府 谷	22	12322	4880	7442	1871
横 山	20	12048	4926	7122	1599
靖 边	23	21167	8009	13158	1960
定 边	16	16034	6959	9075	1980
绥 德	15	14264	6407	7857	1714
米 脂	12	7012	2805	4207	1065
佳 县	7	4150	1124	3026	945
吴 堡	2	2904	1194	1710	283
清 涧	9	2629	896	1733	527
子 洲	7	5405	1871	3534	756

县 区	职业中学			小学	
	学校数(所)	在校学生(人)	教职工数(人)	学校数(所)	在校学生(人)
合 计	19	14807	2222	364	265420
榆 阳	9	4923	572	73	72077
神 木	1	4150	452	28	40848
府 谷	1	902	167	31	19624
横 山	1	264	201	35	21107
靖 边	1	1455	188	48	38606
定 边	1	1132	50	24	22283
绥 德	1	506	128	31	18088
米 脂	1	754	100	19	9158
佳 县	1		118	25	6446
吴 堡				12	4132
清 涧	1		63	14	4538
子 洲	1	721	183	24	8513

县 区	小学学龄人口入学情况			幼儿园	
	学龄人口(人)	在校学龄人口(人)	入学率(%)	园数(所)	在园幼儿(人)
合 计	256836	256688	99.94	956	186207
榆 阳	68779	68777	100.00	284	53417
神 木	39855	39855	100.00	104	32011
府 谷	18310	18310	100.00	47	12970
横 山	20639	20507	99.36	94	15507
靖 边	38606	38606	100.00	148	24568
定 边	20984	20984	100.00	61	15185
绥 德	17591	17591	100.00	59	10878
米 脂	8952	8952	100.00	29	5905
佳 县	6236	6235	99.98	49	4433
吴 堡	4109	4101	99.81	21	2528
清 涧	4307	4302	99.88	25	3325
子 洲	8468	8468	100.00	35	5480

17－14　榆林市高校、中专学校概况(2016 年)

	毕业生(人)	招生数(人)	在校学生数(人)	教职工数(人)	本部教职工数(人)	专任教师(人)						教辅人员(人)	行政人员(人)	工勤人员(人)	校舍面积(㎡)
							正高级	副高级	中级	初级	未定职称				
高校合计	**4910**	**5120**	**17379**	**1281**	**1281**	**928**	**72**	**209**	**451**	**163**	**33**	**124**	**170**	**59**	**727141**
榆林学院	4313	3513	13104	973	973	739	66	177	387	86	23	97	88	49	476133
榆林职业技术学院	597	1607	4275	308	308	189	6	32	64	77	10	27	82	10	251008
中专合计	**1016**	**374**	**1865**	**686**	**686**	**483**	**1**	**180**	**185**	**107**	**10**	**77**	**72**	**54**	**327146**
榆林师范学校															
绥德师范学校		132	235	29	29	29		4	12	13					48219
陕西省榆林市卫生学校	294	120	509	141	141	90	1	37	34	18		16	30	5	68431
陕西省榆林林业学校	68	23	80	174	174	108		45	47	16		36	11	19	42541
榆林财贸学校	92		237	129	129	89		22	30	27	10	10	21	9	62886
陕西省榆林农业学校	202	8	277	157	157	117		52	50	15		15	6	19	98399
榆林体育运动学校	104	91	231	56	56	50		20	12	18			4	2	6670
榆林学院(附设中职班)	256		296												

17－15　文化事业

指　　标	2009 年	2010 年	2011 年	2012 年	2013 年	2014 年	2015 年	2016 年
艺术表演团体演出场次(千场次)	2.7	2.1	2.8	2.8	2.7	2.7	2.9	3.2
观众人次(万人次)	320.5	241.6	295.7	324.3	218.5	218.5	298.8	363.5
图书馆藏书数(万册)	91.4	100.0	102.6	106.9	116.6	116.5	116.9	116.9
书刊文献外借人次(万人次)	14.8	13.6	16.3	25.4	13.7	13.2	13.7	14.9
书刊文献外借册数(万册次)	18.6	21.4	18.7	25.8	15.6	15.1	15.3	16.2

17－16　文化事业机构和人员

指　　标	2014 年		2015 年		2016 年	
	机构数(个)	人数(人)	机构数(个)	人数(人)	机构数(个)	人 数(人)
总 计	1366	7711	867	3240	717	7150
一、艺术事业	27	1011	27	1011	25	1011
#表演团体	14	861	14	861	14	861
表演场所	13	150	13	150	13	150
二、图书馆事业	12	310	12	310	12	310
三、群众文化服务	239	871	235	871	235	871
四、文化市场经营机构	1056	4467	561	416	3744	
五、文艺科研	5	37	5	37	2	203

17－17　群众艺术馆、文化馆(站)活动情况

指　　标	2013 年	2014 年	2015 年	2016 年
机构数个	239	239	235	235
举办展览次数次	100	100	118	203
组织文艺活动次数次	788	788	989	1230
举办训练班班次次	217	217	235	223
培训人次万人次	1	1	2	2
藏书万册	24	24	24	24
总收入万元	2716	2716	2716	2716
总支出万元	2648	2648	2648	2648

注:本表含乡镇文化站的活动情况。

17－18　广播电视基本情况

项 目	2013 年	2014 年	2015 年	2016 年
一、无线广播宣传基本情况				
广播电台(座)	12	12	12	12
发射台及转播台(座)	18	18	18	18
发射机功率(部/千瓦)	78	78	78	84
(套)	14	14	14	17
全年播出时间(时:分)	56020	50330	55420	56310
广播人口覆盖率(%)	96.47	96.47	96.71	97.29
全年制作广播节目(小时)	24410	10834	23835	16440
新闻节目	6447	3970	6325	3849
专题节目	8052	2722	8023	2212
文艺节目	6812	2082	6725	2823
其他类	3276	984	2762	5301
二、电视宣传基本情况				
电视台(座)	12	12	12	12
发射台及转播台(座)	15	15	15	15
发射机功率部/千瓦	116	116	116	116
节目套数套	13	13	13	13
全年播出时间(时:分)	65590	63590	65713	67121
电视人口覆盖率(%)	96.4	96.4	96.8	97.3
卫星收转系统(座)				
制作电视节目(小时)	14138	13899	15687	12287
新闻节目	3344	3116	4210	4438
专题节目	3820	3623	3965	2363
文艺节目	2806	3385	3766	2093
其他节目	4990	1984	3746	1491
三、县广播电视台(个)	11	11	11	11

17－19　各县区图书馆个数及藏书量、广播电视人口覆盖率

县　区	公共图书馆（个）	公共图书馆藏书量（千册）	广播人口覆盖率（%）	电视人口覆盖率（%）
全 市	12	1127	97.29	97.33
榆阳	1	160	96.14	95.96
神木	1	303	98.88	98.65
府谷	1	50	99.88	100.00
横山	1	18	99.15	99.79
靖边	1	30	98.16	98.39
定边	1	110	97.00	95.88
绥德	1	115	96.37	98.18
米脂	1	100	94.82	99.91
佳县	1	109	96.20	95.79
吴堡	1	90	99.05	99.05
清涧	1	17	96.25	95.46
子洲	1	25	96.20	92.54

17－20　文化文物事业基本情况

指标名称	数量		指标名称	数量		指标名称	数量	
	2015 年	2016 年		2015 年	2016 年		2015 年	2016 年
概况			新华书店	12	12	文物点总数　（处）	13883	13883
文化文物机构总数(个)	125	127	文化站	222	222	#国家级	20	20
#艺术表演团体	14	14	#乡镇文化站	219	219	省级	82	82
影剧院	13	13	从业人员总数（人）	441	441	市级	73	73
电影发行放映公司	11	11	#高级职称	6	6	县级	320	320
文化艺术馆	13	13	中级职称	22	22	馆藏文物总件数	44827	91176
图书馆	12	12	文化事业			#三级以上	4021	4062
艺术学校	1	1	艺术表演团体演出场次	2932	3109	参观人数　（万人次）	449	115
创研室(中心)	5	4	#农村	2498	2283	新闻出版和文化市场		
文化市场稽查队	12	12	新排上演剧节目　（个）	2	14	书报刊发行单位　（个）	75	167
文物保护管理机构	24	24	图书馆接待读者(万人次)	51	69	印刷企业　（个）	48	72
文化保护研究所	1	1	文化馆组织活动　（次）	205	395	娱乐场所　（个）	158	126
博物馆	18	21	电影放映场次	65767	65877	音像制品经营单位(个)	45	33
文物考古勘察队	1	1	文物事业			网吧　（个）	373	271

17－21　文化艺术事业基本情况

指标名称	数量	指标名称	数量
一、文化事业基本情况		3、总藏量(千册)	116.9
1、机构数(个)		#古籍	13.7
#艺术事业		图书	111
图书馆业	12	报刊	30
群众文化业	235	4、总流通人次(千人次)	696.3
娱乐业		四、群艺馆、文化馆基本情况	
其它文化产业		1、机构数(个)	235
2、从业人员(人)		#群众艺术馆	1
#高级职称	6	文化馆	12
中级职称	22	文化站	222
二、艺术表演机构基本情况		2、从业人员(人)	
1、机构数(个)	27	3、举办展览次(次)	203
#艺术表演团体	14	4、组织文艺活动次数(次)	1230
艺术表演场所	13	5、举办训练班(次)	223
2、从业人员(人)	1011	6、放映录相(场次)	39
3、国内演出群众人数(万人次)	0.23	7、观众人数(千人次)	274
4、全年总收入(万元)	165	五、文化娱乐业基本情况	
三、公共图书馆基本情况		1、机构数(个)	416
1、机构数(个)	12	2、从业人员(人)	3744
2、从业人员(人)	310	3、固定资产原值(万元)	60368
		4、房屋建筑面积(万平方米)	116433

17－22　主要年份卫生事业基本情况

年度	统计							全　市人口数（万人）	每万人拥有床位数（张）	每千人拥有卫生技术人员数（人）
	机构（个）	床位（张）	人员数（人）							
			总计	卫生技术人员	其他技术人员	管理人员	工勤人员			
1978	431	3187	3907	3270	31	418	188	227.52	14.01	1.44
1979	447	3383	4341	3550	32	452	307	229.93	14.71	1.54
1980	452	3576	4683	3800	64	550	269	233.09	15.34	1.63
1985	496	3854	6645	5525	41	640	439	256.40	15.03	2.15
1990	507	4464	7737	6414	45	775	503	296.45	15.06	2.16
1995	498	5774	8806	7044	57	994	711	317.79	18.17	2.22
2000	367	6274	9251	7465	39	939	808	342.57	18.31	2.18
2005	346	7885	10107	8254	79	1024	750	351.63	22.42	2.35
2006	350	8326	10349	8449	148	1028	724	353.41	23.56	2.39
2007	394	9371	12577	9949	343	1279	1006	355.25	26.38	2.80
2008	680	10596	13158	10703	174	1356	936	357.01	29.68	3.00
2009	710	11529	15366	12256	256	1685	1169	358.76	32.14	3.42
2010	719	13106	17004	13561	288	1884	1271	360.55	36.35	3.76
2011	5198	14390	24139	15785	337	1588	1517	370.67	38.82	4.26
2012	4993	15762	26050	17520	288	1570	1650	374.55	42.08	4.68
2013	4921	16778	29385	20499	167	2414	1816	376.99	44.51	5.44
2014	4939	17248	29875	21245	110	2570	1841	338.39	51.10	6.28
2015	4861	18301	30830	22191	178	2533	1864	340.11	53.80	6.52
2016	4631	20436	33589	24890	173	2565	1977	338.20	60.43	7.36

说明：2008年报表中增加了诊所、卫生所、医务室的统计数据，所以数字变化大。2011年村卫生室纳入统计，机构数中包括村卫生室4451个。

17－23　各类医疗卫生

机构分类	机构（个）	已报机构	编制床位数（张）	实有床位数（张）	编制人数（人）	合计	小计
总 计	947	947	23844	22805	14163	37201	33034
一、医院	103	103	16881	16116	6997	25645	22751
综合医院	70	70	13418	12819	5550	20475	18197
中医医院	14	14	2601	2507	1423	4315	3808
中西医结合医院	1	1	25	25		32	28
专科医院	18	18	837	765	24	823	718
眼科医院	2	2	45	33		79	68
肿瘤医院	1	1	37	46		41	36
妇产（科）医院	3	3	235	198		259	233
精神病医院							
皮肤病医院	1	1	30	30		50	39
骨科医院							
康复医院	1	1	100	45		62	55
二.基层医疗卫生机构							
社区卫生服务中心	7	7	140	102	140	303	257
卫生院	229	229	3707	3743	4045	4913	4388
#中心卫生院	88	88	2082	2017	1955	2370	2109
诊所	428	428				1434	1430
卫生所、医务室	50	50			5	143	143
三、专业公共卫生机构							
专科疾病防治院（所、站）	2	2			41	80	51
#专科疾病防治所（站、中心）	2	2			41	80	51
#地方病防治所（站、中心）	2	2			41	80	51
健康教育所（站、中心）	1	1			5	21	
妇幼保健院（所、站）							
省辖市（地区）属	1	1			34	48	39
地辖市属	2	2	332	360	116	445	384
县属	10	10	255	115	315	629	547
其他							
四、其他卫生机构							
医学科学研究机构	2	2			49	45	37
医学在职培训机构	12	12			379	474	365

注：1、本表人员合计中包括乡村医生 3655 人和卫生员 409 人；

机构、床位、人员数(2016 年)

在岗职工(人)										
卫生技术人员								其他技术人员	管理人员	工勤技能人员
执业(助理)医师	#执业医师	注册护士	药师(士)	技师(士)	#检验师	其他	#见习医师			
6589	5732	10160	1137	1680	949	4619	2168	106	2140	1921
4317	3918	7684	751	1163	674	2702	1542	96	1423	1375
3383	3070	6297	548	915	537	2206	1241	69	1090	1119
784	731	1120	176	208	115	406	268	26	274	207
6	5	9	4	2	1	1			1	3
144	112	258	23	38	21	89	33	1	58	46
11	11	20	3	4	3	12	4		6	5
3	3	10	3	5	2	5	5		3	2
57	43	115	4	8	6			1	10	15
4	3	14	3	3	3	7	2		2	9
11	10	21	5	4	1	3			7	
51	50	37	10	20	16	54	19		30	16
910	653	1130	147	245	121	886	296	1	316	208
426	314	547	69	134	65	416	138		140	121
434	405	287	82	5	3	125	89			4
59	50	13	4	1	1	8	7			
15	14		2	2	2	16			14	15
15	14		2	2	2	16			14	15
15	14		2	2	2	16			14	15
								1	1	19
15	15	2		2	2	2	1		9	
50	45	133	14	40	20	49	33	4	10	47
132	113	111	24	36	22	84	25	2	49	31
3	2	4	1	1	1	22	3		7	1
61	55	32	11	3	3	196	4	1	85	23

2、不含乡镇卫生院在村卫生室工作的执业(助理)医师、注册护士数。

17－24　各县区卫生机构、床位及人员数(2016年)

县　区	机构合计(个)	#医院	#诊所	床位合计(张)	#医院	人员合计(人)	卫生技术人员(人)	#执业(助理)医师	#注册护师
全市	531	103	428	16116	16116	41491	24890	6659	9942
榆阳	256	27	229	4568	4568	12092	7109	2148	2835
神木	75	18	57	2571	2571	5921	3359	998	1564
府谷	15	6	9	929	929	3266	1922	441	903
横山	13	11	2	776	776	3292	2145	319	828
靖边	49	12	37	1212	1212	3215	2020	546	649
定边	46	11	35	1355	1355	2743	1709	383	651
绥德	27	6	21	2810	2810	5067	2966	736	1365
米脂	28	4	24	512	512	1352	827	210	315
佳县	9	2	7	303	303	1301	847	253	201
吴堡	3	2	1	210	210	612	382	126	104
清涧	7	2	5	380	380	1215	739	225	251
子洲	3	2	1	490	490	1415	865	274	276

注:本表医院、医院病床数中含卫生院、妇幼保健院和专科疾病防治院。

17－25　农村村级卫生组织情况(2016年)

县　区	村卫生室(个)	乡村医生和卫生员(人)	乡村医生	卫生员
全市	3487	3984	3517	467
榆阳	236	470	234	236
神木	249	242	239	3
府谷	247	268	268	
横山	300	319	294	25
靖边	204	208	196	12
定边	335	354	340	14
绥德	508	507	505	2
米脂	286	316	283	33
佳县	326	384	376	8
吴堡	152	150	150	
清涧	300	323	297	26
子洲	344	443	335	108

17－26　新型农村合作医疗情况

年份	实行新型农村合作医疗县(区)(个)	参加新农合人数(万人)	参合率(%)
2007	12	245.9	88.17
2008	12	256.8	91.29
2009	12	264.81	92.84
2010	12	269.78	94.95
2011	12	273.74	95.63
2012	12	278.39	97.10
2013	12	291.00	98.00
2014	12	294.00	99.00
2015	12	297.22	99.20
2016	12	297.76	99.24

17－27　体育事业基本情况(2016 年)

指标名称	2016 年
一、体委系统职工人数(人)	109
#专职教练员	22
管理人员	46
二、举办运动会情况	
举办运动会次数(次)	25
参加运动会的运动员人数(人)	8560
三、体育场馆数(个)	15

17－28 规模以上工业企业研究与试验发展(R&D)人员和经费支出情况(2016年)

分　组	R&D人员合计(人)	#研究人员	R&D经费内部支出(万元)	#政府资金	企业资金	境外资金
总计	1515	624	53249.7	807.6	51442.1	
按企业规模分						
大型	930	421	33712.8	614.7	32098.1	
中型	246	78	16344.8	101.9	16242.9	
小型	327	121	2975.7	91.0	2884.7	
微型	12	4	216.4		216.4	
按登记注册类型分						
内资企业	1515	624	53249.7	807.6	51442.1	
国有企业	79	42	3511.5		3511.5	
集体企业						
股份合作企业						
联营企业						
国有联营企业						
集体联营企业						
国有与集体联营企业						
其他联营企业						
有限责任公司	1042	426	42294.0	657.6	40636.4	
国有独资公司	160	62	11616.3		11616.3	
其他有限责任公司	882	364	30677.7	657.6	29020.1	
股份有限公司	161	56	5946.5	100.0	5846.5	
私营企业	233	100	1497.7	50.0	1447.7	
私营独资企业	5	3	48.9	5.0	43.9	
私营合伙企业						
私营有限责任公司	220	93	1241.5	35.0	1206.5	
私营股份有限公司	8	4	207.3	10.0	197.3	
其他企业						
港、澳、台商投资企业						
合资经营企业(港或澳、台资)						
合作经营企业(港或澳、台资)						
港、澳、台商独资经营企业						
港、澳、台商投资股份有限公司						
其他港澳台投资企业						
外商投资企业						
中外合资经营企业						
中外合作经营企业						
外资企业						
外商投资股份有限公司						
其他外商投资企业						
按国民经济行业分						
采矿业	303	132	8752.9	1.9	8751.0	
煤炭开采和洗选业	294	130	8595.6		8595.6	
石油和天然气开采业						

17-28 续 表

分 组	R&D 人员合计（人）	#研究人员	R&D 经费内部支出（万元）	#政府资金	企业资金	境外资金
黑色金属矿采选业						
有色金属矿采选业						
非金属矿采选业	9	2	157.3	1.9	155.4	
开采辅助活动						
其他采矿业						
制造业	1189	481	44247.0	805.7	42441.3	
农副食品加工业	17	8	331.7	35.0	296.7	
食品制造业	28	6	59.5	1.0	58.5	
酒、饮料和精制茶制造业	25	7	557.4	5.0	552.4	
烟草制品业						
纺织业						
纺织服装、服饰业	53	15	911.9	8.0	903.9	
皮革、毛皮、羽毛及其制品和制鞋业	8	4	192.8		192.8	
木材加工和木、竹、藤、棕、草制品业						
家具制造业						
造纸和纸制品业						
印刷和记录媒介复制业						
文教、工美、体育和娱乐用品制造业						
石油加工、炼焦和核燃料加工业	458	192	12376.1	714.7	11661.4	
化学原料和化学制品制造业	536	233	29173.0	10.0	28163.0	
医药制造业	18	6	129.3	20.0	109.3	
化学纤维制造业						
橡胶和塑料制品业	9	3	173.0		173.0	
非金属矿物制品业	26	4	322.3	12.0	310.3	
黑色金属冶炼和压延加工业						
有色金属冶炼和压延加工业						
金属制品业						
通用设备制造业						
专用设备制造业						
汽车制造业	11	3	20.0		20.0	
铁路、船舶、航空航天和其他运输设备制造业						
电气机械和器材制造业						
计算机、通信和其他电子设备制造业						
仪器仪表制造业						
其他制造业						
废弃资源综合利用业						
金属制品、机械和设备修理业						
电力、热力、燃气及水生产和供应业	23	11	249.8		249.8	
电力、热力生产和供应业	23	11	249.8		249.8	
燃气生产和供应业						
水的生产和供应业						

17－29 规模以上工业企业研究与试验发展(R&D)项目情况(2016年)

分　组	项目数(项)	参加项目人员(人)	项目人员全时当量(人年)	研发项目经费内部支出(万元)
总计	80	1376	745	47497.2
按企业规模分				
大型	39	834	490	30626.4
中型	13	204	137	14065.3
小型	26	326	112	2592.9
微型	2	12	6	212.6
按登记注册类型分				
内资企业	80	1376	745	47497.2
国有企业	1	44	1	2245.0
集体企业				
股份合作企业				
联营企业				
国有联营企业				
集体联营企业				
国有与集体联营企业				
其他联营企业				
有限责任公司	55	941	566	38267.5
国有独资公司	7	151	45	8531.2
其他有限责任公司	48	790	521	29736.3
股份有限公司	10	158	96	5765.9
私营企业	14	233	82	1218.8
私营独资企业	1	5	1	48.9
私营合伙企业				
私营有限责任公司	11	220	74	973.9
私营股份有限公司	2	8	7	196.0
其他企业				
港、澳、台商投资企业				
合资经营企业(港或澳、台资)				
合作经营企业(港或澳、台资)				
港、澳、台商独资经营企业				
港、澳、台商投资股份有限公司				
其他港澳台投资企业				
外商投资企业				
中外合资经营企业				
中外合作经营企业				
外资企业				
外商投资股份有限公司				
其他外商投资企业				
按国民经济行业分				
采矿业	16	223	77	7860.8
煤炭开采和洗选业	15	215	70	7703.5
石油和天然气开采业				

17－29 续 表

分　组	项目数（项）	参加项目人员（人）	项目人员全时当量（人年）	研发项目经费内部支出(万元)
黑色金属矿采选业				
有色金属矿采选业				
非金属矿采选业	1	8	7	157.3
开采辅助活动				
其他采矿业				
制造业	62	1130	663	39522.4
农副食品加工业	5	17	5	264.5
食品制造业	3	28	4	59.5
酒、饮料和精制茶制造业	4	25	16	376.5
烟草制品业				
纺织业				
纺织服装、服饰业	4	50	23	698.3
皮革、毛皮、羽毛及其制品和制鞋业	1	8	5	158.4
木材加工和木、竹、藤、棕、草制品业				
家具制造业				
造纸和纸制品业				
印刷和记录媒介复制业				
文教、工美、体育和娱乐用品制造业				
石油加工、炼焦和核燃料加工业	14	443	376	11828.3
化学原料和化学制品制造业	22	495	207	25514.1
医药制造业	4	18	6	128.3
化学纤维制造业				
橡胶和塑料制品业	1	9	3	173.0
非金属矿物制品业	3	26	14	301.5
黑色金属冶炼和压延加工业				
有色金属冶炼和压延加工业				
金属制品业				
通用设备制造业				
专用设备制造业				
汽车制造业	1	11	3	20.0
铁路、船舶、航空航天和其他运输设备制造业				
电气机械和器材制造业				
计算机、通信和其他电子设备制造业				
仪器仪表制造业				
其他制造业				
废弃资源综合利用业				
金属制品、机械和设备修理业				
电力、热力、燃气及水生产和供应业	2	23	5	114.0
电力、热力生产和供应业	2	23	5	114.0
燃气生产和供应业				
水的生产和供应业				

17－30 规模以上工业企业新产品开发、生产及销售情况(2016年)

分　组	新产品开发项目数（项）	新产品开发经费支出（万元）	新产品产值（万元）	新产品销售收入（万元）
总计	62	34583.7	282004.4	327087.2
按企业规模分				
大型	13	22439.6	233797.0	274593.2
中型	12	7768.2	42487.7	46749.3
小型	35	4159.5	5719.7	5744.7
微型	2	216.4		
按登记注册类型分				
内资企业	62	34583.7	282004.4	327087.2
国有企业	1	3511.5	223878.9	264209.6
集体企业				
股份合作企业				
联营企业				
国有联营企业				
集体联营企业				
国有与集体联营企业				
其他联营企业				
有限责任公司	33	23922.5	13726.9	13943.5
国有独资公司	1	840.5		
其他有限责任公司	32	23082.0	13726.9	13943.5
股份有限公司	4	3179.0	35687.8	39609.9
私营企业	24	3970.7	8710.8	9324.2
私营独资企业	1	48.9	892.5	820.0
私营合伙企业				
私营有限责任公司	20	3634.5	7042.2	7913.3
私营股份有限公司	3	287.3	776.1	590.9
其他企业				
港、澳、台商投资企业				
合资经营企业(港或澳、台资)				
合作经营企业(港或澳、台资)				
港、澳、台商独资经营企业				
港、澳、台商投资股份有限公司				
其他港澳台投资企业				
外商投资企业				
中外合资经营企业				
中外合作经营企业				
外资企业				
外商投资股份有限公司				
其他外商投资企业				
按国民经济行业分				
采矿业	5	4648.0	1742.8	1520.3
煤炭开采和洗选业	4	4490.7		
石油和天然气开采业				

17-30 续 表

分　组	新产品开发项目数（项）	新产品开发经费支出（万元）	新产品产值（万元）	新产品销售收入（万元）
黑色金属矿采选业				
有色金属矿采选业				
非金属矿采选业	1	157.3	1742.8	1520.3
开采辅助活动				
其他采矿业				
制造业	54	29664.0	280261.6	325566.9
农副食品加工业	9	537.6	635.2	562.1
食品制造业	7	260.3	156.8	55.4
酒、饮料和精制茶制造业	6	1098.4	1353.6	1115.3
烟草制品业				
纺织业				
纺织服装、服饰业	8	1271.5	5953.1	10738.8
皮革、毛皮、羽毛及其制品和制鞋业	1	192.8	1363.1	1718.4
木材加工和木、竹、藤、棕、草制品业				
家具制造业				
造纸和纸制品业				
印刷和记录媒介复制业				
文教、工美、体育和娱乐用品制造业				
石油加工、炼焦和核燃料加工业	6	9115.9	41474.9	41422.1
化学原料和化学制品制造业	6	15039.3	228324.9	268654.8
医药制造业	4	129.3		
化学纤维制造业				
橡胶和塑料制品业	1	173.0		
非金属矿物制品业	3	322.3	1000.0	1300.0
黑色金属冶炼和压延加工业				
有色金属冶炼和压延加工业				
金属制品业				
通用设备制造业				
专用设备制造业				
汽车制造业	3	1523.6		
铁路、船舶、航空航天和其他运输设备制造业				
电气机械和器材制造业				
计算机、通信和其他电子设备制造业				
仪器仪表制造业				
其他制造业				
废弃资源综合利用业				
金属制品、机械和设备修理业				
电力、热力、燃气及水生产和供应业	3	271.7		
电力、热力生产和供应业	3	271.7		
燃气生产和供应业				
水的生产和供应业				

17－31　规模以上工业企业

分　组	专利申请数（件）	#发明专利	有效发明专利数（件）	#境外授权
总计	274	51	133	
按企业规模分				
大型	197	47	95	
中型	68	2	37	
小型	5		1	
微型	4	2		
按登记注册类型分				
内资企业	274	51	133	
国有企业	1			
集体企业				
股份合作企业				
联营企业				
国有联营企业				
集体联营企业				
国有与集体联营企业				
其他联营企业				
有限责任公司	186	18	66	
国有独资公司	41	4	35	
其他有限责任公司	145	14	31	
股份有限公司	82	33	65	
私营企业	5		2	
私营独资企业				
私营合伙企业				
私营有限责任公司	4		1	
私营股份有限公司	1		1	
其他企业				
港、澳、台商投资企业				
合资经营企业（港或澳、台资）				
合作经营企业（港或澳、台资）				
港、澳、台商独资经营企业				
港、澳、台商投资股份有限公司				
其他港澳台投资企业				
外商投资企业				
中外合资经营企业				
中外合作经营企业				
外资企业				
外商投资股份有限公司				
其他外商投资企业				
按国民经济行业分				
采矿业	159	34	79	
煤炭开采和洗选业	148	34	74	
石油和天然气开采业				

自主知识产权保护情况(2016 年)

专利所有权转让及许可数（项）	专利所有权转让与许可收入（万元）	发表科技论文（篇）	拥有注册商标（件）	#境外注册	形成国家或行业标准（项）
		263	101		2
		131	87		2
		127	7		
		5	7		
		263	101		2
		14			
		222	93		1
		2	1		
		220	92		1
		22	3		1
		5	5		
		3	4		
		2	1		
		125	5		1
		123	3		1

17－31 续

分　组	专利申请数（件）	#发明专利	有效发明专利数（件）	#境外授权
黑色金属矿采选业				
有色金属矿采选业				
非金属矿采选业	11		5	
开采辅助活动				
其他采矿业				
制造业	106	17	48	
农副食品加工业				
食品制造业				
酒、饮料和精制茶制造业				
烟草制品业				
纺织业				
纺织服装、服饰业	7		1	
皮革、毛皮、羽毛及其制品和制鞋业				
木材加工和木、竹、藤、棕、草制品业				
家具制造业				
造纸和纸制品业				
印刷和记录媒介复制业				
文教、工美、体育和娱乐用品制造业				
石油加工、炼焦和核燃料加工业	23	7	29	
化学原料和化学制品制造业	71	8	18	
医药制造业	1			
化学纤维制造业				
橡胶和塑料制品业	4	2		
非金属矿物制品业				
黑色金属冶炼和压延加工业				
有色金属冶炼和压延加工业				
金属制品业				
通用设备制造业				
专用设备制造业				
汽车制造业				
铁路、船舶、航空航天和其他运输设备制造业				
电气机械和器材制造业				
计算机、通信和其他电子设备制造业				
仪器仪表制造业				
其他制造业				
废弃资源综合利用业				
金属制品、机械和设备修理业				
电力、热力、燃气及水生产和供应业	9		6	
电力、热力生产和供应业	9		6	
燃气生产和供应业				
水的生产和供应业				

表

专利所有权转让及许可数（项）	专利所有权转让与许可收入（万元）	发表科技论文（篇）	拥有注册商标（件）	#境外注册	形成国家或行业标准（项）
		2	2		
		106	96		1
		3	4		
			3		
		8	4		
		95	84		1
			1		
		32			
		32			

主要统计指标解释

普通高等学校指按国家规定的设置标准和审批程序批准举办的，通过全国普通高等学校统一招生考试，招收高中毕业生为主要培养对象，实施高等学历教育的全日制大学、独立设置的学院和高等专科学校、高等职业学校及其他机构（独立学院和分校、大专班）。

成人高等学校指按照国家规定的设置标准和审批程序批准举办的，通过全国成人高等教育统一招生考试，招收具有高中毕业或同等学历的人员为主要培养对象，利用函授、业余、脱产等多种形式对其实施高等学历教育的学校。包括职工高等学校、农民高等学校、管理干部学院、教育学院、独立函授学院、广播电视大学、其他机构等。其他机构是承担国家成人招生计划任务不计校数的机构。

小学学龄儿童净入学率　指调查范围内已入小学学习的学龄儿童占校内外学龄儿童总数（包括弱智儿童，不包括盲聋哑儿童）的比重。计算公式为：

$$\text{小学学龄儿童净入学率}=\frac{\text{已入学的小学学龄儿童数}}{\text{校内外小学学龄儿童总数}}\times 100\%$$

专业技术人员　指从事专业技术工作和专业技术管理工作的人员，即企事业单位中已经聘任专业技术职务从事专业技术工作和专业技术管理工作的人员，以及未聘任专业技术职务，现在专业技术岗位上工作的人员。包括工程技术人员，农业技术人员，科学研究人员，卫生技术人员，教学人员，经济人员，会计人员，统计人员，翻译人员，图书资料、档案、文博人员，新闻出版人员，律师、公证人员，广播电视播音人员，工艺美术人员，体育人员，艺术人员及企业政治思想工作人员，共十七个专业技术职务类别。用来反映科技人力资源情况。

文化事业机构　指从事专业文化工作和为专业文化工作服务的独立建制的单位。不包括这些单位另外举办独立核算的其他机构和各部门的业余文化组织。该指标主要反映文化事业机构发展规模水平。

艺术表演团体　由文化部门主办或实行行业管理（经文化市场行政部门审批或已申报登记并领取相关许可证），专门从事表演艺术等活动的各类专业艺术表演团体，含民间职业剧团。如话剧团、方言话剧团、滑稽剧团、儿童剧团、歌剧团、木偶团、皮影团等以及由若干剧种组成的综合性专业艺术表演团体。不包括半工半艺、半农半艺的剧团。

艺术表演场所　指由文化部门主办或实行行业管理（经文化市场行政部门审批或已申报登记并领取相关许可证），有观众席、舞台、灯光设备，公开售票、专供文艺团体演出的文化活动场所。包括剧院（场）、音乐厅、歌剧院（场）、舞剧院（场）、话剧院（场）、戏院、马戏场、影剧院等进行文艺表演的场所。不包括电影院、礼堂、体育场馆、美术馆及绘画、雕塑等艺术馆。

卫生机构　指从卫生行政部门取得《医疗机构执业许可证》，或从民政、工商行政、机构编制管理部门取得法人单位登记证书，为社会提供医疗保健、疾病控制、卫生监督服务或从事医学科研和教育等工作的单位。卫生机构包括医院、疗养院、社区卫生服务中心（站）、卫生院、门诊部、诊所（卫生所、医务室）、急救中心（站）、采供血机构、妇幼保健院（所、站）、专科疾病防治院（所、站）、疾病预防控制中心（防疫站）、卫生监督所、卫生监督检验（监测、检测）机构、医学科研机构、医学在职培训机构、健康教育所（站）等其他卫生机构。

医院　包括综合医院、中医医院、中西医结合医院、各类专科医院和护理院。

卫生技术人员包括执业(助理)医师、注册护士、药剂人员、检验和影像人员等卫生专业人员。不包括从事管理工作的卫生技术人员(一律计入管理人员)。

执业医师 指具有《医师执业证》及其"级别"为"执业医师"且实际从事医疗、预防保健工作的人员,不包括实际从事管理工作的执业医师。执业医师类别分为临床、中医、口腔和公共卫生。

执业助理医师 指具有《医师执业证》及其"级别"为"执业助理医师"且实际从事医疗、预防保健工作的人员,不包括实际从事管理工作的执业助理医师。执业助理医师类别同样分为临床、中医、口腔和公共卫生四类。

社区卫生服务中心(站) 指为本社区居民提供预防、医疗、保健、康复、健康教育、计划生育技术服务等的基层卫生机构。包括社区卫生服务中心和社区卫生服务站。

研究与试验发展(R&D) 指在科学技术领域,为增加知识总量,以及运用这些知识去创造新的应用进行的系统的创造性的活动,包括基础研究、应用研究、试验发展三类活动。国际上通常采用R&D活动的规模和强度指标反映一国的科技实力和核心竞争力。

R&D人员 指参与研究与试验发展项目研究、管理和辅助工作的人员,包括项目(课题)组人员,企业科技行政管理人员和直接为项目(课题)活动提供服务的辅助人员。反映投入从事拥有自主知识产权的研究开发活动的人力规模。

R&D人员全时当量 指全时人员数加非全时人员按工作量折算为全时人员数的总和。例如:有两个全时人员和三个非全时人员(工作时间分别为20%、30%和70%),则全时当量为2+0.2+0.3+0.7=3.2人年。为国际上比较科技人力投入而制定的可比指标。

R&D经费支出合计 指调查单位用于内部开展R&D活动(基础研究、应用研究和试验发展)的实际支出。包括用于R&D项目(课题)活动的直接支出,以及间接用于R&D活动的管理费、服务费、与R&D有关的基本建设支出以及外协加工费等,不包括生产性活动支出、归还贷款支出以及与外单位合作或委托外单位进行R&D活动而转拨给对方的经费支出。

18

县域经济

资料整理：王　燕　霍志利

18. 县域经济

说　明

一、根据陕西省委、陕西省人民政府《关于加快发展壮大县域经济的决定》和省政府《关于陕西省县域经济社会发展考核暂行办法》[陕政发(2004)31号文件],从2004年开始陕西省统计局对全省县域经济社会发展情况进行了监测。2004－2006年监测范围为全省全部县、县级市及农业比重较大的市辖区,共93个县(市、区);2007－2014年监测范围分为全省全部县、县级市和全部市辖城区,分别为83个县(市、)和24个城区;2015年高陵由县改区,监测范围改为全省82个县和25个城区;2016年横山区、华州区纳入城区考评范围,监测范围为80个县(市)和27个城区。我市12县(区)均列入各年度的监测范围。

二、各年度县域经济社会发展监测内容包括经济发展、经济结构、民生发展、生态环境、社会和谐等几大类30多项指标。按照综合监测评价方法,计算出了各监测指标的分值,最后按综合分值高低对各县(市、区)进行排序,得出各年度县域经济社会发展监测结果,并测评出各年度陕西省县域经济社会发展十强县和陕西省城区经济社会发展五强区,并测评出争先进位前十县和前五区。

18－1　2004－2016年陕西省县域经济社会发展十强县

位次	(首届)2004年	(第二届)2005年	(第三届)2006年	(第四届)2007年	(第五届)2008年	(第六届)2009年	(第七届)2010年	(第八届)2011年	(第九届)2012年	(第十届)2013年	(第十一届)2014年	(第十二届)2015年	(第十三届)2016年
1	神木县	神木县	神木县	神木县	神木县	府谷县	府谷县	府谷县	神木县	府谷县	府谷县	神木县	神木县
2	宝塔区	宝塔区	宝塔区	靖边县	靖边县	神木县	神木县	神木县	府谷县	神木县	神木县	韩城市	韩城市
3	长安区	长安区	长安区	志丹县	府谷县	靖边县	靖边县	靖边县	靖边县	靖边县	靖边县	府谷县	府谷县
4	临潼区	靖边县	榆阳区	吴起县	志丹县	志丹县	吴起县	高陵县	吴起县	吴起县	高陵县	靖边县	凤　县
5	靖边县	吴起县	靖边县	府谷县	吴起县	高陵县	高陵县	吴起县	高陵县	高陵县	吴起县	凤　县	彬县
6	韩城市	临潼区	临潼区	安塞县	韩城市	吴起县	志丹县	志丹县	志丹县	韩城市	韩城市	吴起县	靖边县
7	汉台区	志丹县	吴起县	韩城市	高陵县	韩城市	黄陵县	彬　县	彬　县	彬　县	彬　县	彬　县	兴平市
8	户　县	榆阳区	志丹县	高陵县	黄陵县	黄陵县	凤　县	凤　县	韩城市	志丹县	志丹县	志丹县	凤翔县
9	陈仓区	汉台区	汉台区	洛川县	安塞县	凤　县	彬　县	韩城市	凤　县	凤　县	凤　县	兴平市	岐山县
10	志丹县	陈仓区	陈仓区	凤翔县	凤翔县	安塞县	安塞县	安塞县	安塞县	兴平市	兴平市	定边县	定边县

18-2　2004—2016 年榆林市各县区经济社会发展综合监测在全市排名

	2016 年	2015 年	2014 年	2013 年	2012 年	2011 年	2010 年	2009 年	2008 年	2007 年	2006 年	2005 年	2004 年
榆阳区	1										2	3	3
横山区	2	5	5	5	5	5	5	5	5	5	6	6	9
神木县	1	1	2	2	1	2	2	2	1	1	1	1	1
府谷县	2	2	1	1	2	1	1	1	3	3	4	5	4
靖边县	3	3	3	3	3	3	3	3	2	2	3	2	2
定边县	4	4	4	4	4	4	4	4	4	4	5	4	5
绥德县	7	6	6	8	10	11	8	8	9	7	9	8	6
米脂县	9	8	7	7	7	6	7	6	7	6	8	10	7
佳　县	10	10	11	9	6	8	10	11	11	10	12	12	12
吴堡县	6	11	10	11	11	7	6	9	10	9	7	7	8
清涧县	8	7	8	10	8	10	11	10	8	11	10	11	11
子洲县	5	9	9	6	9	9	9	7	6	8	11	9	10

备注:2016 年横山撤县设区。

18-3　2004—2016 年榆林市各县区经济社会发展综合监测在全省排名

	2016 年	2015 年	2014 年	2013 年	2012 年	2011 年	2010 年	2009 年	2008 年	2007 年	2006 年	2005 年	2004 年
榆阳区	10	12	6	6	9	10	10	11	11	12	4	8	11
横山区	25	44	31	30	26	25	19	26	14	27	48	55	75
神木县	1	1	2	2	1	2	2	2	1	1	1	1	1
府谷县	3	3	1	1	2	1	1	1	3	5	23	35	21
靖边县	6	4	3	3	3	3	3	3	2	2	5	4	5
定边县	10	10	11	11	13	13	13	13	11	15	43	34	39
绥德县	70	73	74	74	82	81	68	65	61	44	57	66	59
米脂县	73	78	75	72	74	46	49	38	51	42	56	82	64
佳　县	75	80	83	76	57	73	75	83	70	73	93	92	92
吴堡县	69	82	82	82	83	68	46	72	68	47	53	63	70
清涧县	72	76	76	77	78	79	82	74	53	82	78	88	90
子洲县	65	79	79	70	80	76	73	54	33	46	81	71	88

备注:2016 年横山撤县设区。

18－4　2008—2016年陕西省县域经济社会发展争先进位前十县

2008年	2009年	2010年	2011年	2012年	2013年	2014年	2015年	2016年
宜川县	太白县	吴堡县	大荔县	镇安县	佛坪县	延川县	宁陕县	蓝田县
清涧县	麟游县	合阳县	佛坪县	佳　县	山阳县	汉阴县	留坝县	石泉县
永寿县	西乡县	延长县	宜君县	洛　南	汉阴县	紫阳县	岚皋县	宁强县
富　县	潼关县	富平县	山阳县	陇　县	平利县	富　县	旬阳县	延川县
横山县	洋　县	白水县	富平县	洋　县	延川县	西乡县	镇坪县	子洲县
子洲县	千阳县	洛南县	商南县	白河县	子洲县	佛坪县	武功县	镇坪县
洛南县	米脂县	镇安县	旬阳县	紫阳县	周至县	宜川县	宜君县	吴堡县
麟游县	留坝县	柞水县	洛川县	留坝县	合阳县	千阳县	商南县	黄陵县
陇　县	汉阴县	永寿县	旬邑县	太白县	潼关县	洋　县	太白县	扶风县
平利县	白河县	丹凤县	南郑县	华　县	绥德县	丹凤县	山阳县	洛南县

18－5　2008—2016年陕西省城区经济社会发展五强区

2008年	2009年	2010年	2011年	2012年	2013年	2014年	2015年	2016年
雁塔区	雁塔区	雁塔区	雁塔区	雁塔区	雁塔区	雁塔区	雁塔区	雁塔区
未央区	未央区	未央区	未央区	碑林区	未央区	未央区	未央区	未央区
碑林区	莲湖区	莲湖区	碑林区	未央区	莲湖区	莲湖区	碑林区	碑林区
莲湖区	碑林区	碑林区	莲湖区	莲湖区	碑林区	碑林区	莲湖区	莲湖区
渭滨区	新城区	新城区	新城区	新城区	秦都区	秦都区	秦都区	秦都区

18－6　2008—2016年陕西省城区经济社会发展争先进位获奖区

2008年	2009年	2010年	2011年	2012年	2013年	2014年	2015年	2016年
阎良区	王益区	临渭区	临渭区	临渭区	榆阳区	宝塔区	长安区	汉滨区
杨凌区	长安区	渭城区	杨陵区	耀州区	金台区	汉滨区	杨陵区	金台区
耀州区	秦都区	榆阳区	汉台区	渭城区	王益区	渭城区	汉台区	榆阳区
商州区	陈仓区	杨凌区	碑林区	榆阳区	汉台区	杨陵区	渭滨区	临渭区
榆阳区	汉滨区	耀州区	秦都区	王益区	陈仓区	王益区	宝塔区	高陵区
	灞桥区		临潼区			汉台区		
	印台区							
	耀州区							

19

非公有制经济

资料整理：李　鼎

19. 非公有制经济

2016 年全市

非公有制经济增加值	1164.92 亿元
非公有制经济增加值占生产总值比重	42.01%

非公有制经济增加值及占生产总值比重

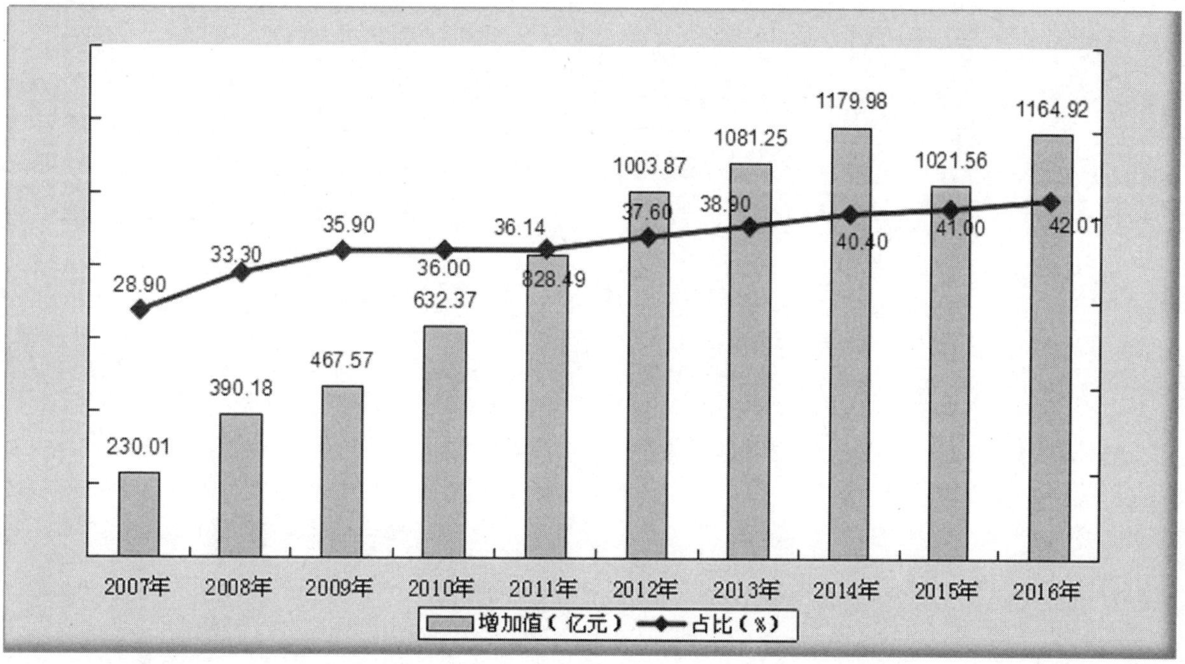

19－1　2004年以来非公有制经济增加值

单位:亿元

行　业	2004年	2005年	2006年	2007年	2008年	2009年	2010年	2011年	2012年	2013年	2014年	2015年	2016年
合 计	85.23	140.09	183.93	230.01	390.18	467.57	632.37	828.49	1003.87	1081.25	1179.98	1021.56	1164.92
第一产业	12.36	12.84	15.19	18.23	28.63	27.71	33.49	41.52	50.98	53.81	54.34	59.05	64.75
第二产业	32.08	50.66	75.82	100.00	179.29	218.79	399.92	549.40	690.08	689.42	772.55	580.00	627.95
工业	27.40	43.95	67.44	88.65	165.17	201.23	379.20	525.02	663.75	646.65	726.74	543.44	589.55
建筑业	4.68	6.71	8.38	11.35	14.12	17.56	20.72	24.37	28.07	42.77	45.81	47.71	52.11
第三产业	40.80	76.59	92.92	111.78	182.27	221.06	198.96	237.57	262.81	338.02	353.09	382.52	472.22

19－2　2004年以来非公有制经济增加值占生产总值比重

单位:%

行　业	2004年	2005年	2006年	2007年	2008年	2009年	2010年	2011年	2012年	2013年	2014年	2015年	2016年
合 计	30.60	31.30	31.10	28.90	33.30	35.90	36.00	36.14	37.60	38.90	40.40	41.00	42.01
第一产业	47.10	45.30	43.00	38.40	43.30	39.50	36.34	37.10	40.47	39.90	37.50	41.09	39.86
第二产业	18.75	19.50	21.20	19.80	22.50	25.40	33.17	33.71	35.80	36.00	39.30	38.07	37.36
工业	16.71	17.60	19.50	18.10	21.20	24.00	32.18	32.86	35.10	35.10	38.40	36.61	36.01
建筑业	66.38	64.80	68.80	80.20	76.20	74.90	75.54	76.89	77.00	81.80	81.80	81.00	80.85
第三产业	50.22	48.10	46.70	45.70	58.70	59.50	43.37	43.14	42.70	46.30	43.70	46.39	50.78

19－3　2004年以来各县区非公有制经济基本情况

单位:万元、%

年份	非公有制经济增加值		年份	非公有制经济增加值	
	绝对值	占生产总值比重		绝对值	占生产总值比重
榆阳			绥德		
2004	190238	42.7	2004	28015	39.7
2005	333318	42.8	2005	40220	35.3
2006	415671	43.5	2006	41352	29.9
2007	449034	42.3	2007	61666	36.6
2008	659506	46.8	2008	93122	46.1
2009	823700	44.9	2009	116400	47.0
2010	1170800	47.0	2010	156700	47.4
2011	1410600	43.4	2011	179700	44.4
2012	1763700	44.0	2012	221900	46.6
2013	21643657	46.9	2013	260953	50.2
2014	2531925	49.2	2014	283625	51.8
2015	2577112	49.9	2015	312522	59.4
2016	2843900	51.1	2016	361550	53.8
神木			米脂		
2004	313189	48.0	2004	32797	58.2
2005	491990	35.1	2005	39964	59.4
2006	634371	33.2	2006	45062	46.9
2007	832392	31.2	2007	55682	36.3
2008	1313231	34.4	2008	90214	43.0
2009	1140500	25.2	2009	101100	44.7
2010	1755500	29.0	2010	133000	49.0
2011	2099700	27.2	2011	164900	49.1
2012	2799100	27.9	2012	201600	50.2
2013	2672908	30.3	2013	185662	51.3
2014	3076452	33.7	2014	200180	52.9
2015	2627442	34.1	2015	211887	53.7
2016	3161556	34.9	2016	239215	53.3
府谷			佳县		
2004	146803	70.3	2004	13367	33.3
2005	174277	62.0	2005	23894	39.2
2006	271335	64.2	2006	26508	34.0
2007	301368	62.2	2007	38487	36.4
2008	774387	64.5	2008	57137	40.9
2009	1069600	65.8	2009	72900	44.7
2010	1792400	67.4	2010	109100	48.0
2011	2713100	66.5	2011	127000	47.0
2012	3027800	67.2	2012	161900	50.8
2013	2971692	64.1	2013	183452	51.8
2014	2936482	63.8	2014	183452	53.5
2015	2275193	62.2	2015	177937	54.3
2016	2525015	64.3	2016	227872	57.3

19－3 续 表

单位:万元、%

年 份	非公有制经济增加值		年 份	非公有制经济增加值	
	绝对值	占生产总值比重		绝对值	占生产总值比重
横 山			吴 堡		
2004	47200	33.8	2004	9090	36.8
2005	82600	34.7	2005	12634	40.0
2006	102219	35.2	2006	13625	33.5
2007	123549	35.5	2007	17816	35.4
2008	384918	62.2	2008	27978	47.5
2009	368900	60.7	2009	38400	50.1
2010	509200	61.3	2010	50200	52.0
2011	509800	54.8	2011	62300	54.1
2012	565700	54.3	2012	79200	57.5
2013	612066	55.3	2013	95153	58.7
2014	672527	56.8	2014	102450	61.6
2015	384302	34.7	2015	98905	62.1
2016	430424	35.5	2016	114094	63.5
靖 边			清 涧		
2004	72315	9.1	2004	15916	38.6
2005	93304	8.7	2005	33989	47.9
2006	72806	5.5	2006	34799	38.2
2007	92545	4.5	2007	34426	34.6
2008	192358	7.5	2008	49765	36.7
2009	370600	18.2	2009	63500	39.3
2010	409400	17.0	2010	87600	43.1
2011	587200	20.0	2011	117600	45.0
2012	648800	20.5	2012	137900	45.0
2013	686520	21.5	2013	200926	50.0
2014	622141	18.3	2014	219693	53.3
2015	564833	22.3	2015	210999	54.1
2016	631048	25.8	2016	228771	52.1
定 边			子 洲		
2004	36200	13.9	2004	25292	57.5
2005	50255	13.7	2005	38661	51.1
2006	69864	13.0	2006	52338	55.7
2007	81804	11.5	2007	64160	58.4
2008	166770	13.7	2008	84344	52.3
2009	193200	15.0	2009	144900	61.9
2010	330700	19.2	2010	154100	55.5
2011	442700	19.0	2011	181400	54.0
2012	566900	19.5	2012	218000	54.3
2013	668739	20.9	2013	242408	55.3
2014	776435	22.4	2014	250575	56.0
2015	556569	22.7	2015	238598	56.9
2016	554010	24.1	2016	328261	58.9

19－4　各县区非公有制经济增加值及比重(2016 年)

增加值　　单位:亿元

县　区	合　计	第一产业	第二产业	第三产业
全 市	1164.92	64.75	627.95	472.22
榆阳区	284.39	18.97	130.26	135.16
神木县	316.16	7.05	207.76	101.34
府谷县	252.50	1.93	190.22	60.35
横山区	43.04	8.18	7.68	27.18
靖边县	63.10	9.40	8.60	45.11
定边县	55.40	6.34	8.21	40.85
绥德县	36.16	2.84	7.83	25.48
米脂县	23.92	2.32	5.94	15.67
佳　县	22.79	1.50	12.22	9.06
吴堡县	11.41	0.42	6.26	4.72
清涧县	22.88	3.01	10.45	9.42
子洲县	32.83	2.97	18.87	10.98

比重　　单位:%

县　区	合　计	第一产业	第二产业	第三产业
全 市	42.01	39.86	37.36	50.78
榆阳区	51.1	66.5	43.1	59.8
神木县	34.9	53.3	33.8	36.6
府谷县	64.3	29.7	69.9	53.0
横山区	35.5	50.9	12.0	65.9
靖边县	25.8	42.5	5.8	61.2
定边县	24.1	32.3	5.7	61.5
绥德县	53.8	25.9	87.9	53.9
米脂县	53.3	33.2	39.6	68.5
佳　县	57.3	14.2	99.5	53.6
吴堡县	63.5	13.2	94.0	58.3
清涧县	52.1	23.9	97.3	45.8
子洲县	58.9	24.9	74.8	59.2

主要统计指标解释

非公有制经济 非公有制经济，简称"非公经济"，是指国民经济中除国有经济和集体经济以外的部分。

非公有制经济构成 按照国家统计局《关于统计上划分经济成分的规定》、国家统计局和国家工商行政管理局《关于划分企业登记注册类型的规定》(2011.9.30)，非公有制经济构成为：

非公经济 = 私有经济 + 港澳台经济 + 外商经济

其中：

私有经济 = 个体经济 + 私营经济 + 混合经济中的个人成分

港澳台经济 = 纯港澳台经济 + 混合经济中的港澳台部分

外商经济 = 纯外商经济 + 混合经济中的外商部分

其中：

个体经济 = 个体经营户 + 个人合伙企业

私营经济 = 私营独资企业 + 私营合伙企业 + 私营有限责任公司 + 私营股份有限公司

纯港澳台经济 = 港澳台商独资经营企业

纯外商经济 = 外资企业

混合经济 = 内资中的其他联营企业、其他有限责任公司、股份有限公司、其他企业 + 港澳台资中的合资经营企业、合作经营企业、港澳台商投资股份有限公司、其他港澳台商投资企业 + 外资中的中外合资经营企业 + 中外合作经营企业 + 外商投资股份有限公司 + 其他外商投资企业

非公有制经济增加值 非公有制经济增加值是指私有经济、港澳台经济和外商经济一定时期内生产活动的最终成果，是 GDP 的重要组成部分。

20

规模以上服务业

资料整理：马　轮

20. 规模以上服务业

2016 年全市

单位数	186 个
营业收入	174.00 亿元

各县区规模以上服务业营业收入(亿元)

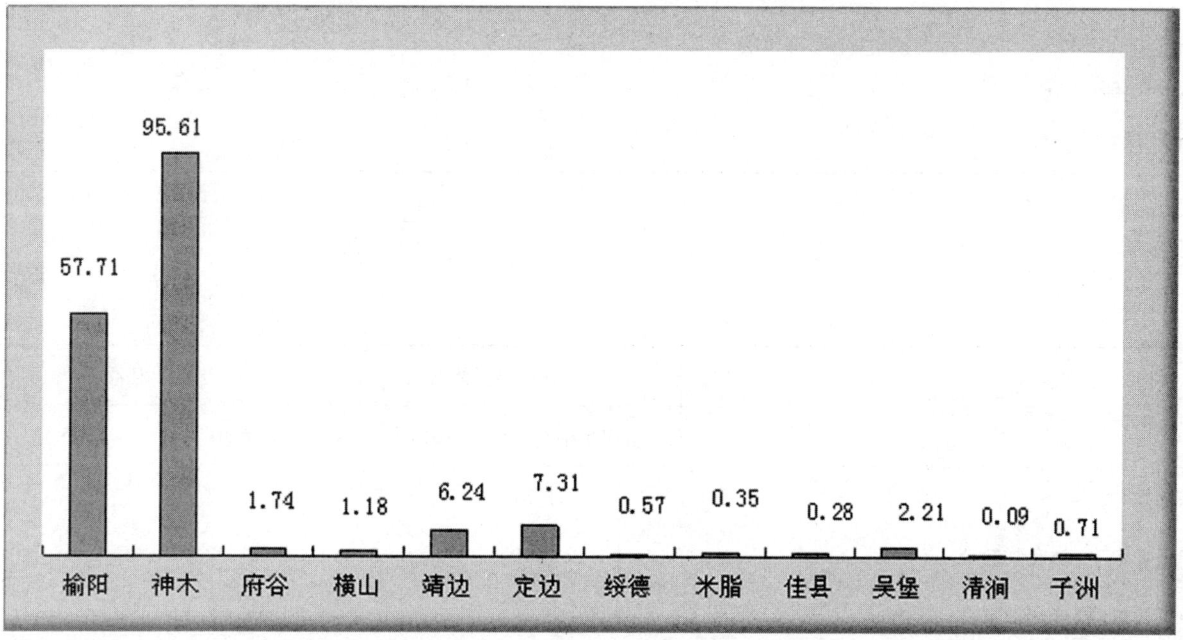

20－1　规模以上服务业

指标	单位数（个）	资产总计		负债合计	
		2016 年	2015 年	2016 年	2015 年
总计	186	780.21	751.99	332.61	326.26
交通运输、仓储和邮政业	94	264.29	267.21	83.56	87.01
信息传输、软件和信息技术服务业	5	60.41	61.97	24.09	27.01
房地产业	12	1.34	0.84	1.84	1.40
租赁和商务服务业	23	381.22	355.94	185.00	161.71
科学研究和技术服务业	29	10.60	9.61	4.93	4.64
水利、环境和公共设施管理业	3	59.86	54.59	32.25	43.71
居民服务、修理和其他服务业	10	1.62	0.85	0.74	0.48
教育	6	0.08	0.12		0.02
卫生和社会工作	2	0.21	0.21		
文化、体育和娱乐业	2	0.58	0.65	0.2	0.28

20－1　续

指标	营业税金及附加		营业利润	
	2016 年	2015 年	2016 年	2015 年
总计	1.87	1.43	33.89	44.63
交通运输、仓储和邮政业	1.48	0.78	27.91	30.93
信息传输、软件和信息技术服务业	0.08	0.06	3.11	6.57
房地产业	0.03	0.05	0.04	－0.07
租赁和商务服务业	0.11	0.28	3.08	6.26
科学研究和技术服务业	0.12	0.18	0.42	0.89
水利、环境和公共设施管理业	0.04	0.08	－0.66	0.07
居民服务、修理和其他服务业	0.01		－0.02	－0.02
教育				0.01
卫生和社会工作			0.03	0.01
文化、体育和娱乐业			－0.02	－0.02

主要经济指标情况

单位:亿元

所有者权益合计		营业收入		营业成本	
2016 年	2015 年	2016 年	2015 年	2016 年	2015 年
447.62	425.73	174.00	179.12	111.64	109.99
180.73	180.20	121.25	123.23	76.02	76.87
36.32	34.96	32.80	35.66	23.65	22.20
-0.44	-0.56	1.42	0.90	0.72	0.41
196.21	194.23	5.78	6.30	2.07	1.19
5.67	4.97	8.12	7.98	6.16	5.35
27.60	10.88	2.92	3.82	1.84	3.18
0.88	0.37	1.22	0.84	0.81	0.51
0.08	0.1	0.05	0.07	0.04	0.04
0.20	0.21	0.27	0.14	0.19	0.09
0.37	0.37	0.17	0.18	0.14	0.15

表

单位:亿元

应交所得税		应付职工薪酬 (本年贷方累计发生额)		应交增值税		从事服务业活动的 从业人员平均人数	
2016 年	2015 年	2016 年	2015 年	2016 年	2015 年	2016 年	2015 年
4.91	7.22	30.82	15.30	8.45	6.78	35579	32354
4.67	5.15	22.15	7.80	6.37	4.83	22256	20597
0.06	1.57	4.03	3.67	1.45	1.52	2836	3016
		0.63	0.70	0.02		2592	1633
0.09	0.40	1.47	0.92	0.17		4174	3784
0.09	0.10	1.69	1.68	0.15	0.12	2285	2287
		0.37	0.34	0.26	0.29	401	390
		0.38	0.12	0.02	0.01	612	336
		0.03	0.02			123	102
		0.05	0.03			230	134
		0.02	0.02	0.01	0.01	70	75

20－2　各县区规模以上服务业情况(2016 年)

县　区	单位数(个)	#其他营利性服务业单位数	营业收入(亿元)	#其他营利性服务业营业收入
合计	186	36	174.00	7.39
榆阳	56	15	57.71	3.11
神木	31	2	95.61	2.67
府谷	12	7	1.74	0.50
横山	19	3	1.18	0.06
靖边	38	7	6.24	0.96
定边	12		7.31	
绥德	4	1	0.57	0.08
米脂	1		0.35	
佳县	3		0.28	
吴堡	2		2.21	
清涧	2		0.09	
子洲	6	1	0.71	0.02

主要统计指标解释

规模以上服务业统计标准及范围：辖区内年营业收入1000万元及以上，或年末从业人员50人及以上服务业法人单位。包括：交通运输、仓储和邮政业，信息传输、软件和信息技术服务业，租赁和商务服务业，科学研究和技术服务业，水利、环境和公共设施管理业，教育，卫生和社会工作；以及物业管理、房地产中介服务等行业。辖区内年营业收入500万元及以上，或年末从业人员50人及以上服务业法人单位。包括：居民服务、修理和其他服务业，文化、体育和娱乐业。

21

全国、全省及各市和周边地市

资料整理：任菲凡

21. 全国、全省及各市和周边地市

周边各市生产总值(亿元)

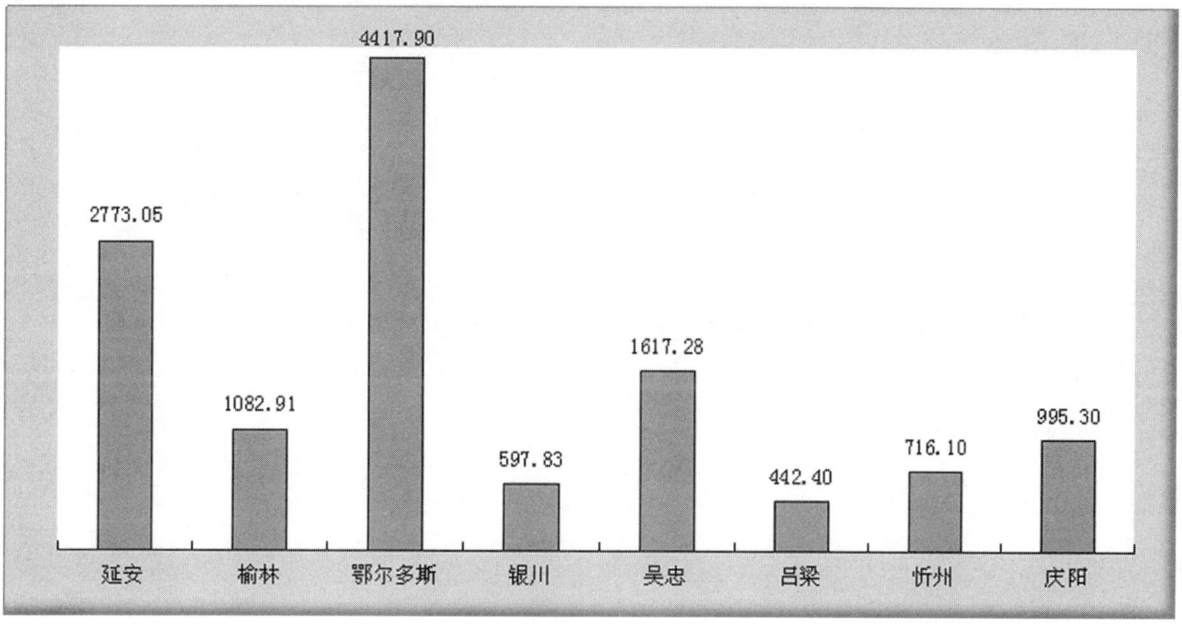

21－1 全国、全省及各市主要经济指标

年份	全国	全省	西安	铜川	宝鸡	咸阳	渭南	汉中	延安	榆林	安康	商洛	杨 陵 示范区
							年底常住人口(万人)						
1949	54167	1317	227.33	21.48	138.60	165.18	195.49	188.12	61.79	117.40	146.75	123.72	
1952	57482	1528	234.47	22.51	151.76	181.60	215.46	209.54	66.63	132.81	165.94	134.95	
1957	64653	1803	327.28	32.01	175.96	213.01	245.02	230.41	79.62	157.91	186.95	149.11	
1962	67295	2008	370.31	41.06	202.25	243.94	281.68	239.74	102.60	178.66	193.54	153.73	
1965	72538	2144	400.05	44.42	216.01	262.93	303.72	251.72	108.27	190.76	202.44	161.49	
1970	82992	2428	435.12	52.26	247.61	300.51	352.86	292.74	124.16	211.40	225.73	181.12	
1975	92420	2692	478.89	60.49	276.34	341.18	395.59	323.58	141.36	225.56	246.56	198.05	
1978	96259	2779	498.10	63.23	286.81	356.69	410.89	330.78	144.88	227.52	254.39	201.58	
1980	98705	2831	511.91	68.87	289.51	367.37	416.07	334.94	148.23	233.09	259.93	204.50	
1985	105851	3002	553.11	72.85	305.69	391.00	438.06	343.79	157.48	256.40	268.80	214.53	
1990	114333	3316	608.89	76.95	330.27	434.64	481.32	358.91	178.69	296.45	284.34	231.11	
1995	121121	3513	648.21	80.42	346.18	463.62	509.49	362.26	189.09	317.79	289.59	233.33	
2000	126743	3644	688.01	83.22	363.38	474.51	529.02	368.93	196.64	342.57	292.43	236.72	13.27
2005	130756	3720	806.81	82.99	376.39	498.07	547.11	348.46	211.85	329.16	264.81	237.91	15.51
2010	133972	3733	846.78	83.44	371.67	489.50	528.61	341.62	218.70	335.42	262.99	234.17	20.12
2011	134735	3743	851.34	83.82	372.72	491.23	530.49	341.51	219.40	335.24	263.07	233.62	20.17
2012	135404	3753	855.29	84.08	373.67	492.86	532.10	341.84	219.81	335.69	263.00	234.19	20.20
2013	136072	3764	858.81	84.28	374.46	494.22	533.17	342.50	220.61	337.03	263.56	234.61	20.24
2014	136782	3775	862.75	84.51	375.32	495.68	534.30	343.15	221.43	338.39	264.20	235.08	20.30
2015	137462	3792.87	870.56	84.62	376.33	497.24	535.99	343.81	223.13	340.11	265.00	235.74	20.34
2016	138271	3812.62	883.21	84.72	377.50	498.66	537.16	537.16	225.28	338.20	265.60	237.17	20.49
							生产总值(亿元)						
1949			1.89	0.16	0.92	1.07	1.49	1.81	0.34	0.49	1.40	0.36	
1952		12.85	3.37	0.22	1.40	1.50	1.90	2.44	0.48	0.68	1.61	0.63	
1957		25.58	8.02	0.46	2.31	2.81	3.03	2.58	0.67	1.05	1.85	0.84	
1962		26.85	9.22	0.59	2.00	3.07	2.46	2.48	0.85	1.01	1.89	1.01	
1965		35.93	12.76	0.98	3.42	4.32	4.81	3.50	1.11	1.32	2.31	1.38	
1970		46.84	17.76	1.10	5.09	6.52	5.29	3.73	1.44	1.88	2.38	1.76	
1975		64.92	21.33	1.63	8.35	8.12	8.55	6.25	3.00	3.31	3.54	2.75	
1978	3645	81.07	25.35	2.68	9.91	9.78	10.88	8.49	3.44	3.58	4.95	3.61	
1980	4546	94.91	31.66	2.81	12.25	12.70	12.58	9.80	4.33	4.11	6.21	3.81	
1985	9016	180.87	57.58	4.63	24.41	22.09	23.22	17.07	6.99	7.07	9.93	7.10	
1990	18668	404.30	116.51	9.08	46.35	45.61	44.83	39.33	20.42	19.77	21.77	13.83	
1995	60794	1036.85	330.35	23.75	120.38	146.71	107.03	90.69	52.43	45.79	50.62	27.82	
2000	99215	1804.00	646.13	34.55	195.34	234.46	165.47	119.23	130.63	105.05	74.80	56.35	6.20
2005	183217	3933.72	1313.93	71.84	414.52	432.49	330.17	217.72	394.65	447.63	143.76	114.43	17.36
2010	397983	10123.48	3241.69	187.73	976.09	1098.68	801.42	509.70	885.42	1756.67	327.06	285.90	47.63
2011	471564	12512.30	3862.58	232.63	1175.75	1361.32	1028.97	647.48	1113.35	2292.25	407.17	362.95	61.20
2012	519322	14453.68	4366.10	273.31	1374.33	1573.68	1157.32	754.57	1271.02	2669.88	496.91	423.31	68.17
2013	568845	16205.45	4924.97	323.27	1545.91	1860.39	1321.81	890.31	1354.14	2779.46	604.55	510.88	85.15
2014	636463	17689.94	5492.64	325.36	1642.90	2085.15	1423.75	1002.83	1386.09	2920.58	689.44	574.99	97.11
2015	676708	18021.86	5801.20	307.16	1787.63	2152.92	1430.41	1059.61	1198.27	2491.89	755.05	618.52	105.85
2016	744127	19165.39	6257.18	311.61	1932.14	2396.07	1488.621	1156.49	1082.91	2773.05	851.85	699.30	118.98

21－1　续表一

年份	全国	全省	西安	铜川	宝鸡	咸阳	渭南	汉中	延安	榆林	安康	商洛	杨陵示范区
第一产业增加值(亿元)													
1949			1.14	0.08		0.93	1.16					0.29	
1952		8.40	1.59	0.12		1.11	1.47					0.47	
1957		13.17	2.09	0.24		1.98	2.33					0.53	
1962		13.35	1.78	0.14		1.98	1.67					0.74	
1965		17.51	2.62	0.31		2.49	3.55					1.02	
1970		18.89	3.13	0.26		2.66	3.31					1.20	
1975		23.76	4.14	0.30		3.75	4.91					1.58	
1978	1028	24.70	4.83	0.26	2.63	3.96	4.71	4.34	1.81	2.10	2.82	2.32	
1980	1372	28.47	4.73	0.41	3.49	3.94	4.62	4.60	2.05	2.35	3.25	2.50	
1985	2564	53.39	8.76	0.80	6.28	7.90	8.80	7.22	3.74	3.80	4.37	3.64	
1990	5062	105.56	13.94	1.41	10.37	13.57	17.51	16.18	7.44	7.12	10.02	6.30	
1995	12136	217.27	41.40	2.59	21.53	44.54	33.73	29.43	18.45	15.80	22.11	10.89	
2000	14945	258.22	44.65	4.02	25.18	52.45	37.43	31.41	19.13	13.98	22.76	16.66	0.83
2005	22420	435.83	66.01	5.87	44.30	89.10	58.66	48.07	29.47	28.34	36.71	25.43	1.42
2010	40497	988.45	140.06	14.18	104.20	203.29	128.94	110.39	71.19	92.16	67.07	58.05	3.75
2011	47712	1220.90	173.14	17.41	128.56	252.46	160.47	142.29	86.69	111.91	72.01	70.61	5.31
2012	52377	1370.16	195.59	19.47	143.26	283.10	171.54	159.47	97.06	125.88	80.95	79.43	5.76
2013	56957	1460.97	200.45	20.96	157.65	299.56	193.09	171.52	105.00	134.88	88.73	85.20	6.44
2014	58332	1564.94	214.55	22.61	161.33	321.72	207.16	183.98	113.70	145.04	93.01	90.82	6.92
2015	60863	1597.63	220.20	22.76	165.13	328.78	213.92	191.53	110.88	143.69	96.06	91.75	7.13
2016	63671	1693.84	232.01	23.91	171.46	345.32	224.81	205.74	117.62	162.44	100.12	96.65	7.61
第二产业增加值(亿元)													
1949			0.34	0.04		0.08	0.19					0.02	
1952		1.92	0.88	0.06		0.26	0.22					0.03	
1957		6.06	3.97	0.13		0.55	0.44					0.07	
1962		7.30	4.51	0.32		0.74	0.37					0.06	
1965		11.78	7.22	0.43		1.40	0.66					0.08	
1970		20.42	10.96	0.54		2.94	1.01					0.23	
1975		29.87	12.63	0.93		3.31	2.12					0.52	
1978	1745	42.13	14.59	1.89	5.25	4.57	3.76	2.18	0.94	0.72	1.17	0.63	
1980	2192	47.74	18.69	1.74	5.90	6.50	4.74	2.76	1.44	0.82	1.49	0.66	
1985	3867	81.96	30.83	2.82	12.32	9.38	8.78	5.62	1.81	1.35	2.61	1.76	
1990	7717	166.95	50.15	5.45	22.17	17.82	13.28	13.87	7.13	5.02	4.97	3.17	
1995	28680	441.67	135.33	12.90	60.23	59.51	36.84	34.04	19.29	13.29	11.99	7.22	
2000	45556	782.58	277.13	15.53	98.32	102.33	60.42	38.41	78.69	46.60	20.29	20.08	2.06
2005	87365	1946.31	540.50	38.67	240.13	191.99	148.71	85.38	286.90	260.06	42.83	37.25	8.05
2010	186481	5446.10	1406.72	116.50	614.42	573.27	394.55	199.50	635.49	1205.77	130.95	117.82	23.50
2011	220592	6935.59	1674.31	147.41	749.25	740.40	545.19	267.58	815.45	1629.66	183.13	163.03	31.54
2012	235319	8073.87	1881.75	176.82	895.92	876.78	610.67	320.42	934.85	1928.53	243.47	195.14	34.36
2013	249684	8912.34	1998.82	210.85	1017.72	1073.73	710.74	391.01	974.39	1915.09	315.99	258.97	46.91
2014	271392	9577.24	2194.78	204.88	1051.65	1227.70	751.34	453.60	968.89	1966.78	371.03	298.39	53.95
2015	274278	9082.13	2126.29	170.31	1141.43	1230.41	697.7	459.02	742.79	1523.68	403.39	318.60	54.84
2016	296236	9390.88	2197.81	161.73	1227.06	1396.24	690.18	495.30	574.20	1684.69	467.11	371.79	62.90

21－1 续表二

年份	全国	全省	西安	铜川	宝鸡	咸阳	渭南	汉中	延安	榆林	安康	商洛	杨陵示范区
第三产业增加值(亿元)													
1949			0.41	0.04		0.06	0.14					0.05	
1952		2.53	0.90	0.05		0.14	0.21					0.13	
1957		6.35	1.96	0.11		0.28	0.35					0.24	
1962		6.20	2.93	0.15		0.34	0.42					0.21	
1965		6.64	2.92	0.31		0.45	0.60					0.28	
1970		7.53	3.67	0.38		0.92	0.97					0.33	
1975		11.29	4.56	0.46		1.06	1.52					0.65	
1978	873	14.24	5.93	0.64	2.03	1.25	2.41	1.97	0.69	0.76	0.96	0.66	
1980	982	18.70	8.24	0.78	2.86	2.20	3.22	2.45	0.83	0.94	1.47	0.65	
1985	2585	45.52	17.99	1.22	5.82	4.52	5.64	4.22	1.45	1.93	2.95	1.70	
1990	5888	131.79	52.42	2.22	13.81	14.23	14.04	9.28	5.85	7.63	6.78	4.36	
1995	19979	377.91	153.62	8.26	38.62	42.67	36.46	27.22	14.69	16.70	16.52	9.71	
2000	38714	763.20	324.35	15.00	71.84	79.68	67.63	49.41	32.81	44.47	31.75	19.61	3.31
2005	73433	1390.55	707.42	27.30	130.09	151.40	122.80	84.27	78.28	159.23	62.22	51.75	7.89
2010	171005	3688.93	1694.91	57.05	257.47	322.12	277.93	199.81	178.74	458.74	129.04	110.03	20.37
2011	203260	4355.81	2015.13	67.81	297.94	368.46	323.31	237.61	211.21	550.68	152.03	129.31	24.35
2012	231626	5009.65	2288.76	77.02	335.15	413.80	375.11	274.68	239.11	615.47	172.49	148.74	28.05
2013	262204	5832.14	2725.70	91.46	380.54	487.10	417.98	327.78	274.75	729.49	199.83	166.71	32.16
2014	306739	6547.76	3083.31	97.87	429.92	535.73	465.25	365.25	303.50	808.76	225.40	185.78	36.24
2015	341567	7342.10	3454.71	114.09	481.07	593.73	518.79	409.06	362.60	824.51	255.60	208.17	43.88
2016	384221	8080.67	3827.37	125.97	533.62	654.52	573.63	455.73	391.09	925.92	284.62	230.86	48.47
人均生产总值(元)													
1949			83	75	66	66	76					29	
1952		85	135	91	92	85	87		72			47	
1957		144	249	144	131	137	119		84			56	
1962		135	250	143	99	131	82		83			66	
1965		169	323	221	158	171	158		102			85	
1970		196	412	210	206	224	139		116			97	
1975		243	448	269	302	245	200		212			139	
1978	381	291	513	424	346	282	261	266	238	158	195	179	
1980	463	334	623	407	423	357	303	303	293	178	258	184	
1985	858	604	1049	636	799	583	534	607	447	278	371	331	
1990	1644	1241	1932	1188	1422	1081	943	1101	1171	687	770	598	
1995	5046	2965	5131	3181	3493	3268	2110	2506	2784	1453	1749	1198	
2000	7858	4968	9484	4171	5425	4980	3149	3250	6690	3264	2561	2382	4941
2005	14053	10161	16406	8582	11103	8683	6052	6255	18815	13602	5413	4800	11193
2010	30015	27133	38343	22509	26274	22469	15149	14907	40621	52436	12428	12194	23689
2011	35198	33464	45475	27806	31579	27751	19424	18952	50807	68358	15477	15513	30373
2012	38420	38564	51166	32556	36826	31982	21783	22084	57876	79587	18878	18097	33771
2013	41805	43117	57464	38402	41327	37695	24816	26020	61493	82633	22938	21795	42290
2014	46531	46929	63794	38550	43824	42128	26675	29252	62714	86482	26117	24484	47910
2015	49351	47626	66938	36322	47565	43365	26729	30849	53908	73453	28536	26274	52093
2016	53980	50395	71357	36803	51262	48119	27743	33597	48300	81764	32109	29574	58278

21－1　续表三

年份	全国	全省	西安	铜川	宝鸡	咸阳	渭南	汉中	延安	榆林	安康	商洛	杨陵示范区
生产总值指数(上年＝100)													
1990	103.8	103.4	105.2	105.5	101.2	108.0	108.7	104.6	112.1	100.8	108.7	103.5	
1995	110.9	110.4	110.0	111.3	108.3	117.1	108.2	109.3	106.5	111.8	107.0	102.4	
2000	108.4	110.4	113.0	108.3	110.5	111.7	108.2	108.2	109.8	114.3	105.8	111.2	117.7
2005	110.4	113.7	114.0	112.7	113.2	112.6	111.7	110.6	115.9	120.0	109.6	109.6	113.9
2010	110.3	114.6	114.5	115.6	114.4	114.5	115.0	115.1	113.6	118.3	115.0	114.9	115.5
2011	109.2	113.9	113.8	116.0	114.5	114.2	115.0	115.5	111.0	115.0	115.5	115.1	116.5
2012	107.8	112.9	111.8	115.8	115.1	114.5	114.5	115.2	110.5	112.0	115.2	114.8	114.7
2013	107.7	111.0	111.1	113.8	113.0	113.1	112.0	112.7	106.5	108.8	113.4	112.6	114.0
2014	107.4	109.7	109.9	110.5	110.8	110.9	110.5	111.6	106.2	109.0	111.7	111.0	112.5
2015	106.3	107.9	108.2	108.5	110.5	108.7	108.5	109.6	101.7	104.0	112.1	111.2	112.2
2016	106.7	107.6	108.5	107.0	109.3	107.7	107.5	109.0	101.3	106.5	111.3	110	110.1
地方财政收入(亿元)													
1949			0.04	0.01	0.10	0.02	0.12		0.00	0.01	0.00	0.00	
1952	184	1.81	0.53	0.03	0.19	0.19	0.23		0.01	0.03	0.03	0.03	
1957	310	3.40	1.49	0.05	0.39	0.32	0.37	0.21	0.03	0.06	0.11	0.06	
1962	314	5.72	1.67	0.13	0.42	0.49	0.36	0.23	0.11	0.13	0.13	0.08	
1965	473	6.55	2.23	0.17	0.46	0.57	0.38	0.22	0.09	0.09	0.13	0.07	
1970	663	9.78	4.27	0.22	1.04	0.93	0.57	0.39	0.12	0.12	0.09	0.11	
1975	816	15.23	5.56	0.34	1.99	1.58	0.94	0.56	0.11	0.18	0.24	0.18	
1978	1132	19.76	6.73	0.45	2.21	1.91	1.05	0.66	0.25	0.26	0.32	0.23	
1980	1160	15.81	6.52	0.49	2.03	1.03	0.98	0.66	0.30	0.25	0.32	0.22	
1985	2005	20.30	6.80	0.31	2.40	1.69	1.25	1.12	0.62	0.34	0.36	0.25	
1990	2937	41.19	13.12	0.81	4.48	3.66	3.37	4.48	2.16	1.17	1.34	0.74	
1995	6242	51.30	18.21	0.86	4.06	4.70	5.21	2.98	2.54	1.70	1.44	1.05	
2000	13395	114.97	46.96	1.49	8.17	10.44	8.91	5.20	8.89	6.15	3.36	2.78	0.37
2005	31649	275.32	83.97	3.02	11.97	10.78	9.01	6.40	45.08	23.84	3.46	2.46	0.98
2010	40613	958.21	241.80	13.75	38.80	43.48	34.00	18.63	105.20	125.54	13.20	12.01	2.56
2011	52547	1500.18	318.55	18.89	51.44	58.6	44.3	23.55	120.73	180.25	17.34	16.49	3.61
2012	61078	1600.69	396.96	21.00	64.85	69.17	55.06	30.09	139.26	249.06	21.66	21.50	4.91
2013	68969	1748.33	501.98	24.10	72.02	78.99	65.05	35.83	155.38	260.72	25.34	25.68	7.24
2014	75876	1890.40	583.79	22.06	78.06	85.46	67.46	40.89	168.10	267.85	28.09	29.04	7.93
2015	82983	2059.95	650.99	23.11	84.47	85.44	72.06	44.67	161.17	295.58	30.84	31.79	9.26
2016	159552	1833.93	5191.36	21.51	75.16	81.54	65.69	45.19	130.52	232.69	30.11	26.77	9.32

21－1 续表四

年份	全国	全省	西安	铜川	宝鸡	咸阳	渭南	汉中	延安	榆林	安康	商洛	杨陵示范区
全社会固定资产投资(亿元)													
1949													
1952	44	1.04	0.49		0.07	0.22				0.01		0.01	
1957	151	5.64	4.34	0.29	0.52	0.19			0.04	0.11	0.01	0.01	
1962	87	1.82	0.70	0.40	0.23	0.05			0.01	0.03	0.01	0.01	
1965	217	5.55	2.32	0.15	0.34	0.26			0.08	0.06	0.07	0.02	
1970	368	17.13	2.31	0.53	1.83	1.94			0.25	0.17	0.15	0.21	
1975	545	14.87	2.34	0.55	1.74	0.47			0.38	0.33	0.28	0.14	
1978	669	20.35	3.32	0.68	1.52	0.93	3.52	0.39	0.62	0.52	1.16	0.42	
1980	746	27.80	6.12	0.95	2.00	5.61	3.41	0.47	0.77	0.69	0.91	0.60	
1985	2543	57.99	18.44	2.06	4.44	4.93	4.44	2.47	1.47	1.41	3.43	1.36	
1990	4449	103.72	26.39	3.60	8.92	13.85	7.15	4.06	4.32	3.81	4.56	2.57	
1995	20019	324.33	103.42	5.69	26.86	33.62	40.81	20.38	13.91	22.44	10.03	4.37	
2000	32918	745.85	232.37	14.01	70.71	62.60	44.49	33.44	48.10	61.57	26.84	20.65	6.43
2005	88774	1982.04	835.10	34.49	175.19	212.14	104.56	75.00	160.19	211.52	62.31	37.21	9.96
2010	278140	8561.24	3251.00	117.00	835.00	1051.00	742.00	313.00	725.00	1105.46	360.00	290.00	36.00
2011	301933	10023.53	3352.12	145.96	1008.03	1263.10	912.94	411.33	815.21	1378.73	304.49	308.36	55.01
2012	364835	12840.15	4243.43	201.81	1311.69	1616.47	1172.21	534.86	1032.06	1771.23	380.27	391.60	76.08
2013	447074	15934.21	5134.56	260.02	1669.78	2054.53	1467.61	679.27	1321.04	1827.91	482.56	496.16	91.37
2014	512021	17191.90	5903.98	327.63	2105.59	2492.43	1765.63	845.04	1541.07	1647.04	605.56	625.16	115.31
2015	562000	18582.20	5165.98	383.98	2589.88	3063.20	2085.21	1039.40	1637.17	1384.37	758.16	767.69	144.25
2016	606466	20825.00	5184.16	423.23	3199.84	3643.74	2289.51	1209.89	1359.33	1467.45	926.37	935.55	178.97
社会消费品零售总额(亿元)													
1949				0.05	0.39	0.52		0.21	0.10	0.24	0.11	0.07	
1952	277	6.18	2.35	0.14	0.59	0.72	0.65	0.59	0.16	0.35	0.30	0.16	
1957	474	11.78	4.88	0.37	1.14	1.30	1.01	0.91	0.34	0.65	0.50	0.38	
1962	604	13.96	5.98	0.46	1.33	1.59	1.28	1.24	0.42	0.70	0.73	0.41	
1965	670	13.89	5.89	0.49	1.41	1.73	1.41	1.16	0.50	0.76	0.75	0.47	
1970	858	20.61	7.43	0.90	2.59	2.54	2.38	1.96	0.72	0.94	1.28	0.76	
1975	1271	27.01	10.33	1.16	2.85	3.54	3.38	2.88	1.10	1.94	1.43	1.03	
1978	1559	33.37	12.70	1.38	3.42	4.46	4.43	3.29	1.43	2.55	1.69	1.29	
1980	2141	43.38	15.88	1.58	4.50	5.82	5.56	4.42	1.76	2.06	2.42	1.67	
1985	4305	80.01	32.92	2.78	8.41	11.09	7.85	7.22	3.02	3.46	4.48	2.83	
1990	8300	159.67	72.77	5.49	17.02	14.51	14.90	14.49	5.39	6.90	8.49	5.21	
1995	23614	398.87	186.60	9.06	42.04	40.49	33.87	31.19	12.13	16.17	15.50	10.66	
2000	39106	725.64	360.42	13.79	71.89	70.35	58.53	42.91	22.63	35.77	27.68	19.91	1.77
2005	67177	1331.35	670.56	21.76	137.48	133.03	93.02	47.53	65.30	76.32	46.75	35.97	3.62
2010	156998	3257.54	1678.01	49.15	307.52	296.35	240.77	157.50	117.06	213.64	110.78	79.19	7.54
2011	181226	3900.58	2039.24	59.15	358.23	345.10	284.08	184.44	140.48	259.18	129.72	92.18	8.76
2012	207167	4581.62	2400.67	71.12	412.83	401.08	335.00	216.05	168.30	307.70	151.49	107.28	10.11
2013	234380	5245.04	2742.89	84.70	473.39	426.68	387.70	248.15	192.28	348.27	171.72	121.82	11.44
2014	271896	5918.71	3039.89	96.64	539.67	528.84	441.98	281.65	218.24	374.74	193.18	136.92	12.95
2015	300931	6578.14	3405.38	110.05	612.84	601.59	503.25	319.00	241.09	396.41	219.20	154.66	14.66
2016	332316	7302.57	3730.70	124.97	702.16	688.55	574.01	364.17	256.45	420.05	249.81	174.93	16.76

21－1　续表五

年份	全国	全省	西安	铜川	宝鸡	咸阳	渭南	汉中	延安	榆林	安康	商洛	杨陵示范区
城镇居民可支配收入(元)													
1978	343	310									172		
1980	478	407	414		391	433				284	286		
1985	739	650	719		652	646	581		519	429	521	507	
1990	1510	1369	1518		1392	1327	1116	1177	1021	914	1247	1050	
1995	4283	3310	4153	2399	2857	2895	2761	2775	2138	2260	2894	2327	
2000	6280	5124	6364	3837	4754	5812	4117	4117	5083	3505	4305	4551	
2001	6860	5484	6705	4092	5145	6242	4542	4422	5333	3948	4665	4896	
2002	7703	6331	7184	4494	6486	6724	5344	4851	5525	4870	5302	5916	
2003	8472	6806	7748	4762	7049	7586	5661	5186	5994	5084	5625	6302	
2004	9422	7492	8544	5114	7811	8257	6267	5748	6334	5712	5942	6641	
2005	10493	8272	9628	5871	8540	8780	6764	6257	7471	6100	6388	7038	
2010	19109	15695	22244	15884	18978	18914	15918	14509	17880	17545	14642	14811	22297
2011	21810	18245	25981	18775	22337	22224	18768	17019	21188	20721	17365	17344	25999
2012	24565	20734	29982	21929	25777	25758	21808	19827	24748	24140	20300	19998	29925
2013	26955	22800	33100	24495	28509	28488	24164	22167	27643	26820	22533	22257	33007
2014	28844	24366	36100	27237	31560	31530	26725	30588	24605	29665	25011	24727	36008
2015	31195	26420	33188	25559	29475	29425	25472	23625	28590	27765	23985	23509	33109
2016	33616	28440	35630	27594	31730	31662	27485	25595	30693	29781	25962	25468	35510
农民人均纯收入(元)													
1978	134	134		61	121	69	120		53		161	58	
1980	191	142	190	65	149	61	156		67		191	64	
1985	398	295	351	273	299	272	283	297	193	231	274	164	
1990	686	530	610	379	524	460	511	466	368	443	449	354	
1995	1578	963	1353	844	946	999	991	865	912	836	962	615	
2000	2253	1470	2344	1459	1543	1625	1465	1428	1444	1062	1248	1128	1805
2001	2366	1520	2490	1465	1603	1690	1489	1476	1483	1071	1324	1172	2142
2002	2476	1596	2641	1560	1686	1775	1578	1554	1587	1328	1417	1258	2486
2003	2622	1676	2838	1660	1846	1908	1589	1643	1707	1438	1505	1321	2843
2004	2936	1867	3143	1810	2031	2100	1742	1765	1972	1652	1652	1420	3169
2005	3255	2052	3460	2010	2233	2268	1882	1893	2290	1803	1799	1513	3526
2010	5919	4105	7750	4789	5040	5056	4372	5173	5113	4183	3976	3605	7128
2011	6977	5028	9788	6077	6340	6401	5571	6565	6520	5283	5009	4586	9110
2012	7917	5763	11442	7134	7373	7464	6602	7655	7681	6181	5815	5425	10841
2013	8896	6500	12930	8140	8376	8538	7565	7053	8673	8687	6624	6223	12435
2014	10489	7270	14462	9169	9421	9612	8534	9779	7933	9730	7468	7035	14046
2015	11422	8989	14072	8739	9511	9690	8705	8164	9789	9802	7913	7706	13792
2016	12363	9396	15191	9478	10287	10481	9415	8855	10568	10582	8590	8358	14959

21－2 周边地市主要经济指标

年份	延安市	榆林市	鄂尔多斯市	银川市	吴忠市	吕梁市	忻州市	庆阳市
常住人口(万人)								
2008	214.49	333.98	159.13	152.27	135.70	359.80	309.03	252.16
2009	215.18	334.73	162.54	170.18	137.21	361.79	309.00	252.68
2010	218.70	335.42	194.06	199.31	127.38	372.71	306.75	221.12
2011	219.40	335.24	199.93	202.57	139.81	375.18	308.50	221.48
2012	219.81	335.69	200.42	204.63	131.20	377.16	309.90	221.84
2013	220.61	337.03	201.75	208.27	133.10	379.30	311.44	222.27
2014	221.43	338.39	203.50	212.89	135.30	381.31	312.85	222.35
2015	223.13	340.11	204.51	216.41	137.30	383.22	314.10	223.05
2016	225.28	338.20	205.53	219.11	138.86	385.50	315.50	224.19
生产总值(亿元)								
2008	713.27	1172.76	1603.00	514.11	172.99	629.64	311.20	248.50
2009	720.52	1302.31	2161.00	578.15	185.89	611.00	347.00	302.20
2010	885.42	1756.67	2643.20	763.26	217.00	845.50	435.40	357.61
2011	1113.35	2292.25	3218.50	974.79	268.30	1130.71	554.55	454.08
2012	1271.02	2669.88	3656.80	1140.83	312.05	1230.40	620.90	530.29
2013	1354.14	2779.46	3955.90	1273.49	349.10	1228.60	654.70	606.07
2014	1386.09	2920.58	4162.20	1395.67	383.43	1101.30	680.30	668.93
2015	1198.27	2491.89	4226.10	1480.73	403.90	955.80	681.20	609.43
2016	1082.91	2773.05	4417.90	1617.28	442.40	995.30	716.10	597.83
第一产业(亿元)								
2008	52.15	66.11	57.65	30.23	28.06	26.55	29.50	38.83
2009	50.07	70.09	60.60	32.33	29.90	38.00	39.80	47.25
2010	71.19	92.16	70.81	41.37	37.90	43.00	47.20	51.02
2011	86.69	111.91	83.20	46.66	43.02	47.70	54.80	58.00
2012	97.06	125.88	90.14	51.06	47.33	55.70	58.70	73.93
2013	105.00	134.88	97.50	55.71	51.98	65.60	63.60	80.29
2014	113.70	145.04	99.60	56.66	53.93	68.30	65.00	80.62
2015	110.88	143.69	99.00	57.46	53.30	53.50	63.70	82.25
2016	117.62	162.44	107.60	58.61	55.40	53.70	63.3	85.49
第二产业(亿元)								
2008	575.61	796.10	931.43	250.71	95.19	445.85	163.00	150.47
2009	508.15	860.78	1260.50	285.79	99.54	390.00	140.80	184.54
2010	635.49	1205.77	1591.54	379.26	110.30	588.30	195.10	214.86
2011	815.45	1629.66	1933.70	528.85	144.76	834.00	286.00	287.95
2012	934.85	2027.87	2213.13	624.91	171.27	900.30	319.00	329.50
2013	974.39	1985.56	2369.33	687.80	190.62	866.50	327.40	377.94
2014	968.89	2051.94	2463.00	760.27	218.71	685.10	323.40	424.14
2015	724.79	1523.68	2400.00	787.11	227.10	544.50	304.50	321.26
2016	574.20	1684.69	2461.40	825.46	250.50	555.30	315.9	287.98

21－2 续表一

年份	延安市	榆林市	鄂尔多斯市	银川市	吴忠市	吕梁市	忻州市	庆阳市
第三产业(亿元)								
2008	85.51	310.55	613.92	233.17	49.73	157.24	118.70	59.20
2009	157.30	371.44	839.90	260.03	56.45	184.00	165.90	70.41
2010	178.74	458.74	1431.23	342.63	86.86	568.70	165.33	193.48
2011	211.21	550.68	1201.70	399.28	80.51	249.00	213.70	108.13
2012	239.11	615.47	1353.53	464.86	93.45	274.40	243.20	126.87
2013	274.75	721.51	1489.07	529.97	106.46	296.50	263.70	147.84
2014	303.50	808.76	1599.60	578.74	110.80	347.90	291.90	164.17
2015	362.60	824.51	1727.10	636.11	123.50	357.80	313.00	205.92
2016	391.09	925.92	1848.90	733.21	136.50	386.30	336.9	224.36
生产总值比上年增长(%)								
2008	15.7	23.0	22.9	13.3	12.6	10.9	7.6	15.8
2009	12.2	13.3	23.0	13.0	13.0	2.5	0.2	14.6
2010	13.6	18.3	19.2	14.8	12.0	21.0	18.7	15.8
2011	11.0	15.0	15.1	12.0	13.1	14.0	15.0	16.8
2012	10.5	12.0	13.0	12.5	13.7	10.8	11.5	16.0
2013	6.5	8.8	9.6	10.0	10.5	9.5	9.0	14.5
2014	6.2	9.0	8.0	9.5	7.6	-2.0	5.4	10.2
2015	1.7	4.3	7.7	8.3	7.5	-4.7	2.4	9.0
2016	1.3	6.5	7.3	8.1	9.0	4.1	4.7	8.2
人均生产总值(元)								
2008	33332	35177	100735	31436	12748	17553	10099	9855
2009	33485	38906	134361	34453	13625	16888	11230	11920
2010	40621	52436	138109	40000	15750	23435	14188	15095
2011	50807	68358	163380	48374	19286	30224	18020	20506
2012	57876	79587	182680	56032	23029	32709	20081	23924
2013	61493	82633	196728	61684	26228	32483	21074	27294
2014	62714	86482	205414	66277	29222	28960	21796	30090
2015	53908	73453	206645	68983	29756	25003	21731	27366
2016	48300	81764	216000	74269	32035	25896	22747	26734
地方财政收入(亿元)								
2008	80.05	70.01	118.20	35.82	9.68	55.11	29.45	17.46
2009	90.47	91.18	162.04	44.02	17.60	59.72	33.54	22.64
2010	105.20	125.54	239.08	137.99	32.40	73.00	42.30	30.02
2011	120.73	180.25	346.18	96.62	44.66	100.51		44.34
2012	139.26	249.06	375.51	113.13	48.03	141.90	65.20	53.11
2013	155.38	260.72	440.02	223.29	53.60	164.00	73.70	63.73
2014	168.10	267.85	430.10	251.73	47.90	130.60	80.80	61.50
2015	161.17	295.58	445.90	243.80	41.00	90.70	73.70	55.40
2016	130.55	232.69	451.00	227.62	42.76	89.60	69.20	42.76

21-2 续表二

年份	延安市	榆林市	鄂尔多斯市	银川市	吴忠市	吕梁市	忻州市	庆阳市
全社会固定资产投资(亿元)								
2008	406.35	600.52	1070.20	365.69	131.41	375.57	138.20	223.01
2009	557.48	850.33	1526.41	492.10		388.80	352.70	353.53
2010	725.00	1105.46	1898.40	648.69	217.10	435.00	424.40	488.02
2011	815.21	1378.73	2243.42	733.85	261.12	543.75	516.04	627.74
2012	1032.06	1771.23	2570.58	918.73	380.46	690.38	653.30	889.91
2013	1321.04	1827.91	2996.04	1149.00	496.80	872.90	815.20	1138.97
2014	1541.07	1647.04	3422.50	1392.76	602.07	1017.00	965.40	968.27
2015	1637.17	1384.37	2737.20	1540.88	686.40	1166.40	1119.60	1081.30
2016	1359.33	1467.45	3050.1	1723.31	783.50	118.50	1167.7	1200.87
社会消费品零售总额(亿元)								
2008	74.97	154.11	269.78	155.77	37.61	106.94	112.90	62.29
2009	89.66	172.48	321.01	185.48	44.30	197.00	133.73	78.17
2010	117.06	213.64	380.00	225.14	51.90	222.50	161.70	92.07
2011	140.48	259.18	440.00	274.47	59.67	261.05	185.52	112.14
2012	168.30	307.70	501.39	316.02	68.42	301.40	215.50	130.64
2013	192.28	348.27	553.81	348.06	78.20	344.00	246.00	146.54
2014	218.24	374.74	610.00	382.47	87.57	376.00	275.10	164.00
2015	241.09	396.41	660.30	477.63	98.30	405.97	311.20	203.96
2016	256.45	422.05	726.80	514.19	102.80	433.70	338.00	223.11
城镇居民可支配收入(元)								
2008	12232	12197	19435	14458	11493	12772	11194	9939
2009	15217	14856	21883	15900	12649	13795	12195	11130
2010	17880	17545	25205	17073	13849	15278	13683	12453
2011	21188	20721	29283	19481	15753	17428	17169	14388
2012	24748	24140	33140	21901	17845	20006	18318	16662
2013	27643	26820	36132	23776	19582	20145	20324	18761
2014	30588	29665	34983	26118	19853	21485	21735	20637
2015	28590	27765	37432	28261	21553	22903	23452	23426
2016	30693	29781	40221	30478	23352	24180	24987	25300
农民人均纯收入(元)								
2008	3551	3402		4916	4079	3200	2830	2385
2009	4258	4127	7803	5389	4391	3426	3028	2815
2010	5173	5113	8756	6161	5041	3890	3476	3154
2011	6565	6520	10047	7070	5573	4743	4135	3673
2012	7655	7681	11416	8068	6370	5364	4776	4262
2013	8673	8687	12800	9036	7160	6067	5426	6769
2014	9779	9730	13439	10275	8442	6754	6104	5499
2015	9789	9802	14420	11148	12384	7193	6550	6945
2016	10568	10582	15480	12037	9938	7644	7025	7480

编辑单位:榆林市统计局

印刷日期:2016 年 10 月

承印单位:榆林日报社印务有限责任公司